REGIME
DO CONTRATO DE TRABALHO
EM FUNÇÕES PÚBLICAS

MARIA DO ROSÁRIO PALMA RAMALHO
Professora Associada da Faculdade de Direito de Lisboa

PEDRO MADEIRA DE BRITO
Assistente da Faculdade de Direito de Lisboa

REGIME
DO CONTRATO DE TRABALHO
EM FUNÇÕES PÚBLICAS

REGIME DO CONTRATO DE TRABALHO EM FUNÇÕES PÚBLICAS

AUTORES
MARIA DO ROSÁRIO PALMA RAMALHO
PEDRO MADEIRA DE BRITO

EDITOR
EDIÇÕES ALMEDINA, SA
Av. Fernão Magalhães, n.º 584, 5.º Andar
3000-174 Coimbra
Tel.: 239 851 904
Fax: 239 851 901
www.almedina.net
editora@almedina.net

PRÉ-IMPRESSÃO | IMPRESSÃO | ACABAMENTO
G.-C. GRÁFICA DE COIMBRA, LDA.
Palheira – Assafarge
3001-453 Coimbra
producao@graficadecoimbra.pt

Março, 2009

DEPÓSITO LEGAL
290789/09

Os dados e as opiniões inseridos na presente publicação
são da exclusiva responsabilidade do(s) seu(s) autor(es).

Toda a reprodução desta obra, por fotocópia ou outro qualquer
processo, sem prévia autorização escrita do Editor, é ilícita
e passível de procedimento judicial contra o infractor.

Biblioteca Nacional de Portugal – Catalogação na Publicação

PORTUGAL. Leis, decretos, etc.
Regime do contrato de trabalho em funções
públicas / [org.] Maria do Rosário Palma Ramalho,
Pedro Madeira de Brito

ISBN 978-972-40-3826-1

CDU   342
       35.08

NOTA PRÉVIA

A reforma do denominado regime do emprego público vem sendo realizada há alguns anos e acaba de se traduzir em vários diplomas de natureza estrutural, que alteram significativamente o regime aplicável aos trabalhadores titulares de um contrato de trabalho em funções públicas, para além de terem alargado, de uma forma sem precedentes, o universo destes trabalhadores.

Encontrando-se este novo quadro normativo já em vigor, impunha-se a sua difusão pública de uma forma sistematizada e de fácil acesso. A presente compilação pretende corresponder a este objectivo.

Contudo, ao objectivo traçado não correspondeu uma tarefa de execução fácil, na medida em que a reforma foi realizada sem que tenha existido uma intenção codificadora da legislação. Na verdade, à excepção da matéria das carreiras, a intervenção legislativa saldou-se em alterações segmentadas, sem que se tenha procedido à arrumação das matérias sob uma direcção comum. Por outro lado, a produção normativa realizada sucessivamente sobre determinadas matérias – desde o chamado regime da mobilidade dos trabalhadores públicos (Lei n.º 53/2006, de 7 de Dezembro) que antecedeu o diploma estruturante contido na Lei n.º 12-A/2008, de 27 de Fevereiro, até à recente Lei do Orçamento de 2009 (Lei n.º 64-A/2008, de 31 de Dezembro), que também procedeu a uma intervenção casuística sobre diversos diplomas que regulam a matéria do contrato de trabalho em funções públicas – cria dificuldades adicionais na organização de uma compilação de legislação nesta matéria.

Por esta razão, na presente compilação legislativa, optou-se por combinar três critérios essenciais: por um lado, considera-se a legislação fundamental nesta matéria; por outro lado, compilam-se os diplomas que completam o regime jurídico dos trabalhadores em funções públicas em aspectos parcelares; por fim, incluem-se alguns diplomas avulsos que também contêm normas relativas aos trabalhadores com contrato de trabalho em funções públicas e sem os quais o respectivo regime ficaria incompleto em termos substanciais. Assim, sem ser exaustiva, esta compilação inclui todos os diplomas que, por disposição expressa da lei, são directamente aplicáveis a este universo de trabalhadores, excluindo apenas aqueles diplomas que possam ser eventualmente aplicáveis a título subsidiário.

10 de Janeiro de 2009

ROSÁRIO PALMA RAMALHO
PEDRO MADEIRA DE BRITO

ÍNDICE DE LEGISLAÇÃO

REGIME DO CONTRATO DE TRABALHO EM FUNÇÕES

I – Diplomas estruturais

1. Lei n.º 12-A/2008, de 27 de Fevereiro – Lei dos Vínculos das Carreiras e Remunerações 11

2. Lei n.º 58/2008, de 9 de Setembro – Estatuto Disciplinar dos Trabalhadores que exercem Funções Públicas...................... 93

3. Lei n.º 59/2008, de 11 de Setembro – Regime do Contrato de Trabalho em Funções Públicas... 141

II – Diplomas complementares

1. Lei n.º 2/2004, de 15 de Janeiro – Estatuto do pessoal dirigente dos serviços e organismos da administração central, local e regional do Estado... 483

2. Lei n.º 23/2004, de 22 de Junho (artigos 16.º, 17.º e 18.º) – Estabelece o regime do contrato de trabalho na Administração Pública... 519

3. Decreto-Lei n.º 200/2006, de 25 de Outubro – Enquadramento procedimental relativo à extinção, fusão e reestruturação de serviços da Administração Pública e à racionalização de efectivos... 521

4. Lei n.º 53/2006, 7 de Dezembro – Lei da Mobilidade......... 535

5. Lei n.º 66-B/2007, de 28 de Dezembro – Regime jurídico do Sistema Integrado de Gestão e Avaliação do Desempenho na Administração Pública 569

6. Decreto Regulamentar n.º 14/2008, de 31 de Julho – Estabelece os níveis da tabela remuneratória única dos trabalhadores que exercem funções públicas correspondentes às posições remuneratórias das categorias das carreiras gerais de técnico superior, de assistente técnico e de assistente operacional 665

7. Portaria n.º 83-A/2009, de 22 de Janeiro – Tramitação do procedimento concursal para o preenchimento de postos de trabalho... 631

III – Legislação avulsa directamente aplicável aos trabalhadores que exercem funções públicas

1. Decreto-Lei n.º 4/89, de 6 de Janeiro – Suplemento remuneratório de abono para falhas... 673

2. Decreto-Lei n.º 100/99, de 31 de Março – Férias, Faltas e Licenças dos Funcionários e Agentes da Administração Pública. (artigo 51.º).. 677

3. Lei n.º 64-A/2008, de 31 de Dezembro – Lei do Orçamento de 2009. (artigos 14.º, 15.º e 38.º) 679

I

DIPLOMAS

LEI N.º 12-A/2008, DE 27 DE FEVEREIRO

Estabelece os regimes de vinculação, de carreiras e de remunerações dos trabalhadores que exercem funções públicas

A Assembleia da República decreta, nos termos da alínea c) do artigo 161.º da Constituição, o seguinte:

TÍTULO I
Objecto e âmbito de aplicação

ARTIGO 1.º
Objecto

1 – A presente lei define e regula os regimes de vinculação, de carreiras e de remunerações dos trabalhadores que exercem funções públicas.

2 – Complementarmente, a presente lei define o regime jurídico-funcional aplicável a cada modalidade de constituição da relação jurídica de emprego público.

ARTIGO 2.º
Âmbito de aplicação subjectivo

1 – A presente lei é aplicável a todos os trabalhadores que exercem funções públicas, independentemente da modalidade de vinculação e de constituição da relação jurídica de emprego público ao abrigo da qual exercem as respectivas funções.

12 Regime do Contrato de Trabalho em Funções Públicas

2 – A presente lei é também aplicável, com as necessárias adaptações, aos actuais trabalhadores com a qualidade de funcionário ou agente de pessoas colectivas que se encontrem excluídas do seu âmbito de aplicação objectivo.

3 – Sem prejuízo do disposto nas alíneas a) e e) do artigo 10.°, a presente lei não é aplicável aos militares das Forças Armadas e da Guarda Nacional Republicana, cujos regimes de vinculação, de carreiras e de remunerações constam de leis especiais[1].

4 – As leis especiais de revisão dos regimes de vinculação, de carreiras e de remunerações referidas no número anterior obedecem aos princípios subjacentes aos artigos 4.° a 8.°, n.ᵒˢ 1 a 3 do artigo 9.°, artigos 25.° a 31.°, 40.° e 41.°, n.ᵒˢ 1 a 4 do artigo 42.°, n.ᵒˢ 1 e 2 do artigo 43.°, n.° 1 do artigo 45.°, artigos 46.°, 47.° e 50.°, n.ᵒˢ 1 e 3 do artigo 66.°, artigo 67.°, n.ᵒˢ 1 e 2 do artigo 68.°, n.° 1 do artigo 69.°, artigos 70.°, 72.°, 73.°, 76.° a 79.°, 83.° e 84.°, n.° 1 do artigo 88.°, artigos 101.° a 103.°, n.ᵒˢ 1 a 3 do artigo 104.°, artigo 109.°, n.° 1 do artigo 112.°, artigos 113.° e 114.°, n.ᵒˢ 1 a 3 e 6 a 10 do artigo 117.° e artigo 118.°, com as adaptações impostas pela organização das Forças Armadas ou da Guarda Nacional Republicana e pelas competências dos correspondentes órgãos e serviços.

ARTIGO 3.°
Âmbito de aplicação objectivo

1 – A presente lei é aplicável aos serviços da administração directa e indirecta do Estado.

2 – A presente lei é também aplicável, com as necessárias adaptações, designadamente no que respeita às competências em matéria administrativa dos correspondentes órgãos de governo próprio, aos serviços das administrações regionais e autárquicas.

3 – A presente lei é ainda aplicável, com as adaptações impostas pela observância das correspondentes competências, aos órgãos e serviços de apoio do Presidente da República, da Assembleia da República, dos tribunais e do Ministério Público e respectivos órgãos de gestão e de outros órgãos independentes.

---

[1] *Rectificado pela Declaração de rectificação n.° 22-A/2008, de 24 de Abril.*

Lei n.° 12-A/2008, de 27 de Fevereiro 13

4 – A aplicabilidade da presente lei aos serviços periféricos externos do Estado, quer relativamente aos trabalhadores recrutados localmente quer aos que, de outra forma recrutados, neles exerçam funções, não prejudica a vigência:

a) Das normas e princípios de direito internacional que disponham em contrário;
b) Dos regimes legais que sejam localmente aplicáveis; e
c) Dos instrumentos e normativos especiais de mobilidade interna.

5 – Sem prejuízo do disposto no n.° 2 do artigo anterior, a presente lei não é aplicável às entidades públicas empresariais nem aos gabinetes de apoio quer dos membros do Governo quer dos titulares dos órgãos referidos nos n.ᵒˢ 2 e 3.

TÍTULO II
Gestão dos recursos humanos

ARTIGO 4.°
Planificação da actividade e dos recursos

1 – Tendo em consideração a missão, as atribuições, a estratégia, os objectivos superiormente fixados, as competências das unidades orgânicas e os recursos financeiros disponíveis, os órgãos e serviços planeiam, aquando da preparação da proposta de orçamento, as actividades, de natureza permanente ou temporária, a desenvolver durante a sua execução, as eventuais alterações a introduzir nas unidades orgânicas flexíveis, bem como o respectivo mapa de pessoal.

2 – Os elementos referidos no número anterior acompanham a respectiva proposta de orçamento.

Artigo 5.º
Mapas de pessoal

1 – Os mapas de pessoal contêm a indicação do número de postos de trabalho de que o órgão ou serviço carece para o desenvolvimento das respectivas actividades, caracterizados em função:

a) Da atribuição, competência ou actividade que o seu ocupante se destina a cumprir ou a executar;
b) Do cargo ou da carreira e categoria que lhes correspondam;
c) Dentro de cada carreira e, ou, categoria, quando imprescindível, da área de formação académica ou profissional de que o seu ocupante deva ser titular.

2 – Nos órgãos e serviços desconcentrados, os mapas de pessoal são desdobrados em tantos mapas quantas as unidades orgânicas desconcentradas.

3 – Os mapas de pessoal são aprovados, mantidos ou alterados pela entidade competente para a aprovação da proposta de orçamento e tornados públicos por afixação no órgão ou serviço e inserção em página electrónica, assim devendo permanecer.

4 – A alteração dos mapas de pessoal que implique redução de postos de trabalho fundamenta-se em reorganização do órgão ou serviço nos termos legalmente previstos.

Artigo 6.º
Gestão dos recursos humanos
em função dos mapas de pessoal

1 – Face aos mapas de pessoal, o órgão ou serviço verifica se se encontram em funções trabalhadores em número suficiente, insuficiente ou excessivo.

2 – Sendo insuficiente o número de trabalhadores em funções, o órgão ou serviço, sem prejuízo do disposto na alínea b) do n.º 1 e nos n.os 3 e 4 do artigo seguinte, pode promover o recrutamento dos necessários à ocupação dos postos de trabalho em causa.

3 – O recrutamento referido no número anterior, para ocupação dos postos de trabalho necessários à execução das actividades, opera-se com

recurso à constituição de relações jurídicas de emprego público por tempo indeterminado, excepto quando tais actividades sejam de natureza temporária, caso em que o recrutamento é efectuado com recurso à constituição de relações jurídicas de emprego público por tempo determinado ou determinável.

4 – O recrutamento para constituição de relações jurídicas de emprego público por tempo indeterminado nas modalidades previstas no n.º 1 do artigo 9.º inicia-se sempre de entre trabalhadores com relação jurídica de emprego público por tempo indeterminado previamente estabelecida.

5 – O recrutamento para constituição de relações jurídicas de emprego público por tempo determinado ou determinável nas modalidades previstas no n.º 1 do artigo 9.º inicia-se sempre de entre trabalhadores que:

a) Não pretendam conservar a qualidade de sujeitos de relações jurídicas de emprego público constituídas por tempo indeterminado; ou

b) Se encontrem colocados em situação de mobilidade especial.

6 – Em caso de impossibilidade de ocupação de todos ou de alguns postos de trabalho por aplicação do disposto nos números anteriores, o órgão ou serviço, precedendo parecer favorável dos membros do Governo responsáveis pelas finanças e pela Administração Pública, pode proceder ao recrutamento de trabalhadores com relação jurídica de emprego público por tempo determinado ou determinável ou sem relação jurídica de emprego público previamente estabelecida.

7 – O sentido e a data do parecer referido no número anterior é expressamente mencionado no procedimento de recrutamento ali em causa.

8 – Nas condições previstas no n.º 4 do artigo anterior, sendo excessivo o número de trabalhadores em funções, o órgão ou serviço começa por promover as diligências legais necessárias à cessação das relações jurídicas de emprego público constituídas por tempo determinado ou determinável de que não careça e, quando ainda necessário, aplica às restantes o regime legalmente previsto, incluindo o de colocação de pessoal em situação de mobilidade especial.

9 – O recrutamento previsto no n.º 5 pode ainda ocorrer, quando especialmente admitido na lei, mediante selecção própria estabelecida em razão de aptidão científica, técnica ou artística, devidamente fundamentada.

Artigo 7.º
Orçamentação e gestão das despesas com pessoal

1 – As verbas orçamentais dos órgãos ou serviços afectas a despesas com pessoal destinam-se a suportar os seguintes tipos de encargos:

a) Com as remunerações dos trabalhadores que se devam manter em exercício de funções no órgão ou serviço;

b) Com o recrutamento de trabalhadores necessários à ocupação de postos de trabalho previstos, e não ocupados, nos mapas de pessoal aprovados e, ou, com alterações do posicionamento remuneratório na categoria dos trabalhadores que se mantenham em exercício de funções;

c) Com a atribuição de prémios de desempenho dos trabalhadores do órgão ou serviço.

2 – Sem prejuízo do disposto no n.º 6 do artigo 47.º, a orçamentação dos tipos de encargos referidos nas alíneas b) e c) do número anterior é efectuada de forma equitativa entre os órgãos ou serviços e tem por base a ponderação:

a) Dos objectivos e actividades do órgão ou serviço e da motivação dos respectivos trabalhadores, quanto ao referido na alínea b) do número anterior;

b) Do nível do desempenho atingido pelo órgão ou serviço no ano anterior ao da preparação da proposta de orçamento, quanto ao referido na alínea c).

3 – Compete ao dirigente máximo do órgão ou serviço, ponderados os factores referidos na alínea a) do número anterior, decidir sobre o montante máximo de cada um dos tipos de encargos referidos na alínea b) do n.º 1 que se propõe suportar, podendo optar, sem prejuízo do disposto no n.º 6 do artigo 47.º, pela afectação integral das verbas orçamentais correspondentes a apenas um dos tipos.

4 – A decisão referida no número anterior é tomada no prazo de 15 dias após o início de execução do orçamento.

5 – Quando não seja utilizada a totalidade das verbas orçamentais destinadas a suportar o tipo de encargos referido na alínea b) do n.º 1, a

parte remanescente acresce às destinadas a suportar o tipo de encargos referido na alínea c) do mesmo número.

TÍTULO III
Regimes de vinculação

CAPÍTULO I
Constituição da relação jurídica de emprego público

SECÇÃO I
Requisitos relativos ao trabalhador

ARTIGO 8.º
Requisitos

A constituição da relação jurídica de emprego público depende da reunião, pelo trabalhador, além de outros que a lei preveja, dos seguintes requisitos:

a) Nacionalidade portuguesa, quando não dispensada pela Constituição, convenção internacional ou lei especial;
b) 18 anos de idade completos;
c) Não inibição do exercício de funções públicas ou não interdição para o exercício daquelas que se propõe desempenhar;
d) Robustez física e perfil psíquico indispensáveis ao exercício das funções;
e) Cumprimento das leis de vacinação obrigatória.

SECÇÃO II
Modalidades da relação jurídica de emprego público

ARTIGO 9.º
Modalidades

1 – A relação jurídica de emprego público constitui-se por nomeação ou por contrato de trabalho em funções públicas, doravante designado por contrato.

2 – A nomeação é o acto unilateral da entidade empregadora pública cuja eficácia depende da aceitação do nomeado.

3 – O contrato é o acto bilateral celebrado entre uma entidade empregadora pública, com ou sem personalidade jurídica, agindo em nome e em representação do Estado, e um particular, nos termos do qual se constitui uma relação de trabalho subordinado de natureza administrativa.

4 – A relação jurídica de emprego público constitui-se ainda por comissão de serviço quando se trate:

a) Do exercício de cargos não inseridos em carreiras, designada-mente dos dirigentes;

b) Da frequência de curso de formação específico ou da aquisição de certo grau académico ou de certo título profissional antes do período experimental com que se inicia a nomeação ou o contrato para o exercício[2].

c) de funções integrado em carreira, em ambos os casos por parte de quem seja sujeito de uma relação jurídica de emprego público por tempo indeterminado constituída previamente.

SECÇÃO III
Nomeação

ARTIGO 10.º
Âmbito da nomeação

São nomeados os trabalhadores a quem compete, em função da sua

---

[2] *Rectificado pela Declaração de Rectificação n.º 22-A/2008, de 24 de Abril.*

integração nas carreiras adequadas para o efeito, o cumprimento ou a execução de atribuições, competências e actividades relativas a:

a) Missões genéricas e específicas das Forças Armadas em quadros permanentes;
b) Representação externa do Estado;
c) Informações de segurança;
d) Investigação criminal;
e) Segurança pública, quer em meio livre quer em meio institucional;
f) Inspecção

Artigo 11.º
Modalidades da nomeação

1 – A nomeação reveste as modalidades de nomeação definitiva e de nomeação transitória.

2 – A nomeação definitiva é efectuada por tempo indeterminado, sem prejuízo do período experimental previsto e regulado no artigo seguinte.

3 – A nomeação transitória é efectuada por tempo determinado ou determinável.

Artigo 12.º
Período experimental da nomeação definitiva

1 – A nomeação definitiva de um trabalhador para qualquer carreira e categoria inicia-se com o decurso de um período experimental destinado a comprovar se o trabalhador possui as competências exigidas pelo posto de trabalho que vai ocupar.

2 – Na falta de lei especial em contrário, o período experimental tem a duração de um ano.

3 – Durante o período experimental, o trabalhador é acompanhado por um júri especialmente constituído para o efeito, ao qual compete a sua avaliação final.

4 – A avaliação final toma em consideração os elementos que o júri

tenha recolhido, o relatório que o trabalhador deve apresentar e os resultados das acções de formação frequentadas.

5 – A avaliação final traduz-se numa escala de 0 a 20 valores, considerando-se concluído com sucesso o período experimental quando o trabalhador tenha obtido uma avaliação não inferior a 14 ou a 12 valores, consoante se trate ou não, respectivamente, de carreira ou categoria de grau 3 de complexidade funcional.

6 – Concluído com sucesso o período experimental, o seu termo é formalmente assinalado por acto escrito da entidade competente para a nomeação.

7 – O tempo de serviço decorrido no período experimental que se tenha concluído com sucesso é contado, para todos os efeitos legais, na carreira e categoria em causa.

8 – Concluído sem sucesso o período experimental, a nomeação é feita cessar e o trabalhador regressa à situação jurídico-funcional de que era titular antes dela, quando constituída e consolidada por tempo indeterminado, ou cessa a relação jurídica de emprego público, no caso contrário, em qualquer caso sem direito a indemnização.

9 – Por acto especialmente fundamentado da entidade competente, ouvido o júri, o período experimental e a nomeação podem ser feitos cessar antecipadamente quando o trabalhador manifestamente revele não possuir as competências exigidas pelo posto de trabalho que ocupa.

10 – O tempo de serviço decorrido no período experimental que se tenha concluído sem sucesso é contado, sendo o caso, na carreira e categoria às quais o trabalhador regressa.

11 – As regras previstas na lei geral sobre procedimento concursal para efeitos de recrutamento de trabalhadores são aplicáveis, com as necessárias adaptações, à constituição, composição, funcionamento e competência do júri, bem como à homologação e impugnação administrativa dos resultados da avaliação final.

ARTIGO 13.º
Regime da nomeação transitória

1 – Aos pressupostos do recurso à nomeação transitória, ao período experimental e à sua duração e renovação são aplicáveis, com as

Lei n.º 12-A/2008, de 27 de Fevereiro 21

necessárias adaptações, as disposições adequadas do Regime do Contrato de Trabalho em Funções Públicas (RCTFP) relativas ao contrato a termo resolutivo.

2 – A área de recrutamento da nomeação transitória é constituída pelos trabalhadores que não tenham ou não pretendam conservar a qualidade de sujeitos de relações jurídicas de emprego público constituídas por tempo indeterminado, bem como pelos que se encontrem em situação de mobilidade especial.

ARTIGO 14.º
Forma da nomeação

1 – A nomeação reveste a forma de despacho e pode consistir em mera declaração de concordância com proposta ou informação anterior que, nesse caso, faz parte integrante do acto.

2 – Do despacho de nomeação consta a referência aos dispositivos legais habilitantes e à existência de adequado cabimento orçamental.

ARTIGO 15.º
Aceitação da nomeação

1 – A aceitação é o acto público e pessoal pelo qual o nomeado declara aceitar a nomeação.

2 – A aceitação é titulada pelo respectivo termo, de modelo aprovado por portaria do membro do Governo responsável pela área da Administração Pública.

3 – No acto de aceitação o trabalhador presta o seguinte compromisso de honra: «Afirmo solenemente que cumprirei as funções que me são confiadas com respeito pelos deveres que decorrem da Constituição e da lei.»[3]

---

[3] *Rectificado pela Declaração de Rectificação n.º 22-A/2008, de 24 de Abril.*

Artigo 16.º
Competência

1 – A entidade competente para a nomeação é-o também para a assinatura do termo de aceitação.

2 – A competência prevista no número anterior pode, a solicitação do órgão ou serviço, ainda que por iniciativa do trabalhador, ser exercida pelo governador civil ou, no estrangeiro, pela autoridade diplomática ou consular.

Artigo 17.º
Prazo para aceitação

1 – Sem prejuízo do disposto em leis especiais, o prazo para aceitação é de 20 dias contado, continuamente, da data da publicitação do acto de nomeação.

2 – Em casos devidamente justificados, designadamente de doença e férias, o prazo previsto no número anterior pode ser prorrogado, por períodos determinados, pela entidade competente para a assinatura do respectivo termo.

3 – Em caso de ausência por maternidade, paternidade ou adopção, de faltas por acidente em serviço ou doença profissional e de prestação de serviço militar, o prazo previsto no n.º 1 é automaticamente prorrogado para o termo de tais situações.

Artigo18.º
Efeitos da aceitação

1 – A aceitação determina o início de funções para todos os efeitos legais, designadamente os de percepção de remuneração e de contagem do tempo de serviço.

2 – Nos casos de ausência por maternidade, paternidade ou adopção e de faltas por acidente em serviço ou doença profissional, a percepção de remuneração decorrente de nomeação definitiva retroage à data da publicitação do respectivo acto.

3 – Nos casos previstos no n.º 3 do artigo anterior, a contagem do

tempo de serviço decorrente de nomeação definitiva retroage à data da publicitação do respectivo acto.

Artigo 19.º
Falta de aceitação

1 – A entidade competente para a assinatura do termo de aceitação não pode, sob pena de responsabilidade civil, financeira e disciplinar, recusar-se a fazê-lo.

2 – Sem prejuízo do disposto em leis especiais, a falta de aceitação do nomeado importa a revogação automática do acto de nomeação sem que possa ser repetido no procedimento em que foi praticado.

SECÇÃO IV
Contrato

Artigo 20.º
Âmbito do contrato

São contratados os trabalhadores que não devam ser nomeados e cuja relação jurídica de emprego público não deva ser constituída por comissão de serviço.

Artigo 21.º
Modalidades do contrato

1 – O contrato reveste as modalidades de contrato por tempo indeterminado e de contrato a termo resolutivo, certo ou incerto.

2 – O tempo de serviço decorrido no período experimental que se tenha concluído sem sucesso é contado, sendo o caso, na carreira e categoria às quais o trabalhador regressa.

Artigo 22.º
Pressupostos e área de recrutamento
do contrato a termo resolutivo

1 – Os pressupostos do recurso ao contrato a termo resolutivo são os previstos no RCTFP.

2 – A área de recrutamento do contrato a termo resolutivo é constituída pelos trabalhadores que não tenham ou não pretendam conservar a qualidade de sujeitos de relações jurídicas de emprego público constituídas por tempo indeterminado, bem como pelos que se encontrem em situação de mobilidade especial.

SECÇÃO V
Comissão de serviço

Artigo 23.º
Duração e renovação

1 – Na falta de lei especial em contrário, a comissão de serviço tem a duração de três anos, sucessivamente renovável por iguais períodos.

2 – O tempo de serviço decorrido em comissão de serviço é contado, sendo o caso, na carreira e categoria às quais o trabalhador regressa.

Artigo 24.º
Posse

1 – Sem prejuízo do disposto em leis especiais, a aceitação do exercício de cargos em comissão de serviço reveste a forma de posse.

2 – A posse é um acto público, pessoal e solene pelo qual o trabalhador manifesta a vontade de aceitar o exercício do cargo.

3 – É aplicável à comissão de serviço e à posse, com as necessárias adaptações, o disposto no artigo 14.º, nos n.ᵒˢ 2 e 3 do artigo 15.º, nos artigos 16.º e 17.º, no n.º 1 do artigo 18.º e no artigo 19.º

CAPÍTULO II
Garantias de imparcialidade

ARTIGO 25.°
Incompatibilidades e impedimentos

1 – A existência de incompatibilidades e de impedimentos contribui para garantir a imparcialidade no exercício de funções públicas.

2 – Sem prejuízo do disposto na Constituição, nos artigos 44.° a 51.° do Código do Procedimento Administrativo e em leis especiais, as incompatibilidades e os impedimentos a que se encontram sujeitos os trabalhadores, independentemente da modalidade de constituição da relação jurídica de emprego público ao abrigo da qual exercem funções, são os previstos no presente capítulo.

ARTIGO 26.°
Incompatibilidade com outras funções

As funções públicas são, em regra, exercidas em regime de exclusividade.

ARTIGO 27.°
Acumulação com outras funções públicas

1 – O exercício de funções pode ser acumulado com o de outras funções públicas quando estas não sejam remuneradas e haja na acumulação manifesto interesse público.

2 – Sendo remuneradas e havendo manifesto interesse público na acumulação, o exercício de funções apenas pode ser acumulado com o de outras funções públicas nos seguintes casos:

a) Inerências;
b) Actividades de representação de órgãos ou serviços ou de ministérios;
c) Participação em comissões ou grupos de trabalho;

d) Participação em conselhos consultivos e em comissões de fiscalização ou outros órgãos colegiais, neste caso para fiscalização ou controlo de dinheiros públicos;

e) Actividades de carácter ocasional e temporário que possam ser consideradas complemento da função;

f) Actividades docentes ou de investigação de duração não superior à fixada em despacho dos membros do Governo responsáveis pelas finanças, Administração Pública e educação ou ensino superior e que, sem prejuízo do cumprimento da duração semanal do trabalho, não se sobreponha em mais de um terço ao horário inerente à função principal;

g) Realização de conferências, palestras, acções de formação de curta duração e outras actividades de idêntica natureza.

ARTIGO 28.º
Acumulação com funções privadas

1 – Sem prejuízo do disposto nos números seguintes, o exercício de funções pode ser acumulado com o de funções ou actividades privadas.

2 – A título remunerado ou não, em regime de trabalho autónomo ou subordinado, não podem ser acumuladas, pelo trabalhador ou por interposta pessoa, funções ou actividades privadas concorrentes ou similares com as funções públicas desempenhadas e que com estas sejam conflituantes.

3 – Estão, designadamente, abrangidas pelo disposto no número anterior as funções ou actividades que, tendo conteúdo idêntico ao das funções públicas desempenhadas, sejam desenvolvidas de forma permanente ou habitual e se dirijam ao mesmo círculo de destinatários.

4 – A título remunerado ou não, em regime de trabalho autónomo ou subordinado, não podem ainda ser acumuladas, pelo trabalhador ou por interposta pessoa, funções ou actividades privadas que:

a) Sejam legalmente consideradas incompatíveis com as funções públicas;

b) Sejam desenvolvidas em horário sobreposto, ainda que parcialmente, ao das funções públicas;

Lei n.º 12-A/2008, de 27 de Fevereiro

c) Comprometam a isenção e a imparcialidade exigidas pelo desempenho das funções públicas;
d) Provoquem algum prejuízo para o interesse público ou para os direitos e interesses legalmente protegidos dos cidadãos.

ARTIGO 29.º
Autorização para acumulação de funções

1 – A acumulação de funções nos termos previstos nos artigos 27.º e 28.º depende de autorização da entidade competente.

2 – Do requerimento a apresentar para o efeito deve constar a indicação:

a) Do local do exercício da função ou actividade a acumular;
b) Do horário em que ela se deve exercer;
c) Da remuneração a auferir, quando seja o caso;
e) Da natureza autónoma ou subordinada do trabalho a desenvolver e do respectivo conteúdo;
f) Das razões por que o requerente entende que a acumulação, conforme os casos, é de manifesto interesse público ou não incorre no previsto nas alíneas a) e d) do n.º 4 do artigo anterior;
g) Das razões por que o requerente entende não existir conflito com as funções desempenhadas, designadamente por a função a acumular não revestir as características referidas nos n.ºˢ 2 e 3 e na alínea c) do n.º 4 do artigo anterior;
h) Do compromisso de cessação imediata da função ou actividade acumulada no caso de ocorrência superveniente de conflito.

3 – Compete aos titulares de cargos dirigentes, sob pena de cessação da comissão de serviço, nos termos do respectivo estatuto, verificar da existência de situações de acumulação de funções não autorizadas, bem como fiscalizar, em geral, a estrita observância das garantias de imparcialidade no desempenho de funções públicas.

Artigo 30.º
Interesse no procedimento

1 – Os trabalhadores não podem prestar a terceiros, por si ou por interposta pessoa, em regime de trabalho autónomo ou subordinado, serviços no âmbito do estudo, preparação ou financiamento de projectos, candidaturas ou requerimentos que devam ser submetidos à sua apreciação ou decisão ou à de órgãos ou unidades orgânicas colocados sob sua directa influência.

2 – Os trabalhadores não podem beneficiar, pessoal e indevidamente, de actos ou tomar parte em contratos em cujo processo de formação intervenham órgãos ou unidades orgânicas colocados sob sua directa influência.

3 – Para efeitos do disposto nos números anteriores, consideram-se colocados sob directa influência do trabalhador os órgãos ou unidades orgânicas que:

a) Estejam sujeitos ao seu poder de direcção, superintendência ou tutela;
b) Exerçam poderes por ele delegados ou subdelegados;
c) Tenham sido por ele instituídos, ou relativamente a cujo titular tenha intervindo como entidade empregadora pública, para o fim específico de intervir nos procedimentos em causa;
d) Sejam integrados, no todo ou em parte, por trabalhadores por ele designados por tempo determinado ou determinável;
e) Cujo titular ou trabalhadores neles integrados tenham, há menos de um ano, sido beneficiados por qualquer vantagem remuneratória, ou obtido menção relativa à avaliação do seu desempenho, em cujo procedimento ele tenha intervindo;
f) Com ele colaborem, em situação de paridade hierárquica, no âmbito do mesmo órgão ou serviço ou unidade orgânica.

4 – É equiparado ao interesse do trabalhador, definido nos termos dos n.ᵒˢ 1 e 2, o interesse:

a) Do seu cônjuge, não separado de pessoas e bens, dos seus ascendentes e descendentes em qualquer grau, dos colaterais até ao 2.º grau e daquele que com ele viva nas condições do artigo 2020.º do Código Civil;

Lei n.º 12-A/2008, de 27 de Fevereiro 29

b) Da sociedade em cujo capital detenha, directa ou indirectamente, por si mesmo ou conjuntamente com as pessoas referidas na alínea anterior, uma participação não inferior a 10%.

5 – A violação dos deveres referidos nos n.ºˢ 1 e 2 produz as consequências disciplinares previstas no respectivo estatuto.

6 – Para efeitos do disposto no Código do Procedimento Administrativo, os trabalhadores devem comunicar ao respectivo superior hierárquico, antes de tomadas as decisões, praticados os actos ou celebrados os contratos referidos nos n.ºˢ 1 e 2, a existência das situações referidas no n.º 4.

7 – É aplicável, com as necessárias adaptações, o disposto no artigo 51.º do Código do Procedimento Administrativo.

CAPÍTULO III
Cessação da relação jurídica de emprego público

ARTIGO 31.º
Disposições gerais

1 – Quando previsto em lei especial, e nos termos nela estabelecidos, a não reunião superveniente de qualquer dos requisitos referidos no artigo 8.º faz cessar ou modificar a relação jurídica de emprego público.

2 – Em qualquer caso, na falta de lei especial em contrário, a relação jurídica de emprego público cessa quando o trabalhador complete 70 anos de idade.

ARTIGO 32.º
Cessação da nomeação

1 – A nomeação definitiva cessa por:

a) Conclusão sem sucesso do período experimental, nos termos dos n.ºˢ 8, 9 e 10 do artigo 12.º;

b) Exoneração a pedido do trabalhador;

30   *Regime do Contrato de Trabalho em Funções Públicas*

c) Mútuo acordo entre a entidade empregadora pública e o trabalhador, mediante justa compensação;
d) Aplicação de pena disciplinar expulsiva;
e) Morte do trabalhador;
f) Desligação do serviço para efeitos de aposentação.

2 – A exoneração referida na alínea b) do número anterior produz efeitos no 30.° dia a contar da data da apresentação do respectivo pedido, excepto quando a entidade empregadora pública e o trabalhador acordarem diferentemente.

3 – A causa de cessação referida na alínea c) do n.° 1 é regulamentada por portaria dos membros do Governo responsáveis pelas finanças e pela Administração Pública com observância das seguintes regras:

a) A compensação a atribuir ao trabalhador toma como referência a sua remuneração base mensal, sendo o respectivo montante aferido em função do número de anos completos, e com a respectiva proporção no caso de fracção de ano, de exercício de funções públicas;
b) Tal causa gera a incapacidade do trabalhador para constituir uma relação de vinculação, a título de emprego público ou outro, com os órgãos e serviços aos quais a presente lei é aplicável e com entidades públicas empresariais, durante o número de meses igual ao dobro do número resultante da divisão do montante da compensação atribuída pelo da sua remuneração base mensal, calculado com aproximação por excesso[4].

4 – À cessação da nomeação transitória são aplicáveis, com as necessárias adaptações, as disposições adequadas do RCTFP relativas ao contrato a termo resolutivo, bem como a da alínea d) do n.° 1.

ARTIGO 33.°
Cessação do contrato

1 – Concluído sem sucesso o período experimental, o contrato é feito cessar e o trabalhador regressa à situação jurídico-funcional de que era tit-

---

[4] *Redacção dada pela Lei n.° 64-A/2008, de 31 de Dezembro.*

Lei n.º 12-A/2008, de 27 de Fevereiro

ular antes dele, quando constituída e consolidada por tempo indeterminado, ou cessa a relação jurídica de emprego público, no caso contrário.

2 – O contrato pode cessar pelas causas previstas no RCTFP.

3 – Quando o contrato por tempo indeterminado deva cessar por despedimento colectivo ou por despedimento por extinção do posto de trabalho, a identificação dos trabalhadores relativamente aos quais tal cessação deva produzir efeitos opera-se por aplicação dos procedimentos previstos na lei em caso de reorganização de serviços.

4 – Identificados os trabalhadores cujo contrato deva cessar aplicam-se os restantes procedimentos previstos no RCTFP.

5 – Confirmando-se a necessidade de cessação do contrato, o trabalhador é notificado para, em 10 dias úteis, informar se deseja ser colocado em situação de mobilidade especial pelo prazo de um ano.

6 – Não o desejando, e não tendo havido acordo de revogação nos termos do RCTFP, é praticado o acto de cessação do contrato.

7 – Sendo colocado em situação de mobilidade especial e reiniciando funções por tempo indeterminado em qualquer órgão ou serviço a que a presente lei é aplicável, os procedimentos para cessação do contrato são arquivados sem que seja praticado o correspondente acto.

8 – Não tendo lugar o reinício de funções, nos termos do número anterior, durante o prazo de colocação do trabalhador em situação de mobilidade especial, é praticado o acto de cessação do contrato.

9 – O disposto nos n.ºs 5 a 8 é aplicável, com as necessárias adaptações, à cessação do contrato por tempo indeterminado por:

a) Caducidade por impossibilidade superveniente, absoluta e definitiva de a entidade empregadora pública receber o trabalho; ou
b) Despedimento por inadaptação.

10 – Para os efeitos previstos no RCTFP, a inexistência de alternativas à cessação do contrato ou de outros postos de trabalho compatíveis com a categoria ou com a qualificação profissional do trabalhador é justificada através de declaração emitida pela entidade gestora da mobilidade.

Artigo 34.º
Cessação da comissão de serviço

1 – Na falta de lei especial em contrário, a comissão de serviço cessa, a todo o tempo, por iniciativa da entidade empregadora pública ou do trabalhador, com aviso prévio de 30 dias.

2 – Cessada a comissão de serviço, o trabalhador regressa à situação jurídico-funcional de que era titular antes dela, quando constituída e consolidada por tempo indeterminado, ou cessa a relação jurídica de emprego público, no caso contrário, em qualquer caso com direito a indemnização quando prevista em lei especial.

CAPÍTULO IV
Contratos de prestação de serviços

Artigo 35.º
Âmbito dos contratos de prestação de serviços

1 – Os órgãos e serviços a que a presente lei é aplicável podem celebrar contratos de prestação de serviços, nas modalidades de contratos de tarefa e de avença, nos termos previstos no presente capítulo.

2 – A celebração de contratos de tarefa e de avença apenas pode ter lugar quando, cumulativamente:

a) Se trate da execução de trabalho não subordinado, para a qual se revele inconveniente o recurso a qualquer modalidade da relação jurídica de emprego público;
b) O trabalho seja realizado, em regra, por uma pessoa colectiva;
c) Seja observado o regime legal da aquisição de serviços;
d) O contratado comprove ter regularizadas as suas obrigações fiscais e com a segurança social.

3 – Considera-se trabalho não subordinado o que, sendo prestado com autonomia, não se encontra sujeito à disciplina e à direcção do órgão ou serviço contratante nem impõe o cumprimento de horário de trabalho.

Lei n.º 12-A/2008, de 27 de Fevereiro 33

4 – Excepcionalmente, quando se comprove ser impossível ou inconveniente, no caso, observar o disposto na alínea b) do n.º 2, o membro do Governo responsável pela área das finanças pode autorizar a celebração de contratos de tarefa e de avença com pessoas singulares.

5 – O contrato de tarefa tem como objecto a execução de trabalhos específicos, de natureza excepcional, não podendo exceder o termo do prazo contratual inicialmente estabelecido.

6 – O contrato de avença tem como objecto prestações sucessivas no exercício de profissão liberal, com retribuição certa mensal, podendo ser feito cessar a todo o tempo, por qualquer das partes, mesmo quando celebrado com cláusula de prorrogação tácita, com aviso prévio de 60 dias e sem obrigação de indemnizar.

Artigo 36.º
Incumprimento do âmbito da celebração

1 – Sem prejuízo da produção plena dos seus efeitos durante o tempo em que tenham estado em execução, os contratos de prestação de serviços celebrados com violação dos requisitos previstos nos n.ºs 2 e 4 do artigo anterior são nulos.

2 – A violação referida no número anterior faz incorrer o seu responsável em responsabilidade civil, financeira e disciplinar.

3 – Para efeitos da efectivação da responsabilidade financeira dos dirigentes autores da violação referida no n.º 1 pelo Tribunal de Contas, consideram-se os pagamentos despendidos em sua consequência como sendo pagamentos indevidos.

CAPÍTULO V
Publicitação das modalidades de vinculação

Artigo 37.º
Publicação

1 – São publicados na 2.ª série do Diário da República, por extracto:

a) Os actos de nomeação definitiva, bem como os que determinam,

relativamente aos trabalhadores nomeados, mudanças definitivas de órgão ou serviço e, ou, de categoria;
b) Os contratos por tempo indeterminado, bem como os actos que determinam, relativamente aos trabalhadores contratados, mudanças definitivas de órgão ou serviço e, ou, de categoria;
c) As comissões de serviço;
d) Os actos de cessação das modalidades da relação jurídica de emprego público referidas nas alíneas anteriores.

2 – Dos extractos dos actos e contratos consta a indicação da carreira, categoria e posição remuneratória do nomeado ou contratado.

ARTIGO 38.º
Outras formas de publicitação

1 – São afixados no órgão ou serviço e inseridos em página electrónica, por extracto:

a) Os actos de nomeação transitória e as respectivas renovações;
b) Os contratos a termo resolutivo, certo ou incerto, e as respectivas renovações;
c) Os contratos de prestação de serviços e as respectivas renovações;
d) As cessações das modalidades de vinculação referidas nas alíneas anteriores.

2 – Dos extractos dos actos e contratos consta a indicação da carreira, categoria e posição remuneratória do nomeado ou contratado, ou, sendo o caso, da função a desempenhar e respectiva retribuição, bem como do respectivo prazo.
3 – Dos extractos dos contratos de prestação de serviços consta ainda a referência à concessão do visto ou à emissão da declaração de conformidade ou, sendo o caso, à sua dispensabilidade.

TÍTULO IV
Regime de carreiras

CAPÍTULO I
Âmbito de aplicação do regime de carreiras

ARTIGO 39.º
Âmbito de aplicação

1 – Sem prejuízo do disposto no número seguinte e no artigo 58.º, o presente título é aplicável às relações jurídicas de emprego público constituídas por tempo indeterminado.

2 – Às nomeações transitórias e aos contratos a termo resolutivo, certo ou incerto, são aplicáveis, com as necessárias adaptações, os artigos 50.º e 51.º, os n.ᵒˢ 2, 3 e 4 do artigo 53.º, os artigos 54.º e 55.º e o n.º 1 do artigo 57.º

CAPÍTULO II
Carreiras

SECÇÃO I
Organização das carreiras

ARTIGO 40.º
Integração em carreiras

Os trabalhadores nomeados definitivamente e contratados por tempo indeterminado exercem as suas funções integrados em carreiras.

ARTIGO 41.º
Carreiras gerais e especiais

1 – São gerais as carreiras cujos conteúdos funcionais caracterizam

postos de trabalho de que a generalidade dos órgãos ou serviços carece para o desenvolvimento das respectivas actividades.

2 – São especiais as carreiras cujos conteúdos funcionais caracterizam postos de trabalho de que apenas um ou alguns órgãos ou serviços carecem para o desenvolvimento das respectivas actividades.

3 – Apenas podem ser criadas carreiras especiais quando, cumulativamente:

a) Os respectivos conteúdos funcionais não possam ser absorvidos pelos conteúdos funcionais das carreiras gerais;

b) Os respectivos trabalhadores se devam encontrar sujeitos a deveres funcionais mais exigentes que os previstos para os das carreiras gerais;

c) Para integração em tais carreiras, e em qualquer das categorias em que se desdobrem, seja exigida, em regra, a aprovação em curso de formação específico de duração não inferior a seis meses ou a aquisição de certo grau académico ou de certo título profissional.

4 – A aprovação e a aquisição referidas na alínea c) do número anterior podem ter lugar durante o período experimental com que se inicia a nomeação ou o contrato.

ARTIGO 42.º
Carreiras unicategoriais e pluricategoriais

1 – Independentemente da sua qualificação como gerais ou especiais, as carreiras são unicategoriais ou pluricategoriais.

2 – São unicategoriais as carreiras a que corresponde uma única categoria.

3 – São pluricategoriais as carreiras que se desdobram em mais do que uma categoria.

4 – Apenas podem ser criadas carreiras pluricategoriais quando a cada uma das categorias da carreira corresponde um conteúdo funcional distinto do das restantes.

5 – O conteúdo funcional das categorias superiores integra o das que lhe sejam inferiores.

Artigo 43.º
Conteúdo funcional

1 – A cada carreira, ou a cada categoria em que se desdobre, corresponde um conteúdo funcional legalmente descrito.

2 – O conteúdo funcional de cada carreira ou categoria deve ser descrito de forma abrangente, dispensando pormenorizações relativas às tarefas nele abrangidas.

3 – A descrição do conteúdo funcional não pode, em caso algum, e sem prejuízo do disposto no n.º 3 do artigo 271.º da Constituição, constituir fundamento para o não cumprimento do dever de obediência e não prejudica a atribuição ao trabalhador de funções, não expressamente mencionadas, que lhe sejam afins ou funcionalmente ligadas, para as quais o trabalhador detenha a qualificação profissional adequada e que não impliquem desvalorização profissional.

Artigo 44.º
Graus de complexidade funcional

1 – Em função da titularidade do nível habilitacional em regra exigida para integração em cada carreira, estas classificam-se em três graus de complexidade funcional, nos seguintestermos:

a) De grau 1, quando se exija a titularidade da escolaridade obrigatória, ainda que acrescida de formação profissional adequada;

b) De grau 2, quando se exija a titularidade do 12.º ano de escolaridade ou de curso que lhe seja equiparado;

c) De grau 3, quando se exija a titularidade de licenciatura ou de grau académico superior a esta.

2 – O diploma que crie a carreira faz referência ao respectivo grau de complexidade funcional.

3 – As carreiras pluricategoriais podem apresentar mais do que um grau de complexidade funcional, cada um deles referenciado a categorias, quando a integração nestas dependa, em regra, da titularidade de níveis habilitacionais diferentes.

Artigo 45.º
Posições remuneratórias

1 – A cada categoria das carreiras corresponde um número variável de posições remuneratórias.

2 – À categoria da carreira unicategorial corresponde um número mínimo de oito posições remuneratórias.

3 – Nas carreiras pluricategoriais, o número de posições remuneratórias de cada categoria obedece às seguintes regras:

a) À categoria inferior corresponde um número mínimo de oito posições remuneratórias;

b) A cada uma das categorias sucessivamente superiores corresponde um número proporcionalmente decrescente de posições remuneratórias por forma a que[5]:

  i) Estando a carreira desdobrada em duas categorias, seja de quatro o número mínimo das posições remuneratórias da categoria superior;

  ii) Estando a carreira desdobrada em três categorias, seja de cinco e de duas o número mínimo das posições remuneratórias das categorias sucessivamente superiores;

  iii) Estando a carreira desdobrada em quatro categorias, seja de seis, quatro e duas o número mínimo das posições remuneratórias das categorias sucessivamente superiores.

Artigo 46.º
Alteração do posicionamento remuneratório: Opção gestionária

1 – Tendo em consideração as verbas orçamentais destinadas a suportar o tipo de encargos previstos na alínea b) do n.º 1 do artigo 7.º, o dirigente máximo do órgão ou serviço decide, nos termos dos n.ºs 3 e 4 do mesmo artigo, se, e em que medida, este se propõe suportar encargos decorrentes de alterações do posicionamento remuneratório na categoria dos trabalhadores do órgão ou serviço.

---

[5] *Rectificado pela Declaração de Rectificação n.º 22-A/2008, de 24 de Abril.*

Lei n.º 12-A/2008, de 27 de Fevereiro 39

2 – A decisão referida no número anterior fixa, fundamentadamente, o montante máximo, com as desagregações necessárias, dos encargos que o órgão ou serviço se propõe suportar, bem como o universo das carreiras e categorias onde as alterações do posicionamento remuneratório na categoria podem ter lugar.

3 – O universo referido no número anterior pode ainda ser desagregado, quando assim o entenda o dirigente máximo, em função:

a) Da atribuição, competência ou actividade que os trabalhadores integrados em determinada carreira ou titulares de determinada categoria devam cumprir ou executar;

b) Da área de formação académica ou profissional dos trabalhadores integrados em determinada carreira ou titulares de determinada categoria, quando tal área de formação tenha sido utilizada na caracterização dos postos de trabalho contidos nos mapas de pessoal.

4 – Para os efeitos do disposto nos números anteriores, as alterações podem não ter lugar em todas as carreiras, ou em todas as categorias de uma mesma carreira ou ainda relativamente a todos os trabalhadores integrados em determinada carreira ou titulares de determinada categoria.

5 – A decisão é tornada pública por afixação no órgão ou serviço e inserção em página electrónica.

ARTIGO 47.º
Alteração do posicionamento remuneratório: Regra

1 – Preenchem os universos definidos nos termos do artigo anterior os trabalhadores do órgão ou serviço, onde quer que se encontrem em exercício de funções, que, na falta de lei especial em contrário, tenham obtido, nas últimas avaliações do seu desempenho referido às funções exercidas durante o posicionamento remuneratório em que se encontram:

a) Duas menções máximas, consecutivas;

b) Três menções imediatamente inferiores às máximas, consecutivas; ou

c) Cinco menções imediatamente inferiores às referidas na alínea anterior, desde que consubstanciem desempenho positivo, consecutivas.

2 – Determinados os trabalhadores que preenchem cada um dos universos definidos, são ordenados, dentro de cada universo, por ordem decrescente da classificação quantitativa obtida na última avaliação do seu desempenho.

3 – Em face da ordenação referida no número anterior o montante máximo dos encargos fixado por cada universo, nos termos dos n.ᵒˢ 2 e 3 do artigo anterior, é distribuído, pela ordem mencionada, por forma a que cada trabalhador altere o seu posicionamento na categoria para a posição remuneratória imediatamente seguinte àquela em que se encontra[6].

4 – Não há lugar a alteração do posicionamento remuneratório quando, não obstante reunidos os requisitos previstos no n.º 1, o montante máximo dos encargos fixado para o universo em causa se tenha previsivelmente esgotado, no quadro da execução orçamental em curso, com a alteração relativa a trabalhador ordenado superiormente.

5 – Para efeitos do disposto nas alíneas b) e c) do n.º 1 são também consideradas as menções obtidas que sejam superiores às nelas referidas.

6 – Há lugar a alteração obrigatória para a posição remuneratória imediatamente seguinte àquela em que o trabalhador se encontra, quando a haja, independentemente dos universos definidos nos termos do artigo anterior, quando aquele, na falta de lei especial em contrário, tenha acumulado 10 pontos nas avaliações do seu desempenho referido às funções exercidas durante o posicionamento remuneratório em que se encontra, contados nos seguintes termos:

a) Três pontos por cada menção máxima;
b) Dois pontos por cada menção imediatamente inferior à máxima;
c) Um ponto por cada menção imediatamente inferior à referida na alínea anterior, desde que consubstancie desempenho positivo;
d) Um ponto negativo por cada menção correspondente ao mais baixo nível de avaliação.

7 – Na falta de lei especial em contrário, a alteração do posicionamento remuneratório reporta-se a 1 de Janeiro do ano em que tem lugar.

---

6 *Rectificado pela Declaração de Rectificação n.º 22-A/2008, de 24 de Abril.*

Artigo 48.º
Alteração do posicionamento remuneratório: Excepção

1 – Ainda que não se encontrem reunidos os requisitos previstos no n.º 1 do artigo anterior, o dirigente máximo do órgão ou serviço, ouvido o Conselho Coordenador da Avaliação, ou o órgão com competência equiparada, e nos limites fixados pela decisão referida nos n.ºs 2 e 3 do artigo 46.º, pode alterar, para a posição remuneratória imediatamente seguinte àquela em que se encontra, o posicionamento remuneratório de trabalhador em cuja última avaliação do desempenho tenha obtido a menção máxima ou a imediatamente inferior.

2 – Da mesma forma, nos limites fixados pela decisão referida nos n.ºs 2 e 3 do artigo 46.º, o dirigente máximo do órgão ou serviço, ouvido o Conselho Coordenador da Avaliação, ou o órgão com competência equiparada, pode determinar que a alteração do posicionamento na categoria de trabalhador referido no n.º 3 do artigo anterior se opere para qualquer outra posição remuneratória seguinte àquela em que se encontra.

3 – O disposto no número anterior tem como limite a posição remuneratória máxima para a qual tenham alterado o seu posicionamento os trabalhadores que, no âmbito do mesmo universo, se encontrem ordenados superiormente.

4 – As alterações do posicionamento remuneratório previstas no presente artigo são particularmente fundamentadas e tornadas públicas, com o teor integral da respectiva fundamentação e do parecer do Con-selho Coordenador de Avaliação, ou do órgão com compe-tência equiparada, por publicação em espaço próprio da 2.ª série do Diário da República, por afixação no órgão ou serviço e por inserção em página electrónica[7].

5 – É aplicável o disposto no n.º 7 do artigo anterior.

---

[7] *Rectificado pela Declaração de Rectificação n.º 22-A/2008, de 24 de Abril.*

SECÇÃO II
Carreiras gerais

ARTIGO 49.º
Enumeração e caracterização

1 – São gerais as carreiras de:

a) Técnico superior;
b) Assistente técnico;
c) Assistente operacional.

2 – A caracterização das carreiras gerais em função do número e esignação das categorias em que se desdobram, dos conteúdos funcionais, dos graus de complexidade funcional e do número de posições remuneratórias de cada categoria consta do anexo à presente lei, de que é parte integrante.

3 – A previsão, nos mapas de pessoal, de postos de trabalho que devam ser ocupados por coordenadores técnicos da carreira de assistente técnico depende da existência de unidades orgânicas flexíveis com o nível de secção ou da necessidade de coordenar, pelo menos, 10 assistentes técnicos do respectivo sector de actividade.

4 – A previsão, nos mapas de pessoal, de postos de trabalho que devam ser ocupados por encarregados gerais operacionais da carreira de assistente operacional depende da necessidade de coordenar, pelo menos, três encarregados operacionais do respectivo sector de actividade.

5 – A previsão, nos mapas de pessoal, de postos de trabalho que devam ser ocupados por encarregados operacionais da carreira de assistente operacional depende da necessidade de coordenar, pelo menos, 10 assistentes operacionais do respectivo sector de actividade.

Lei n.º 12-A/2008, de 27 de Fevereiro 43

CAPÍTULO III
Recrutamento

ARTIGO 50.º
Procedimento concursal

1 – Decidido pelo dirigente máximo da entidade empregadora pública, nos termos do n.º 2 do artigo 6.º e da alínea b) do n.º 1 e dos n.ºs 3 e 4 do artigo 7.º, promover o recrutamento de trabalhadores necessários à ocupação de todos ou de alguns postos de trabalho previstos, e não ocupados, nos mapas de pessoal aprovados, é publicitado o respectivo procedimento concursal, designadamente através de publicação na 2.ª série do Diário da República.

2 – O procedimento concursal referido no número anterior observa as injunções decorrentes do disposto nos n.ºs 3 a 7 do artigo 6.º

3 – Da publicitação do procedimento concursal consta, com clareza, a referência ao número de postos de trabalho a ocupar e a sua caracterização em função da atribuição, competência ou actividade a cumprir ou a executar, carreira, categoria e, quando imprescindível, área de formação académica ou profissional que lhes correspondam[8].

4 – Para os efeitos do disposto no número anterior, a publicitação do procedimento faz referência:

a) À área de formação académica quando, nos casos da alínea c) do n.º 1 do artigo 44.º, exista mais do que uma no mesmo nível habilitacional;

b) À área de formação profissional quando, nos casos das alíneas a) e b) do n.º 1 do artigo 44.º, a integração na carreira não dependa, ou não dependa exclusivamente, de habilitações literárias.

ARTIGO 51.º
Exigência de nível habilitacional

1 – Em regra, pode apenas ser candidato ao procedimento quem seja titular do nível habilitacional e, quando seja o caso, da área de formação,

---

[8] *Rectificado pela Declaração de Rectificação n.º 22-A/2008, de 24 de Abril.*

Regime do Contrato de Trabalho em Funções Públicas

correspondentes ao grau de complexidade funcional da carreira e categoria caracterizadoras dos postos de trabalho para cuja ocupação o procedimento é publicitado.

2 – A publicitação do procedimento pode, porém, prever a possibilidade de candidatura de quem, não sendo titular da habilitação exigida, considere dispor da formação e, ou, experiência profissionais necessárias e suficientes para a substituição daquela habilitação.

3 – A substituição da habilitação nos termos referidos no número anterior não é admissível quando, para o exercício de determinada profissão ou função, implicadas na caracterização dos postos de trabalho em causa, lei especial exija título ou o preenchimento de certas condições.

4 – O júri, preliminarmente, analisa a formação e, ou, a experiência profissionais e delibera sobre a admissão do candidato ao procedimento concursal.

5 – Em caso de admissão, a deliberação, acompanhada do teor integral da sua fundamentação, é notificada aos restantes candidatos.

ARTIGO 52.°
Outros requisitos de recrutamento

1 – Quando se trate de carreiras unicategoriais ou da categoria inferior de carreiras pluricategoriais, podem candidatar-se ao procedimento:

a) Trabalhadores integrados na mesma carreira, a cumprir ou a executar diferente atribuição, competência ou actividade, do órgão ou serviço em causa;

b) Trabalhadores integrados na mesma carreira, a cumprir ou a executar qualquer atribuição, competência ou actividade, de outro órgão ou serviço ou que se encontrem em situação de mobilidade especial;

c) Trabalhadores integrados em outras carreiras;

d) Sendo o caso, trabalhadores que exerçam os respectivos cargos em comissão de serviço ou que sejam sujeitos de outras relações jurídicas de emprego público por tempo determinado ou determinável e indivíduos sem relação jurídica de emprego público previamente estabelecida.

2 – Na falta de lei especial em contrário, quando se trate de categorias superiores de carreiras pluricategoriais, podem candidatar-se ao pro-

Lei n.º 12-A/2008, de 27 de Fevereiro 45

cedimento, para além dos referidos no número anterior, trabalhadores integrados na mesma carreira, em diferente categoria, do órgão ou serviço em causa, que se encontrem a cumprir ou a executar idêntica atribuição, competência ou actividade.

ARTIGO 53.º
Métodos de selecção

1 – Sem prejuízo do disposto nos números seguintes, os métodos de selecção a utilizar obrigatoriamente no recrutamento são os seguintes:

a) Provas de conhecimentos, destinadas a avaliar se, e em que medida, os candidatos dispõem das competências técnicas necessárias ao exercício da função; e

b) Avaliação psicológica destinada a avaliar se, e em que medida, os candidatos dispõem das restantes competências exigíveis ao exercício da função.

2 – Excepto quando afastados, por escrito, pelos candidatos que, cumulativamente, sejam titulares da categoria e se encontrem ou, tratando-se de candidatos colocados em situação de mobilidade especial, se tenham por último encontrado, a cumprir ou a executar a atribuição, competência ou actividade caracterizadoras dos postos de trabalho para cuja ocupação o procedimento foi publicitado, os métodos de selecção a utilizar no seu recrutamento são os seguintes:

a) Avaliação curricular incidente especialmente sobre as funções que têm desempenhado na categoria e no cumprimento ou execução da atribuição, competência ou actividade em causa e o nível de desempenho nelas alcançado; e[9];

b) Entrevista de avaliação das competências exigíveis ao exercício da função.

3 – Podem ainda ser adoptados, facultativamente, outros métodos de selecção legalmente previstos.

---

[9] *Rectificado pela Declaração de Rectificação n.º 22-A/2008, de 24 de Abril.*

46 *Regime do Contrato de Trabalho em Funções Públicas*

4 – Em casos excepcionais, devidamente fundamentados, designadamente quando o número de candidatos seja de tal modo elevado que a utilização dos métodos de selecção referidos nos números anteriores se torne impraticável, a entidade empregadora pública pode limitar-se a utilizar, em qualquer recrutamento, os referidos nas alíneas a) dos n.os 1 ou 2.

ARTIGO 54.º
Tramitação do procedimento concursal

1 – O procedimento concursal é simplificado e urgente, obedecendo aos seguintes princípios:

a) O júri do procedimento é composto por trabalhadores da entidade empregadora pública, de outro órgão ou serviço e, quando a área de formação exigida revele a sua conveniência, de entidades privadas;
b) Inexistência de actos ou de listas preparatórias da ordenação final dos candidatos;
c) A ordenação final dos candidatos é unitária, ainda que lhes tenham sido aplicados métodos de selecção diferentes;
d) O recrutamento efectua-se pela ordem decrescente da ordenação final dos candidatos colocados em situação de mobilidade especial e, esgotados estes, dos restantes candidatos.

2 – A tramitação do procedimento concursal, incluindo a do destinado a constituir reservas de recrutamento em cada órgão ou serviço ou em entidade centralizada, é regulamentada por portaria do membro do Governo responsável pela área da Administração Pública ou, tratando-se de carreira especial relativamente à qual aquela tramitação se revele desadequada, por portaria deste membro do Governo e daquele cujo âmbito de competência abranja órgão ou serviço em cujo mapa de pessoal se contenha a previsão da carreira.

ARTIGO 55.º
Determinação do posicionamento remuneratório

1 – Quando esteja em causa posto de trabalho relativamente ao qual a modalidade da relação jurídica de emprego público seja o contrato, o posicionamento do trabalhador recrutado numa das posições remune-

Lei n.° 12-A/2008, de 27 de Fevereiro 47

ratórias da categoria é objecto de negociação com a entidade empregadora pública e tem lugar:

a) Imediatamente após o termo do procedimento concursal; ou´
b) Aquando da aprovação em curso de formação específico ou da aquisição de certo grau académico ou de certo título profissional, nos termos da alínea c) do n.° 3 do ARTIGO 41.°, que decorram antes da celebração do contrato.

2 – Para os efeitos do disposto na alínea d) do n.° 1 do artigo anterior, a negociação com os candidatos colocados em situação de mobilidade especial antecede a que tenha lugar com os restantes candidatos.

3 – Sem prejuízo de contactos informais que possam e devam ter lugar, a negociação entre a entidade empregadora pública e cada um dos candidatos, pela ordem em que figurem na ordenação final, efectua-se por escrito.

4 – Em casos excepcionais, devidamente fundamentados, designadamente quando o número de candidatos seja de tal modo elevado que a negociação se torne impraticável, a entidade empregadora pública pode tomar a iniciativa de a consubstanciar numa proposta de adesão a um determinado posicionamento remuneratório enviada a todos os candidatos.

5 – O eventual acordo obtido ou a proposta de adesão são objecto de fundamentação escrita pela entidade empregadora pública.

6 – Em cada um dos universos de candidatos referidos na alínea d) do n.° 1 do artigo anterior, bem como relativamente à ordenação de todos os candidatos, a falta de acordo com determinado candidato determina a negociação com o que se lhe siga na ordenação, ao qual, em caso algum, pode ser proposto posicionamento remuneratório superior ao máximo que tenha sido proposto a, e não aceite por, qualquer dos candidatos que o antecedam naquela ordenação.

7 – Após o seu encerramento, a documentação relativa aos processos negociais em causa é pública e de livre acesso.

8 – Quando esteja em causa posto de trabalho relativamente ao qual a modalidade da relação jurídica de emprego público seja a nomeação, lei especial pode tornar-lhe aplicável o disposto nos números anteriores.

9 – Não usando da faculdade prevista no número anterior, o posicionamento do trabalhador recrutado tem lugar na ou numa das posições remuneratórias da categoria que tenham sido publicitadas conjuntamente com os elementos referidos no n.° 3 do artigo 50.°

Artigo 56.º
Curso de Estudos Avançados em Gestão Pública

1 – Observados os condicionalismos referidos no n.º 1 do artigo 50.º relativamente a actividades de natureza permanente, o dirigente máximo da entidade empregadora pública pode optar, em alternativa à publicitação de procedimento concursal nele previsto, pelo recurso a diplomados pelo Curso de Estudos Avançados em Gestão Pública (CEAGP).

2 – Para efeitos do disposto no número anterior, a entidade empregadora pública remete ao Instituto Nacional de Administração (INA) lista do número de postos de trabalho a ocupar, bem como a respectiva caracterização nos termos dos n.os 3 e 4 do artigo 50.º

3 – A caracterização dos postos de trabalho cujo número consta da lista toma em consideração que os diplomados com o CEAGP apenas podem ser integrados na carreira geral de técnico superior e para cumprimento ou execução das atribuições, competências ou actividades que a respectiva regulamentação identifique.

4 – A remessa da lista ao INA compromete a entidade empregadora pública a, findo o CEAGP, integrar o correspondente número de diplomados.

5 – O recrutamento para frequência do CEAGP observa as injunções decorrentes do disposto nos n.os 4 a 7 do artigo 6.º

6 – A integração na carreira geral de técnico superior efectua-se na primeira posição remuneratória ou naquela cujo nível remuneratório seja idêntico ou, na sua falta, imediatamente superior ao nível remuneratório correspondente ao posicionamento do candidato na categoria de origem, quando dela seja titular no âmbito de uma relação jurídica de emprego público constituída por tempo indeterminado.

7 – O CEAGP pode igualmente decorrer em outras instituições de ensino superior nos termos fixados em portaria dos membros do Governo responsáveis pela Administração Pública e ensino superior, sendo, neste caso, a Direcção-Geral da Administração e do Emprego Público a entidade competente para a gestão de todo o procedimento.

8 – O CEAGP é regulamentado por portaria do membro do Governo responsável pela área da Administração Pública.

Lei n.° 12-A/2008, de 27 de Fevereiro 49

ARTIGO 57.°
Formação profissional

1 – Não se tratando de carreira especial para cuja integração tenha sido exigida a aprovação em curso de formação específico, o início de funções do trabalhador recrutado tem lugar com um período de formação em sala e em exercício, cuja duração e conteúdo dependem da prévia situação jurídico-funcional do trabalhador.

2 – Os trabalhadores têm o direito e o dever de frequentar, todos os anos, acções de formação e aperfeiçoamento profissional na actividade em que exercem funções.

CAPÍTULO IV[10]
Mobilidade geral

ARTIGO 58.°
Cedência de interesse público

1 – Há lugar à celebração de acordo de cedência de interesse público quando um trabalhador de entidade excluída do âmbito de aplicação objectivo da presente lei deva exercer funções, ainda que a tempo parcial, em órgão ou serviço a que a presente lei é aplicável e, inversamente, quando um trabalhador de órgão ou serviço deva exercer funções, ainda que no mesmo regime, em entidade excluída daquele âmbito de aplicação.

2 – O acordo pressupõe a concordância escrita do órgão ou serviço, do membro do Governo respectivo, da entidade e do trabalhador e implica, na falta de disposição em contrário, a suspensão do estatuto de origem deste.

3 – A cedência de interesse público sujeita o trabalhador às ordens e instruções do órgão ou serviço ou da entidade onde vai prestar funções, sendo remunerado por estes com respeito pelas disposições normativas aplicáveis ao exercício daquelas funções.

4 – O exercício do poder disciplinar compete à entidade cessionária, excepto quando esteja em causa a aplicação de penas disciplinares expulsivas.

---

[10] Este capítulo entrou em vigor no dia 1 de Janeiro de 2009 por força do n.° 4 do artigo 37.° da Lei n.° 64-A/2008, de 31 de Dezembro.

5 – Os comportamentos do trabalhador cedido têm relevância no âmbito da relação jurídica de emprego de origem, devendo o procedimento disciplinar que apure as infracções disciplinares respeitar o estatuto disciplinar de origem.

6 – O trabalhador cedido tem direito:

a) À contagem, na categoria de origem, do tempo de serviço prestado em regime de cedência;

b) A optar pela manutenção do regime de protecção social de origem, incidindo os descontos sobre o montante da remuneração que lhe competiria na categoria de origem;

c) A ocupar, nos termos legais, diferente posto de trabalho no órgão ou serviço ou na entidade de origem ou em outro órgão ou serviço.

7 – No caso previsto na alínea c) do número anterior, o acordo de cedência de interesse público caduca com a ocupação do novo posto de trabalho.

8 – O acordo pode ser feito cessar, a todo o tempo, por iniciativa de qualquer das partes que nele tenham intervindo, com aviso prévio de 30 dias.

9 – Não pode haver lugar, durante o prazo de um ano, a cedência de interesse público para o mesmo órgão ou serviço ou para a mesma entidade de trabalhador que se tenha encontrado cedido e tenha regressado à situação jurídico-funcional de origem.

10 – No caso previsto na primeira parte do n.º 1, o exercício de funções no órgão ou serviço é titulado através da modalidade adequada de constituição da relação jurídica de emprego público.

11 – As funções a exercer em órgão ou serviço correspondem a um cargo ou a uma carreira, categoria, actividade e, quando imprescindível, área de formação académica ou profissional.

12 – Quando as funções correspondam a um cargo dirigente, o acordo de cedência de interesse público é precedido da observância dos requisitos e procedimentos legais de recrutamento.

13 – O acordo de cedência de interesse público para o exercício de funções em órgão ou serviço a que a presente lei é aplicável tem a duração máxima de um ano, excepto quando tenha sido celebrado para o exercício de um cargo ou esteja em causa órgão ou serviço, designadamente temporário, que não possa constituir relações jurídicas de emprego público por tempo indeterminado, casos em que a sua duração é indeterminada.

Lei n.º 12-A/2008, de 27 de Fevereiro 51

14 – No caso previsto na alínea b) do n.º 6, o órgão ou serviço ou a entidade comparticipam:

a) No financiamento do regime de protecção social aplicável em concreto com a importância que se encontre legalmente estabelecida para a contribuição das entidades empregadoras;
b) Sendo o caso, nas despesas de administração de subsistemas de saúde da função pública, nos termos legais aplicáveis.

15 – Quando um trabalhador de órgão ou serviço deva exercer funções em central sindical ou confederação patronal, ou em entidade privada com representatividade equiparada nos sectores económico e social, o acordo pode prever que continue a ser remunerado, bem como as correspondentes comparticipações asseguradas, pelo órgão ou serviço.

16 – No caso previsto no número anterior, o número máximo de trabalhadores cedidos é de quatro por cada central sindical e de dois por cada uma das restantes entidades.

ARTIGO 59.º
Mobilidade interna a órgãos ou serviços

1 – Quando haja conveniência para o interesse público, designadamente quando a economia, a eficácia e a eficiência dos órgãos ou serviços o imponham, os trabalhadores podem ser sujeitos a mobilidade interna.

2 – A mobilidade referida no número anterior é sempre devidamente fundamentada e pode operar-se:

a) Dentro da mesma modalidade de constituição da relação jurídica de emprego público por tempo indeterminado ou entre ambas as modalidades;
b) Dentro do mesmo órgão ou serviço ou entre dois órgãos ou serviços;
c) Abrangendo indistintamente trabalhadores em actividade ou que se encontrem colocados em situação de mobilidade especial;
d) A tempo inteiro ou a tempo parcial, conforme o acordado entre os sujeitos que devam dar o seu acordo.

Artigo 60.º
Modalidades de mobilidade interna

1 – A mobilidade interna reveste as modalidades de mobilidade na categoria e de mobilidade intercarreiras ou categorias.

2 – A mobilidade na categoria opera-se para o exercício de funções inerentes à categoria de que o trabalhador é titular, na mesma actividade ou em diferente actividade para que detenha habilitação adequada.

3 – A mobilidade intercarreiras ou categorias opera-se para o exercício de funções não inerentes à categoria de que o trabalhador é titular e inerentes:

a) A categoria superior ou inferior da mesma carreira; ou

b) A carreira de grau de complexidade funcional igual, superior ou inferior ao da carreira em que se encontra integrado ou ao da categoria de que é titular.

4 – A mobilidade intercarreiras ou categorias depende da titularidade de habilitação adequada do trabalhador e não pode modificar substancialmente a sua posição.

Artigo 61.º
Acordos

1 – Em regra, a mobilidade interna depende do acordo do trabalhador e dos órgãos ou serviços de origem e de destino.

2 – Sem prejuízo do disposto nos números seguintes, é dispensado o acordo do trabalhador para efeitos de mobilidade interna, em qualquer das suas modalidades, quando:

a) Se opere para órgão, serviço ou unidade orgânica situados no concelho do seu órgão, serviço ou unidade orgânica de origem ou no da sua residência;

b) O órgão, serviço ou unidade orgânica de origem ou a sua residência se situe no concelho de Lisboa ou no do Porto e a mobilidade se opere para órgão, serviço ou unidade orgânica situados em concelho confinante com qualquer daqueles;

Lei n.º 12-A/2008, de 27 de Fevereiro 53

c) Se opere para qualquer outro concelho, desde que se verifiquem cumulativamente as seguintes condições, aferidas em função da utilização de transportes públicos:

i) Não implique despesas mensais para deslocações entre a residência e o local de trabalho, em ambos os sentidos, superiores a 8 % da remuneração líquida mensal ou, sendo superiores, que não ultrapassem as despesas mensais para deslocações entre a residência e o órgão, serviço ou unidade orgânica de origem;

ii) O tempo gasto naquelas deslocações não exceda 25 % do horário de trabalho ou, excedendo-o, não ultrapasse o tempo gasto nas deslocações entre a residência e o órgão, serviço ou unidade orgânica de origem.

3 – O disposto na alínea c) do número anterior não é aplicável quando o trabalhador invoque e comprove que da mobilidade interna lhe adviria prejuízo sério para a sua vida pessoal.

4 – Quando a mobilidade interna se opere para categoria inferior da mesma carreira ou para carreira de grau de complexidade funcional inferior ao da carreira em que se encontra integrado ou ao da categoria de que é titular, o acordo do trabalhador nunca pode ser dispensado.

5 – Quando a mobilidade interna se opere para órgão ou serviço, designadamente temporário, que não possa constituir relações jurídicas de emprego público por tempo indeterminado e se preveja que possa ter duração superior a um ano, o acordo do trabalhador que não se encontre colocado em situação de mobilidade especial nunca pode ser dispensado.

6 – No âmbito dos serviços referidos nos n.ºs 1 e 2 do artigo 3.º, é dispensado o acordo do serviço de origem para efeitos de mobilidade interna, em qualquer das suas modalidades, quando se opere:

a) Para serviço ou unidade orgânica situados fora das áreas metropolitanas de Lisboa e do Porto;

b) Por iniciativa do trabalhador, desde que se verifique fundado interesse do serviço de destino, reconhecido por despacho do respectivo membro do Governo.

Artigo 62.º
Remuneração

1 – O trabalhador em mobilidade na categoria, em órgão ou serviço diferente ou cuja situação jurídico-funcional de origem seja a de colocado em situação de mobilidade especial, pode ser remunerado pela posição remuneratória imediatamente seguinte àquela em que se encontre posicionado na categoria ou, em caso de inexistência, pelo nível remuneratório que suceda ao correspondente à sua posição na tabela remuneratória única.

2 – O trabalhador em mobilidade intercarreiras ou categorias em caso algum é afectado na remuneração correspondente à categoria de que é titular.

3 – No caso referido no número anterior, a remuneração do trabalhador é acrescida para o nível remuneratório superior mais próximo daquele que corresponde ao seu posicionamento na categoria de que é titular que se encontre previsto na categoria cujas funções vai exercer, desde que a primeira posição remuneratória desta categoria corresponda a nível remuneratório superior ao nível remuneratório da primeira posição daquela de que é titular.

4 – Não se verificando a hipótese prevista no número anterior, pode o trabalhador ser remunerado nos termos do n.º 1.

5 – Excepto acordo diferente entre os órgãos ou serviços, o trabalhador em mobilidade interna é remunerado pelo órgão ou serviço de destino.

Artigo 63.º
Duração

1 – A mobilidade interna tem a duração máxima de um ano, excepto quando esteja em causa órgão ou serviço, designadamente temporário, que não possa constituir relações jurídicas de emprego público por tempo indeterminado, caso em que a sua duração é indeterminada.

2 – Não pode haver lugar, durante o prazo de um ano, a mobilidade interna para o mesmo órgão, serviço ou unidade orgânica de trabalhador que se tenha encontrado em mobilidade interna e tenha regressado à situação jurídico-funcional de origem.

Artigo 64.º
Consolidação da mobilidade na categoria

1 – A mobilidade na categoria que se opere dentro do mesmo órgão ou serviço consolida-se definitivamente, por decisão do respectivo dirigente máximo:

a) Independentemente de acordo do trabalhador, se não tiver sido exigido para o seu início, ou com o seu acordo, no caso contrário, quando se tenha operado na mesma actividade;
b) Com o acordo do trabalhador, quando se tenha operado em diferente actividade.

2 – A consolidação referida no número anterior não é precedida nem sucedida de qualquer período experimental.

Artigo 65.º
Avaliação do desempenho e tempo de serviço em mobilidade interna

A menção obtida na avaliação do desempenho, bem como o tempo de exercício de funções em carreira e categoria decorrentes de mobilidade interna do trabalhador reportam-se, em alternativa, à sua situação jurídico--funcional de origem ou à correspondente à mobilidade interna em que se encontrou, conforme, entretanto, o trabalhador não venha ou venha, respectivamente, a constituir uma relação jurídica de emprego público por tempo indeterminado, sem interrupção de funções, na última situação jurídico-funcional.

TÍTULO V
Regime de remunerações

CAPÍTULO I
Remunerações

SECÇÃO I
Componentes da remuneração

ARTIGO 66.º
Direito à remuneração

1 – O direito à remuneração devida por motivo de exercício de funções em órgão ou serviço a que a presente lei é aplicável constitui-se, em regra, com a aceitação da nomeação, ou acto equiparado, ou, não devendo estes ter lugar, com o início do exercício efectivo de funções.

2 – O disposto no número anterior não prejudica regime diferente legalmente previsto, designadamente no n.º 2 do artigo 18.º

3 – A remuneração, quando seja periódica, é paga mensalmente.

4 – A lei prevê as situações e condições em que o direito à remuneração é total ou parcialmente suspenso.

5 – O direito à remuneração cessa com a cessação de qualquer das modalidades de vinculação, designadamente das relações jurídicas de emprego público constituídas.

ARTIGO 67.º
Componentes da remuneração

A remuneração dos trabalhadores que exerçam funções ao abrigo de relações jurídicas de emprego público é composta por:

a) Remuneração base;
b) Suplementos remuneratórios;
c) Prémios de desempenho.

SECÇÃO II
Remuneração base

ARTIGO 68.º
Tabela remuneratória única

1 – A tabela remuneratória única contém a totalidade dos níveis remuneratórios susceptíveis de ser utilizados na fixação da remuneração base dos trabalhadores que exerçam funções ao abrigo de relações jurídicas de emprego público.

2 – O número de níveis remuneratórios e o montante pecuniário correspondente a cada um é fixado em portaria conjunta do Primeiro-Ministro e do membro do Governo responsável pela área das finanças.

3 – A alteração do número de níveis remuneratórios é objecto de negociação colectiva, nos termos da lei.

4 – A alteração do montante pecuniário correspondente a cada nível remuneratório é objecto de negociação colectiva anual, nos termos da lei, devendo, porém, manter-se a proporcionalidade relativa entre cada um dos níveis.

ARTIGO 69.º
Fixação da remuneração base

1 – A identificação dos níveis remuneratórios correspondentes às posições remuneratórias das categorias, bem como aos cargos exercidos em comissão de serviço, é efectuada por decreto regulamentar.

2 – Na identificação dos níveis remuneratórios correspondentes às posições remuneratórias das categorias observam-se, tendencialmente, as seguintes regras:

a) Tratando-se de carreiras pluricategoriais, os intervalos entre aqueles níveis são decrescentemente mais pequenos à medida que as correspondentes posições se tornam superiores;

b) Nenhum nível remuneratório correspondente às posições das várias categorias da carreira se encontra sobreposto, verificando--se um movimento único crescente desde o nível correspondente à primeira posição da categoria inferior até ao correspondente à última posição da categoria superior;

58　　Regime do Contrato de Trabalho em Funções Públicas

c) Excepcionalmente, o nível correspondente à última posição remuneratória de uma categoria pode ser idêntico ao da primeira posição da categoria imediatamente superior;
d) Tratando-se de carreiras unicategoriais, os intervalos entre aqueles níveis são constantes.

ARTIGO 70.º
Conceito de remuneração base

1 – A remuneração base mensal é o montante pecuniário correspondente ao nível remuneratório, conforme os casos, da posição remuneratória onde o trabalhador se encontra na categoria de que é titular ou do cargo exercido em comissão de serviço.

2 – A remuneração base está referenciada à titularidade, respectivamente, de uma categoria e ao respectivo posicionamento remuneratório do trabalhador ou à de um cargo exercido em comissão de serviço.

3 – A remuneração base anual é paga em 14 mensalidades, correspondendo uma delas ao subsídio de Natal e outra ao subsídio de férias, nos termos da lei.

ARTIGO 71.º
Remuneração horária

1 – O valor da hora normal de trabalho é calculado através da fórmula (Rb x 12)/(52 x N) , sendo Rb a remuneração base mensal e N o número de horas da normal duração semanal do trabalho.

2 – A fórmula referida no número anterior serve de base ao cálculo da remuneração correspondente a qualquer outra fracção do tempo de trabalho.

ARTIGO 72.º
Opção de remuneração base

Quando a relação jurídica de emprego público se constitua por comissão de serviço, ou haja lugar a cedência de interesse público, o trabalhador tem o direito de optar, a todo o tempo, pela remuneração base devida na situação jurídico-funcional de origem que esteja constituída por tempo indeterminado.

SECÇÃO III
Suplementos remuneratórios

ARTIGO 73.º
Condições de atribuição dos suplementos remuneratórios

1 – São suplementos remuneratórios os acréscimos remuneratórios devidos pelo exercício de funções em postos de trabalho que apresentam condições mais exigentes relativamente a outros postos de trabalho caracterizados por idêntico cargo ou por idênticas carreira e categoria.

2 – Os suplementos remuneratórios estão referenciados ao exercício de funções nos postos de trabalho referidos na primeira parte do número anterior, sendo apenas devidos a quem os ocupe.

3 – São devidos suplementos remuneratórios quando trabalhadores, em postos de trabalho determinados nos termos do n.º 1, sofram, no exercício das suas funções, condições de trabalho mais exigentes:

   a) De forma anormal e transitória, designadamente as decorrentes de prestação de trabalho extraordinário, nocturno, em dias de descanso semanal, complementar e feriados e fora do local normal de trabalho; ou
   b) De forma permanente, designadamente as decorrentes de prestação de trabalho arriscado, penoso ou insalubre, por turnos, em zonas periféricas, com isenção de horário e de secretariado de direcção[11].

4 – Os suplementos remuneratórios são apenas devidos enquanto perdurem as condições de trabalho que determinaram a sua atribuição.

---

[11] *Redacção dada pela Lei n.º 64-A/2008, de 31 de Dezembro.*

60 Regime do Contrato de Trabalho em Funções Públicas

5 – Os suplementos remuneratórios são apenas devidos enquanto haja exercício de funções, efectivo ou como tal considerado por acto legislativo da Assembleia da República[12].

6 – Em regra, os suplementos remuneratórios são fixados em montantes pecuniários, só excepcionalmente podendo ser fixados em percentagem da remuneração base mensal.

7 – Com observância do disposto nos números anteriores, os suplementos remuneratórios são criados e regulamentados por lei e ou no caso das relações jurídicas de emprego público constituídas por contrato, por instrumento de regulamentação colectiva de trabalho[13].

SECÇÃO IV
Prémios de desempenho

ARTIGO 74.º
Preparação da atribuição

1 – Tendo em consideração as verbas orçamentais destinadas a suportar o tipo de encargos previstos na alínea c) do n.º 1 e no n.º 5 do artigo 7.º, o dirigente máximo do órgão ou serviço fixa, fundamentadamente, no prazo de 15 dias após o início da execução do orçamento, o universo dos cargos e o das carreiras e categorias onde a atribuição de prémios de desempenho pode ter lugar, com as desagregações necessárias do montante disponível em função de tais universos.

2 – É aplicável à atribuição de prémios de desempenho, com as necessárias adaptações, o disposto nos n.ᵒˢ 3 a 5 do artigo 46.º

ARTIGO 75.º
Condições da atribuição dos prémios de desempenho

1 – Preenchem os universos definidos nos termos do artigo anterior os trabalhadores que, cumulativamente, exerçam funções no órgão ou

---

[12] *Redacção dada pela Lei n.º 64-A/2008, de 31 de Dezembro.*
[13] *Redacção dada pela Lei n.º 64-A/2008, de 31 de Dezembro.*

serviço e, na falta de lei especial em contrário, tenham obtido, na última avaliação do seu desempenho, a menção máxima ou a imediatamente inferior a ela.

2 – Determinados os trabalhadores que preenchem cada um dos universos definidos, são ordenados, dentro de cada universo, por ordem decrescente da classificação quantitativa obtida naquela avaliação.

3 – Em face da ordenação referida no número anterior, e após exclusão dos trabalhadores que, nesse ano, tenham alterado o seu posicionamento remuneratório na categoria por cujo nível remuneratório se encontrem a auferir a remuneração base, o montante máximo dos encargos fixado por cada universo nos termos do artigo anterior é distribuído, pela ordem mencionada, por forma a que cada trabalhador.receba o equivalente à sua remuneração base mensal[14].

4 – Não há lugar a atribuição de prémio de desempenho quando, não obstante reunidos os requisitos previstos no n.° 1, o montante máximo dos encargos fixado para o universo em causa se tenha esgotado com a atribuição de prémio a trabalhador ordenado superiormente.

5 – Os prémios de desempenho estão referenciados ao desempenho do trabalhador objectivamente revelado e avaliado.

ARTIGO 76.°
Outros sistemas de recompensa do desempenho

1 – Nos limites do previsto na alínea c) do n.° 1 e no n.° 5 do artigo 7.°, por lei e, ou, no caso das relações jurídicas de emprego público constituídas por contrato, por instrumento de regulamentação colectiva[15], podem ser criados e regulamentados outros sistemas de recompensa do desempenho, designadamente em função de resultados obtidos em equipa ou do desempenho de trabalhadores que se encontrem posicionados na última posição remuneratória da respectiva categoria.

2 – Os sistemas referidos no número anterior podem afastar a aplicação do previsto na presente secção.

---

[14] *Rectificado pela Declaração de Rectificação n.° 22-A/2008*
[15] *Redacção dada pela Lei n.° 64-A/2008, de 27 de Fevereiro.*

CAPÍTULO II
Descontos

ARTIGO 77.º
Enumeração

1 – Sobre as remunerações devidas pelo exercício de funções em órgão ou serviço a que a presente lei é aplicável incidem:

a) Descontos obrigatórios;
b) Descontos facultativos.

2 – São obrigatórios os descontos que resultam de imposição legal.
3 – São facultativos os descontos que, sendo permitidos por lei, carecem de autorização expressa do titular do direito à remuneração.
4 – Na falta de lei especial em contrário, os descontos são efectuados directamente através de retenção na fonte.

ARTIGO 78.º
Descontos obrigatórios

Constituída a relação jurídica de emprego público, são descontos obrigatórios os seguintes:

a) Imposto sobre o rendimento das pessoas singulares;
b) Quotizações para o regime de protecção social aplicável.

ARTIGO 79.º
Descontos facultativos

1 – Constituída a relação jurídica de emprego público, são descontos facultativos, designadamente, os seguintes:

a) Prémios de seguros de doença ou de acidentes pessoais, de seguros de vida e complementos de reforma e planos de poupança-reforma;
b) Quota sindical.

Lei n.º 12-A/2008, de 27 de Fevereiro 63

2 – Desde que solicitado pelos trabalhadores nomeados ou em comissão de serviço, as quotas sindicais são obrigatoriamente descontadas na fonte.

3 – São subsidiariamente aplicáveis aos descontos referidos no número anterior, com as necessárias adaptações, as disposições adequadas do RCTFP.

TÍTULO VI
Regime jurídico-funcional das modalidades de constituição da relação jurídica de emprego público

ARTIGO 80.º
Fontes normativas da nomeação

1 – As fontes normativas do regime jurídico-funcional aplicável aos trabalhadores que, enquanto sujeitos de uma relação jurídica de emprego público diferente da comissão de serviço, se encontrem nas condições referidas no artigo 10.º são, por esta ordem:

a) A presente lei e a legislação que a regulamenta, na parte aplicável[16];

b) As leis gerais cujo âmbito de aplicação subjectivo abranja todos os trabalhadores, independentemente da modalidade de constituição da relação jurídica de emprego público ao abrigo da qual exercem as respectivas funções, na parte aplicável;

c) As leis especiais aplicáveis às correspondentes carreiras especiais, nas matérias que, face ao disposto na lei, possam regular;

d) Subsidiariamente, as leis gerais cujo âmbito de aplicação subjectivo se circunscreva aos então designados funcionários e agentes.

---

[16] *Rectificado pela Declaração de Rectificação n.º 22-A/2008, de 24 de Abril.*

64 Regime do Contrato de Trabalho em Funções Públicas

2 – São, designadamente, leis gerais previstas na alínea b) do número anterior as que definam:

a) O regime da reorganização de serviços e da colocação de pessoal em situação de mobilidade especial;
b) O estatuto do pessoal dirigente;
c) Os sistemas de avaliação do desempenho dos serviços, dos dirigentes e dos trabalhadores;
d) O estatuto disciplinar.

3 – São, designadamente, matérias reguladas pelas leis especiais previstas na alínea c) do n.º 1 as que definam:

a) A estruturação das carreiras especiais;
b) Os requisitos de recrutamento e a subsequente determinação do posicionamento remuneratório;
c) Os níveis remuneratórios das posições das categorias das carreiras;
d) Os suplementos remuneratórios;
e) Outros sistemas de recompensa do desempenho;
f) Sistemas adaptados e específicos de avaliação do desempenho;
g) Estatutos disciplinares especiais;
h) O regime aplicável em matérias não reguladas nas leis previstas nas alíneas a) e b) do n.º 1.

ARTIGO 81.º
Fontes normativas do contrato

1 – As fontes normativas do regime jurídico-funcional aplicável aos trabalhadores que, enquanto sujeitos de uma relação jurídica de emprego público diferente da comissão de serviço, se encontrem em condições diferentes das referidas no artigo 10.º são, por esta ordem:

a) A presente lei e a legislação que a regulamenta, na parte aplicável[17];

---

[17] *Rectificado pela Declaração de Rectificação n.º 22-A/2008, de 24 de Abril.*

Lei n.° 12-A/2008, de 27 de Fevereiro 65

b) As leis gerais cujo âmbito de aplicação subjectivo abranja todos os trabalhadores, independentemente da modalidade de constituição da relação jurídica de emprego público ao abrigo da qual exercem as respectivas funções, na parte aplicável;
c) As leis especiais aplicáveis às correspondentes carreiras especiais, nas matérias que, face ao disposto na lei, possam regular;
d) O RCTFP;
e) Subsidiariamente, as leis gerais cujo âmbito de aplicação subjectivo se circunscreva aos então designados funcionários e agentes;
f) Subsidiariamente, as disposições do contrato.

2 – São ainda fonte normativa, nas matérias que, face ao disposto na lei, possam regular, os instrumentos de regulamentação colectiva de trabalho que integrem ou derroguem disposições ou regimes constantes das fontes referidas nas alíneas *a*) a *d*) do número anterior, desde que mais favoráveis aos trabalhadores, designadamente sobre[18]:

a) Suplementos remuneratórios;
b) Outros sistemas de recompensa do desempenho;
c) Sistemas adaptados e específicos de avaliação do desempenho;
d) O regime aplicável em matérias não reguladas nas leis previstas nas alíneas a) e b) do n.° 1 quando expressamente as possam regular.

3 – São igualmente fonte normativa, nas matérias que, face ao disposto na lei ou em instrumento de regulamentação colectiva de trabalho, possam regular, as disposições do contrato que integrem ou derroguem disposições ou regimes constantes das fontes referidas nos números anteriores desde que mais favoráveis aos trabalhadores[19].
4 – É aplicável, com as necessárias adaptações, o disposto nos n.ᵒˢ 2 e 3 do artigo anterior, excepto no que se refere à alínea b) do último, cujo conteúdo se restringe aos requisitos de recrutamento.

---

[18] *Redacção dada pela Lei n.° 64-A/2008, de 31 de Dezembro.*
[19] *Redacção dada pela Lei n.° 64-A/2008 ,de 31 de Dezembro.*

Artigo 82.º
Fontes normativas da comissão de serviço

1 – As fontes normativas do regime jurídico-funcional aplicável aos trabalhadores cuja relação jurídica de emprego público está constituída por comissão de serviço são, por esta ordem:

a) A presente lei e a legislação que a regulamenta, na parte aplicável[20];

b) As leis gerais cujo âmbito de aplicação subjectivo abranja todos os trabalhadores, independentemente da modalidade de constituição da relação jurídica de emprego público ao abrigo da qual exercem funções, na parte aplicável;

c) As leis especiais aplicáveis à correspondente comissão de serviço, nas matérias que, face ao disposto na lei, possam regular;

d) Subsidiariamente, as aplicáveis à relação jurídica de emprego público de origem, quando a haja e subsista;

e) As previstas no artigo 80.º, quando não haja ou não subsista relação jurídica de emprego público de origem.

2 – É aplicável, com as necessárias adaptações, o disposto no n.º 2 e nas alíneas b), primeira parte, e c) a h) do n.º 3 do artigo 80.º

TÍTULO VII
Disposições finais e transitórias

Artigo 83.º
Jurisdição competente

1 – Os tribunais da jurisdição administrativa e fiscal são os competentes para apreciar os litígios emergentes das relações jurídicas de emprego público.

2 – O disposto no número anterior é irrelevante para a competência que se encontre fixada no momento da entrada em vigor do RCTFP.

---

[20] *Rectificado pela Declaração de Rectificação n.º 22-A/2008, de 24 de Abril.*

Lei n.° 12-A/2008, de 27 de Fevereiro 67

ARTIGO 84.°
Continuidade do exercício de funções públicas

O exercício de funções ao abrigo de qualquer modalidade de constituição da relação jurídica de emprego público em qualquer dos órgãos ou serviços a que a presente lei é aplicável releva como exercício de funções públicas ou na carreira, na categoria e, ou, na posição remuneratória, conforme os casos, quando os trabalhadores, mantendo aquele exercício de funções, mudem definitivamente de órgão ou serviço.

ARTIGO 85.°
Remuneração de categoria e de exercício

1 – A remuneração base integra a remuneração de categoria e a remuneração de exercício, iguais, respectivamente, a cinco sextos e a um sexto da remuneração base.
2 – A lei prevê as situações e condições em que se perde o direito à remuneração de exercício.

ARTIGO 86.°
Prevalência

Excepto quando dela resulte expressamente o contrário, o disposto na presente lei prevalece sobre quaisquer leis especiais e instrumentos de regulamentação colectiva de trabalho.[21]

ARTIGO 87.°
Aprovação do RCTFP

O RCTFP é aprovado por lei.

---

[21] *Rectificado pela Declaração de Rectificação n.° 22-A/2008, de 24 de Abril.*

Artigo 88.º
Transição de modalidade de constituição da relação jurídica de emprego público por tempo indeterminado

1 – Os actuais trabalhadores nomeados definitivamente que exercem funções nas condições referidas no artigo 10.º mantêm a nomeação definitiva.

2 – Os actuais trabalhadores contratados por tempo indeterminado que exercem funções nas condições referidas no artigo 10.º transitam, sem outras formalidades, para a modalidade de nomeação definitiva.

3 – Os actuais trabalhadores contratados por tempo indeterminado que exercem funções em condições diferentes das referidas no artigo 10.º mantêm o contrato por tempo indeterminado, com o conteúdo decorrente da presente lei.

4 – Os actuais trabalhadores nomeados definitivamente que exercem funções em condições diferentes das referidas no artigo 10.º mantêm os regimes de cessação da relação jurídica de emprego público e de reorganização de serviços e colocação de pessoal em situação de mobilidade especial próprios da nomeação definitiva e transitam, sem outras formalidades, para a modalidade de contrato por tempo indeterminado, com o conteúdo decorrente da presente lei[22].

Artigo 89.º
Conversão das nomeações provisórias e das comissões de serviço durante o período probatório

1 – Os actuais trabalhadores provisoriamente nomeados e em comissão de serviço durante o período probatório transitam, nos condicionalismos previstos nos n.ºs 1 e 4 do artigo anterior, conforme os casos:

a) Para a modalidade de nomeação definitiva, em período experimental;

b) Para a modalidade de contrato por tempo indeterminado, em período experimental.

2 – No período experimental é imputado o tempo decorrido em nomeação provisória ou em comissão de serviço.

---

[22] *Redacção dada pela Lei n.º 64-A/2008, de 31 de Dezembro de 2008.*

Lei n.° 12-A/2008, de 27 de Fevereiro   69

ARTIGO 90.°
**Conversão das comissões de serviço extraordinárias
e de outras comissões de serviço**

1 – Os actuais trabalhadores em comissão de serviço extraordinária para a realização do estágio transitam, nos condicionalismos previstos nos n.ᵒˢ 1 e 4 do artigo 88.°, conforme os casos:

a) Para a modalidade de nomeação definitiva, em período experimental;
b) Para a modalidade de contrato por tempo indeterminado, em período experimental.

2 – No período experimental é imputado o tempo decorrido em comissão de serviço extraordinária.

3 – Os actuais trabalhadores em comissão de serviço, ainda que extraordinária, em serviços em regime de instalação transitam para a modalidade adequada de mobilidade interna.

4 – Os actuais trabalhadores em comissão de serviço em outras situações transitam para a modalidade de comissão de serviço com o conteúdo decorrente da presente lei[23].

ARTIGO 91.°
Conversão dos contratos administrativos de provimento

1 – Sem prejuízo do disposto no artigo 108.°, os actuais trabalhadores em contrato administrativo de provimento transitam, em conformidade com a natureza das funções exercidas e com a previsível duração do contrato:

a) Para a modalidade de nomeação definitiva, em período experimental;
b) Para a modalidade de nomeação transitória;

---

[23] *Rectificado pela Declaração de Rectificação n.° 22-A/2008, de 24 de Abril.*

70 *Regime do Contrato de Trabalho em Funções Públicas*

c) Para a modalidade de contrato por tempo indeterminado, em período experimental;
d) Para a modalidade de contrato a termo resolutivo certo ou incerto.

2 – No período experimental é imputado o tempo decorrido em contrato administrativo de provimento.

3 – Aos trabalhadores que transitem nos termos da alínea c) do n.º 1 é aplicável após o período experimental, com as necessárias adaptações, o disposto no n.º 4 do artigo 88.º

4 – Para efeitos da transição referida nas alíneas b) e d) do n.º 1 considera-se termo inicial das respectivas relações jurídicas de emprego público a data da entrada em vigor do RCTFP.

ARTIGO 92.º
Conversão dos contratos a termo resolutivo

1 – Os actuais trabalhadores em contrato a termo resolutivo para o exercício de funções nas condições referidas no artigo 10.º transitam para a modalidade de nomeação transitória.

2 – Os demais trabalhadores em contrato a termo resolutivo mantêm o contrato, com o conteúdo decorrente da presente lei.

ARTIGO 93.º
Conversão das substituições em cargos não dirigentes

1 – Os trabalhadores que, actualmente, se encontrem em substituição em cargo não dirigente transitam para a modalidade adequada de mobilidade interna.

2 – Sem prejuízo da consideração do tempo de serviço anteriormente prestado em substituição nos termos e para os efeitos do n.º 3 do artigo 23.º do Decreto-Lei n.º 427/89, de 7 de Dezembro, na redacção dada pelo Decreto-Lei n.º 102/96, de 31 de Julho, considera-se termo inicial da transição referida no número anterior a data da entrada em vigor do diploma referido no n.º 5 do artigo 118.º

ARTIGO 94.º
Reapreciação dos contratos de prestação de serviços

1 – Aquando da eventual renovação dos contratos de prestação de serviços vigentes, os órgãos e serviços procedem à sua reapreciação à luz do regime ora aprovado.

2 – É aplicável ao incumprimento do disposto no número anterior, com as necessárias adaptações, o regime previsto no artigo 36.º

ARTIGO 95.º
Transição para a carreira geral de técnico superior

1 – Transitam para a carreira geral de técnico superior os actuais trabalhadores que:

a) Se encontrem integrados nas carreiras de técnico superior de regime geral;
b) Se encontrem integrados nas carreiras de técnico de regime geral;
c) Se encontrem integrados em carreiras diferentes das referidas nas alíneas anteriores cujos grau de complexidade funcional e conteúdo funcional sejam idênticos aos daquela.

2 – Transitam ainda para a carreira geral de técnico superior os actuais trabalhadores que:

a) Se encontrem integrados em carreiras com designação diferente da das referidas nas alíneas do número anterior cujos grau de complexidade funcional e conteúdo funcional sejam idênticos aos daquela;
b) Não se encontrando integrados em carreiras, o grau de complexidade funcional e o conteúdo funcional das funções que exercem sejam idênticos aos daquela.

3 – As carreiras referidas no n.º 1 constam de decreto-lei a publicar no prazo de 180 dias.

4 – As transições referidas no n.º 2 carecem de homologação do membro do Governo respectivo e do responsável pela Administração Pública, prévia à lista nominativa referida no artigo 109.º

Artigo 96.°
Transição para a categoria de coordenador técnico

1 – Transitam para a categoria de coordenador técnico da carreira geral de assistente técnico os actuais trabalhadores que:

a) Sejam titulares da categoria de chefe de secção;
b) Sejam titulares da categoria de coordenador das carreiras de técnico-profissional de regime geral;
c) Sejam titulares de categorias diferentes das referidas nas alíneas anteriores cujos grau de complexidade funcional e conteúdo funcional sejam idênticos aos daquela categoria.

2 – Transitam ainda para a categoria de coordenador técnico da carreira geral de assistente técnico os actuais trabalhadores que:

a) Sejam titulares de categorias com designação diferente da das referidas nas alíneas do número anterior cujos grau de complexidade funcional e conteúdo funcional sejam idênticos aos daquela categoria;
b) Não sendo titulares de categorias, o grau de complexidade funcional e o conteúdo funcional das funções que exercem sejam idênticos aos daquela categoria.

3 – As categorias referidas no n.° 1 constam de decreto-lei a publicar no prazo de 180 dias.

4 – As transições referidas no n.° 2 carecem de homologação do membro do Governo respectivo e do responsável pela Administração Pública, prévia à lista nominativa referida no artigo 109.°

Artigo 97.°
Transição para a categoria de assistente técnico

1 – Transitam para a categoria de assistente técnico da carreira geral de assistente técnico os actuais trabalhadores que:

a) Se encontrem integrados nas carreiras de assistente administrativo de regime geral;

Lei n.º 12-A/2008, de 27 de Fevereiro 73

b) Se encontrem integrados nas carreiras de tesoureiro de regime geral;
c) Sem prejuízo do disposto no artigo anterior, se encontrem integrados nas carreiras de técnico profissional de regime geral;
d) Se encontrem integrados em carreiras ou sejam titulares de categorias diferentes das referidas nas alíneas anteriores cujos grau de complexidade funcional e conteúdo funcional sejam idênticos aos daquela categoria.

2 – Transitam ainda para a categoria de assistente técnico da carreira geral de assistente técnico os actuais trabalhadores que:

a) Se encontrem integrados em carreiras ou sejam titulares de categorias com designação diferente da das referidas nas alíneas do número anterior cujos grau de complexidade funcional e conteúdo funcional sejam idênticos aos daquela categoria;
b) Não se encontrando integrados em carreiras nem sendo titulares de categorias, o grau de complexidade funcional e o conteúdo funcional das funções que exercem sejam idênticos aos daquela categoria.

3 – As carreiras e categorias referidas no n.º 1 constam de decreto--lei a publicar no prazo de 180 dias.

4 – As transições referidas no n.º 2 carecem de homologação do membro do Governo respectivo e do responsável pela Administração Pública, prévia à lista nominativa referida no artigo 109.º

ARTIGO 98.º
Transição para a categoria de encarregado geral operacional

1 – Transitam para a categoria de encarregado geral operacional da carreira geral de assistente operacional os actuais trabalhadores que:

a) Sejam titulares da categoria de encarregado geral das carreiras de pessoal operário de regime geral;
b) Sejam titulares de categorias diferentes da referida na alínea anterior cujos grau de complexidade funcional e conteúdo funcional sejam idênticos aos daquela categoria.

2 – Transitam ainda para a categoria de encarregado geral operacional da carreira geral de assistente operacional os actuais trabalhadores que:

a) Sejam titulares de categorias com designação diferente da das referidas nas alíneas do número anterior cujos grau de complexidade funcional e conteúdo funcional sejam idênticos aos daquela categoria;
b) Não sendo titulares de categorias, o grau de complexidade funcional e o conteúdo funcional das funções que exercem sejam idênticos aos daquela categoria.

3 – As categorias referidas no n.° 1 constam de decreto-lei a publicar no prazo de 180 dias.

4 – As transições referidas no n.° 2 carecem de homologação do membro do Governo respectivo e do responsável pela Administração Pública, prévia à lista nominativa referida no artigo 109.°

Artigo 99.°
Transição para a categoria de encarregado operacional

1 – Transitam para a categoria de encarregado operacional da carreira geral de assistente operacional os actuais trabalhadores que:

a) Sejam titulares da categoria de encarregado das carreiras de pessoal operário de regime geral;
b) Sejam titulares de categorias diferentes da referida na alínea anterior cujos grau de complexidade funcional e conteúdo funcional sejam idênticos aos daquela categoria.

2 – Transitam ainda para a categoria de encarregado operacional da carreira geral de assistente operacional os actuais trabalhadores que:

a) Sejam titulares de categorias com designação diferente da das referidas nas alíneas do número anterior cujos grau de complexidade funcional e conteúdo funcional sejam idênticos aos daquela categoria;
b) Não sendo titulares de categorias, o grau de complexidade funcional e o conteúdo funcional das funções que exercem sejam idênticos aos daquela categoria.

Lei n.º 12-A/2008, de 27 de Fevereiro 75

3 – As categorias referidas no n.º 1 constam de decreto-lei a publicar no prazo de 180 dias.

4 – As transições referidas no n.º 2 carecem de homologação do membro do Governo respectivo e do responsável pela Administração Pública, prévia à lista nominativa referida no artigo 109.º

ARTIGO 100.º
Transição para a categoria de assistente operacional

1 – Sem prejuízo do disposto nos artigos 98.º e 99.º, transitam para a categoria de assistente operacional da carreira geral de assistente operacional os actuais trabalhadores que:

a) Se encontrem integrados nas carreiras de pessoal operário de regime geral;
b) Se encontrem integrados nas carreiras de pessoal auxiliar de regime geral;
c) Se encontrem integrados em carreiras ou sejam titulares de categorias diferentes das referidas nas alíneas anteriores cujos grau de complexidade funcional e conteúdo funcional sejam idênticos aos daquela categoria.

2 – Sem prejuízo do disposto nos artigos 98.º e 99.º, transitam ainda para a categoria de assistente operacional da carreira geral de assistente operacional os actuais trabalhadores que:

a) Se encontrem integrados em carreiras ou sejam titulares de categorias com designação diferente da das referidas nas alíneas do número anterior cujos grau de complexidade funcional e conteúdo funcional sejam idênticos aos daquela categoria;
b) Não se encontrando integrados em carreiras nem sendo titulares de categorias, o grau de complexidade funcional e o conteúdo funcional das funções que exercem sejam idênticos aos daquela categoria.

3 – As carreiras e categorias referidas no n.º 1 constam de decreto--lei a publicar no prazo de 180 dias.

4 – As transições referidas no n.º 2 carecem de homologação do membro do Governo respectivo e do responsável pela Administração Pública, prévia à lista nominativa referida no artigo 109.º

ARTIGO 101.º
Revisão das carreiras e corpos especiais

1 – As carreiras de regime especial e os corpos especiais são revistos no prazo de 180 dias por forma a que[24]:

a) Sejam convertidos, com respeito pelo disposto na presente lei, em carreiras especiais; ou
b) Sejam absorvidos por carreiras gerais.

2 – Sendo convertidos em carreiras especiais, à sua caracterização é aplicável o disposto no n.º 2 do artigo 49.º

3 – Em qualquer caso, os diplomas de revisão definem as regras de transição dos trabalhadores.

ARTIGO 102.º[25]
Conversão das situações de mobilidade
para, ou de, outras entidades

1 – Os actuais trabalhadores em situação de mobilidade para, ou de, entidade excluída do âmbito de aplicação objectivo da presente lei transitam para a situação jurídico-funcional de cedência de interesse público.

2 – Considera-se termo inicial da cedência referida no número anterior a data da entrada em vigor do diploma referido no n.º 5 do artigo 118.º

---

[24] *Rectificado pela Declaração de Rectificação n.º 22-A/2008, de 24 de Abril.*

[25] Este artigo entrou em vigor no dia 1 de Janeiro de 2009 por força do n.º 5 do artigo 37.º da Lei n.º 64-A/2008, de 24 de Abril.

Lei n.º 12-A/2008, de 27 de Fevereiro   77

Artigo 103.º
Conversão das requisições, destacamentos, cedências ocasionais e especiais e afectações específicas

1 – Os actuais trabalhadores requisitados, destacados, ocasional e especialmente cedidos e em afectação específica de, e em, órgão ou serviço a que a presente lei é aplicável transitam para a modalidade adequada de mobilidade interna.

2 – Considera-se termo inicial da mobilidade interna referida no número anterior a data da entrada em vigor do diploma referido no n.º 5 do artigo 118.º

«Artigo 103.º-A[26]
Posições remuneratórias complementares

1 — Transitoriamente, com vista a garantir e ou elevar as expectativas de evolução remuneratória nas anteriores carreiras e, ou, categorias de regime geral por parte dos actuais trabalhadores, pode o decreto regulamentar referido no n.º 1 do artigo 69.º criar posições remuneratórias complementares, para além das que resultam do n.º 2 do artigo 49.º

2 — Os níveis remuneratórios correspondentes às posições remuneratórias complementares podem não observar a tendência referida nas alíneas b) e c) do n.º 2 do artigo 69.º

Artigo 104.º
Reposicionamento remuneratório

1 – Na transição para as novas carreira e categoria, os trabalhadores são reposicionados na posição remuneratória a que corresponda nível remuneratório cujo montante pecuniário seja idêntico ao montante pecuniário correspondente à remuneração base a que actualmente têm direito, ou a que teriam por aplicação da alínea b) do n.º 1 do artigo 112.º, nela incluindo adicionais e diferenciais de integração eventualmente devidos.

---

[26] *Aditado pela Lei n.º 64-A/2008, de 31 de Dezembro de 2008.*

2 – Em caso de falta de identidade, os trabalhadores são reposicionados na posição remuneratória, automaticamente criada, de nível remuneratório não inferior ao da primeira posição da categoria para a qual transitam cujo montante pecuniário seja idêntico ao montante pecuniário correspondente à remuneração base a que actualmente têm direito, ou a que teriam por aplicação da alínea b) do n.° 1 do artigo 112.°

3 – No caso previsto no número anterior, os trabalhadores, até ulterior alteração do posicionamento remuneratório, da categoria ou da carreira, mantêm o direito à remuneração base que vêm, ou viriam, auferindo, a qual é objecto de alteração em idêntica proporção à que resulte da aplicação do n.° 4 do artigo 68.°

4 – (...)[27]

5 – No caso previsto no n.° 2, quando, em momento ulterior, os trabalhadores devam alterar a sua posição remuneratória na categoria, e da alteração para a posição seguinte resultasse um acréscimo remuneratório inferior a um montante pecuniário fixado na portaria referida no n.° 2 do artigo 68.°, aquela alteração tem lugar para a posição que se siga a esta, quando a haja[28].

6 – O montante pecuniário referido no número anterior pode ser alterado na sequência da negociação prevista no n.° 4 do artigo 68.°[29].

Artigo 105.°
Remuneração dos estagiários

1 – Durante o período experimental, os actuais estagiários mantêm o direito ao montante pecuniário correspondente à remuneração que vêm auferindo.

2 – Concluído com sucesso o período experimental, os actuais estagiários mantêm igualmente aquele direito quando ao nível remuneratório da posição remuneratória que devam ocupar corresponda um montante pecuniário inferior ao que vêm auferindo.

3 – É aplicável, com as necessárias adaptações, o disposto no n.° 3 do artigo anterior.

---

[27] *Revogado pela Lei n.° 64-A/2008, de 31 de Dezembro.*
[28] *Redacção dada pela Lei n.° 64-A/2008, de 31 de Dezembro.*
[29] *Redacção dada pela Lei n.° 64-A/2008, de 31 de Dezembro.*

Lei n.° 12-A/2008, de 27 de Fevereiro

Artigo 106.°
Carreiras subsistentes

1 – Tornando-se impossível a transição dos trabalhadores nos termos dos artigos 95.° a 101.° em virtude do grau de complexidade funcional e, ou, do conteúdo funcional da carreira em que se encontram integrados ou da categoria de que são titulares e, ou, das regras do reposicionamento remuneratório previstas no artigo 104.°, as carreiras e, ou, categorias correspondentes subsistem nos termos em que actualmente se encontram previstas, aplicando-se-lhes, com as necessárias adaptações, o disposto nos artigos 46.° a 48.° e 113.°

2 – Enquanto existam trabalhadores integrados nas carreiras ou titulares das categorias referidas no número anterior, os órgãos ou serviços onde exerçam funções adoptam as providências legais necessárias, designadamente as previstas nos n.ºs 2 e seguintes do artigo 51.°, à sua integração em outras carreiras ou categorias.

3 – Os montantes pecuniários correspondentes às remunerações base das carreiras e categorias referidas no n.° 1 são objecto de alteração em idêntica proporção à que resulte da aplicação do n.° 4 do artigo 68.°

4 – As carreiras e, ou, categorias referidas no n.° 1 constam de decreto-lei a publicar no prazo de 180 dias.

5 – Os órgãos ou serviços não podem recrutar ou recorrer a mobilidade geral de trabalhadores não integrados nas carreiras ou não titulares das categorias referidas no n.° 1 para o exercício das funções que lhes correspondam.

6 – O decreto -lei referido no n.° 4 pode prever uma categoria de carreira geral por cuja integração os trabalhadores que devessem manter-se integrados nas carreiras ou titulares das categorias que subsistam podem optar nos termos que nele sejam fixados[30].

Artigo 107.°
Níveis remuneratórios das comissões de serviço

As remunerações base dos cargos e funções que devam ser exercidos

---

[30] Redacção dada pela *Lei n.° 64-A/2008, de 31 de Dezembro.*

80 *Regime do Contrato de Trabalho em Funções Públicas*

em comissão de serviço são revistas no prazo de 180 dias tendo em vista a sua conformação com o disposto na presente lei[31].

Artigo 108.º
Transição dos aprendizes e ajudantes

1 – Os actuais aprendizes e ajudantes transitam para a modalidade de contrato a termo resolutivo certo.

2 – Considera-se termo inicial do contrato referido no número anterior a data da entrada em vigor do RCTFP.

3 – Até à cessação dos contratos referidos nos números anteriores aplica-se, com as necessárias adaptações, o disposto nos n.ºs 2, 3, 6 e 7 do artigo 13.º do Decreto-Lei n.º 404-A/98, de 18 de Dezembro.

4 – Os montantes pecuniários correspondentes aos índices referidos nas disposições legais mencionadas no número anterior são objecto de alteração em idêntica proporção à que resulte da aplicação do n.º 4 do artigo 68.º

Artigo 109.º
Lista nominativa das transições e manutenções

1 – As transições referidas nos artigos 88.º e seguintes, bem como a manutenção das situações jurídico-funcionais neles prevista, são exe-cutadas, em cada órgão ou serviço, através de lista nominativa notificada a cada um dos trabalhadores e tornada pública por afixação no órgão ou serviço e inserção em página electrónica.

2 – Sem prejuízo do que na presente lei se dispõe em contrário, as transições produzem efeitos desde a data da entrada em vigor do RCTFP[32].

3 – Da lista nominativa consta, relativamente a cada trabalhador do órgão ou serviço, entre outros elementos, a referência à modalidade de constituição da sua relação jurídica de emprego público, às situações

---

[31] *Rectificado pela Declaração de Rectificação n.º 22-A/2008, de 24 de Abril.*
[32] *Rectificado pela Declaração de Rectificação n.º 22-A/2008, de 24 de Abril.*

Lei n.° 12-A/2008, de 27 de Fevereiro 81

de mobilidade geral do, ou no, órgão ou serviço e ao seu cargo ou carreira, categoria, atribuição, competência ou actividade que cumpre ou executa, posição remuneratória e nível remuneratório.

4 – Relativamente aos trabalhadores referidos no n.° 4 do artigo 88.°, da lista nominativa consta ainda nota de que cada um deles mantém os regimes ali mencionados, bem como o referido no n.° 2 do artigo 114.°[33].

5 – Ao pessoal colocado em situação de mobilidade especial é igualmente aplicável, na parte adequada, o disposto nos números anteriores.

6 – O pretérito exercício de funções, por parte dos trabalhadores constantes da lista, ao abrigo de qualquer modalidade de constituição da relação jurídica de emprego público releva, nos termos legais então vigentes, como exercício de funções públicas ou no cargo ou na carreira, na categoria ou na posição remuneratória, conforme os casos, que resultem da transição[34].

ARTIGO 110.°
Concursos de recrutamento e selecção de pessoal

1 – As relações jurídicas de emprego público decorrentes de concursos de recrutamento e selecção concluídos e válidos à data de entrada em vigor do RCTFP constituem-se com observância das regras previstas no presente título.

2 – O disposto no número anterior aplica-se ainda aos concursos de recrutamento e selecção pendentes à data de entrada em vigor do RCTFP desde que tenham sido abertos antes da entrada em vigor da presente lei.

3 – Caducam os restantes concursos de recrutamento e selecção de pessoal pendentes na data referida no número anterior, independentemente da sua modalidade e situação.

---

[33] *Rectificado pela Declaração de Rectificação n.° 22-A/2008, de 24 de Abril.*
[34] *Redacção dada pela Lei n.° 64-A/2008 de 31 de Dezembro.*

Artigo 111.º
Procedimentos em curso relativos a pessoal

1 – Caducam os procedimentos em curso tendentes à prática de actos de administração e de gestão de pessoal que, face ao disposto na presente lei, tenham desaparecido da ordem jurídica.

2 – Os procedimentos em curso tendentes à prática de actos de administração e de gestão de pessoal cujos requisitos substanciais e formais de validade e, ou, de eficácia, face ao disposto na presente lei, se tenham modificado prosseguem, sendo procedimentalmente possível e útil, em ordem à verificação e aplicação de tais requisitos.

Artigo 112.º
Revisão dos suplementos remuneratórios

1 – Tendo em vista a sua conformação com o disposto na presente lei, os suplementos remuneratórios que tenham sido criados por lei especial são revistos no prazo de 180 dias por forma a que[35]:

a) Sejam mantidos, total ou parcialmente, como suplementos remuneratórios;

b) Sejam integrados, total ou parcialmente, na remuneração base;

c) Deixem de ser auferidos.

2 – Quando, por aplicação do disposto no número anterior, os suplementos remuneratórios não sejam, total ou parcialmente, mantidos como tal ou integrados na remuneração base, o seu exacto montante pecuniário, ou a parte que dele sobre, continua a ser auferido pelos trabalhadores até ao fim da sua vida activa na carreira ou na categoria por causa de cuja integração ou titularidade adquiriram direito a eles.

3 – O montante pecuniário referido no número anterior é insusceptível de qualquer alteração.

4 – Ao montante pecuniário referido no n.º 2 é aplicável o regime então em vigor do respectivo suplemento remuneratório.

---

[35] *Rectificado pela Declaração de Rectificação n.º 22-A, 24 de Abril.*

Lei n.º 12-A/2008, de 27 de Fevereiro 83

5 – Não é aplicável o disposto nos n.ᵒˢ 2 e seguintes quando o suplemento remuneratório tenha sido criado ou alterado por acto não legislativo depois da entrada em vigor da Lei n.º 43/2005, de 29 de Agosto.

ARTIGO 113.º
Relevância das avaliações na alteração do posicionamento remuneratório e nos prémios de desempenho

1 – Para efeitos do disposto nos n.ᵒˢ 1 e 6 do artigo 47.º e no n.º 1 do artigo 75.º, as avaliações dos desempenhos ocorridos nos anos de 2004 a 2007, ambos inclusive, relevam nos termos dos números seguintes, desde que cumulativamente:

a) Se refiram às funções exercidas durante a colocação no escalão e índice actuais ou na posição a que corresponda a remuneração base que os trabalhadores venham auferindo;
b) Tenham tido lugar nos termos das Leis n.ᵒˢ 10/2004, de 22 de Março, e 15/2006, de 26 de Abril.

2 – Para efeitos do disposto no n.º 6 do artigo 47.º, e sem prejuízo do disposto nos números seguintes, a relevância das avaliações do desempenho referida no número anterior obedece às seguintes regras:

a) Quando o sistema de avaliação do desempenho aplicado preveja cinco menções ou níveis de avaliação, o número de pontos a atribuir é de três, dois, um, zero e um negativo, respectivamente do mais para o menos elevado;
b) Quando o sistema de avaliação do desempenho aplicado preveja quatro menções ou níveis de avaliação, o número de pontos a atribuir é de dois, um, zero e um negativo, respectivamente do mais para o menos elevado;
c) Quando o sistema de avaliação do desempenho aplicado preveja três menções ou níveis de avaliação, o número de pontos a atribuir é de dois, um e um negativo, respectivamente do mais para o menos elevado;
d) Quando o sistema de avaliação do desempenho aplicado preveja duas menções ou níveis de avaliação, o número de pontos a

Regime do Contrato de Trabalho em Funções Públicas

atribuir é de um e meio para a menção ou nível correspondente a desempenho positivo e de um negativo para a menção ou nível correspondente a desempenho negativo.

3 – Quando tenha sido obtida menção ou nível de avaliação negativos, são atribuídos pontos nos seguintes termos:

a) Zero pontos quando tenha sido obtida uma única menção ou nível de avaliação negativos;

b) Um ponto negativo por cada menção ou nível de avaliação negativos que acresça à menção ou nível referidos na alínea anterior.

4 – Quando o sistema de avaliação do desempenho aplicado ao abrigo do n.º 2 do artigo 2.º e do n.º 1 do artigo 4.º da Lei n.º 15/2006, de 26 de Abril, não estabelecesse percentagens máximas, em obediência ao princípio da diferenciação de desempenhos consagrado no artigo 15.º da Lei n.º 10/2004, de 22 de Março, os três e dois pontos previstos nas alíneas a) a c) do n.º 2 são atribuídos tendo ainda em conta as seguintes regras:

a) No caso da alínea a), três pontos para as menções ou níveis de avaliação máximos mais elevados, até ao limite de 5 % do total dos trabalhadores, e dois pontos para as restantes menções ou níveis de avaliação máximos, quando os haja, e para os imediatamente inferiores aos máximos, até ao limite de 20 % do total dos trabalhadores;

b) No caso das alíneas b) e c), dois pontos para as menções ou níveis de avaliação máximos mais elevados, até ao limite de 25 % do total dos trabalhadores.

5 – Quando o sistema de avaliação do desempenho aplicado não permitisse a diferenciação prevista no número anterior, designadamente por não existirem classificações quantitativas, o número de pontos a atribuir obedece ao disposto na alínea d) do n.º 2.

6 – Quando os sistemas específicos de avaliação de desempenho prevêem periodicidade de avaliação não anual, cada classificação ou menção de avaliação atribuída repercute-se em cada um dos anos decorridos no período avaliado.

Lei n.º 12-A/2008, de 27 de Fevereiro 85

7 – O número de pontos a atribuir aos trabalhadores cujo desempenho não tenha sido avaliado, designadamente por não aplicabilidade ou não aplicação efectiva da legislação em matéria de avaliação do desempenho, é o de um por cada ano não avaliado.

8 – O número de pontos atribuído ao abrigo do presente artigo é comunicado pelo órgão ou serviço a cada trabalhador, com a discriminação anual e respectiva fundamentação.

9 – Em substituição dos pontos atribuídos nos termos da alínea d) do n.º 2 e dos n.ºs 5 a 7, a requerimento do trabalhador, apresentado no prazo de cinco dias úteis após a comunicação referida no número anterior, é realizada avaliação através de ponderação curricular, nos termos previstos no sistema de avaliação de desempenho dos trabalhadores da Administração Pública, aplicado com as necessárias adaptações, por avaliador designado pelo dirigente máximo do órgão ou serviço.

10 – As menções propostas nos termos do número anterior são homologadas pelo dirigente máximo do órgão ou serviço e por ele apresentadas ao respectivo membro do Governo para ratificação, visando a verificação do equilíbrio da distribuição das menções pelos vários níveis de avaliação, em obediência ao princípio da diferenciação de desempenhos, bem como o apuramento de eventuais responsabilidades dos titulares dos cargos dirigentes para os efeitos então previstos no n.º 2 do artigo 4.º da Lei n.º 15/2006, de 26 de Abril.

11 – Após a ratificação referida no número anterior, é atribuído, nos termos do n.º 6 do artigo 47.º, o número de pontos correspondente à menção obtida referido ao ano ou anos relativamente aos quais se operou a ponderação curricular.

12 – Quando a aplicação em concreto do disposto nos n.ºs 1 dos artigos 47.º e 75.º imponha a existência de classificações quantitativas e o sistema de avaliação do desempenho aplicado não as forneça, procede-se a ponderação curricular, nos termos previstos no sistema de avaliação de desempenho referido no n.º 9, dos trabalhadores aos quais aqueles preceitos sejam em concreto aplicáveis, de forma a obter a referida quantificação.

Artigo 114.º
Protecção social e benefícios sociais

1 – Todos os trabalhadores têm direito, nos termos da lei, a protecção social, a outros benefícios sociais e a subsídio de refeição.

2 – Os trabalhadores referidos nos artigos 88.º e seguintes mantêm o regime de protecção social de que vinham beneficiando, sem prejuízo da sua convergência com os regimes do sistema de segurança social, nos termos do artigo 104.º da Lei n.º 4/2007, de 16 de Janeiro.

Artigo 115.º
Níveis habilitacionais transitórios

1 – Na falta de lei especial em contrário, enquanto os trabalhadores se mantenham integrados na carreira resultante da transição prevista no presente título não lhes é exigido o nível habilitacional correspondente ao grau de complexidade funcional da carreira em causa, ainda que se candidatem a procedimento concursal publicitado para ocupação de postos de trabalho, no órgão ou serviço onde exercem funções ou em outro órgão ou serviço, correspondentes a idêntica ou a diferente categoria da carreira[36].

2 – Sem prejuízo do disposto no número anterior e nos n.ᵒˢ 2 e seguintes do artigo 51.º, quando as atribuições, competências ou actividades dos órgãos ou serviços o imponham, pode lei especial admitir que, até 31 de Dezembro de 2012, titulares de curso superior que não confira grau de licenciatura se candidatem a procedimento concursal publicitado para ocupação de postos de trabalho correspondentes a carreiras ou categorias de grau 3 de complexidade funcional.

---

[36] *Rectificado pela Declaração de Rectificação n.º 22-A, 24 de Abril.*

Artigo 116.º
Revogações

São revogadas todas as disposições legais contrárias ao disposto na presente lei, designadamente:

a) As que tenham aprovado ou alterado os quadros de pessoal dos órgãos ou serviços a que a presente lei é aplicável;
b) O Decreto n.º 16 563, de 2 de Março de 1929;
c) O Decreto-Lei n.º 719/74, de 18 de Dezembro;
d) O artigo 2.º do Decreto-Lei n.º 729/74, de 20 de Dezembro;
e) O Decreto-Lei n.º 485/76, de 21 de Junho;
f) O Decreto-Lei n.º 191 -E/79, de 26 de Junho;
g) O artigo 3.º do Decreto-Lei n.º 465/80, de 14 de Outubro;
h) O artigo 25.º do Decreto-Lei n.º 110-A/81, de 14 de Maio;
i) O Decreto-Lei n.º 65/83, de 4 de Fevereiro;
j) O Decreto Regulamentar n.º 82/83, de 30 de Novembro;
l) O Decreto-Lei n.º 41/84, de 3 de Fevereiro;
m) O Decreto-Lei n.º 85/85, de 1 de Abril;
n) O Decreto Regulamentar n.º 20/85, de 1 de Abril;
o) O Decreto-Lei n.º 248/85, de 15 de Julho;
p) O artigo 2.º do Decreto-Lei n.º 12/87, de 8 de Janeiro;
q) O Decreto-Lei n.º 247/87, de 17 de Junho;
r) O Decreto-Lei n.º 265/88, de 28 de Julho;
s) O Decreto-Lei n.º 184/89, de 2 de Junho;
t) O Decreto-Lei n.º 244/89, de 5 de Agosto;
u) O Decreto-Lei n.º 353-A/89, de 16 de Outubro;
v) O Decreto-Lei n.º 381/89, de 28 de Outubro, com excepção dos seus artigos 4.º e 5.º;
x) O Decreto-Lei n.º 427/89, de 7 de Dezembro;
z) O Decreto-Lei n.º 407/91, de 17 de Outubro;
 aa) O Decreto-Lei n.º 409/91, de 17 de Outubro;
 ab) O Decreto-Lei n.º 413/93, de 23 de Dezembro;
 ac) O artigo 29.º do Decreto-Lei n.º 77/94, de 9 de Março;
 ad) O Decreto-Lei n.º 230/94, de 14 de Setembro;
 ae) O artigo 2.º do Decreto-Lei n.º 233/94, de 15 de Setembro;
 af) O artigo 20.º do Decreto-Lei n.º 45/95, de 2 de Março;
 ag) O Decreto-Lei n.º 159/95, de 6 de Julho;

ah) O Decreto-Lei n.° 121/96, de 9 de Agosto;

ai) O Decreto-Lei n.° 226/96, de 29 de Novembro;

aj) Os artigos 1 8.° e 19.° do Decreto-Lei n.° 13/97, de 17 de Janeiro;

al) O Despacho Normativo n.° 70/97, publicado em 22 de Novembro de 1997;

am) O Decreto-Lei n.° 22/98, de 9 de Fevereiro;

an) O Decreto-Lei n.° 53-A/98, de 11 de Março;

ao) O Decreto-Lei n.° 175/98, de 2 de Julho;

ap) O Decreto-Lei n.° 204/98, de 11 de Julho;

aq) O Decreto-Lei n.° 404-A/98, de 18 de Dezembro;

ar) O Decreto-Lei n.° 412-A/98, de 30 de Dezembro;

as) O artigo 33.° do Decreto-Lei n.° 84/99, de 19 de Março;

at) O Decreto-Lei n.° 238/99, de 25 de Junho;

au) Os artigos 5.° e 6.° do Decreto-Lei n.° 324/99, de 18 de Agosto;

av) Os artigos 6.° a 8.° do Decreto-Lei n.° 325/99, de 18 de Agosto;

ax) Os artigos 10.° e 11.° do Decreto-Lei n.° 326/99, de 18 de Agosto;

az) A Portaria n.° 807/99, de 21 de Setembro;

ba) O Decreto-Lei n.° 497/99, de 19 de Novembro;

bb) O Decreto-Lei n.° 518/99, de 10 de Dezembro;

bc) O Decreto-Lei n.° 54/2000, de 7 de Abril;

bd) O Decreto-Lei n.° 218/2000, de 9 de Setembro;

be) A Resolução do Conselho de Ministros n.° 12/2001, de 8 de Fevereiro;

bf) O Decreto-Lei n.° 142/2001, de 24 de Abril;

bg) A Resolução do Conselho de Ministros n.° 97/2002, de 18 de Maio, e despachos complementares;

bh) O Decreto-Lei n.° 149/2002, de 21 de Maio;

bi) O Decreto-Lei n.° 101/2003, de 23 de Maio;

bj) O artigo 6.° da Lei n.° 99/2003, de 27 de Agosto.

Artigo 117.º
Aplicação dos novos regimes

1 – Os regimes de vinculação, de carreiras e de remunerações definidos e regulados pela presente lei aplicam-se nos termos dos números seguintes.

2 – A partir da data de entrada em vigor da presente lei, as relações jurídicas de emprego público constituem-se:

a) Para o exercício de cargos abrangidos pela alínea a) do n.º 4 do artigo 9.º e de funções em carreiras cujo conteúdo funcional se insira nas actividades referidas no artigo 10.º, por comissão de serviço ou por nomeação, respectivamente, nos termos do Decreto-Lei n.º 184/89, de 2 de Junho e respectiva legislação complementar;

b) Para o exercício de cargos e funções não abrangidos pela alínea anterior, por contrato de trabalho, nos termos da Lei n.º 23/2004, de 22 de Junho.

3 – Os contratos de trabalho são celebrados para as carreiras, categorias e posições remuneratórias de ingresso, previstas na lei, em regulamento ou em instrumento de regulamentação colectiva de trabalho em vigor.

4 – A partir da data de entrada em vigor da presente lei, as alterações de posicionamento remuneratório processam-se nos termos previstos nos artigos 46.º a 48.º e 1 13.º da presente lei nas actuais carreiras e, ou, categorias, considerando-se que as referências legais feitas a escalão e mudança de escalão correspondem a posição remuneratória e a alteração de posicionamento remuneratório, respectivamente.

5 – A partir da data de entrada em vigor da presente lei, há lugar à atribuição de prémios de desempenho nos termos previstos nos artigos 74.º a 76.º e 1 13.º da presente lei.

6 – As relações jurídicas de emprego público decorrentes de concursos de recrutamento e selecção de pessoal ou outros processos de recrutamento abertos antes da data de entrada em vigor da presente lei constituem-se com observância do disposto no n.º 2.

7 – Sem prejuízo da obrigação de apresentação de mapas de pessoal e da preparação da proposta de orçamento para 2009 nos termos previstos

nos artigos 4.º, 5.º e 7.º, durante o ano de 2008 e para os efeitos previstos na presente lei:

a) Os quadros de pessoal em vigor constituem os mapas de pessoal dos órgãos e serviços a que se referem aqueles artigos;

b) Os serviços que não tenham quadro de pessoal aprovado devem elaborar mapas de acordo com o disposto no artigo 5.º

8 – As referências legais feitas aos quadros de pessoal e a lugares dos quadros consideram-se feitas a mapas de pessoal e a postos de trabalho, respectivamente.

9 – O disposto nos n.ᵒˢ 4 e 5 não é aplicável ao pessoal a que se refere o artigo 1.º do Estatuto da Carreira Docente dos Educadores de Infância e dos Professores dos Ensinos Básico e Secundário, aprovado pelo Decreto-Lei n.º 139-A/90, de 28 de Abril, rectificado por Declaração publicada no Diário da República, 1.ª série, n.º 149, suplemento, de 30 de Junho de 1990, e alterado pelos Decretos-Leis n.ᵒˢ 105/97, de 29 de Abril, 1/98, de 2 de Janeiro, 35/2003, de 17 de Fevereiro, 121/2005, de 26 de Julho, 229/2005, de 29 de Dezembro, 224/2006, de 13 de Novembro, 15/2007, de 19 de Janeiro, e 35/2007, de 15 de Fevereiro.

10 – O incumprimento das revisões previstas nos artigos 101.º, 107.º e 112.º da presente lei determina a não actualização dos montantes dos suplementos remuneratórios previstos no artigo 112.º, a partir da data da entrada em vigor do RCTFP, e a redução dos orçamentos dos serviços em que são abonados, no montante total correspondente aos abonos a realizar no exercício orçamental corrente.

11 – Os regimes que decorrem do presente artigo prevalecem sobre quaisquer leis especiais vigentes à data de entrada em vigor da presente lei.

Artigo 118.º
Entrada em vigor e produção de efeitos

1 – Sem prejuízo do disposto no número seguinte, a presente lei entra em vigor no 1.º dia do mês seguinte ao da sua publicação e produz efeitos nos termos dos n.ᵒˢ 3 a 7.

2 – O n.º 2 do artigo 54.º, o artigo 87.º, os n.ᵒˢ 3 dos artigos 95.º a

Lei n.° 12-A/2008, de 27 de Fevereiro 91

100.° e os artigos 101.°, 106.°, n.° 4, 107.°, 112.° e 118.° entram em vigor no dia seguinte ao da publicação da presente lei.

3 – De forma a permitir a aplicação dos regimes prevista no artigo anterior, produzem efeitos com a entrada em vigor da presente lei os artigos 1.° a 5.°, 7.° e 8.°, a alínea a) do n.° 4 do artigo 9.°, o artigo 10.°, os artigos 46.° a 48.°, o artigo 67.°, na parte em que consagra os prémios de desempenho, os artigos 74.° a 76.° e os artigos 1 13.° e 1 17.°

4 – Produzem igualmente efeitos com a entrada em vigor da presente lei os artigos 25.° a 30.°, 35.° a 38.° e 94.°

5 – Os artigos 58.° a 65.°, 93.°, 102.° e 103.° produzem efeitos na data definida no diploma que proceder a alterações à Lei n.° 53/2006, de 7 de Dezembro.

6 – Os artigos 50.° a 53.°, o n.° 1 do artigo 54.° e os artigos 55.° a 57.° produzem efeitos na data da entrada em vigor da portaria prevista no n.° 2 do artigo 54.°

7 – As restantes disposições da presente lei produzem efeitos na data de entrada em vigor do RCTFP.

ANEXO

(referido no n.° 2 do artigoartigo 49.°)
Caracterização das carreiras gerais

Carreira	Categorias	Conteúdo funcional	Grau de complexidade funcional	Número de posições remuneratórias
Técnico superior	Técnico superior ...	Funções consultivas, de estudo, planeamento, programação, avaliação e aplicação de métodos e processos de natureza técnica e ou científica, que fundamentam e preparam a decisão. Elaboração, autonomamente ou em grupo, de pareceres e projectos, com diversos graus de complexidade, e execução de outras actividades de apoio geral ou especializado nas áreas de actuação comuns, instrumentais e operativas dos órgãos e serviços. Funções exercidas com responsabilidade e autonomia técnica, ainda que com enquadramento superior qualificado. Representação do órgão ou serviço em assuntos da sua especialidade, tomando opções de índole técnica, enquadradas por directivas ou orientações superiores.	3	14

Carreira	Categorias	Conteúdo funcional	Grau de complexidade funcional	Número de posições remuneratórias
Assistente técnico ...	Coordenador técnico	Funções de chefia técnica e administrativa em uma subunidade orgânica ou equipa de suporte, por cujos resultados é responsável. Realização das actividades de programação e organização do trabalho do pessoal que coordena, segundo orientações e directivas superiores. Execução de trabalhos de natureza técnica e administrativa de maior complexidade. Funções exercidas com relativo grau de autonomia e responsabilidade.	2	4
	Assistente técnico ...	Funções de natureza executiva, de aplicação de métodos e processos, com base em directivas bem definidas e instruções gerais, de grau médio de complexidade, nas áreas de actuação comuns e instrumentais e nos vários domínios de actuação dos órgãos e serviços.	2	9
Assistente operacional	Encarregado geral operacional.	Funções de chefia do pessoal da carreira de assistente operacional Coordenação geral de todas as tarefas realizadas pelo pessoal afecto aos sectores de actividade sob sua supervisão.		2
	Encarregado operacional.	Funções de coordenação dos assistentes operacionais afectos ao seu sector de actividade, por cujos resultados é responsável. Realização das tarefas de programação, organização e controlo dos trabalhos a executar pelo pessoal sob sua coordenação. Substituição do encarregado geral nas suas ausências e impedimentos.	1	5
	Assistente operacional	Funções de natureza executiva, de carácter manual ou mecânico, enquadradas em directivas gerais bem definidas e com graus de complexidade variáveis. Execução de tarefas de apoio elementares, indispensáveis ao funcionamento dos órgãos e serviços, podendo comportar esforço físico. Responsabilidade pelos equipamentos sob sua guarda e pela sua correcta utilização, procedendo, quando necessário, à manutenção e reparação dos mesmos.		8

LEI N.º 58/2008, DE 9 DE SETEMBRO

**Estatuto Disciplinar dos Trabalhadores
Que Exercem Funções Públicas**

A Assembleia da República decreta, nos termos da alínea *c*) do artigo 161.º da Constituição, o seguinte:

Artigo 1.º
Objecto

É aprovado o Estatuto Disciplinar dos Trabalhadores Que Exercem Funções Públicas, doravante designado por Estatuto, publicado em anexo à presente lei e que dela faz parte integrante.

Artigo 2.º
Contagem dos prazos

Os prazos referidos no Estatuto contam-se nos termos previstos no Código do Procedimento Administrativo.

Artigo 3.º
**Trabalhadores referidos no n.º 4 do artigo 88.º
da Lei n.º 12-A/2008, de 27 de Fevereiro**

1 – Sem prejuízo do disposto no número seguinte, aos trabalhadores referidos no n.º 4 do artigo 88.º da Lei n.º 12-A/2008, de 27 de

94 Regime do Contrato de Trabalho em Funções Públicas

Fevereiro, é aplicável o disposto no Estatuto quanto aos trabalhadores que exercem funções na modalidade de contrato de trabalho em funções públicas.

2 – O disposto na alínea *h*) do n.º 1 do artigo 18.º e nos artigos 69.º a 71.º do Estatuto é estendido aos trabalhadores referidos no n.º 4 do artigo 88.º da Lei n.º 12-A/2008, de 27 de Fevereiro, aos quais é aplicável a pena de demissão.

Artigo 4.º
Aplicação no tempo

1 – Sem prejuízo do disposto nos números seguintes, o Estatuto é imediatamente aplicável aos factos praticados, aos processos instaurados e às penas em curso de execução na data da sua entrada em vigor, quando o seu regime se revele, em concreto, mais favorável ao trabalhador e melhor garanta a sua audiência e defesa.

2 – O regime referido no número anterior abrange as disposições normativas do Estatuto relativas aos deveres funcionais, à sua violação e sancionamento, bem como ao respectivo procedimento, designadamente no que respeita à não previsão do anteriormente vigente instituto da infracção directamente constatada.

3 – Os prazos de prescrição do procedimento disciplinar e das penas, bem como os de reabilitação e o período referido no n.º 4 do artigo 6.º do Estatuto, contam-se a partir da data da entrada em vigor do Estatuto, mas não prejudicam a aplicação dos prazos anteriormente vigentes quando estes se revelem, em concreto, mais favoráveis ao trabalhador.

4 – O disposto no n.º 5 do artigo 6.º do Estatuto não se aplica:

a) Aos processos de inquérito e de sindicância que se encontrem instaurados, no que se refere ao prazo ali previsto para a sua instauração;

b) Aos procedimentos disciplinares comuns que se encontrem instaurados, no que se refere ao prazo ali previsto para a sua instauração.

5 – A pena de inactividade que se encontre proposta, aplicada ou

em curso de execução é automaticamente convertida em pena de suspensão, pelo seu limite máximo:

a) Cessando, ou não se aplicando, os efeitos que produzia e que não sejam produzidos pela pena de suspensão; e

b) Cessando imediatamente a sua execução quando aquele limite já se encontre atingido ou ultrapassado.

6 – A pena de perda de dias de férias que se encontre proposta, aplicada ou em curso de execução é convertida, a requerimento do trabalhador apresentado no prazo de 30 dias contados da data de entrada em vigor da presente lei, em pena de multa, pelo seu limite máximo.

7 – A pena de aposentação compulsiva que se encontre proposta ou aplicada mas ainda não executada determina a reavaliação do processo, por quem a tenha proposto ou aplicado, respectivamente, com vista à sua manutenção ou conversão em pena de suspensão, com os efeitos que cada uma deva produzir.

8 – Cessa imediatamente a execução das penas e a produção dos respectivos efeitos que se encontrem em curso relativamente a trabalhadores aposentados por motivo distinto do da aplicação de pena de aposentação compulsiva desde que tais trabalhadores não tenham constituído nova relação jurídica de emprego público.

9 – As restantes penas em curso de execução, bem como todas as que se encontrem suspensas, ainda que tenham sido convertidas ao abrigo do disposto nos números anteriores, cessam tal execução ou suspensão, produzindo apenas os efeitos ora previstos:

a) Quando atinjam o limite máximo ora previsto; ou

b) Imediatamente, quando tal limite já se encontre atingido ou ultrapassado.

10 – Cessam os efeitos que se encontrem a ser produzidos por penas já executadas quando as penas ora correspondentes ou aquelas em que se devessem converter ou pelas quais devessem ser substituídas, nos termos dos números anteriores, os não prevejam ou os produzam por período que se encontre atingido ou ultrapassado.

11 – Cessa a perda do vencimento de exercício, e é reembolsado aquele que tenha sido perdido, aos arguidos ainda não condenados que se encontrem ou tenham encontrado preventivamente suspensos.

12 – Relativamente aos processos que já tenham sido remetidos para decisão e em que esta ainda não tenha sido proferida, observa-se o seguinte:

 a) Mantém-se a competência anteriormente vigente para aplicação das penas;
 b) O prazo referido no n.º 3 do artigo 55.º conta-se a partir da data da entrada em vigor do Estatuto quando a entidade competente para punir entenda ordenar a realização de novas diligências ou solicitar a emissão de parecer e ainda o não tenha feito;
 c) O prazo referido no n.º 4 do artigo 55.º conta-se a partir da data da entrada em vigor do Estatuto quando a entidade competente para punir concorde com as conclusões do relatório final ou se encontre expirado o prazo que tenha marcado para realização de novas diligências ou o fixado para emissão de parecer.

13 – Os anteriormente designados processos por falta de assiduidade são automaticamente convertidos em processos disciplinares comuns.

14 – Os anteriormente designados processos de averiguações são automaticamente convertidos em processos de inquérito.

Artigo 5.º
Norma revogatória

É revogado o Decreto-Lei n.º 24/84, de 16 de Janeiro.

Artigo 6.º
Remissões

As remissões de normas contidas em actos legislativos ou regulamentares para o Estatuto Disciplinar aprovado pelo Decreto-Lei n.º 24/84, de 16 de Janeiro, consideram-se efectuadas para as disposições correspondentes do Estatuto Disciplinar ora aprovado.

Artigo 7.º
Entrada em vigor

A presente lei entra em vigor na data do início de vigência do Regime do Contrato de Trabalho em Funções Públicas, aprovado nos termos do artigo 87.º da Lei n.º 12-A/2008, de 27 de Fevereiro.

Aprovada em 18 de Julho de 2008.
O Presidente da Assembleia da República, *Jaime Gama.*

Promulgada em 26 de Agosto de 2008.

Publique-se.
O Presidente da República, ANÍBAL CAVACO SILVA.

Referendada em 27 de Agosto de 2008.
O Primeiro-Ministro, *José Sócrates Carvalho Pinto de Sousa.*

ANEXO
ESTATUTO DISCIPLINAR DOS TRABALHADORES QUE EXERCEM FUNÇÕES PÚBLICAS

CAPÍTULO I
Âmbito de aplicação

Artigo 1.º
Âmbito de aplicação subjectivo

1 – O presente Estatuto é aplicável a todos os trabalhadores que exercem funções públicas, independentemente da modalidade de constituição da relação jurídica de emprego público ao abrigo da qual exercem as respectivas funções.

2 – O presente Estatuto é também aplicável, com as necessárias adaptações, aos actuais trabalhadores com a qualidade de funcionário ou

98 *Regime do Contrato de Trabalho em Funções Públicas*

agente de pessoas colectivas que se encontrem excluídas do seu âmbito de aplicação objectivo.

3 – Exceptuam-se do disposto nos números anteriores os trabalhadores que possuam estatuto disciplinar especial.

ARTIGO 2.°
Âmbito de aplicação objectivo

1 – O presente Estatuto é aplicável aos serviços da administração directa e indirecta do Estado.

2 – O presente Estatuto é também aplicável, com as necessárias adaptações, designadamente no que respeita às competências em matéria administrativa dos correspondentes órgãos de governo próprio, aos serviços das administrações regionais e autárquicas.

3 – O presente Estatuto é ainda aplicável, com as adaptações impostas pela observância das correspondentes competências, aos órgãos e serviços de apoio do Presidente da República, da Assembleia da República, dos tribunais e do Ministério Público e respectivos órgãos de gestão e de outros órgãos independentes.

4 – A aplicabilidade do presente Estatuto aos serviços periféricos externos do Estado, quer relativamente aos trabalhadores recrutados localmente quer aos que, de outra forma recrutados, neles exerçam funções, não prejudica a vigência:

a) Das normas e princípios de direito internacional que disponham em contrário;
b) Dos regimes legais que sejam localmente aplicáveis.

5 – Sem prejuízo do disposto no n.° 2 do artigo anterior, o presente Estatuto não é aplicável às entidades públicas empresariais nem aos gabinetes de apoio quer dos membros do Governo quer dos titulares dos órgãos referidos nos n.ᵒˢ 2 e 3.

CAPÍTULO II
Princípios fundamentais

Artigo 3.º
Infracção disciplinar

1 – Considera-se infracção disciplinar o comportamento do trabalhador, por acção ou omissão, ainda que meramente culposo, que viole deveres gerais ou especiais inerentes à função que exerce.

2 – São deveres gerais dos trabalhadores:

a) O dever de prossecução do interesse público;
b) O dever de isenção;
c) O dever de imparcialidade;
d) O dever de informação;
e) O dever de zelo;
f) O dever de obediência;
g) O dever de lealdade;
h) O dever de correcção;
i) O dever de assiduidade;
j) O dever de pontualidade.

3 – O dever de prossecução do interesse público consiste na sua defesa, no respeito pela Constituição, pelas leis e pelos direitos e interesses legalmente protegidos dos cidadãos.

4 – O dever de isenção consiste em não retirar vantagens, directas ou indirectas, pecuniárias ou outras, para si ou para terceiro, das funções que exerce.

5 – O dever de imparcialidade consiste em desempenhar as funções com equidistância relativamente aos interesses com que seja confrontado, sem discriminar positiva ou negativamente qualquer deles, na perspectiva do respeito pela igualdade dos cidadãos.

6 – O dever de informação consiste em prestar ao cidadão, nos termos legais, a informação que seja solicitada, com ressalva daquela que, naqueles termos, não deva ser divulgada.

7 – O dever de zelo consiste em conhecer e aplicar as normas legais e regulamentares e as ordens e instruções dos superiores hierárquicos, bem

100   *Regime do Contrato de Trabalho em Funções Públicas*

como exercer as funções de acordo com os objectivos que tenham sido fixados e utilizando as competências que tenham sido consideradas adequadas.

8 – O dever de obediência consiste em acatar e cumprir as ordens dos legítimos superiores hierárquicos, dadas em objecto de serviço e com a forma legal.

9 – O dever de lealdade consiste em desempenhar as funções com subordinação aos objectivos do órgão ou serviço.

10 – O dever de correcção consiste em tratar com respeito os utentes dos órgãos ou serviços e os restantes trabalhadores e superiores hierárquicos.

11 – Os deveres de assiduidade e de pontualidade consistem em comparecer ao serviço regular e continuamente e nas horas que estejam designadas.

ARTIGO 4.º
Sujeição ao poder disciplinar

1 – Todos os trabalhadores são disciplinarmente responsáveis perante os seus superiores hierárquicos.

2 – Os titulares dos órgãos dirigentes dos serviços da administração indirecta são disciplinarmente responsáveis perante o membro do Governo que exerça a respectiva superintendência ou tutela.

3 – Os trabalhadores ficam sujeitos ao poder disciplinar desde a aceitação da nomeação, a celebração do contrato ou a posse ou desde o início legal de funções quando este anteceda aqueles actos.

4 – A cessação da relação jurídica de emprego público ou a alteração da situação jurídico-funcional não impedem a punição por infracções cometidas no exercício da função.

ARTIGO 5.º
Exclusão da responsabilidade disciplinar

1 – É excluída a responsabilidade disciplinar do trabalhador que actue no cumprimento de ordens ou instruções emanadas de legítimo superior hierárquico e em matéria de serviço, quando previamente

delas tenha reclamado ou exigido a sua transmissão ou confirmação por escrito.

2 – Considerando ilegal a ordem ou instrução recebidas, o trabalhador faz expressamente menção desse facto ao reclamar ou ao pedir a sua transmissão ou confirmação por escrito.

3 – Quando a decisão da reclamação ou a transmissão ou confirmação da ordem ou instrução por escrito não tenham lugar dentro do tempo em que, sem prejuízo, o cumprimento destas possa ser demorado, o trabalhador comunica, também por escrito, ao seu imediato superior hierárquico, os termos exactos da ordem ou instrução recebidas e da reclamação ou do pedido formulados, bem como a não satisfação destes, executando seguidamente a ordem ou instrução.

4 – Quando a ordem ou instrução sejam dadas com menção de cumprimento imediato e sem prejuízo do disposto nos n.ºs 1 e 2, a comunicação referida na parte final do número anterior é efectuada após a execução da ordem ou instrução.

5 – Cessa o dever de obediência sempre que o cumprimento das ordens ou instruções implique a prática de qualquer crime.

Artigo 6.º
Prescrição do procedimento disciplinar

1 – O direito de instaurar procedimento disciplinar prescreve passado um ano sobre a data em que a infracção tenha sido cometida.

2 – Prescreve igualmente quando, conhecida a infracção por qualquer superior hierárquico, não seja instaurado o competente procedimento disciplinar no prazo de 30 dias.

3 – Quando o facto qualificado como infracção disciplinar seja também considerado infracção penal, aplicam-se ao direito de instaurar procedimento disciplinar os prazos de prescrição estabelecidos na lei penal.

4 – Suspendem o prazo prescricional referido nos números anteriores, por um período até seis meses, a instauração de processo de sindicância aos órgãos ou serviços, bem como a de processo de inquérito ou disciplinar, mesmo que não dirigidos contra o trabalhador a quem a prescrição aproveite, quando em qualquer deles venham a apurar-se infracções por que seja responsável.

5 – A suspensão do prazo prescricional apenas opera quando, cumulativamente:

a) Os processos referidos no número anterior tenham sido instaurados nos 30 dias seguintes à suspeita da prática de factos disciplinarmente puníveis;

b) O procedimento disciplinar subsequente tenha sido instaurado nos 30 dias seguintes à recepção daqueles processos, para decisão, pela entidade competente; e

c) À data da instauração dos processos e procedimento referidos nas alíneas anteriores, não se encontre já prescrito o direito de instaurar procedimento disciplinar.

6 – O procedimento disciplinar prescreve decorridos 18 meses contados da data em que foi instaurado quando, nesse prazo, o arguido não tenha sido notificado da decisão final.

7 – A prescrição do procedimento disciplinar referida no número anterior suspende-se durante o tempo em que, por força de decisão jurisdicional ou de apreciação jurisdicional de qualquer questão, a marcha do correspondente processo não possa começar ou continuar a ter lugar.

8 – A prescrição volta a correr a partir do dia em que cesse a causa da suspensão.

ARTIGO 7.º
Efeitos da pronúncia e da condenação em processo penal

1 – Quando o agente de um crime cujo julgamento seja da competência do tribunal de júri ou do tribunal colectivo seja um trabalhador a que o presente Estatuto é aplicável, a secretaria do tribunal por onde corra o processo, no prazo de vinte e quatro horas sobre o trânsito em julgado do despacho de pronúncia ou equivalente, entrega, por termo nos autos, cópia de tal despacho ao Ministério Público, a fim de que este a remeta ao órgão ou serviço em que o trabalhador desempenha funções.

2 – Quando um trabalhador a que o presente Estatuto é aplicável seja condenado pela prática de crime, aplica-se, com as necessárias adaptações, o disposto no número anterior.

Lei n.° 58/2008, 9 de Setembro 103

3 – A condenação em processo penal não prejudica o exercício da acção disciplinar quando a infracção penal constitua também infracção disciplinar.

ARTIGO 8.°
Factos passíveis de ser considerados infracção penal

Quando os factos sejam passíveis de ser considerados infracção penal, dá-se obrigatoriamente notícia deles ao Ministério Público competente para promover o procedimento criminal, nos termos do artigo 242.° do Código de Processo Penal.

CAPÍTULO III
Penas disciplinares e seus efeitos

ARTIGO 9.°
Escala das penas

1 – As penas aplicáveis aos trabalhadores pelas infracções que cometam são as seguintes:

a) Repreensão escrita;
b) Multa;
c) Suspensão;
d) Demissão ou despedimento por facto imputável ao trabalhador.

2 – Aos titulares de cargos dirigentes e equiparados é aplicável a pena de cessação da comissão de serviço.

3 – Não pode ser aplicada mais de uma pena por cada infracção, pelas infracções acumuladas que sejam apreciadas num único processo ou pelas infracções apreciadas em processos apensados.

4 – As penas são sempre registadas no processo individual do trabalhador.

5 – As amnistias não destroem os efeitos já produzidos pela aplicação da pena, sendo, porém, averbadas no processo individual.

Artigo 10.º
Caracterização das penas

1 – A pena de repreensão escrita consiste em mero reparo pela irregularidade praticada.

2 – A pena de multa é fixada em quantia certa e não pode exceder o valor correspondente a seis remunerações base diárias por cada infracção e um valor total correspondente à remuneração base de 90 dias por ano.

3 – A pena de suspensão consiste no afastamento completo do trabalhador do órgão ou serviço durante o período da pena.

4 – A pena de suspensão varia entre 20 e 90 dias por cada infracção, num máximo de 240 dias por ano.

5 – A pena de demissão consiste no afastamento definitivo do órgão ou serviço do trabalhador nomeado, cessando a relação jurídica de emprego público.

6 – A pena de despedimento por facto imputável ao trabalhador consiste no afastamento definitivo do órgão ou serviço do trabalhador contratado, cessando a relação jurídica de emprego público.

7 – A pena de cessação da comissão de serviço consiste na cessação compulsiva do exercício de cargo dirigente ou equiparado.

Artigo 11.º
Efeitos das penas

1 – As penas disciplinares produzem unicamente os efeitos previstos no presente Estatuto.

2 – A pena de suspensão determina, por tantos dias quantos os da sua duração, o não exercício de funções e a perda das remunerações correspondentes e da contagem do tempo de serviço para antiguidade.

3 – A aplicação da pena de suspensão não prejudica o direito dos trabalhadores à manutenção, nos termos legais, das prestações do respectivo regime de protecção social.

4 – As penas de demissão e de despedimento por facto imputável ao trabalhador importam a perda de todos os direitos do trabalhador, salvo quanto à aposentação ou à reforma por velhice, nos termos e condições previstos na lei, mas não o impossibilitam de voltar a exercer funções em

Lei n.º 58/2008, 9 de Setembro

órgão ou serviço que não exijam as particulares condições de dignidade e confiança que aquelas de que foi demitido ou despedido exigiam.

5 – A pena de cessação da comissão de serviço implica o termo do exercício do cargo dirigente ou equiparado e a impossibilidade de exercício de qualquer cargo dirigente ou equiparado durante o período de três anos contados da data da notificação da decisão.

ARTIGO 12.º
**Penas aplicáveis em caso de cessação
da relação jurídica de emprego público**

Em caso de cessação da relação jurídica de emprego público, as penas previstas nas alíneas *b*) a *d*) do n.º 1 do artigo 9.º são executadas desde que os trabalhadores constituam nova relação jurídica de emprego público.

CAPÍTULO IV
Competência disciplinar

ARTIGO 13.º
Princípio geral

A competência disciplinar dos superiores envolve sempre a dos seus inferiores hierárquicos dentro do órgão ou serviço.

ARTIGO 14.º
Competência para aplicação das penas

1 – A aplicação da pena prevista na alínea *a*) do n.º do artigo 9.º é da competência de todos os superiores hierárquicos em relação aos seus subordinados.

2 – A aplicação das restantes penas previstas nos n.ºs 1 e 2 do artigo 9.º é da competência do dirigente máximo do órgão ou serviço.

3 – Compete ao membro do Governo respectivo a aplicação de qualquer pena aos dirigentes máximos dos órgãos ou serviços.

4 – Nas autarquias locais, associações e federações de municípios, bem como nos serviços municipalizados, a aplicação das penas previstas nos n.ᵒˢ 1 e 2 do artigo 9.º é da competência, respectivamente, dos correspondentes órgãos executivos, bem como dos conselhos de administração.

5 – Nas assembleias distritais, a aplicação das penas previstas nos n.ᵒˢ 1 e 2 do artigo 9.º é da competência do respectivo plenário.

6 – A competência prevista nos n.ᵒˢ 1, 2, 4 e 5 é indelegável.

CAPÍTULO V
Factos a que são aplicáveis as penas

ARTIGO 15.º
Repreensão escrita

A pena de repreensão escrita é aplicável por infracções leves de serviço.

ARTIGO 16.º
Multa

A pena de multa é aplicável a casos de negligência ou má compreensão dos deveres funcionais, nomeadamente aos trabalhadores que:

a) Não observem os procedimentos estabelecidos oucometam erros por negligência, de que não resulte prejuízo relevante para o serviço;

b) Desobedeçam às ordens dos superiores hierárquicos,sem consequências importantes;

c) Não usem de correcção para com os superiores hierárquicos, subordinados ou colegas ou para com o público;

d) Pelo defeituoso cumprimento ou desconhecimentodas disposições legais e regulamentares ou das ordenssuperiores, demonstrem falta de zelo pelo serviço;

Lei n.º 58/2008, 9 de Setembro 107

e) Não façam a comunicação referida no n.º 6 do artigo 30.º da Lei n.º 12-A/2008, de 27 de Fevereiro.

ARTIGO 17.º
Suspensão

A pena de suspensão é aplicável aos trabalhadores que actuem com grave negligência ou com grave desinteresse pelo cumprimento dos deveres funcionais e àqueles cujos comportamentos atentem gravemente contra a dignidade e o prestígio da função, nomeadamente quando:

a) Dêem informação errada a superior hierárquico;
b) Compareçam ao serviço em estado de embriaguez ou sob o efeito de estupefacientes ou drogas equiparadas;
c) Exerçam funções em acumulação, sem autorização ou apesar de não autorizados ou, ainda, quando a autorização tenha sido concedida com base em informações ou elementos, por eles fornecidos, que se revelem falsos ou incompletos;
d) Demonstrem desconhecimento de normas essenciais reguladoras do serviço, do qual haja resultado prejuízos para o órgão ou serviço ou para terceiros;
e) Dispensem tratamento de favor a determinada entidade, singular ou colectiva;
f) Omitam informação que possa ou deva ser prestada ao cidadão ou, com violação da lei em vigor sobre acesso à informação, revelem factos ou documentos relacionados com os procedimentos administrativos, em curso ou concluídos;
g) Desobedeçam escandalosamente, ou perante o público e em lugar aberto ao mesmo, às ordens superiores;
h) Prestem falsas declarações sobre justificação de faltas;
i) Violem os procedimentos da avaliação do desempenho, incluindo a aposição de datas sem correspondênciacom o momento da prática do acto;
j) Agridam, injuriem ou desrespeitem gravemente superior hierárquico, colega, subordinado ou terceiro, fora dos locais de serviço, por motivos relacionados com o exercício das funções;

108   *Regime do Contrato de Trabalho em Funções Públicas*

l) Recebam fundos, cobrem receitas ou recolham verbas de que não prestem contas nos prazos legais;
m) Violem, com culpa grave ou dolo, o dever de imparcialidade no exercício das funções;
n) Usem ou permitam que outrem use ou se sirva de quaisquer bens pertencentes aos órgãos ou serviços, cuja posse ou utilização lhes esteja confiada, para fim diferente daquele a que se destinam;
o) Violem os deveres referidos nos n.ºs 1 e 2 do artigo 30.° da Lei n.° 12-A/2008, de 27 de Fevereiro.

ARTIGO 18.°
Demissão e despedimento por facto imputável ao trabalhador

1 – As penas de demissão e de despedimento por facto imputável ao trabalhador são aplicáveis em caso de infracção que inviabilize a manutenção da relação funcional, nomeadamente aos trabalhadores que:

a) Agridam, injuriem ou desrespeitem gravemente superior hierárquico, colega, subordinado ou terceiro, em serviço ou nos locais de serviço;
b) Pratiquem actos de grave insubordinação ou indisciplina ou incitem à sua prática;
c) No exercício das suas funções, pratiquem actos manifestamente ofensivos das instituições e princípios consagrados na Constituição;
d) Pratiquem ou tentem praticar qualquer acto que lese ou contrarie os superiores interesses do Estado em matéria de relações internacionais;
e) Voltem a praticar os factos referidos nas alíneas *c*), *h*) e *i*) do artigo anterior;
f) Dolosamente participem infracção disciplinar supostamente cometida por outro trabalhador;
g) Dentro do mesmo ano civil dêem 5 faltas seguidas ou 10 interpoladas sem justificação;
h) Sendo nomeados ou, não sendo titulares de cargos dirigentes ou equiparados, exerçam as suas funções em comissão de serviço, cometam reiterada violação do dever de zelo, indiciada em

Lei n.º 58/2008, 9 de Setembro

processo de averiguações instaurado após a obtenção de duas avaliações de desempenho negativas consecutivas apesar da frequência de formação adequada aquando da primeira avaliação negativa;

i) Divulguem informação que, nos termos legais, não deva ser divulgada;

j) Em resultado da função que exercem, solicitem ou aceitem, directa ou indirectamente, dádivas, gratificações, participações em lucros ou outras vantagens patrimoniais, ainda que sem o fim de acelerar ou retardar qualquer serviço ou procedimento;

l) Comparticipem em oferta ou negociação de emprego público;

m) Sejam encontrados em alcance ou desvio de dinheiros públicos;

n) Tomem parte ou interesse, directamente ou por interposta pessoa, em qualquer contrato celebrado ou a celebrar por qualquer órgão ou serviço;

o) Com intenção de obter, para si ou para terceiro, benefício económico ilícito, faltem aos deveres funcionais, não promovendo atempadamente os procedimentos adequados, ou lesem, em negócio jurídico ou por mero acto material, designadamente por destruição, adulteração ou extravio de documentos ou por viciação de dados para tratamento informático, os interesses patrimoniais que, no todo ou em parte, lhes cumpre, em razão das suas funções, administrar, fiscalizar, defender ou realizar;

p) Autorizem o exercício de qualquer actividade remunerada nas modalidades que estão vedadas aos trabalhadores que, colocados em situação de mobilidade especial, se encontrem no gozo de licença extraordinária.

2 – Tornando-se inviável a manutenção da relação funcional, as penas de demissão e de despedimento por facto imputável ao trabalhador são ainda aplicáveis aos trabalhadores que, encontrando-se em situação de mobilidade especial:

a) Exerçam qualquer actividade remunerada fora dos casos previstos na lei;

b) No gozo de licença extraordinária, exerçam qualquer actividade remunerada nas modalidades que lhes estão vedadas.

Artigo 19.º
Cessação da comissão de serviço

1 – A pena de cessação da comissão de serviço é aplicável, a título principal, aos titulares de cargos dirigentes e equiparados que:

a) Não procedam disciplinarmente contra os trabalhadores seus subordinados pelas infracções de que tenham conhecimento;
b) Não participem criminalmente infracção disciplinar de que tenham conhecimento no exercício das suas funções, que revista carácter penal;
c) Autorizem, informem favoravelmente ou omitam informação, relativamente à situação jurídico-funcional de trabalhadores, em violação das normas que regulam a relação jurídica de emprego público;
d) Violem as normas relativas à celebração de contratos de prestação de serviços.

2 – A pena de cessação da comissão de serviço é sempre aplicada acessoriamente aos titulares de cargos dirigentes e equiparados por qualquer infracção disciplinar punida com pena igual ou superior à de multa.

Artigo 20.º
Escolha e medida das penas

Na aplicação das penas atende-se aos critérios gerais enunciados nos artigos 15.º a 19.º, à natureza, missão e atribuições do órgão ou serviço, ao cargo ou categoria do arguido, às particulares responsabilidades ine-rentes à modalidade da sua relação jurídica de emprego público, ao grau de culpa, à sua personalidade e a todas as circunstâncias em que a infracção tenha sido cometida que militem contra ou a favor dele.

Artigo 21.º
Circunstâncias dirimentes

São circunstâncias dirimentes da responsabilidade disciplinar:

a) A coacção física;

Lei n.° 58/2008, 9 de Setembro

b) A privação acidental e involuntária do exercício das faculdades intelectuais no momento da prática da infracção;
c) A legítima defesa, própria ou alheia;
d) A não exigibilidade de conduta diversa;
e) O exercício de um direito ou o cumprimento de um dever.

ARTIGO 22.°
Circunstâncias atenuantes especiais

São circunstâncias atenuantes especiais da infracção disciplinar:

a) A prestação de mais de 10 anos de serviço com exemplar comportamento e zelo;
b) A confissão espontânea da infracção;
c) A prestação de serviços relevantes ao povo português e a actuação com mérito na defesa da liberdade e da democracia;
d) A provocação;
e) O acatamento bem intencionado de ordem ou instrução de superior hierárquico, nos casos em que não fosse devida obediência.

ARTIGO 23.°
Atenuação extraordinária

Quando existam circunstâncias atenuantes que diminuam substancialmente a culpa do arguido, a pena pode ser atenuada, aplicando-se pena inferior.

ARTIGO 24.°
Circunstâncias agravantes especiais

1 – São circunstâncias agravantes especiais da infracção disciplinar:

a) A vontade determinada de, pela conduta seguida, produzir resultados prejudiciais ao órgão ou serviço ou ao interesse geral, independentemente de estes se terem verificado;

b) A produção efectiva de resultados prejudiciais ao órgão ou serviço ou ao interesse geral, nos casos em que o arguido pudesse prever essa consequência como efeito necessário da sua conduta;

c) A premeditação;

d) A comparticipação com outros indivíduos para a sua prática;

e) O facto de ter sido cometida durante o cumprimento de pena disciplinar ou enquanto decorria o período de suspensão da pena;

f) A reincidência;

g) A acumulação de infracções.

2 – A premeditação consiste no desígnio para o cometimento da infracção, formado, pelo menos, vinte e quatro horas antes da sua prática.

3 – A reincidência ocorre quando a infracção é cometida antes de decorrido um ano sobre o dia em que tenha findado o cumprimento da pena aplicada por virtude de infracção anterior.

4 – A acumulação ocorre quando duas ou mais infracções são cometidas na mesma ocasião ou quando uma é cometida antes de ter sido punida a anterior.

ARTIGO 25.º
Suspensão das penas

1 – As penas previstas nas alíneas *a)* a *c)* do n.º 1 do artigo 9.º podem ser suspensas quando, atendendo à personalidade do arguido, às condições da sua vida, à sua conduta anterior e posterior à infracção e às circunstâncias desta, se conclua que a simples censura do comportamento e a ameaça da pena realizam de forma adequada e suficiente as finalidades da punição.

2 – O tempo de suspensão não é inferior a seis meses para as penas de repreensão escrita e de multa e a um ano para a pena de suspensão nem superior a um e dois anos, respectivamente.

3 – Os tempos previstos no número anterior contam-se desde a data da notificação ao arguido da respectiva decisão.

4 – A suspensão caduca quando o trabalhador venha a ser, no seu decurso, condenado novamente em processo disciplinar.

Artigo 26.º
Prescrição das penas

Sem prejuízo do disposto no artigo 12.º, as penas prescrevem nos prazos seguintes, contados da data em que a decisão se tornou inimpugnável:

a) Um mês, para a pena de repreensão escrita;
b) Três meses, para a pena de multa;
c) Seis meses, para a pena de suspensão;
d) Um ano, para as penas de demissão, de despedimento por facto imputável ao trabalhador e de cessação da comissão de serviço.

CAPÍTULO VI
Procedimento disciplinar

SECÇÃO I
Disposições gerais

Artigo 27.º
Formas de processo

1 – O processo disciplinar é comum e especial.

2 – O processo especial aplica-se nos casos expressamente previstos na lei e o comum em todos os casos a que não corresponda processo especial.

3 – Os processos especiais regulam-se pelas disposições que lhes são próprias e, na parte nelas não prevista, pelas disposições respeitantes ao processo comum.

Artigo 28.º
Obrigatoriedade de processo disciplinar

1 – As penas de multa e superiores são sempre aplicadas precedendo o apuramento dos factos em processo disciplinar.

114 Regime do Contrato de Trabalho em Funções Públicas

2 – A pena de repreensão escrita é aplicada sem dependência de processo, mas com audiência e defesa do arguido.

3 – A requerimento do arguido é lavrado auto das diligências referidas no número anterior, na presença de duas testemunhas por ele indicadas.

4 – Para os efeitos do disposto no n.º 2, o arguido tem o prazo máximo de cinco dias para, querendo, produzir a sua defesa por escrito.

Artigo 29.º
Competência para a instauração do procedimento

1 – Sem prejuízo do disposto no n.º 3 do artigo 40.º, é competente para instaurar ou mandar instaurar procedimento disciplinar contra os respectivos subordinados qualquer superior hierárquico, ainda que não seja competente para punir.

2 – Compete ao membro do Governo respectivo a instauração de procedimento disciplinar contra os dirigentes máximos dos órgãos ou serviços.

Artigo 30.º
Local da instauração e mudança de órgão
ou serviço na pendência do processo

1 – O procedimento disciplinar é sempre instaurado no órgão ou serviço em que o trabalhador exerce funções à data da infracção.

2 – Quando, após a prática de uma infracção disciplinar ou já na pendência do respectivo processo, o trabalhador mude de órgão ou serviço, a pena é aplicada pela entidade competente à data em que tenha de ser proferida decisão, sem prejuízo de o procedimento ter sido mandado instaurar e ter sido instruído no âmbito do órgão ou serviço em que o arguido exercia funções à data da infracção.

Artigo 31.º
Apensação de processos

1 – Para todas as infracções ainda não punidas cometidas por um trabalhador é instaurado um único processo.

2 – Tendo sido instaurados diversos processos, são todos apensados àquele que primeiro tenha sido instaurado.

ARTIGO 32.º
Arguido em acumulação de funções

1 – Quando, antes da decisão de um procedimento, sejam instarados novos procedimentos disciplinares contra o mesmo trabalhador por infracção cometida no desempenho de funções, em acumulação, em outros órgãos ou serviços, os novos procedimentos são apensados ao primeiro, ficando a instrução de todos eles a cargo do instrutor deste.

2 – A instauração dos procedimentos disciplinares é comunicada aos órgãos ou serviços em que o trabalhador desempenha funções, de igual modo se procedendo em relação à decisão proferida.

ARTIGO 33.º
Natureza secreta do processo

1 – O processo disciplinar é de natureza secreta até à acusação, podendo, contudo, ser facultado ao arguido, a seu requerimento, para exame, sob condição de não divulgar o que dele conste.

2 – O indeferimento do requerimento a que se refere o número anterior é comunicado ao arguido no prazo de três dias.

3 – Não obstante a sua natureza secreta, é permitida a passagem de certidões quando destinadas à defesa de interesses legalmente protegidos e em face de requerimento especificando o fim a que se destinam, podendo ser proibida, sob pena de desobediência, a sua publicação.

4 – A passagem de certidões é autorizada pelo instrutor até ao termo da fase de defesa do arguido, sendo gratuita quando requerida por este.

5 – Ao arguido que divulgue matéria de natureza secreta, nos termos do presente artigo, é instaurado, por esse facto, novo procedimento disciplinar.

Artigo 34.º
Forma dos actos

A forma dos actos, quando não seja regulada por lei, ajusta-se ao fim que se tem em vista e limita-se ao indispensável para atingir essa finalidade.

Artigo 35.º
Constituição de advogado

1 – O arguido pode constituir advogado em qualquer fase do processo, nos termos gerais de direito.

2 – O advogado exerce os direitos que a lei reconhece ao arguido.

Artigo 36.º
Actos oficiosos

Nos casos omissos, o instrutor pode adoptar as providências que se afigurem convenientes para a descoberta da verdade, em conformidade com os princípios gerais do processo penal.

Artigo 37.º
Nulidades

1 – É insuprível a nulidade resultante da falta de audiência do arguido em artigos de acusação, bem como a que resulte de omissão de quaisquer diligências essenciais para a descoberta da verdade.

2 – As restantes nulidades consideram-se supridas quando não sejam reclamadas pelo arguido até à decisão final.

3 – Do despacho que indefira o requerimento de quaisquer diligências probatórias cabe recurso hierárquico ou tutelar para o respectivo membro do Governo, a interpor no prazo de cinco dias.

4 – O recurso referido no número anterior sobe imediatamente nos próprios autos, considerando-se procedente quando, no prazo de 10 dias, não seja proferida decisão que expressamente o indefira.

Artigo 38.º
Alteração da situação jurídico-funcional do arguido

O trabalhador arguido em processo disciplinar, ainda que suspenso preventivamente, não está impedido de alterar, nos termos legais, a sua situação jurídico-funcional, designadamente candidatando-se a procedimentos concursais.

SECÇÃO II
Procedimento disciplinar comum

SUBSECÇÃO I
Disposição geral

Artigo 39.º
Início e termo da instrução

1 – A instrução do processo disciplinar inicia-se no prazo máximo de 10 dias contados da data da notificação ao instrutor do despacho que o mandou instaurar e ultima-se no prazo de 45 dias, só podendo ser excedido este prazo por despacho da entidade que o mandou instaurar, sob proposta fundamentada do instrutor, nos casos de excepcional complexidade.

2 – O prazo de 45 dias referido no número anterior conta-se da data de início da instrução, determinada nos termos do número seguinte.

3 – O instrutor informa a entidade que o tenha nomeado, bem como o arguido e o participante, da data em que dê início à instrução.

4 – O procedimento disciplinar é urgente, sem prejuízo das garantias de audiência e defesa do arguido.

SUBSECÇÃO II
Fase de instrução do processo

Artigo 40.°
Participação ou queixa

1 – Todos os que tenham conhecimento de que um trabalhador praticou infracção disciplinar podem participá-la a qualquer superior hierárquico daquele.

2 – Quando se verifique que a entidade que recebeu a participação ou queixa não tem competência para instaurar procedimento disciplinar, aquelas são imediatamente remetidas à entidade competente para o efeito.

3 – Para os efeitos do disposto no número seguinte, quando um trabalhador deixe de comparecer ao serviço, sem justificação, durante 5 dias seguidos ou 10 interpolados, o respectivo superior hierárquico participa o facto, de imediato, ao dirigente máximo do órgão ou serviço.

4 – O dirigente máximo do órgão ou serviço pode considerar, do ponto de vista disciplinar, justificada a ausência, determinando o imediato arquivamento da participação quando o trabalhador faça prova de motivos que considere atendíveis.

5 – As participações ou queixas verbais são sempre reduzidas a escrito por quem as receba.

6 – Quando conclua que a participação é infundada e dolosamente apresentada no intuito de prejudicar o trabalhador ou que contém matéria difamatória ou injuriosa, a entidade competente para punir participa o facto criminalmente, sem prejuízo de instauração de procedimento disciplinar quando o participante seja trabalhador a que o presente Estatuto é aplicável.

Artigo 41.°
Despacho liminar

1 – Assim que seja recebida participação ou queixa, a entidade competente para instaurar procedimento disciplinar decide se a ele deve ou não haver lugar.

2 – Quando entenda que não há lugar a procedimento disciplinar,

a entidade referida no número anterior manda arquivar a participação ou queixa.

3 – No caso contrário, instaura ou determina que se instaure procedimento disciplinar.

4 – Quando não tenha competência para aplicação da pena e entenda que não há lugar a procedimento disciplinar, a entidade referida no n.º 1 sujeita o assunto a decisão da entidade competente.

ARTIGO 42.º
Nomeação do instrutor

1 – A entidade que instaure procedimento disciplinar nomeia um instrutor, escolhido de entre trabalhadores do mesmo órgão ou serviço, titular de cargo ou de carreira ou categoria de complexidade funcional superior à do arguido ou, quando impossível, com antiguidade superior no mesmo cargo ou em carreira ou categoria de complexidade funcional idêntica ou no exercício de funções públicas, preferindo os que possuam adequada formação jurídica.

2 – Em casos justificados, a entidade referida no número anterior pode solicitar ao respectivo dirigente máximo a nomeação de instrutor de outro órgão ou serviço.

3 – O instrutor pode escolher secretário de sua confiança, cuja nomeação compete à entidade que o nomeou, e, bem assim, requisitar a colaboração de técnicos.

4 – As funções de instrução preferem a quaisquer outras que o instrutor tenha a seu cargo, ficando exclusivamente adstrito àquelas.

ARTIGO 43.º
Suspeição do instrutor

1 – O arguido e o participante podem deduzir a suspeição do instrutor do processo disciplinar quando ocorra circunstância por causa da qual possa razoavelmente suspeitar-se da sua isenção e da rectidão da sua conduta, designadamente:

a) Quando o instrutor tenha sido directa ou indirectamente atingido pela infracção;

b) Quando o instrutor seja parente na linha recta ou até ao 3.° grau na linha colateral do arguido, do participante ou de qualquer trabalhador ou particular ofendido ou de alguém que, com os referidos indivíduos, viva em economia comum;

c) Quando esteja pendente processo jurisdicional em que o instrutor e o arguido ou o participante sejam intervenientes;

d) Quando o instrutor seja credor ou devedor do arguido ou do participante ou de algum seu parente na linha recta ou até ao 3.° grau na linha colateral;

e) Quando haja inimizade grave ou grande intimidade entre o arguido e o instrutor ou entre este e o participante ou o ofendido.

2 – A entidade que tenha mandado instaurar o procedimento disciplinar decide, em despacho fundamentado, no prazo máximo de quarenta e oito horas.

ARTIGO 44.°
Medidas cautelares

Compete ao instrutor tomar, desde a sua nomeação, as medidas adequadas para que não se possa alterar o estado dos factos e documentos em que se descobriu ou se presume existir alguma irregularidade nem subtrair as provas desta.

ARTIGO 45.°
Suspensão preventiva

1 – O arguido pode ser, sob proposta da entidade que tenha instaurado o procedimento disciplinar ou do instrutor, e mediante despacho do dirigente máximo do órgão ou serviço, preventivamente suspenso do exercício das suas funções, sem perda da remuneração base, até decisão do procedimento, mas por prazo não superior a 90 dias, sempre que a sua presença se revele inconveniente para o serviço ou para o apuramento da verdade.

2 – A suspensão prevista no número anterior pode apenas ter lugar em caso de infracção punível com pena de suspensão ou superior.

Lei n.º 58/2008, 9 de Setembro 121

3 – A notificação da suspensão preventiva é acompanhada de indicação, ainda que genérica, da infracção ou infracções de cuja prática o trabalhador é arguido.

ARTIGO 46.º
Instrução do processo

1 – O instrutor faz autuar o despacho com a participação ou queixa e procede à instrução, ouvindo o participante, as testemunhas por este indicadas e as mais que julgue necessárias, procedendo a exames e mais diligências que possam esclarecer a verdade e fazendo juntar aos autos o certificado de registo disciplinar do arguido.

2 – O instrutor ouve o arguido, a requerimento deste e sempre que o entenda conveniente, até se ultimar a instrução, e pode também acareá-lo com as testemunhas ou com o participante.

3 – Durante a fase de instrução, o arguido pode requerer ao instrutor que promova as diligências para que tenha competência e consideradas por aquele essenciais para apuramento da verdade.

4 – Quando o instrutor julgue suficiente a prova produzida, pode, em despacho devidamente fundamentado, indeferir o requerimento referido no número anterior.

5 – As diligências que tenham de ser feitas fora do lugar onde corra o processo disciplinar podem ser requisitadas à respectiva autoridade administrativa ou policial.

6 – Durante a fase de instrução e até à elaboração do relatório final, podem ser ouvidos, a requerimento do arguido, representantes da associação sindical a que o mesmo pertença.

ARTIGO 47.º
Testemunhas na fase de instrução

1 – Na fase de instrução do processo o número de testemunhas é ilimitado.

2 – É aplicável à inquirição de testemunhas o disposto nos n.ºs 4 e 5 do artigo anterior.

Artigo 48.°
Termo da instrução

1 – Concluída a instrução, quando o instrutor entenda que os factos constantes dos autos não constituem infracção disciplinar, que não foi o arguido o agente da infracção ou que não é de exigir responsabilidade disciplinar por virtude de prescrição ou de outro motivo, elabora, no prazo de cinco dias, o seu relatório final, que remete imediatamente com o respectivo processo à entidade que o tenha mandado instaurar, com proposta de arquivamento.

2 – No caso contrário, deduz, articuladamente, no prazo de 10 dias, a acusação.

3 – A acusação contém a indicação dos factos integrantes da mesma, bem como das circunstâncias de tempo, modo e lugar da prática da infracção e das que integram atenuantes e agravantes, acrescentando sempre a referência aos preceitos legais respectivos e às penas aplicáveis.

SUBSECÇÃO III
Fase de defesa do arguido

Artigo 49.°
Notificação da acusação

1 – Da acusação extrai-se cópia, no prazo de quarenta e oito horas, para ser entregue ao arguido mediante notificação pessoal ou, não sendo esta possível, por carta registada com aviso de recepção, marcando-se-lhe um prazo entre 10 e 20 dias para apresentar a sua defesa escrita.

2 – Quando não seja possível a notificação nos termos do número anterior, designadamente por ser desconhecido o paradeiro do arguido, é publicado aviso na 2.ª série do *Diário da República,* notificando-o para apresentar a sua defesa em prazo não inferior a 30 nem superior a 60 dias contados da data da publicação.

3 – O aviso deve apenas conter a menção de que se encontra pendente contra o arguido procedimento disciplinar e o prazo fixado para apresentar a sua defesa.

4 – Quando o processo seja complexo, pelo número e natureza das infracções ou por abranger vários arguidos, e precedendo autorização da

entidade que mandou instaurar o procedimento, o instrutor pode conceder prazo superior ao do n.º 1, até ao limite de 60 dias.

5 – Quando sejam susceptíveis de aplicação as penas de demissão, de despedimento por facto imputável ao trabalhador ou de cessação da comissão de serviço, esta quando seja acessória daquelas ou, em qualquer caso, quando o trabalhador não seja titular de relação jurídica de emprego público constituída em diferente modalidade, a cópia da acusação é igualmente remetida, no prazo referido no n.º 1, à comissão de trabalhadores respectiva.

6 – No caso referido no número anterior, quando o arguido seja representante sindical é ainda remetida cópia da acusação à associação sindical respectiva.

7 – A remessa de cópia da acusação nos termos dos n.ºs 5 e 6 não tem lugar quando o arguido a ela se tenha oposto por escrito durante a fase de instrução.

Artigo 50.º
Incapacidade física ou mental

1 – Quando o arguido esteja incapacitado de organizar a sua defesa por motivo de doença ou incapacidade física devidamente comprovadas, pode nomear um representante especialmente mandatado para o efeito.

2 – Quando o arguido não possa exercer o direito referido no número anterior, o instrutor nomeia-lhe imediatamente um curador, preferindo a pessoa a quem competiria a tutela no caso de interdição, nos termos da lei civil.

3 – A nomeação referida no número anterior é restrita ao procedimento disciplinar, podendo o representante usar de todos os meios de defesa facultados ao arguido.

4 – Quando o instrutor tenha dúvidas sobre se o estado mental do arguido o inibe de organizar a sua defesa, solicita uma perícia psiquiátrica nos termos do n.º 6 do artigo 159.º do Código de Processo Penal, aplicável com as necessárias adaptações.

5 – A realização da perícia psiquiátrica pode também ser solicitada nos termos do n.º 7 do artigo 159.º do Código de Processo Penal, aplicável com as necessárias adaptações.

Artigo 51.º
Exame do processo e apresentação da defesa

1 – Sem prejuízo do disposto no artigo seguinte, durante o prazo para apresentação da defesa, pode o arguido ou o seu representante ou curador referidos no artigo anterior, bem como o advogado por qualquer deles constituído, examinar o processo a qualquer hora de expediente.

2 – A resposta é assinada pelo arguido ou por qualquer dos seus representantes referidos no número anterior e é apresentada no lugar onde o procedimento tenha sido instaurado.

3 – Quando remetida pelo correio, a resposta considera-se apresentada na data da sua expedição.

4 – Na resposta o arguido expõe com clareza e concisão os factos e as razões da sua defesa.

5 – A resposta que revele ou se traduza em infracções estranhas à acusação e que não interesse à defesa é autuada, dela se extraindo certidão, que passa a ser considerada como participação para efeitos de novo procedimento.

6 – Com a resposta o arguido pode apresentar o rol das testemunhas e juntar documentos, requerendo também quaisquer diligências.

7 – A falta de resposta dentro do prazo marcado vale como efectiva audiência do arguido para todos os efeitos legais.

Artigo 52.º
Confiança do processo

O processo pode ser confiado ao advogado do arguido, nos termos e sob a cominação previstos nos artigos 169.º a 171.º do Código de Processo Civil, aplicáveis com as necessárias adaptações.

Artigo 53.º
Produção da prova oferecida pelo arguido

1 – As diligências requeridas pelo arguido podem ser recusadas em despacho do instrutor, devidamente fundamentado, quando manifestamente impertinentes e desnecessárias.

Lei n.º 58/2008, 9 de Setembro 125

2 – Não podem ser ouvidas mais de três testemunhas por cada facto, podendo as que não residam no lugar onde corre o processo, quando o arguido não se comprometa a apresentá-las, ser ouvidas por solicitação a qualquer autoridade administrativa.

3 – O instrutor pode recusar a inquirição das testemunhas quando considere suficientemente provados os factos alegados pelo arguido.

4 – A autoridade a quem seja solicitada a inquirição, nos termos da parte final do n.º 2, pode designar instrutor *ad hoc* para o acto requerido.

5 – As diligências para a inquirição de testemunhas são sempre notificadas ao arguido.

6 – Aplica-se à inquirição referida na parte final do n.º 2, com as necessárias adaptações, o disposto nos artigos 111.º e seguintes do Código de Processo Penal.

7 – O advogado do arguido pode estar presente e intervir na inquirição das testemunhas.

8 – O instrutor inquire as testemunhas e reúne os demais elementos de prova oferecidos pelo arguido no prazo de 20 dias, o qual pode ser prorrogado, por despacho, até 40 dias quando o exijam as diligências referidas na parte final do n.º 2.

9 – Finda a produção da prova oferecida pelo arguido, podem ainda ordenar-se, em despacho, novas diligências que se tornem indispensáveis para o completo esclarecimento da verdade.

SUBSECÇÃO IV
Fase de relatório final

Artigo 54.º
Relatório final do instrutor

1 – Finda a fase de defesa do arguido, o instrutor elabora, no prazo de cinco dias, um relatório final completo e conciso donde constem a existência material das faltas, a sua qualificação e gravidade, importâncias que porventura haja a repor e seu destino, bem como a pena que entenda justa ou a proposta para que os autos se arquivem por ser insubsistente a acusação, designadamente por inimputabilidade do arguido.

2 – A entidade competente para a decisão pode, quando a complexi-

126 *Regime do Contrato de Trabalho em Funções Públicas*

dade do processo o exija, prorrogar o prazo fixado no número anterior até ao limite total de 20 dias.

3 – O processo, depois de relatado, é remetido no prazo de vinte e quatro horas à entidade que o tenha mandado instaurar, a qual, quando não seja competente para decidir, o envia dentro de dois dias a quem deva proferir a decisão.

4 – Quando seja proposta a aplicação das penas de demissão, de despedimento por facto imputável ao trabalhador ou de cessação da comissão de serviço, esta quando seja acessória daquelas ou, em qualquer caso, quando o trabalhador não seja titular de relação jurídica de emprego público constituída em diferente modalidade, a entidade competente para a decisão apresenta o processo, por cópia integral, à comissão de trabalhadores e, quando o arguido seja representante sindical, à associação sindical respectiva, que podem, no prazo de cinco dias, juntar o seu parecer fundamentado.

5 – É correspondentemente aplicável o disposto no n.º 7 do artigo 49.º

SUBSECÇÃO V
Fase de decisão disciplinar e sua execução

Artigo 55.º
Decisão

1 – Junto o parecer referido no n.º 4 do artigo anterior, ou decorrido o prazo para o efeito, sendo o caso, a entidade competente analisa o processo, concordando ou não com as conclusões do relatório final, podendo ordenar novas diligências, a realizar no prazo que para tal estabeleça.

2 – Antes da decisão, a entidade competente pode solicitar ou determinar a emissão, no prazo de 10 dias, de parecer por parte do superior hierárquico do arguido ou de unidades orgânicas do órgão ou serviço a que o mesmo pertença.

3 – O despacho que ordene a realização de novas diligências ou ue solicite a emissão de parecer é proferido no prazo máximo de 30 dias contados da data da recepção do processo.

Lei n.º 58/2008, 9 de Setembro 127

4 – A decisão do procedimento é sempre fundamentada quando não concordante com a proposta formulada no relatório final do instrutor, sendo proferida no prazo máximo de 30 dias contados das seguintes datas:

a) Da recepção do processo, quando a entidade competente para punir concorde com as conclusões do relatório final;
b) Do termo do prazo que marque, quando ordene novas diligências;
c) Do termo do prazo fixado para emissão de parecer.

5 – Na decisão não podem ser invocados factos não constantes da acusação nem referidos na resposta do arguido, excepto quando excluam, dirimam ou atenuem a sua responsabilidade disciplinar.

6 – O incumprimento dos prazos referidos nos n.ᵒˢ 3 e 4 determina a caducidade do direito de aplicar a pena.

Artigo 56.º
Pluralidade de arguidos

1 – Quando vários trabalhadores sejam arguidos do mesmo facto ou de factos entre si conexos, a entidade que tenha competência para punir o trabalhador de cargo ou de carreira ou categoria de complexidade funcional superior decide relativamente a todos os arguidos.

2 – Quando os arguidos sejam titulares do mesmo cargo ou de carreira ou categoria de complexidade funcional idêntica, a decisão cabe à entidade que tenha competência para punir o arguido com antiguidade superior no exercício de funções públicas.

Artigo 57.º
Notificação da decisão

1 – A decisão é notificada ao arguido, observando-se, com as necessárias adaptações, o disposto no artigo 49.º

2 – A entidade que tenha decidido o procedimento pode autorizar que a notificação do arguido seja protelada pelo prazo máximo de 30 dias quando se trate de pena que implique suspensão ou cessação de funções por parte do infractor, desde que da execução da decisão disciplinar resul-

128 *Regime do Contrato de Trabalho em Funções Públicas*

tem para o serviço inconvenientes mais graves do que os decorrentes da permanência do trabalhador punido no exercício das suas funções.

3 – Na data em que se faça a notificação ao arguido é igualmente notificado o instrutor e o participante, este desde que o tenha requerido.

4 – Quando o processo tenha sido apresentado nos termos e para os efeitos do disposto no n.° 4 do artigo 54.°, a decisão é igualmente comunicada à comissão de trabalhadores e à associação sindical.

Artigo 58.°
Início de produção de efeitos das penas

As decisões que apliquem penas disciplinares não carecem de publicação, começando a produzir os seus efeitos legais no dia seguinte ao da notificação do arguido ou, não podendo este ser notificado, 15 dias após a publicação de aviso nos termos do n.° 2 do artigo 49.°

SUBSECÇÃO VI
Impugnações

Artigo 59.°
Meios impugnatórios

Os actos proferidos em processo disciplinar podem ser impugnados hierárquica ou tutelarmente, nos termos dos artigos 60.° a 62.° do Código do Procedimento Administrativo, ou jurisdicionalmente, nos termos dos artigos 63.° a 65.° do Código de Processo nos Tribunais Administrativos.

Artigo 60.°
Recurso hierárquico ou tutelar

1 – O arguido e o participante podem interpor recurso hierárquico ou tutelar dos despachos e das decisões que não sejam de mero expediente proferidos pelo instrutor ou pelos superiores hierárquicos daquele.

2 – O recurso interpõe-se directamente para o membro do Governo no prazo de 15 dias contados da notificação do despacho ou da decisão

Lei n.° 58/2008, 9 de Setembro   129

ou de 20 dias contados da publicação do aviso a que se refere o n.° 2 do artigo 49.°

3 – Quando o despacho ou a decisão não tenham sido notificados ou quando não tenha sido publicado aviso, o prazo conta-se a partir do conhecimento do despacho ou da decisão.

4 – O recurso hierárquico ou tutelar suspende a eficácia do despacho ou da decisão recorridos, excepto quando o seu autor considere que a sua não execução imediata causa grave prejuízo ao interesse público.

5 – O membro do Governo pode revogar a decisão de não suspensão referida no número anterior ou tomá-la quando o autor do despacho ou da decisão recorridos o não tenha feito.

6 – Nas autarquias locais, associações e federações de municípios, bem como nos serviços municipalizados, não há lugar a recurso tutelar.

7 – A pena pode ser agravada ou substituída por pena mais grave apenas em resultado de recurso do participante.

Artigo 61.°
Outros meios de prova

1 – Com o requerimento de interposição do recurso, o recorrente pode requerer novos meios de prova ou juntar documentos que entenda convenientes desde que não pudessem ter sido requeridos ou utilizados em devido tempo.

2 – O membro do Governo pode também determinar a realização de novas diligências probatórias.

3 – As diligências referidas nos números anteriores são autorizadas ou determinadas no prazo de cinco dias, iniciam-se em idêntico prazo e concluem-se no prazo que o membro do Governo entenda fixar.

Artigo 62.°
Regime de subida dos recursos

1 – Sem prejuízo do disposto no n.° 4 do artigo 37.° e nos números seguintes deste artigo, os recursos dos despachos ou das decisões que não ponham termo ao procedimento sobem apenas com o da decisão final, quando dela se recorra.

130 *Regime do Contrato de Trabalho em Funções Públicas*

2 – Sobem imediatamente nos próprios autos os recursos hierárquicos ou tutelares que, ficando retidos, percam por esse facto o efeito útil.

3 – Sobe imediatamente nos próprios autos o recurso hierárquico ou tutelar interposto do despacho que não admita a dedução da suspeição do instrutor ou não aceite os fundamentos invocados para a mesma.

ARTIGO 63.º
Renovação do procedimento disciplinar

1 – Quando o acto de aplicação da pena tenha sido jurisdicionalmente impugnado com fundamento em preterição de formalidade essencial ao decurso do processo disciplinar, a instauração do procedimento disciplinar pode ser renovada até ao termo do prazo para contestar a acção jurisdicional.

2 – O disposto no número anterior é apenas aplicável quando, cumulativamente:

a) O prazo referido no n.º 1 do artigo 6.º não se encontre ainda decorrido à data da renovação do procedimento;

b) O fundamento da impugnação não tenha sido previamente apreciado em recurso hierárquico ou tutelar que tenha sido rejeitado ou indeferido; e

c) Seja a primeira vez que se opere a renovação do procedimento.

ARTIGO 64.º
Efeitos da invalidade

1 – Quando tenha sido jurisdicionalmente anulado ou declarado nulo ou inexistente o acto de aplicação das penas de demissão, de despedimento por facto imputável ao trabalhador ou de cessação da comissão de serviço, esta quando seja acessória daquelas ou, em qualquer caso, quando o trabalhador não seja titular de relação jurídica de emprego público constituída em diferente modalidade, o órgão ou serviço é condenado:

a) A indemnizar o trabalhador por todos os danos, patrimoniais e não patrimoniais, causados;

Lei n.º 58/2008, 9 de Setembro 131

b) Ao pagamento de uma compensação ao trabalhador, determinada nos termos dos números seguintes; e
c) À reconstituição da situação jurídico-funcional actual hipotética do trabalhador.

2 – Para os efeitos do disposto na alínea b) do número anterior, o trabalhador tem direito a receber a remuneração que deixou de auferir desde a data de produção de efeitos do acto de aplicação da pena até ao trânsito em julgado da decisão jurisdicional.

3 – Ao montante apurado nos termos do número anterior deduzem-se as importâncias que o trabalhador tenha comprovadamente obtido com a cessação da relação jurídica de emprego público e que não receberia se não fosse a pena aplicada.

4 – O montante do subsídio de desemprego eventualmente auferido pelo trabalhador é deduzido na compensação, devendo o órgão ou serviço entregar essa quantia à segurança social.

5 – É ainda deduzido na compensação o montante da remuneração respeitante ao período decorrido desde a data de produção de efeitos do acto de aplicação da pena até 30 dias antes da data da sua impugnação jurisdicional quando esta não tenha tido lugar nos 30 dias subsequentes àquela data de produção de efeitos.

ARTIGO 65.º
**Indemnização em substituição
da reconstituição da situação**

1 – Quando tenha sido jurisdicionalmente impugnado o acto de aplicação das penas de demissão, de despedimento por facto imputável ao trabalhador ou de cessação da comissão de serviço, esta quando seja acessória daquelas ou, em qualquer caso, quando o trabalhador não seja titular de relação jurídica de emprego público constituída em diferente modalidade, o trabalhador, até à data da decisão jurisdicional e na hipótese de esta anular ou declarar nulo ou inexistente aquele acto, pode optar, em alternativa à reconstituição da sua situação jurídico-funcional actual hipotética, pelo recebimento de uma indemnização.

2 – Na falta de instrumento de regulamentação colectiva de trabalho em contrário, a indemnização tem o seguinte montante cumulável:

132 *Regime do Contrato de Trabalho em Funções Públicas*

a) De uma remuneração base mensal por cada ano completo, ou respectiva proporção no caso de fracção de ano, de exercício de funções públicas, quando a pena seja a de demissão ou de despedimento por facto imputável ao trabalhador;

b) De uma remuneração base mensal por cada mês completo, ou respectiva proporção no caso de fracção de mês, que faltasse para o termo da comissão de serviço, quando a pena seja a de cessação da comissão de serviço.

3 – O tempo decorrido desde a data de produção de efeitos da pena até ao trânsito em julgado da decisão jurisdicional é considerado exercício de funções públicas para os efeitos do disposto na alínea *a)* do número anterior.

4 – Em qualquer caso, a indemnização referida na alínea *a)* do n.° 2 não é inferior a seis remunerações base mensais e a referida na alínea *b)* do mesmo número a três.

5 – Efectuada a opção nos termos dos números anteriores, o tribunal condena o órgão ou serviço em conformidade.

SECÇÃO III
Procedimento disciplinar especial

SUBSECÇÃO I
Processos de inquérito e de sindicância

ARTIGO 66.°
Inquérito e sindicância

1 – Os membros do Governo e os dirigentes máximos dos órgãos ou serviços podem ordenar inquéritos ou sindicâncias aos órgãos, serviços ou unidades orgânicas na sua dependência ou sujeitos à sua superintendência ou tutela.

2 – O inquérito tem por fim apurar factos determinados e a sindicância destina-se a uma averiguação geral acerca do funcionamento do órgão, serviço ou unidade orgânica.

Artigo 67.º
Anúncios e editais

1 – No processo de sindicância, o sindicante, logo que a ele dê início, fá-lo constar por anúncios publicados em dois jornais, um de expansão nacional e outro de expansão regional, e por meio de editais, cuja afixação é requisitada às autoridades policiais ou administrativas.

2 – Nos anúncios e editais declara-se que toda a pessoa que tenha razão de queixa ou de agravo contra o regular funcionamento dos órgãos, serviços ou unidades orgânicas sindicados se pode apresentar ao sindicante, no prazo designado, ou a ele apresentar queixa por escrito e pelo correio.

3 – A queixa por escrito contém os elementos completos de identificação do queixoso.

4 – No prazo de quarenta e oito horas após a recepção da queixa, o sindicante notifica o queixoso, marcando-lhe dia, hora e local para prestar declarações.

5 – A publicação dos anúncios pela imprensa é obrigatória para os periódicos a que sejam remetidos, aplicando-se, em caso de recusa, a pena correspondente ao crime de desobediência qualificada, sendo a despesa a que dê causa documentada pelo sindicante, para efeitos de pagamento.

Artigo 68.º
Relatório e trâmites ulteriores

1 – Concluída a instrução, o inquiridor ou sindicante elabora, no prazo de 10 dias, o seu relatório, que remete imediatamente à entidade que mandou instaurar o procedimento.

2 – O prazo fixado no número anterior pode ser prorrogado pela entidade que mandou instaurar o procedimento até ao limite máximo, improrrogável, de 30 dias, quando a complexidade do processo o justifique.

3 – Verificando-se a existência de infracções disciplinares, a entidade que instaurou os procedimentos instaura os procedimentos disciplinares a que haja lugar.

4 – O processo de inquérito ou de sindicância pode constituir, por decisão da entidade referida no n.º 2, a fase de instrução do processo disciplinar, deduzindo o instrutor, no prazo de quarenta e oito horas, a

134   *Regime do Contrato de Trabalho em Funções Públicas*

acusação do arguido ou dos arguidos, seguindo-se os demais termos previstos no presente Estatuto.

5 – Nos processos de inquérito os trabalhadores visados podem, a todo o tempo, constituir advogado.

SUBSECÇÃO II
Processo de averiguações

ARTIGO 69.º
Instauração

1 – Quando um trabalhador nomeado ou, não sendo titular de cargo dirigente ou equiparado, que exerça as suas funções em comissão de serviço tenha obtido duas avaliações do desempenho negativas consecutivas, o dirigente máximo do órgão ou serviço instaura obrigatória e imediatamente processo de averiguações, sem prejuízo das decisões que deva tomar quanto ao plano de desenvolvimento profissional e ao melhor aproveitamento das capacidades do trabalhador, identificando, para o efeito, as correspondentes necessidades de formação.

2 – O processo de averiguações destina-se a apurar se o desempenho que justificou aquelas avaliações constitui infracção disciplinar imputável ao trabalhador avaliado por violação culposa de deveres funcionais, designadamente do dever de zelo.

3 – É causa de exclusão da culpabilidade da violação dos deveres funcionais a não frequência de formação, ou a frequência de formação inadequada, aquando da primeira avaliação negativa do trabalhador.

4 – O procedimento de averiguações prescreve decorridos três meses contados da data em que foi instaurado quando, nesse prazo, não tenha tido lugar a recepção do relatório final pela entidade competente.

5 – É correspondentemente aplicável o disposto nos n.ᵒˢ 7 e 8 do artigo 6.º

6 – Quando, no processo de averiguações, sejam detectados indícios de violação de outros deveres funcionais por parte de quaisquer intervenientes nos processos de avaliação do desempenho, o instrutor participa-os ao dirigente máximo do órgão ou serviço para efeitos de eventual instauração do correspondente procedimento de inquérito ou disciplinar.

Artigo 70.º
Tramitação

1 – O dirigente máximo do órgão ou serviço nomeia o averiguante de entre dirigentes que nunca tenham avaliado o trabalhador ou na falta destes solicita a outro dirigente máximo de outro órgão ou serviço que o nomeie.

2 – O averiguante reúne todos os documentos respeitantes às avaliações e à formação frequentada e ouve, obrigatoriamente, o trabalhador e todos os avaliadores que tenham tido intervenção nas avaliações negativas.

3 – Quando algum avaliador não possa ser ouvido, o averiguante justifica circunstanciadamente esse facto no relatório final referindo e documentando, designadamente, todas as diligências feitas para o conseguir.

4 – O trabalhador pode indicar o máximo de três testemunhas, que o averiguante ouve obrigatoriamente, e juntar documentos até ao termo da instrução.

5 – Todas as diligências instrutórias são concluídas no prazo máximo de 20 dias contados da data da instauração do procedimento, o que é comunicado ao dirigente máximo do órgão ou serviço e ao trabalhador.

Artigo 71.º
Relatório e decisão

1 – No prazo de 10 dias contados da data de conclusão da instrução, o averiguante elabora o relatório final fundamentado, que remete ao dirigente máximo do órgão ou serviço, no qual pode propor:

a) O arquivamento do processo, quando entenda que não deve haver lugar a procedimento disciplinar por ausência de violação dos deveres funcionais;

b) A instauração de procedimento disciplinar por violação de deveres funcionais.

2 – Quando o dirigente máximo do órgão ou serviço tenha sido um dos avaliadores do trabalhador, o processo é remetido ao membro do Governo para decisão.

136   *Regime do Contrato de Trabalho em Funções Públicas*

3 – O disposto no número anterior não é aplicável nas autarquias locais, associações e federações de municípios, bem como nos serviços municipalizados.

4 – É aplicável ao processo de averiguações, com as necessárias adaptações, o disposto nos n.ᵒˢ 4 e 5 do artigo 68.º

5 – Proposta a instauração de procedimento disciplinar, a infracção ou infracções consideram-se cometidas, para todos os efeitos legais, designadamente os previstos no artigo 6.º, na data daquela proposta.

SUBSECÇÃO III
Revisão do procedimento disciplinar

ARTIGO 72.º
Requisitos da revisão

1 – A revisão do procedimento disciplinar é admitida, a todo o tempo, quando se verifiquem circunstâncias ou meios de prova susceptíveis de demonstrar a inexistência dos factos que determinaram a condenação, desde que não pudessem ter sido utilizados pelo trabalhador no procedimento disciplinar.

2 – A simples ilegalidade, de forma ou de fundo, do procedimento e da decisão disciplinares não constitui fundamento para a revisão.

3 – A revisão pode conduzir à revogação ou à alteração da decisão proferida no procedimento revisto, não podendo em caso algum ser agravada a pena.

4 – A pendência de recurso hierárquico ou tutelar ou de acção jurisdicional não prejudica o requerimento de revisão do procedimento disciplinar.

ARTIGO 73.º
Legitimidade

1 – O interessado na revisão do procedimento disciplinar ou, nos casos previstos no n.º 1 do artigo 50.º, o seu representante apresenta eque-rimento nesse sentido à entidade que tenha aplicado a pena disciplinar.

Lei n.º 58/2008, 9 de Setembro 137

2 – O requerimento indica as circunstâncias ou meios de prova não considerados no procedimento disciplinar que ao requerente parecem justificar a revisão e é instruído com os documentos indispensáveis.

ARTIGO 74.º
Decisão sobre o requerimento

1 – Recebido o requerimento, a entidade que tenha aplicado a pena disciplinar resolve, no prazo de 30 dias, se deve ou não ser concedida a revisão do procedimento.

2 – O despacho que não conceda a revisão é impugnável nos termos do Código de Processo nos Tribunais Administrativos.

ARTIGO 75.º
Trâmites

Quando seja concedida a revisão, o requerimento e o despacho são apensos ao processo disciplinar, nomeando-se instrutor diferente do primeiro, que marca ao trabalhador prazo não inferior a 10 nem superior a 20 dias para responder por escrito aos artigos da acusação constantes do procedimento a rever, seguindo-se os termos dos artigos 49.º e seguintes.

ARTIGO 76.º
Efeito sobre o cumprimento da pena

O processo de revisão do procedimento não suspende o cumprimento da pena.

ARTIGO 77.º
Efeitos da revisão procedente

1 – Julgando-se procedente a revisão, é revogada ou alterada a decisão proferida no procedimento revisto.

2 – A revogação produz os seguintes efeitos:

a) Cancelamento do registo da pena no processo individual do trabalhador;
b) Anulação dos efeitos da pena.

3 – Em caso de revogação ou de alteração das penas de demissão ou de despedimento por facto imputável ao trabalhador, o trabalhador em direito a restabelecer a relação jurídica de emprego público na modalidade em que se encontrava constituída.

4 – Em qualquer caso de revogação ou de alteração de pena, o trabalhador tem ainda direito a:

a) Reconstituir a situação jurídico-funcional actual hipotética;
b) Ser indemnizado, nos termos gerais de direito, pelos danos morais e patrimoniais sofridos.

SECÇÃO IV
Reabilitação

ARTIGO 78.º
Regime aplicável

1 – Os trabalhadores condenados em quaisquer penas podem ser reabilitados independentemente da revisão do procedimento disciplinar, sendo competente para o efeito a entidade com competência para a aplicação da pena.

2 – A reabilitação é concedida a quem a tenha merecido pela sua boa conduta, podendo o interessado utilizar para o comprovar todos os meios de prova admitidos em direito.

3 – A reabilitação é requerida pelo trabalhador ou pelo seu representante, decorridos os prazos seguintes sobre a aplicação das penas de repreensão escrita, demissão, despedimento por facto imputável ao trabalhador e cessação da comissão de serviço ou sobre o cumprimento das penas de multa e suspensão, bem como sobre o decurso do tempo de suspensão de qualquer pena:

a) Seis meses, no caso de repreensão escrita;

Lei n.° 58/2008, 9 de Setembro

b) Um ano, no caso de multa;
c) Dois anos, no caso de suspensão e de cessação da comissão de serviço;
d) Três anos, no caso de demissão e de despedimento por facto imputável ao trabalhador.

4 – A reabilitação faz cessar as incapacidades e demais efeitos da condenação ainda subsistentes, sendo registada no processo individual do trabalhador.

5 – A concessão da reabilitação não atribui ao trabalhador a quem tenha sido aplicada pena de demissão ou de despedimento por facto imputável ao trabalhador o direito de, por esse facto, restabelecer a relação jurídica de emprego público previamente constituída.

CAPÍTULO VII
Multas

Artigo 79.°
Destino das multas

Sem prejuízo do disposto no artigo seguinte, as multas aplicadas nos termos do presente Estatuto constituem receita do Estado.

Artigo 80.°
Outros destinos das multas

A importância das multas aplicadas constitui receita dos órgãos ou serviços referidos nos n.ºs 2 e 3 do artigo 2.° quando o trabalhador, no momento da prática da infracção, neles exercesse funções, qualquer que fosse a sua situação jurídico-funcional na data da aplicação da pena.

Artigo 81.º
Não pagamento voluntário

1 – Quando o arguido condenado em multa ou na reposição de qualquer quantia não a pague no prazo de 30 dias contados da notificação ou não utilize, relativamente à multa ou à reposição, a faculdade prevista no artigo 38.º do Decreto-Lei n.º 155/92, de 28 de Julho, a respectiva importância é descontada na remuneração que lhe seja devida.

2 – O desconto previsto no número anterior é efectuado em prestações mensais que não excedam a sexta parte da remuneração até perfazerem o valor total em dívida, segundo decisão da entidade que aplicou a pena, a qual fixa o valor de cada prestação.

Artigo 82.º
Execução

1 – O disposto no artigo anterior não prejudica, quando necessário, a execução, que segue os termos do processo de execução fiscal.

2 – O título executivo é a certidão da decisão condenatória.

LEI N.° 59/2008, DE 11 DE SETEMBRO

Aprova o Regime do Contrato de Trabalho em Funções Públicas

A Assembleia da República decreta, nos termos da alínea *c*) do artigo 161.° da Constituição, o seguinte:

ARTIGO 1.°
Objecto

1 – É aprovado o Regime do Contrato de Trabalho em Funções Públicas, abreviadamente designado por RCTFP, e respectivo Regulamento, que se publicam em anexo à presente lei e que dela fazem parte integrante.

2 – Os anexos a que se refere o número anterior são identificados como anexos I, «Regime», e II, «Regulamento».

ARTIGO 2.°
Cessação da comissão de serviço

1 – A infracção do disposto nos artigos 93.° e 103.° do Regime pode constituir causa de destituição judicial dos dirigentes responsáveis pela celebração e, ou, renovação do contrato a termo.

2 – Os serviços de inspecção, quando se verifique a existência da infracção referida no número anterior, cumprem os trâmites previstos no artigo 15.° do Decreto-Lei n.° 276/2007, de 31 de Julho.

Artigo 3.º
Âmbito de aplicação objectivo

1 – O âmbito de aplicação objectivo da presente lei é o que se encontra definido no artigo 3.º da Lei n.º 12-A/2008, de 27 de Fevereiro, com as especialidades constantes dos números seguintes.

2 – A emissão de regulamentos de extensão a trabalhadores representados por associações sindicais de âmbito regional e a entidades empregadoras públicas regionais é da competência da respectiva região autónoma.

3 – As regiões autónomas podem estabelecer, de acordo com as suas tradições, outros feriados, para além dos fixados na presente lei, desde que correspondam a usos e práticas já consagrados.

Artigo 4.º
Duração dos contratos a termo certo para a execução de projectos de investigação e desenvolvimento

1 – Nos contratos a termo certo para a execução de projectos de investigação e desenvolvimento a que se refere o artigo 122.º da Lei n.º 62/2007, de 10 de Setembro, o termo estipulado deve corresponder à duração previsível dos projectos, não podendo exceder seis anos.

2 – Os contratos a que se refere o número anterior podem ser renovados uma única vez, por período igual ou inferior ao inicialmente contratado, desde que a duração máxima do contrato, incluindo a renovação, não exceda seis anos.

3 – Os contratos de duração superior a três anos estão sujeitos a autorização dos membros do Governo responsáveis pelas áreas das finanças e da Administração Pública e da tutela:

a) No momento da celebração do contrato, quando o período inicialmente contratado seja superior a três anos; ou

b) No momento da renovação do contrato, quando a duração do mesmo, incluindo a renovação, seja superior a três anos.

Artigo 5.º
Duração e organização do tempo de trabalho do pessoal das carreiras de saúde

O regime de duração e organização do tempo de trabalho aplicável ao pessoal das carreiras de saúde é o estabelecido nos respectivos diplomas legais.

Artigo 6.º
Aplicação do estatuto do pessoal dirigente aos trabalhadores contratados

1 – O estatuto do pessoal dirigente dos serviços e organismos da administração central, regional e local do Estado, aprovado pela Lei n.º 2/2004, de 15 de Janeiro, é aplicável, com as necessárias adaptações, aos trabalhadores que exercem funções públicas na modalidade de contrato.

2 – As comissões de serviço exercidas ao abrigo dos artigos 244.º a 248.º do Código do Trabalho, aprovado pela Lei n.º 99/2003, de 27 de Agosto, mantêm-se até ao final do respectivo prazo ou até à revisão do estatuto referido no número anterior.

Artigo 7.º
Aplicação da Lei n.º 23/2004, de 22 de Junho

1 – Em caso de reorganização de órgão ou serviço, observados os procedimentos previstos no artigo 10.º do Decreto-Lei n.º 200/2006, de 25 de Outubro, e na Lei n.º 53/2006, de 7 de Dezembro, quando for o caso, aplica-se excepcionalmente o estatuído nos artigos 16.º a 18.º da Lei n.º 23/2004, de 22 de Junho, sem prejuízo do disposto no artigo 33.º da Lei n.º 12-A/2008, de 27 de Fevereiro.

2 – A racionalização de efectivos ocorre, mediante proposta do dirigente máximo do serviço, por despacho conjunto dos membros do Governo da tutela e responsáveis pelas áreas das finanças e da Administração Pública.

Artigo 8.º
Disposições aplicáveis aos trabalhadores que exercem funções públicas na modalidade de nomeação

Sem prejuízo do disposto em lei especial, são aplicáveis aos trabalhadores que exercem funções públicas na modalidade de nomeação, com as necessárias adaptações, as seguintes disposições do RCTFP:

a) Artigos 6.º a 12.º do Regime e 1.º a 3.º do Regulamento, sobre direitos de personalidade;
b) Artigos 13.º a 20.º, 22.º e 23.º do Regime e 4.º a 14.º do Regulamento, sobre igualdade e não discriminação;
c) Artigos 21.º do Regime e 15.º a 39.º do Regulamento, sobre protecção do património genético;
d) Artigos 24.º a 43.º do Regime e 40.º a 86.º do Regulamento, sobre protecção da maternidade e da paternidade;
e) Artigos 52.º a 58.º do Regime e 87.º a 96.º do Regulamento, sobre estatuto do trabalhador-estudante;
f) Artigos 221.º a 229.º do Regime e 132.º a 204.º do Regulamento, sobre segurança, higiene e saúde no trabalho;
g) Artigos 298.º a 307.º do Regime e 205.º a 239.º do Regulamento, sobre constituição de comissões de trabalhadores;
h) Artigos 308.º a 339.º do Regime e 240.º a 253.º do Regulamento, sobre liberdade sindical;
i) Artigos 392.º a 407.º do Regime, sobre direito à greve.

Artigo 9.º
Alteração ao Decreto-Lei n.º 503/99, de 20 de Novembro

São alterados os artigos 1.º e 2.º do Decreto-Lei n.º 503/99, de 20 de Novembro, que passam a ter a seguinte redacção:

«Artigo 1.º
[...]
O presente decreto-lei estabelece o regime jurídico dos acidentes de trabalho e das doenças profissionais ocorridos ao serviço de entidades empregadoras públicas.

Artigo 2.º
[...]

1 – O disposto no presente decreto-lei é aplicável a todos os trabalhadores que exercem funções públicas, nas modalidades de nomeação ou de contrato de trabalho em funções públicas, nos serviços da administração directa e indirecta do Estado.

2 – O disposto no presente decreto-lei é também aplicável aos trabalhadores que exercem funções públicas nos serviços das administrações regionais e autárquicas e nos órgãos e serviços de apoio do Presidente da República, da Assembleia da República, dos tribunais e do Ministério Público e respectivos órgãos de gestão e de outros órgãos independentes.

3 – O disposto no presente decreto-lei é ainda aplicável aos membros dos gabinetes de apoio quer dos membros do Governo quer dos titulares dos órgãos referidos no número anterior.

4 – Aos trabalhadores que exerçam funções em entidades públicas empresariais ou noutras entidades não abrangidas pelo disposto nos números anteriores é aplicável o regime de acidentes de trabalho previsto no Código do Trabalho, aprovado pela Lei n.º 99/2003, de 27 de Agosto, devendo as respectivas entidades empregadoras transferir a responsabilidade pela reparação dos danos emergentes de acidentes de trabalho nos termos previstos naquele Código.

5 – O disposto nos números anteriores não prejudica a aplicação do regime de protecção social na eventualidade de doença profissional aos trabalhadores inscritos nas instituições de segurança social.

6 – As referências legais feitas a acidentes em serviço consideram-se feitas a acidentes de trabalho.»

Artigo 10.º
Alteração ao Estatuto dos Tribunais Administrativos e Fiscais

É alterado o artigo 4.º do Estatuto dos Tribunais Administrativos e Fiscais, aprovado pela Lei n.º 13/2002, de 19 de Fevereiro, que passa a ter a seguinte redacção:

«Artigo 4.º
[...]

1 – ....

146   *Regime do Contrato de Trabalho em Funções Públicas*

2 – ....

3 – Ficam igualmente excluídas do âmbito da jurisdição administrativa e fiscal:

a) ....

b) ....

c) ....

d) A apreciação de litígios emergentes de contratos individuais de trabalho, ainda que uma das partes seja uma pessoa colectiva de direito público, com excepção dos litígios emergentes de contratos de trabalho em funções públicas.»

Artigo 11.º
Alteração ao Código de Processo nos Tribunais Administrativos

São alterados os artigos 180.º e 187.º do Código de Processo nos Tribunais Administrativos, aprovado pela Lei n.º 15/2002, de 22 de Fevereiro, que passam a ter a seguinte redacção:

«Artigo 180.º
[...]

1 – Sem prejuízo do disposto em lei especial, pode ser constituído tribunal arbitral para o julgamento de:

a) ....

b) ....

c) ....

d) Litígios emergentes de relações jurídicas de emprego público, quando não estejam em causa direitos indisponíveis e quando não resultem de acidente de trabalho ou de doença profissional.

2 – ....

Artigo 187.º
[...]

1 – O Estado pode, nos termos da lei, autorizar a instalação de centros de arbitragem permanente destinados à composição de litígios no âmbito das seguintes matérias:

a) ....

b) ....

Lei n.º 59/2008, de 11 de Setembro 147

c) Relações jurídicas de emprego público;
d) ....
e) ....
2 – ....
3 – ....»

ARTIGO 12.º
Alteração ao Código dos Contratos Públicos

É alterado o artigo 4.º do Código dos Contratos Públicos, aprovado pelo Decreto-Lei n.º 18/2008, de 29 de Janeiro, que passa a ter a seguinte redacção:

«Artigo 4.º
[...]

1 – ....
2 – O presente Código não é igualmente aplicável aos seguintes contratos:
   a) Contratos de trabalho em funções públicas e contratos individuais de trabalho;
   b) ....
   c) ....
   d) ....»

ARTIGO 13.º
Aditamento ao Decreto-Lei n.º 100/99, de 31 de Março

É aditado ao Decreto-Lei n.º 100/99, de 31 de Março, o artigo 101.º-A, com a seguinte redacção:

«Artigo 101.º-A
**Licença especial para desempenho de funções
em associação sindical**

   1 – A requerimento da associação sindical interessada, e para nela prestar serviço, pode ser concedida licença sem vencimento a trabalhador nomeado que conte mais de três anos de antiguidade no exercício de funções públicas.

   2 – O requerimento previsto no número anterior é instruído com declaração expressa do trabalhador manifestando o seu acordo.

148 *Regime do Contrato de Trabalho em Funções Públicas*

3 – A licença prevista no n.° 1 tem a duração de um ano e é sucessiva e tacitamente renovável.»

Artigo 14.°
Contratos a termo resolutivo certo em execução

1 – Aos contratos a termo certo em execução à data da entrada em vigor da presente lei cujo prazo inicial seja superior a dois anos ou que, tendo sido objecto de renovação, tenham uma duração superior a dois anos aplica-se o regime constante dos números seguintes.

2 – Decorrido o período de três anos ou verificado o número máximo de renovações a que se refere o artigo 103.° do Regime, o contrato pode, no entanto, ser objecto de mais uma renovação desde que a respectiva duração não seja inferior a um nem superior a três anos.

3 – A renovação prevista no número anterior deve ser objecto de especial fundamentação e depende de autorização dos membros do Governo responsáveis pelas áreas das finanças e da Administração Pública.

4 – Nas situações previstas nas alíneas *f)*, *h)* e *i)* do n.° 1 do artigo 93.° do Regime, a renovação prevista no n.° 2, quando implique que a duração do contrato seja superior a cinco anos, equivale ao reconhecimento pela entidade empregadora pública da necessidade de ocupação de um posto de trabalho com recurso à constituição de uma relação jurídica de emprego público por tempo indeterminado, determinando:

a) A alteração do mapa de pessoal do órgão ou serviço, de forma a prever aquele posto de trabalho;

b) A imediata publicitação de procedimento concursal para recrutamento de trabalhadores com relação jurídica de emprego público por tempo indeterminado;

5 – O procedimento concursal para recrutamento de trabalhadores com relação jurídica de emprego público por tempo determinado ou determinável ou sem relação jurídica de emprego público previamente estabelecida depende de parecer favorável dos membros do Governo responsáveis pelas áreas das finanças e da Administração Pública, nos termos previstos no n.° 6 do artigo 6.° da Lei n.° 12-A/2008, de 27 de Fevereiro.

Lei n.º 59/2008, de 11 de Setembro 149

Artigo 15.º
Convenções vigentes

É aplicável aos instrumentos de regulamentação colectiva de trabalho negociais vigentes o disposto no artigo 364.º do Regime.

Artigo 16.º
Remissões

As remissões de normas contidas em diplomas legais ou regulamentares para a legislação revogada por efeito do artigo 18.º consideram-se feitas para as disposições correspondentes do Regime e do Regulamento.

Artigo 17.º
**Transição entre modalidades de relação
jurídica de emprego público**

1 – As disposições do capítulo VII do título II do Regime, sobre cessação do contrato, não são aplicáveis aos actuais trabalhadores nomeados definitivamente que, nos termos do n.º 4 do artigo 88.º da Lei n.º 12-A/ /2008, de 27 de Fevereiro, devam transitar para a modalidade de contrato por tempo indeterminado.

2 – Sem prejuízo do disposto no artigo 109.º da Lei n.º 12-A/2008, de 27 de Fevereiro, a transição dos trabalhadores que, nos termos daquele diploma, se deva operar, designadamente das modalidades de nomeação e de contrato individual de trabalho, para a modalidade de contrato de trabalho em funções públicas é feita sem dependência de quaisquer formalidades, considerando-se que os documentos que suportam a relação jurídica anteriormente constituída são título bastante para sustentar a relação jurídica de emprego público constituída por contrato.

3 – É obrigatoriamente celebrado contrato escrito, nos termos do artigo 72.º do Regime, quando ocorra qualquer alteração da situação jurídico-funcional do trabalhador.

4 – O disposto no n.º 2 é aplicável, com as necessárias adaptações, à transição dos trabalhadores que se deva operar para a modalidade de nomeação.

Artigo 18.º
Norma revogatória

Com a entrada em vigor do RCTFP são revogados os seguintes diplomas e disposições:

a) O n.º 3 do artigo 1.º da Lei n.º 23/98, de 26 de Maio;
b) O Decreto-Lei n.º 84/99, de 19 de Março;
c) O Decreto-Lei n.º 488/99, de 17 de Novembro;
d) O artigo 5.º da Lei n.º 99/2003, de 27 de Agosto;
e) Os n.ºˢ 2 do artigo 1.º e 3 do artigo 452.º da Lei n.º 35/2004, de 29 de Julho;
f) A Lei n.º 23/2004, de 22 de Junho, com excepção dos seus artigos 16.º, 17.º e 18.º

Artigo 19.º
Regras especiais de aplicação no tempo relativas à protecção social dos trabalhadores que exercem funções públicas

1 – As normas do Regime e do Regulamento relativas a regimes de segurança social ou protecção social aplicam-se aos trabalhadores que exercem funções públicas que sejam beneficiários do regime geral de segurança social e que estejam inscritos nas respectivas instituições para todas as eventualidades.

2 – Os demais trabalhadores a integrar no regime de protecção social convergente mantêm-se sujeitos às normas que lhes eram aplicáveis à data de entrada em vigor da presente lei em matéria de protecção social ou segurança social, designadamente nas eventualidades de maternidade, paternidade e adopção e de doença.

3 – Até à regulamentação do regime de protecção social convergente, os trabalhadores referidos no número anterior mantêm-se sujeitos às demais normas que lhes eram aplicáveis à data de entrada em vigor da presente lei, designadamente as relativas à manutenção do direito à remuneração, justificação, verificação e efeitos das faltas por doença e por maternidade, paternidade e adopção.

4 – A aplicação das normas previstas no n.º 1 aos trabalhadores referidos nos n.ºˢ 2 e 3 é feita nos termos dos diplomas que venham a regu-

Lei n.º 59/2008, de 11 de Setembro

lamentar o regime de protecção social convergente, em cumprimento do disposto no artigo 104.º da Lei n.º 4/2007, de 16 de Janeiro, e no n.º 2 do artigo 114.º da Lei n.º 12-A/2008, de 27 de Fevereiro.

5 – O disposto no n.º 1 do artigo 232.º do Regime, quando a suspensão resultar de doença, aplica-se aos trabalhadores referidos nos n.ºs 2 e 3 a partir da data da entrada em vigor dos diplomas previstos no número anterior.

6 – Em caso de faltas para assistência a membros do agregado familiar previstas na lei, o trabalhador integrado no regime de protecção social convergente tem direito a um subsídio nos termos da respectiva legislação.

ARTIGO 20.º
Validade das convenções colectivas

1 – As disposições constantes de instrumentos de regulamentação colectiva de trabalho que disponham de modo contrário às normas do Regime e do Regulamento têm de ser alteradas no prazo de 12 meses após a entrada em vigor da presente lei, sob pena de nulidade.

2 – O disposto no número anterior não convalida as disposições de instrumento de regulamentação colectiva de trabalho nulas ao abrigo da legislação revogada.

ARTIGO 21.º
Trabalho nocturno

O trabalhador que tenha prestado, nos 12 meses anteriores à publicação da presente lei, pelo menos cinquenta horas entre as 20 e as 22 horas ou cento e cinquenta horas de trabalho nocturno depois das 22 horas mantém o direito ao acréscimo de remuneração sempre que realizar a sua prestação entre as 20 e as 22 horas.

ARTIGO 22.º
Protecção da maternidade, paternidade e adopção

A entrada em vigor do diploma que regular a matéria da protecção da maternidade e da paternidade, revogando as disposições dos artigos 33.º a

52.º do Código do Trabalho, aprovado pela Lei n.º 99/2003, de 27 de Agosto, e dos artigos 66.º a 113.º da respectiva regulamentação, aprovada pela Lei n.º 35/2004, de 29 de Julho, determina a cessação da vigência dos artigos 24.º a 43.º do Regime e 40.º a 86.º do Regulamento, aplicando-se de imediato aos trabalhadores que exerçam funções públicas, nas modalidades de contrato de trabalho em funções públicas e de nomeação, com as necessárias adaptações, o disposto naqueles diplomas sobre a mesma matéria.

ARTIGO 23.º
Entrada em vigor

A presente lei entra em vigor em 1 de Janeiro de 2009.

Aprovada em 18 de Julho de 2008.

O Presidente da Assembleia da República, *Jaime Gama.*

Promulgada em 27 de Agosto de 2008.

Publique-se.

O Presidente da República, ANÍBAL CAVACO SILVA.

Referendada em 27 de Agosto de 2008.

O Primeiro-Ministro, *José Sócrates Carvalho Pinto de Sousa.*

ANEXO I
REGIME

TÍTULO I
Fontes e aplicação do direito

ARTIGO 1.º
Fontes específicas

O contrato de trabalho em funções públicas, abreviadamente designado por contrato, está sujeito, em especial, aos instrumentos de regulamentação colectiva de trabalho, nos termos do n.º 2 do artigo 81.º da Lei n.º 12-A/2008, de 27 de Fevereiro.

ARTIGO 2.º
Instrumentos de regulamentação colectiva de trabalho

1 – Os instrumentos de regulamentação colectiva de trabalho podem ser negociais ou não negociais.

2 – Os instrumentos de regulamentação colectiva de trabalho negociais são o acordo colectivo de trabalho, o acordo de adesão e a decisão de arbitragem voluntária.

3 – Os acordos colectivos de trabalho podem ser:

a) Acordos colectivos de carreira – os acordos aplicáveis a uma carreira ou a um conjunto de carreiras, independentemente dos órgãos ou serviços onde os trabalhadores nelas integrados exerçam funções;

b) Acordos colectivos de entidade empregadora pública – os acordos aplicáveis a uma entidade empregadora pública, com ou sem personalidade jurídica.

4 – Os instrumentos de regulamentação colectiva de trabalho não negociais são o regulamento de extensão e a decisão de arbitragem necessária.

Artigo 3.º
Subsidiariedade

Os regulamentos de extensão só podem ser emitidos na falta de instrumentos de regulamentação colectiva de trabalho negociais.

Artigo 4.º
Princípio do tratamento mais favorável

1 – As normas do Regime do Contrato de Trabalho em Funções Públicas (RCTFP) podem ser afastadas por instrumento de regulamentação colectiva de trabalho quando este estabeleça condições mais favoráveis para o trabalhador e se daquelas normas não resultar o contrário.

2 – As normas do RCTFP e dos instrumentos de regulamentação colectiva de trabalho não podem ser afastadas por contrato, salvo quando daquelas normas resultar o contrário e este estabeleça condições mais favoráveis para o trabalhador.

Artigo 5.º
Lei aplicável ao contrato

1 – O contrato rege-se pela lei escolhida pelas partes.

2 – Na falta de escolha de lei aplicável, o contrato é regulado pela lei do Estado com o qual apresente uma conexão mais estreita.

3 – Na determinação da conexão mais estreita, além de outras circunstâncias, atende-se:

a) À lei do Estado em que o trabalhador, no cumprimento do contrato, presta habitualmente o seu trabalho, mesmo que esteja temporariamente a prestar a sua actividade noutro Estado;

b) À lei do Estado em que esteja situado o órgão ou serviço onde o trabalhador foi contratado, se este não presta habitualmente o seu trabalho no mesmo Estado.

4 – Os critérios enunciados no número anterior podem não ser atendidos quando, do conjunto de circunstâncias aplicáveis à situação, resulte

que o contrato apresenta uma conexão mais estreita com outro Estado, caso em que se aplicará a respectiva lei.

5 – Sendo aplicável a lei de determinado Estado, por força dos critérios enunciados nos números anteriores, pode ser dada prevalência às disposições imperativas da lei de outro Estado com o qual a situação apresente uma conexão estreita se, e na medida em que, de acordo com o direito deste último Estado essas disposições forem aplicáveis, independentemente da lei reguladora do contrato.

6 – Para efeito do disposto no número anterior, deve ter-se em conta a natureza e o objecto das disposições imperativas, bem como as consequências resultantes tanto da aplicação como da não aplicação de tais preceitos.

7 – A escolha pelas partes da lei aplicável ao contrato não pode ter como consequência privar o trabalhador da protecção que lhe garantem as disposições imperativas deste Regime caso fosse a lei portuguesa a aplicável nos termos do n.º 2.

TÍTULO II
Contrato

CAPÍTULO I
Disposições gerais

SECÇÃO I
Sujeitos

SUBSECÇÃO I
Direitos de personalidade

ARTIGO 6.º
Liberdade de expressão e de opinião

É reconhecida no âmbito do órgão ou serviço a liberdade de expressão e de divulgação do pensamento e opinião, com respeito dos direitos de personalidade do trabalhador e da entidade empregadora pública, incluindo as pessoas singulares que a representam, e do normal funcionamento do órgão ou serviço.

Artigo 7.º
Reserva da intimidade da vida privada

1 – A entidade empregadora pública e o trabalhador devem respeitar os direitos de personalidade da contraparte, cabendo-lhes, designadamente, guardar reserva quanto à intimidade da vida privada.

2 – O direito à reserva da intimidade da vida privada abrange quer o acesso quer a divulgação de aspectos atinentes à esfera íntima e pessoal das partes, nomeadamente relacionados com a vida familiar, afectiva e sexual, com o estado de saúde e com as convicções políticas e religiosas.

Artigo 8.º
Protecção de dados pessoais

1 – A entidade empregadora pública não pode exigir ao candidato a emprego ou ao trabalhador que preste informações relativas à sua vida privada, salvo quando estas sejam estritamente necessárias e relevantes para avaliar da respectiva aptidão no que respeita à execução do contrato e seja fornecida por escrito a respectiva fundamentação.

2 – A entidade empregadora pública não pode exigir ao candidato a emprego ou ao trabalhador que preste informações relativas à sua saúde ou estado de gravidez, salvo quando particulares exigências inerentes à natureza da actividade profissional o justifiquem e seja fornecida por escrito a respectiva fundamentação.

3 – As informações previstas no número anterior são prestadas a médico, que só pode comunicar à entidade empregadora pública se o trabalhador está ou não apto a desempenhar a actividade, salvo autorização escrita deste.

4 – O candidato a emprego ou o trabalhador que haja fornecido informações de índole pessoal goza do direito ao controlo dos respectivos dados pessoais, podendo tomar conhecimento do seu teor e dos fins a que se destinam, bem como exigir a sua rectificação e actualização.

Lei n.º 59/2008, de 11 de Setembro

5 – Os ficheiros e acessos informáticos utilizados pela entidade empregadora pública para tratamento de dados pessoais do candidato a emprego ou trabalhador ficam sujeitos à legislação em vigor relativa à protecção de dados pessoais.

Artigo 9.º
Integridade física e moral

A entidade empregadora pública, incluindo as pessoas singulares que a representam, e o trabalhador gozam do direito à respectiva integridade física e moral.

Artigo 10.º
Testes e exames médicos

1 – Para além das situações previstas na legislação relativa a segurança, higiene e saúde no trabalho, a entidade empregadora pública não pode, para efeitos de admissão ou permanência no emprego, exigir ao candidato a emprego ou ao trabalhador a realização ou apresentação de testes ou exames médicos, de qualquer natureza, para comprovação das condições físicas ou psíquicas, salvo quando estes tenham por finalidade a protecção e segurança do trabalhador ou de terceiros, ou quando particulares exigências inerentes à actividade o justifiquem, devendo em qualquer caso ser fornecida por escrito ao candidato a emprego ou trabalhador a respectiva fundamentação.

2 – A entidade empregadora pública não pode, em circunstância alguma, exigir à candidata a emprego ou à trabalhadora a realização ou apresentação de testes ou exames de gravidez.

3 – O médico responsável pelos testes e exames médicos só pode comunicar à entidade empregadora pública se o trabalhador está ou não apto para desempenhar a actividade, salvo autorização escrita deste.

Artigo 11.º
Meios de vigilância à distância

1 – A entidade empregadora pública não pode utilizar meios de vigilância à distância no local de trabalho, mediante o emprego de equipa-

158 *Regime do Contrato de Trabalho em Funções Públicas*

mento tecnológico, com a finalidade de controlar o desempenho profissional do trabalhador.

2 – A utilização do equipamento identificado no número anterior é lícita sempre que tenha por finalidade a protecção e segurança de pessoas e bens ou quando particulares exigências inerentes à natureza da actividade o justifiquem.

3 – Nos casos previstos no número anterior, a entidade empregadora pública deve informar o trabalhador sobre a existência e finalidade dos meios de vigilância utilizados.

ARTIGO 12.°
**Confidencialidade de mensagens
e de acesso a informação**

1 – O trabalhador goza do direito de reserva e confidencialidade relativamente ao conteúdo das mensagens de natureza pessoal e acesso a informação de carácter não profissional que envie, receba ou consulte, nomeadamente através do correio electrónico.

2 – O disposto no número anterior não prejudica o poder de a entidade empregadora pública estabelecer regras de utilização dos meios de comunicação no órgão ou serviço, nomeadamente do correio electrónico.

SUBSECÇÃO II
Igualdade e não discriminação

DIVISÃO I
Disposições gerais

ARTIGO 13.°
Direito à igualdade no acesso ao emprego e no trabalho

1 – Todos os trabalhadores têm direito à igualdade de oportunidades e de tratamento no que se refere ao acesso ao emprego, à formação e promoção profissionais e às condições de trabalho.

Lei n.º 59/2008, de 11 de Setembro 159

2 – Nenhum trabalhador ou candidato a emprego pode ser privilegiado, beneficiado, prejudicado, privado de qualquer direito ou isento de qualquer dever em razão, nomeadamente, de ascendência, idade, sexo, orientação sexual, estado civil, situação familiar, património genético, capacidade de trabalho reduzida, deficiência, doença crónica, nacionalidade, origem étnica, religião, convicções políticas ou ideológicas e filiação sindical.

ARTIGO 14.º
Proibição de discriminação

1 – A entidade empregadora pública não pode praticar qualquer discriminação, directa ou indirecta, baseada, nomeadamente, na ascendência, idade, sexo, orientação sexual, estado civil, situação familiar, património genético, capacidade de trabalho reduzida, deficiência ou doença crónica, nacionalidade, origem étnica, religião, convicções políticas ou ideológicas e filiação sindical.

2 – Não constitui discriminação o comportamento baseado num dos factores indicados no número anterior sempre que, em virtude da natureza das actividades profissionais em causa ou do contexto da sua execução, esse factor constitua um requisito justificável e determinante para o exercício da actividade profissional, devendo o objectivo ser legítimo e o requisito proporcional.

3 – Cabe a quem alegar a discriminação fundamentá-la, indicando o trabalhador ou trabalhadores em relação aos quais se considera discriminado, incumbindo à entidade empregadora pública provar que as diferenças de condições de trabalho não assentam em nenhum dos factores indicados no n.º 1.

ARTIGO 15.º
Assédio

1 – Constitui discriminação o assédio a candidato a emprego e a trabalhador.

2 – Entende-se por assédio todo o comportamento indesejado relacionado com um dos factores indicados no n.º 1 do artigo anterior, praticado aquando do acesso ao emprego ou no próprio emprego, trabalho ou

formação profissional, com o objectivo ou o efeito de afectar a dignidade da pessoa ou criar um ambiente intimidativo, hostil, degradante, humilhante ou desestabilizador.

3 – Constitui, em especial, assédio todo o comportamento indesejado de carácter sexual, sob forma verbal, não verbal ou física, com o objectivo ou o efeito referidos no número anterior.

Artigo 16.º
Medidas de acção positiva

Não são consideradas discriminatórias as medidas de carácter temporário concretamente definido de natureza legislativa que beneficiem certos grupos desfavorecidos, nomeadamente em função do sexo, capacidade de trabalho reduzida, deficiência ou doença crónica, nacionalidade ou origem étnica, com o objectivo de garantir o exercício, em condições de igualdade, dos direitos previstos neste Regime e de corrigir uma situação factual de desigualdade que persista na vida social.

Artigo 17.º
Obrigação de indemnização

A prática de qualquer acto discriminatório lesivo de um trabalhador ou candidato a emprego confere-lhe o direito a uma indemnização, por danos patrimoniais e não patrimoniais, nos termos da lei.

DIVISÃO II
Igualdade e não discriminação em função do sexo

Artigo 18.º
Acesso ao emprego, actividade profissional e formação

1 – Toda a exclusão ou restrição de acesso de um candidato a emprego ou trabalhador em razão do respectivo sexo a qualquer tipo de actividade profissional ou à formação exigida para ter acesso a essa actividade constitui uma discriminação em função do sexo.

2 – Os anúncios de ofertas de emprego e outras formas de publicidade ligadas à pré-selecção e ao recrutamento não podem conter, directa ou indirectamente, qualquer restrição, especificação ou preferência baseada no sexo.

Artigo 19.º
Condições de trabalho

1 – É assegurada a igualdade de condições de trabalho, em particular quanto à remuneração, entre trabalhadores de ambos os sexos.

2 – As diferenciações remuneratórias não constituem discriminação se assentes em critérios objectivos, comuns a homens e mulheres, sendo admissíveis, nomeadamente, distinções em função do mérito, produtividade, assiduidade ou antiguidade dos trabalhadores.

3 – Os sistemas de descrição de tarefas e de avaliação de funções devem assentar em critérios objectivos comuns a homens e mulheres de forma a excluir qualquer discriminação baseada no sexo.

Artigo 20.º
Carreira profissional

Todos os trabalhadores, independentemente do respectivo sexo, têm direito ao pleno desenvolvimento da respectiva carreira profissional.

Artigo 21.º
Protecção do património genético

1 – São proibidos ou condicionados os trabalhos que sejam considerados, por regulamentação em legislação especial, susceptíveis de implicar riscos para o património genético do trabalhador ou dos seus descendentes.

2 – As disposições legais previstas no número anterior devem ser revistas periodicamente, em função dos conhecimentos científicos e técnicos, e, de acordo com esses conhecimentos, ser actualizadas, revogadas ou tornadas extensivas a todos os trabalhadores.

162   *Regime do Contrato de Trabalho em Funções Públicas*

3 – A violação do disposto no n.° 1 do presente artigo confere ao trabalhador direito a indemnização, por danos patrimoniais e não patrimoniais, nos termos gerais.

Artigo 22.°
Regras contrárias ao princípio da igualdade

1 – As disposições de qualquer instrumento de regulamentação colectiva de trabalho que se refiram a profissões e categorias profissionais que se destinem especificamente a trabalhadores do sexo feminino ou masculino têm-se por aplicáveis a ambos os sexos.

2 – Os instrumentos de regulamentação colectiva de trabalho devem incluir, sempre que possível, disposições que visem a efectiva aplicação das normas da presente divisão.

Artigo 23.°
Legislação complementar

O desenvolvimento do regime previsto na presente subsecção consta do anexo II, «Regulamento».

SUBSECÇÃO III
Protecção da maternidade e da paternidade

Artigo 24.°
Maternidade e paternidade

1 – A maternidade e a paternidade constituem valores sociais eminentes.

2 – A mãe e o pai têm direito à protecção da sociedade e do Estado na realização da sua insubstituível acção em relação aos filhos, nomeadamente quanto à sua educação.

ARTIGO 25.º
Definições

Para efeitos do exercício dos direitos conferidos na presente subsecção, entende-se por:

a) «Trabalhadora grávida» toda a trabalhadora que informe a entidade empregadora pública do seu estado de gestação, por escrito, com apresentação de atestado médico;
b) «Trabalhadora puérpera» toda a trabalhadora parturiente e durante um período de 120 dias imediatamente posteriores ao parto, que informe a entidade empregadora pública do seu estado, por escrito, com apresentação de atestado médico;
c) «Trabalhadora lactante» toda a trabalhadora que amamenta o filho e informe a entidade empregadora pública do seu estado, por escrito, com apresentação de atestado médico.

ARTIGO 26.º
Licença por maternidade

1 – A trabalhadora tem direito a uma licença por maternidade de 120 dias consecutivos, 90 dos quais necessariamente a seguir ao parto, podendo os restantes ser gozados, total ou parcialmente, antes ou depois do parto.

2 – No caso de nascimentos múltiplos, o período de licença previsto no número anterior é acrescido de 30 dias por cada gemelar além do primeiro.

3 – Nas situações de risco clínico para a trabalhadora ou para o nasci-turo, impeditivo do exercício de funções, independentemente do motivo que determine esse impedimento, caso não lhe seja garantido o exercício de funções ou local compatíveis com o seu estado, a trabalhadora goza do direito a licença, anterior ao parto, pelo período de tempo necessário para prevenir o risco, fixado por prescrição médica, sem prejuízo da licença por maternidade prevista no n.º 1.

4 – É obrigatório o gozo de, pelo menos, seis semanas de licença por maternidade a seguir ao parto.

5 – Em caso de internamento hospitalar da mãe ou da criança durante

o período de licença a seguir ao parto, este período é suspenso, a pedido daquela, pelo tempo de duração do internamento.

6 – A licença prevista no n.° 1, com a duração mínima de 14 dias e máxima de 30 dias, é atribuída à trabalhadora em caso de aborto espontâneo, bem como nas situações previstas no artigo 142.° do Código Penal.

ARTIGO 27.°
Licença por paternidade

1 – O pai tem direito a uma licença por paternidade de cinco dias úteis, seguidos ou interpolados, que são obrigatoriamente gozados no 1.° mês a seguir ao nascimento do filho.

2 – O pai tem ainda direito a licença, por período de duração igual àquele a que a mãe teria direito nos termos do n.° 1 do artigo anterior, ou ao remanescente daquele período caso a mãe já tenha gozado alguns dias de licença, nos seguintes casos:

a) Incapacidade física ou psíquica da mãe e enquanto esta se manter;
b) Morte da mãe;
c) Decisão conjunta dos pais.

3 – No caso previsto na alínea b) do número anterior, o período mínimo de licença assegurado ao pai é de 30 dias.

4 – A morte ou incapacidade física ou psíquica da mãe não trabalhadora durante o período de 120 dias imediatamente a seguir ao parto confere ao pai os direitos previstos nos n.ᵒˢ 2 e 3.

ARTIGO 28.°
Assistência a menor com deficiência

1 – A mãe ou o pai têm direito a condições especiais de trabalho, nomeadamente a redução do período normal de trabalho, se o menor for portador de deficiência ou doença crónica.

2 – O disposto no número anterior é aplicável, com as necessárias adaptações, à tutela, à confiança judicial ou administrativa e à adopção, de acordo com o respectivo regime.

Artigo 29.º
Adopção

1 – Em caso de adopção de menor de 15 anos, o candidato a adoptante tem direito a 100 dias consecutivos de licença para acompanhamento do menor de cuja adopção se trate, com início a partir da confiança judicial ou administrativa a que se referem os diplomas legais que disciplinam o regime jurídico da adopção.

2 – Sendo dois os candidatos a adoptantes, a licença a que se refere o número anterior pode ser repartida entre eles.

Artigo 30.º
Dispensas para consultas, amamentação e aleitação

1 – A trabalhadora grávida tem direito a dispensa de trabalho para se deslocar a consultas pré-natais, pelo tempo e número de vezes necessários e justificados.

2 – A mãe que, comprovadamente, amamente o filho tem direito a dispensa de trabalho para o efeito durante todo o tempo que durar a amamentação.

3 – No caso de não haver lugar a amamentação, a mãe ou o pai têm direito, por decisão conjunta, à dispensa referida no número anterior para aleitação até o filho perfazer 1 ano.

Artigo 31.º
Faltas para assistência a menores

1 – Os trabalhadores têm direito a faltar ao trabalho, até um limite máximo de 30 dias por ano, para prestar assistência inadiável e imprescindível, em caso de doença ou acidente, a filhos, adoptados ou a enteados menores de 10 anos.

2 – Em caso de hospitalização, o direito a faltar estende-se pelo período em que aquela durar, se se tratar de menores de 10 anos, mas não pode ser exercido simultaneamente pelo pai e pela mãe ou equiparados.

3 – O disposto nos números anteriores é aplicável aos trabalhadores a quem tenha sido deferida a tutela ou confiada a guarda da criança, por decisão judicial ou administrativa.

Artigo 32.º
Faltas para assistência a netos

O trabalhador pode faltar até 30 dias consecutivos, a seguir ao nascimento de netos que sejam filhos de adolescentes com idade inferior a 16 anos, desde que consigo vivam em comunhão de mesa e habitação.

Artigo 33.º
Faltas para assistência a pessoa com deficiência ou doença crónica

O disposto no artigo 31.º aplica-se, independentemente da idade, caso o filho, adoptado ou filho do cônjuge que com este resida seja pessoa com deficiência ou doença crónica.

Artigo 34.º
Licença parental e especial para assistência a filho ou adoptado

1 – Para assistência a filho ou adoptado e até aos 6 anos de idade da criança, o pai e a mãe que não estejam impedidos ou inibidos totalmente de exercer o poder paternal têm direito, alternativamente:

a) A licença parental de três meses;
b) A trabalhar a tempo parcial durante 12 meses, com um período normal de trabalho igual a metade do tempo completo;
c) A períodos intercalados de licença parental e de trabalho a tempo parcial em que a duração total da ausência e da redução do tempo de trabalho seja igual aos períodos normais de trabalho de três meses.

2 – O pai e a mãe podem gozar qualquer dos direitos referidos no número anterior de modo consecutivo ou até três períodos interpolados, não sendo permitida a acumulação por um dos progenitores do direito do outro.

3 – Depois de esgotado qualquer dos direitos referidos nos números anteriores, o pai ou a mãe têm direito a licença especial para assistência a

filho ou adoptado, de modo consecutivo ou interpolado, até ao limite de dois anos.

4 – No caso de nascimento de um terceiro filho ou mais, a licença prevista no número anterior é prorrogável até três anos.

5 – O trabalhador tem direito a licença para assistência a filho de cônjuge ou de pessoa em união de facto que com este resida, nos termos do presente artigo.

6 – O exercício dos direitos referidos nos números anteriores depende de aviso prévio dirigido à entidade empregadora pública, com antecedência de 30 dias relativamente ao início do período de licença ou de trabalho a tempo parcial.

7 – Em alternativa ao disposto no n.º 1, o pai e a mãe podem ter ausências interpoladas ao trabalho com duração igual aos períodos normais de trabalho de três meses desde que reguladas em instrumento de regulamentação colectiva de trabalho.

Artigo 35.º
**Licença para assistência a pessoa com deficiência
ou doença crónica**

1 – O pai ou a mãe têm direito a licença por período até seis meses, prorrogável com limite de quatro anos, para acompanhamento de filho, adoptado ou filho de cônjuge que com este resida, que seja pessoa com deficiência ou doença crónica, durante os primeiros 12 anos de vida.

2 – À licença prevista no número anterior é aplicável, com as necessárias adaptações, inclusivamente quanto ao seu exercício, o estabelecido para a licença especial de assistência a filhos no artigo anterior.

Artigo 36.º
Tempo de trabalho

1 – O trabalhador com um ou mais filhos menores de 12 anos tem direito a trabalhar a tempo parcial ou com flexibilidade de horário.

2 – O disposto no número anterior aplica-se, independentemente da idade, no caso de filho com deficiência, nos termos previstos em legislação especial.

168   *Regime do Contrato de Trabalho em Funções Públicas*

3 – A trabalhadora grávida, puérpera ou lactante tem direito a ser dispensada de prestar a actividade em regime de adaptabilidade do período de trabalho.

4 – O direito referido no número anterior pode estender-se aos casos em que não há lugar a amamentação, quando a prática de horário organizado de acordo com o regime de adaptabilidade afecte as exigências de regularidade da aleitação.

Artigo 37.º
Trabalho extraordinário

1 – A trabalhadora grávida ou com filho de idade inferior a 12 meses não está obrigada a prestar trabalho extraordinário.

2 – O regime estabelecido no número anterior aplica-se ao pai que beneficiou da licença por paternidade nos termos do n.º 2 do artigo 27.º

Artigo 38.º
Trabalho no período nocturno

1 – A trabalhadora é dispensada de prestar trabalho entre as 20 horas de um dia e as 7 horas do dia seguinte:

a) Durante um período de 112 dias antes e depois do parto, dos quais pelo menos metade antes da data presumível do parto;

b) Durante o restante período de gravidez, se for apresentado atestado médico que certifique que tal é necessário para a sua saúde ou para a do nascituro;

c) Durante todo o tempo que durar a amamentação, se for apresentado atestado médico que certifique que tal é necessário para a sua saúde ou para a da criança.

2 – À trabalhadora dispensada da prestação de trabalho nocturno deve ser atribuído, sempre que possível, um horário de trabalho diurno compatível.

3 – A trabalhadora é dispensada do trabalho sempre que não seja possível aplicar o disposto no número anterior.

Artigo 39.º
Reinserção profissional

A fim de garantir uma plena reinserção profissional do trabalhador, após o decurso da licença para assistência a filho ou adoptado e para assistência a pessoa com deficiência ou doença crónica, a entidade empregadora pública deve facultar a sua participação em acções de formação e reciclagem profissional.

Artigo 40.º
Protecção da segurança e saúde

1 – A trabalhadora grávida, puérpera ou lactante tem direito a especiais condições de segurança e saúde nos locais de trabalho de modo a evitar a exposição a riscos para a sua segurança e saúde, nos termos dos números seguintes.

2 – Sem prejuízo de outras obrigações previstas em legislação especial, nas actividades susceptíveis de apresentarem um risco específico de exposição a agentes, processos ou condições de trabalho, a entidade empregadora pública deve proceder à avaliação da natureza, grau e duração da exposição da trabalhadora grávida, puérpera ou lactante de modo a determinar qualquer risco para a sua segurança e saúde e as repercussões sobre a gravidez ou a amamentação, bem como as medidas a tomar.

3 – Sem prejuízo dos direitos de informação e consulta previstos em legislação especial, a trabalhadora grávida, puérpera ou lactante tem direito a ser informada, por escrito, dos resultados da avaliação referida no número anterior, bem como das medidas de protecção que sejam tomadas.

4 – Sempre que os resultados da avaliação referida no n.º 2 revelem riscos para a segurança ou saúde da trabalhadora grávida, puérpera ou lactante ou repercussões sobre a gravidez ou amamentação, a entidade empregadora pública deve tomar as medidas necessárias para evitar a exposição da trabalhadora a esses riscos, nomeadamente:

  a) Proceder à adaptação das condições de trabalho;
  b) Se a adaptação referida na alínea anterior for impossível, excessivamente demorada ou demasiado onerosa, atribuir à trabalhadora grávida, puérpera ou lactante outras tarefas compatíveis com o seu estado e categoria profissional;

c) Se as medidas referidas nas alíneas anteriores não forem viáveis, dispensar do trabalho a trabalhadora durante todo o período necessário para evitar a exposição aos riscos.

5 – É vedado à trabalhadora grávida, puérpera ou lactante o exercício de todas as actividades cuja avaliação tenha revelado riscos de exposição aos agentes e condições de trabalho, que ponham em perigo a sua segurança ou saúde.

6 – As actividades susceptíveis de apresentarem um risco específico de exposição a agentes, processos ou condições de trabalho referidos no n.° 2 bem como os agentes e condições de trabalho referidos no número anterior são determinados em legislação especial.

ARTIGO 41.°
Regime das licenças, faltas e dispensas

1 – Não determinam perda de quaisquer direitos e são consideradas, salvo quanto à remuneração, como prestação efectiva de serviço as ausências ao trabalho resultantes:

a) Do gozo das licenças por maternidade e em caso de aborto espontâneo ou nas situações previstas no artigo 142.° do Código Penal;

b) Do gozo das licenças por paternidade, nos casos previstos no artigo 27.°;

c) Do gozo da licença por adopção;

d) Das faltas para assistência a menores;

e) Das dispensas ao trabalho da trabalhadora grávida, puérpera ou lactante, por motivos de protecção da sua segurança e saúde;

f) Das dispensas de trabalho nocturno;

g) Das faltas para assistência a filhos com deficiência ou doença crónica.

2 – As dispensas para consulta, amamentação e aleitação não determinam perda de quaisquer direitos e são consideradas como prestação efectiva de serviço.

3 – Os períodos de licença parental e especial previstos nos artigos 34.° e 35.° são tomados em consideração para a taxa de formação das pensões de invalidez e velhice dos regimes de protecção social.

Artigo 42.º
Protecção no despedimento

1 – O despedimento de trabalhadora grávida, puérpera ou lactante carece sempre de parecer prévio da entidade que tenha competência na área da igualdade de oportunidades entre homens e mulheres.

2 – O despedimento por facto imputável a trabalhadora grávida, puérpera ou lactante presume-se feito sem motivo justificativo.

3 – O parecer referido no n.º 1 deve ser comunicado à entidade empregadora pública e à trabalhadora nos 30 dias subsequentes à recepção do processo de despedimento pela entidade competente.

4 – O prazo para tomada de decisão disciplinar suspende-se entre o dia da remessa do processo à entidade referida no n.º 1 e o dia da recepção da comunicação prevista no número anterior pela entidade competente para a decisão ou, na ausência de tal recepção, quando se considere verificada a exigência de parecer.

5 – É inválido o procedimento de despedimento de trabalhadora grávida, puérpera ou lactante caso não tenha sido solicitado o parecer referido no n.º 1, cabendo o ónus da prova deste facto à entidade empregadora pública.

6 – Se o parecer referido no n.º 1 for desfavorável ao despedimento, este só pode ser efectuado pela entidade empregadora pública após decisão jurisdicional, em acção administrativa comum, que reconheça a existência de justa causa ou motivo justificativo.

7 – A providência cautelar de suspensão da eficácia do acto de despedimento de trabalhadora grávida, puérpera ou lactante só não é decretada se o parecer referido no n.º 1 for favorável ao despedimento e o tribunal considerar que existe probabilidade séria de verificação de justa causa ou motivo justificativo.

8 – Sem prejuízo do disposto no número seguinte, se o despedimento de trabalhadora grávida, puérpera ou lactante for declarado ilícito, esta tem direito, em alternativa à reintegração, a uma indemnização calculada nos termos previstos nos n.ºs 1 e 3 do artigo 278.º ou estabelecida em instrumento de regulamentação colectiva de trabalho aplicável, bem como, em qualquer caso, a indemnização por danos não patrimoniais.

9 – No caso de despedimento decidido em procedimento disciplinar, a indemnização em substituição da reintegração a que se refere o número

anterior é calculada nos termos previstos no Estatuto Disciplinar dos Trabalhadores que Exercem Funções Públicas.

ARTIGO 43.°
Legislação complementar

O desenvolvimento do disposto na presente subsecção consta do anexo II, «Regulamento».

SUBSECÇÃO IV
Trabalhador com capacidade de trabalho reduzida

ARTIGO 44.°
Princípio geral

1 – A entidade empregadora pública deve facilitar o emprego ao trabalhador com capacidade de trabalho reduzida, proporcionando-lhe adequadas condições de trabalho, nomeadamente a adaptação do posto de trabalho, remuneração e promovendo ou auxiliando acções de formação e aperfeiçoamento profissional apropriadas.

2 – O Estado deve estimular e apoiar, pelos meios que forem tidos por convenientes, a acção dos órgãos e serviços na realização dos objectivos definidos no número anterior.

3 – Independentemente do disposto nos números anteriores, podem ser estabelecidas, por lei ou instrumento de regulamentação colectiva de trabalho, especiais medidas de protecção dos trabalhadores com capacidade de trabalho reduzida, particularmente no que respeita à sua admissão e condições de prestação da actividade, tendo sempre em conta os interesses desses trabalhadores e das entidades empregadoras públicas.

ARTIGO 45.°
Legislação complementar

O regime da presente subsecção é objecto de regulamentação em legislação especial.

SUBSECÇÃO V
Trabalhador com deficiência ou doença crónica

ARTIGO 46.º
Igualdade de tratamento

1 – O trabalhador com deficiência ou doença crónica é titular dos mesmos direitos e está adstrito aos mesmos deveres dos demais trabalhadores no acesso ao emprego, à formação e promoção profissionais e às condições de trabalho, sem prejuízo das especificidades inerentes à sua situação.

2 – O Estado deve estimular e apoiar a acção da entidade empregadora pública na contratação de trabalhadores com deficiência ou doença crónica.

3 – O Estado deve estimular e apoiar a acção da entidade empregadora pública na readaptação profissional de trabalhador com deficiência ou doença crónica superveniente.

ARTIGO 47.º
Medidas de acção positiva da entidade empregadora pública

1 – A entidade empregadora pública deve promover a adopção de medidas adequadas para que uma pessoa com deficiência ou doença crónica tenha acesso a um emprego, o possa exercer ou nele progredir, ou para que lhe seja ministrada formação profissional, excepto se tais medidas implicarem encargos desproporcionados para a entidade empregadora pública.

2 – O Estado deve estimular e apoiar, pelos meios que forem tidos por convenientes, a acção da entidade empregadora pública na realização dos objectivos referidos no número anterior.

3 – Os encargos referidos no n.º 1 não são considerados desproporcionados quando forem, nos termos previstos em legislação especial, compensados por apoios do Estado em matéria de pessoa com deficiência ou doença crónica.

Artigo 48.°
Dispensa de horários de trabalho com adaptabilidade

O trabalhador com deficiência ou doença crónica tem direito a dispensa de horários de trabalho organizados de acordo com o regime de adaptabilidade do tempo de trabalho se for apresentado atestado médico do qual conste que tal prática pode prejudicar a sua saúde ou a segurança no trabalho.

Artigo 49.°
Trabalho extraordinário

O trabalhador com deficiência ou doença crónica não está sujeito à obrigação de prestar trabalho extraordinário.

Artigo 50.°
Trabalho no período nocturno

O trabalhador com deficiência ou doença crónica é dispensado de prestar trabalho entre as 20 horas de um dia e as 7 horas do dia seguinte se for apresentado atestado médico do qual conste que tal prática pode prejudicar a sua saúde ou a segurança no trabalho.

Artigo 51.°
Medidas de protecção

Independentemente do disposto na presente subsecção, podem ser estabelecidas por lei ou instrumento de regulamentação colectiva de trabalho especiais medidas de protecção do trabalhador com deficiência ou doença crónica, particularmente no que respeita à sua admissão, condições de prestação da actividade, adaptação de postos de trabalho e incentivos ao trabalhador e à entidade empregadora pública, tendo sempre em conta os respectivos interesses.

SUBSECÇÃO VI
Trabalhador-estudante

Artigo 52.º
Noção

1 – Considera-se trabalhador-estudante aquele que frequenta qualquer nível de educação escolar, bem como curso de pós-graduação, mestrado ou doutoramento em instituição de ensino, ou ainda curso de formação profissional com duração igual ou superior a seis meses.

2 – A manutenção do estatuto do trabalhador-estudante é condicionada pela obtenção de aproveitamento escolar, nos termos previstos no anexo II, «Regulamento».

Artigo 53.º
Horário de trabalho

1 – O trabalhador-estudante deve beneficiar de horários de trabalho específicos, com flexibilidade ajustável à frequência das aulas e à inerente deslocação para os respectivos estabelecimentos de ensino.

2 – Quando não seja possível a aplicação do regime previsto no número anterior, o trabalhador-estudante beneficia de dispensa de trabalho para frequência de aulas, nos termos previstos em legislação especial.

Artigo 54.º
Prestação de provas de avaliação

O trabalhador-estudante tem direito a ausentar-se para prestação de provas de avaliação, nos termos previstos em legislação especial.

Artigo 55.º
Regime de turnos

1 – O trabalhador-estudante que preste serviço em regime de turnos tem os direitos conferidos no artigo 53.º desde que o ajustamento dos

períodos de trabalho não seja totalmente incompatível com o funcionamento daquele regime.

2 – Nos casos em que não seja possível a aplicação do disposto no número anterior, o trabalhador tem preferência na ocupação de postos de trabalho compatíveis com a sua aptidão profissional e com a possibilidade de participar nas aulas que se proponha frequentar.

ARTIGO 56.º
Férias e licenças

1 – O trabalhador-estudante tem direito a marcar as férias de acordo com as suas necessidades escolares, salvo se daí resultar comprovada incompatibilidade com o mapa de férias elaborado pela entidade empregadora pública.

2 – O trabalhador-estudante tem direito, em cada ano civil, a beneficiar de licença prevista no anexo II, «Regulamento».

ARTIGO 57.º
Efeitos profissionais da valorização escolar

Ao trabalhador-estudante devem ser proporcionadas oportunidades de promoção profissional adequadas à valorização obtida nos cursos ou pelos conhecimentos adquiridos.

ARTIGO 58.º
Legislação complementar

O desenvolvimento do regime previsto na presente subsecção consta do anexo II, «Regulamento».

Lei n.º 59/2008, de 11 de Setembro 177

SUBSECÇÃO VII
Trabalhador estrangeiro

ARTIGO 59.º
Âmbito

Sem prejuízo do estabelecido quanto à lei aplicável, a prestação de trabalho subordinado em território português por cidadão estrangeiro está sujeita às normas desta subsecção.

ARTIGO 60.º
Igualdade de tratamento

O trabalhador estrangeiro que esteja autorizado a exercer uma actividade profissional subordinada em território português goza dos mesmos direitos e está sujeito aos mesmos deveres do trabalhador com nacionalidade portuguesa.

ARTIGO 61.º
Formalidades

1 – O contrato celebrado com um cidadão estrangeiro, para a prestação de actividade executada em território português, para além de revestir a forma escrita, deve cumprir as formalidades reguladas no anexo II, «Regulamento».

2 – O disposto neste artigo não é aplicável à celebração de contratos com cidadãos nacionais dos países membros do espaço económico europeu e dos países que consagrem a igualdade de tratamento com os cidadãos nacionais em matéria de livre exercício de actividades profissionais.

ARTIGO 62.º
Deveres de comunicação

1 – A celebração ou cessação de contratos a que se refere esta sub-

secção determina o cumprimento de deveres de comunicação à entidade competente, regulados no anexo II, «Regulamento».

2 – O disposto no número anterior não é aplicável à celebração de contratos com cidadãos nacionais dos países membros do espaço económico europeu ou outros relativamente aos quais vigore idêntico regime.

ARTIGO 63.º
Apátridas

O regime constante desta subsecção aplica-se ao trabalho de apátridas em território português.

SECÇÃO II
Formação do contrato

SUBSECÇÃO I
Negociação

ARTIGO 64.º
Culpa na formação do contrato

Quem negoceia com outrem para a conclusão de um contrato deve, tanto nos preliminares como na formação dele, proceder segundo as regras da boa fé, sob pena de responder pelos danos culposamente causados.

SUBSECÇÃO II
Contrato de adesão

ARTIGO 65.º
Contrato de adesão

1 – A vontade contratual pode manifestar-se, por parte da entidade empregadora pública, através dos regulamentos internos do órgão ou

serviço e, por parte do trabalhador, pela adesão expressa ou tácita aos ditos regulamentos.

2 – Presume-se a adesão do trabalhador quando este não se opuser por escrito no prazo de 21 dias a contar do início da execução do contrato ou da divulgação do regulamento, se esta for posterior.

Artigo 66.º
Cláusulas contratuais gerais

O regime das cláusulas contratuais gerais aplica-se aos aspectos essenciais do contrato em que não tenha havido prévia negociação individual, mesmo na parte em que o seu conteúdo se determine por remissão para cláusulas de instrumento de regulamentação colectiva de trabalho.

SUBSECÇÃO III
Informação

Artigo 67.º
Dever de informação

1 – A entidade empregadora pública tem o dever de informar o trabalhador sobre aspectos relevantes do contrato.

2 – O trabalhador tem o dever de informar a entidade empregadora pública sobre aspectos relevantes para a prestação da actividade laboral.

Artigo 68.º
Objecto do dever de informação

1 – A entidade empregadora pública deve prestar ao trabalhador, pelo menos, as seguintes informações relativas ao contrato:

a) A respectiva identificação;

b) O local de trabalho, bem como a sede ou localização da entidade empregadora pública;

180   *Regime do Contrato de Trabalho em Funções Públicas*

c) A categoria do trabalhador e a caracterização sumária do seu conteúdo;

d) A data de celebração do contrato e a do início da actividade;

e) O prazo ou a duração previsível do contrato, se este for sujeito a termo resolutivo;

f) A duração das férias ou, se não for possível conhecer essa duração, os critérios para a sua determinação;

g) Os prazos de aviso prévio a observar pela entidade empregadora pública e pelo trabalhador para a cessação do contrato ou, se não for possível conhecer essa duração, os critérios para a sua determinação;

h) O valor da remuneração;

i) O período normal de trabalho diário e semanal, especificando os casos em que é definido em termos médios;

j) O instrumento de regulamentação colectiva de trabalho aplicável, quando seja o caso.

2 – A entidade empregadora pública deve ainda prestar ao trabalhador a informação relativa a outros direitos e deveres que decorram do contrato.

3 – A informação sobre os elementos referidos na segunda parte da alínea c) e nas alíneas f), g), h) e i) do n.º 1 pode ser substituída pela referência às disposições pertinentes da lei ou do instrumento de regulamentação colectiva de trabalho aplicável.

Artigo 69.º
Meio de informação

1 – A informação prevista no artigo anterior deve ser prestada por escrito, podendo constar de um só ou de vários documentos, os quais devem ser assinados pela entidade empregadora pública.

2 – O dever prescrito no n.º 1 do artigo anterior considera-se cumprido quando do contrato constem os elementos de informação em causa.

3 – Os documentos referidos nos números anteriores devem ser entregues ao trabalhador nos 60 dias subsequentes ao início da execução do contrato.

Lei n.º 59/2008, de 11 de Setembro   181

4 – A obrigação estabelecida no número anterior deve ser observada ainda que o contrato cesse antes de decorridos os 60 dias aí previstos.

ARTIGO 70.º
Informação relativa à prestação de trabalho no estrangeiro

1 – Se o trabalhador cujo contrato seja regulado pela lei portuguesa exercer a sua actividade no território de outro Estado, por período superior a um mês, a entidade empregadora pública deve prestar-lhe, por escrito e até à sua partida, as seguintes informações complementares:

a) Duração previsível do período de trabalho a prestar no estrangeiro;
b) Moeda em que é efectuada a remuneração e respectivo lugar do pagamento;
c) Condições de eventual repatriamento;
d) Acesso a cuidados de saúde.

2 – As informações referidas nas alíneas *b)* e *c)* do número anterior podem ser substituídas pela referência às disposições legais ou aos instrumentos de regulamentação colectiva de trabalho que fixem as matérias nelas referidas.

ARTIGO 71.º
Informação sobre alterações

1 – Havendo alteração de qualquer dos elementos referidos nos n.ºs 1 do artigo 68.º e 1 do artigo anterior, a entidade empregadora pública deve comunicar esse facto ao trabalhador, por escrito, nos 30 dias subsequentes à data em que a alteração produz efeitos.

2 – O disposto no número anterior não é aplicável quando a alteração resultar da lei, do instrumento de regulamentação colectiva de trabalho aplicável ou do regulamento interno do órgão ou serviço.

3 – O trabalhador deve prestar à entidade empregadora pública informação sobre todas as alterações relevantes para a prestação da actividade laboral, no prazo previsto no n.º 1.

SUBSECÇÃO IV
Forma

Artigo 72.º
Forma

1 – O contrato está sempre sujeito à forma escrita e dele deve constar a assinatura das partes.

2 – Do contrato devem constar, pelo menos, as seguintes indicações:

   a) Nome ou denominação e domicílio ou sede dos contraentes;
   b) Modalidade de contrato e respectivo prazo ou duração previsível, quando aplicável;
   c) Actividade contratada, carreira, categoria e remuneração do trabalhador;
   d) Local e período normal de trabalho, especificando os casos em que é definido em termos médios;
   e) Data do início da actividade;
   f) Data de celebração do contrato;
   g) Identificação da entidade que autorizou a contratação.

3 – Na falta da indicação exigida pela alínea e) do número anterior, considera-se que o contrato tem início na data da sua celebração.

4 – Quando o contrato não contenha a assinatura das partes ou qualquer das indicações referidas no n.º 2, a entidade empregadora pública deve proceder à sua correcção, no prazo de 30 dias a contar de requerimento do trabalhador para o efeito.

5 – Sem prejuízo do disposto no n.º 1, os membros do Governo responsáveis pelas áreas das finanças e da Administração Pública podem, por portaria, aprovar modelos oficiais de contratos, bem como prever a sua informatização e desmaterialização.

Lei n.º 59/2008, de 11 de Setembro

SECÇÃO III
Período experimental

ARTIGO 73.º
Noção

1 – O período experimental corresponde ao tempo inicial de execução do contrato e destina-se a comprovar se o trabalhador possui as competências exigidas pelo posto de trabalho que vai ocupar.

2 – Ao acompanhamento, avaliação final, conclusão com sucesso e contagem do tempo de serviço decorrido no período experimental são aplicáveis as regras previstas na Lei n.º 12-A/2008, de 27 de Fevereiro, para o período experimental da nomeação definitiva.

3 – À conclusão sem sucesso do período experimental são ainda aplicáveis as regras previstas na Lei n.º 12-A/2008, de 27 de Fevereiro, para o período experimental da nomeação definitiva, com as necessárias adaptações.

ARTIGO 74.º
Denúncia pelo trabalhador

Durante o período experimental, o trabalhador pode denunciar o contrato sem aviso prévio nem necessidade de invocação de justa causa, não havendo direito a indemnização.

ARTIGO 75.º
Contagem do período experimental

1 – O período experimental começa a contar-se a partir do início da execução da prestação do trabalhador, compreendendo as acções de formação ministradas pela entidade empregadora pública ou frequentadas por determinação desta, desde que não excedam metade do período experimental.

2 – Para efeitos da contagem do período experimental, não são tidos em conta os dias de faltas, ainda que justificadas, de licença e de dispensa, bem como de suspensão do contrato.

Regime do Contrato de Trabalho em Funções Públicas

Artigo 76.º
Contratos por tempo indeterminado

1 – Nos contratos por tempo indeterminado, o período experimental tem a seguinte duração:

a) 90 dias para os trabalhadores integrados na carreira de assistente operacional e noutras carreiras ou categorias com idêntico grau de complexidade funcional;

b) 180 dias para os trabalhadores integrados na carreira de assistente técnico e noutras carreiras ou categorias com idêntico grau de complexidade funcional;

c) 240 dias para os trabalhadores integrados na carreira de técnico superior e noutras carreiras ou categorias com idêntico grau de complexidade funcional.

2 – Os diplomas que disponham sobre carreiras especiais podem estabelecer outra duração para o respectivo período experimental.

Artigo 77.º
Contratos a termo

1 – Nos contratos a termo, o período experimental tem a seguinte duração:

a) 30 dias para contratos de duração igual ou superior a seis meses;

b) 15 dias nos contratos a termo certo de duração inferior a seis meses e nos contratos a termo incerto cuja duração se preveja não vir a ser superior àquele limite.

2 – Nos contratos a termo, o júri do período experimental é substituído pelo respectivo superior hierárquico imediato.

Artigo 78.º
Redução e exclusão do período experimental
e denúncia do contrato

1 – A duração do período experimental pode ser reduzida por instrumento de regulamentação colectiva de trabalho.

Lei n.º 59/2008, de 11 de Setembro 185

2 – O período experimental não pode ser excluído por instrumento de regulamentação colectiva de trabalho.

3 – São nulas as disposições do contrato ou de instrumento de regulamentação colectiva de trabalho que estabeleçam qualquer pagamento de indemnização em caso de denúncia do contrato durante o período experimental.

SECÇÃO IV
Objecto

Artigo 79.º
Objecto do contrato

A definição da actividade contratada é feita por remissão para o conteúdo funcional de categoria legalmente descrito, ou de carreira quando se trate de carreira unicategorial, e, sendo o caso, para o elenco das funções ou das tarefas que, no regulamento interno ou no mapa de pessoal da entidade empregadora pública contratante, caracterizam o posto de trabalho a ocupar.

Artigo 80.º
Autonomia técnica

A sujeição à autoridade e direcção da entidade empregadora pública por força da celebração de contrato não prejudica a autonomia técnica inerente à actividade para que o trabalhador foi contratado, nos termos das regras legais ou deontológicas aplicáveis.

Artigo 81.º
Título profissional

1 – Sempre que o exercício de determinada actividade se encontre legalmente condicionado à posse de carteira profissional ou título com valor legal equivalente, a sua falta determina a nulidade do contrato.

186   *Regime do Contrato de Trabalho em Funções Públicas*

2 – Se posteriormente à celebração do contrato, por decisão que já não admite recurso, a carteira profissional ou título com valor legal equivalente vier a ser retirado ao trabalhador, o contrato caduca logo que as partes disso sejam notificadas pela entidade competente.

3 – O disposto nos números anteriores não prejudica a aplicação de outras sanções previstas na lei.

SECÇÃO V
Invalidade do contrato

Artigo 82.º
Invalidade parcial do contrato

1 – A nulidade ou a anulação parcial não determina a invalidade de todo o contrato, salvo quando se mostre que este não teria sido concluído sem a parte viciada.

2 – As cláusulas do contrato que violem normas imperativas consideram-se substituídas por estas.

Artigo 83.º
Efeitos da invalidade do contrato

1 – O contrato declarado nulo ou anulado produz efeitos como se fosse válido em relação ao tempo durante o qual esteve em execução.

2 – Aos actos modificativos inválidos do contrato aplica-se o disposto no número anterior desde que não afectem as garantias do trabalhador.

Artigo 84.º
Invalidade e cessação do contrato

1 – Aos factos extintivos ocorridos antes da declaração de nulidade ou anulação do contrato aplicam-se as normas sobre cessação do contrato.

Lei n.º 59/2008, de 11 de Setembro

2 – Se, porém, for declarado nulo ou anulado o contrato celebrado a termo e já extinto, a indemnização a que haja lugar tem por limite o valor estabelecido nos artigos 279.º e 287.º, respectivamente para os casos de despedimento ilícito ou de denúncia sem aviso prévio.

3 – À invocação da invalidade pela parte de má fé, estando a outra de boa fé, seguida de imediata cessação da prestação de trabalho, aplica-se o regime da indemnização prevista no n.º 1 do artigo 278.º ou no artigo 287.º para o despedimento ilícito ou para a denúncia sem aviso prévio, conforme os casos.

4 – A má fé consiste na celebração do contrato ou na manutenção deste com o conhecimento da causa de invalidade.

ARTIGO 85.º
Convalidação do contrato

Cessando a causa da invalidade durante a execução do contrato, este considera-se convalidado desde o início.

SECÇÃO VI
Direitos, deveres e garantias das partes

SUBSECÇÃO I
Disposições gerais

ARTIGO 86.º
Princípio geral

1 – A entidade empregadora pública e o trabalhador, no cumprimento das respectivas obrigações, assim como no exercício dos correspondentes direitos, devem proceder de boa fé.

2 – Na execução do contrato devem as partes colaborar na obtenção da maior qualidade de serviço e produtividade, bem como na promoção humana, profissional e social do trabalhador.

Artigo 87.º
Deveres da entidade empregadora pública

Sem prejuízo de outras obrigações, a entidade empregadora pública deve:

a) Respeitar e tratar com urbanidade e probidade o trabalhador;
b) Pagar pontualmente a remuneração, que deve ser justa e adequada ao trabalho;
c) Proporcionar boas condições de trabalho, tanto do ponto de vista físico como moral;
d) Contribuir para a elevação do nível de produtividade do trabalhador, nomeadamente proporcionando-lhe formação profissional;
e) Respeitar a autonomia técnica do trabalhador que exerça actividades cuja regulamentação profissional a exija;
f) Possibilitar o exercício de cargos em organizações representativas dos trabalhadores;
g) Prevenir riscos e doenças profissionais, tendo em conta a protecção da segurança e saúde do trabalhador, devendo indemnizá-lo dos prejuízos resultantes de acidentes de trabalho;
h) Adoptar, no que se refere à higiene, segurança e saúde no trabalho, as medidas que decorram, para o órgão ou serviço ou actividade, da aplicação das prescrições legais e convencionais vigentes;
i) Fornecer ao trabalhador a informação e a formação adequadas à prevenção de riscos de acidente e doença;
j) Manter permanentemente actualizado o registo do pessoal em cada um dos seus órgãos ou serviços, com indicação dos nomes, datas de nascimento e admissão, modalidades dos contratos, categorias, promoções, remunerações, datas de início e termo das férias e faltas que impliquem perda da remuneração ou diminuição dos dias de férias.

Artigo 88.º
Deveres do trabalhador

O trabalhador está sujeito aos deveres previstos na lei, designadamente no Estatuto Disciplinar dos Trabalhadores que Exercem Funções Públicas, e em instrumento de regulamentação colectiva de trabalho.

Artigo 89.º
Garantias do trabalhador

É proibido à entidade empregadora pública:

a) Opor-se, por qualquer forma, a que o trabalhador exerça os seus direitos, bem como despedi-lo, aplicar-lhe outras sanções ou tratá-lo desfavoravelmente por causa desse exercício;
b) Obstar, injustificadamente, à prestação efectiva do trabalho;
c) Exercer pressão sobre o trabalhador para que actue no sentido de influir desfavoravelmente nas condições de trabalho dele ou dos companheiros;
d) Diminuir a remuneração, salvo nos casos previstos na lei;
e) Baixar a categoria do trabalhador, salvo nos casos previstos na lei;
f) Sujeitar o trabalhador a mobilidade geral ou especial, salvo nos casos previstos na lei;
g) Ceder trabalhadores do mapa de pessoal próprio para utilização de terceiros que sobre esses trabalhadores exerçam os poderes de autoridade e direcção próprios da entidade empregadora pública ou por pessoa por ela indicada, salvo nos casos especialmente previstos;
h) Obrigar o trabalhador a adquirir bens ou a utilizar serviços fornecidos pela entidade empregadora pública ou por pessoa por ela indicada;
i) Explorar, com fins lucrativos, quaisquer cantinas, refeitórios, economatos ou outros estabelecimentos directamente relacionados com o trabalho, para fornecimento de bens ou prestação de serviços aos trabalhadores;
j) Fazer cessar o contrato e readmitir o trabalhador, mesmo com o seu acordo, havendo o propósito de o prejudicar em direitos ou garantias decorrentes da antiguidade.

SUBSECÇÃO II
Formação profissional

Artigo 90.º
Princípio geral

1 – A entidade empregadora pública deve proporcionar ao trabalhador acções de formação profissional adequadas à sua qualificação.

2 – O trabalhador deve participar de modo diligente nas acções de formação profissional que lhe sejam proporcionadas, salvo se houver motivo atendível.

3 – Compete ao Estado, em particular, garantir o acesso dos cidadãos à formação profissional, permitindo a todos a aquisição e a permanente actualização dos conhecimentos e competências, desde a entrada na vida activa, e proporcionar os apoios públicos ao funcionamento do sistema de formação profissional.

4 – São aplicáveis à formação profissional do trabalhador as regras e os princípios que regem a formação profissional na Administração Pública.

SECÇÃO VII
Cláusulas acessórias

SUBSECÇÃO I
Termo

Artigo 91.º
Princípio geral

Ao contrato pode ser aposto, por escrito, termo resolutivo, nos termos gerais.

Artigo 92.º
Termo resolutivo

1 – Ao contrato a termo resolutivo são aplicáveis os preceitos da subsecção seguinte e os n.ºs 2 e 3 do presente artigo, que não podem ser afastados por instrumento de regulamentação colectiva de trabalho.

2 – O contrato a termo resolutivo não se converte, em caso algum, em contrato por tempo indeterminado, caducando no termo do prazo máximo de duração previsto no presente Regime ou, tratando-se de contrato a termo incerto, quando deixe de se verificar a situação que justificou a sua celebração.

Lei n.º 59/2008, de 11 de Setembro   191

3 – Sem prejuízo da produção plena dos seus efeitos durante o tempo em que tenham estado em execução, a celebração ou a renovação de contratos a termo resolutivo com violação do disposto no presente Regime implica a sua nulidade e gera responsabilidade civil, disciplinar e financeira dos dirigentes máximos dos órgãos ou serviços que os tenham celebrado ou renovado.

SUBSECÇÃO II
Termo resolutivo

DIVISÃO I
Disposições gerais

ARTIGO 93.º
Pressupostos do contrato

1 – Nos contratos só pode ser aposto termo resolutivo nas seguintes situações fundamentadamente justificadas:

a) Substituição directa ou indirecta de trabalhador ausente ou que, por qualquer razão, se encontre temporariamente impedido de prestar serviço;

b) Substituição directa ou indirecta de trabalhador em relação ao qual esteja pendente em juízo acção de apreciação da licitude do despedimento;

c) Substituição directa ou indirecta de trabalhador em situação de licença sem remuneração;

d) Substituição de trabalhador a tempo completo que passe a prestar trabalho a tempo parcial por período determinado;

e) Para assegurar necessidades urgentes de funcionamento das entidades empregadoras públicas;

f) Execução de tarefa ocasional ou serviço determinado precisamente definido e não duradouro;

g) Para o exercício de funções em estruturas temporárias das entidades empregadoras públicas;

h) Para fazer face ao aumento excepcional e temporário da actividade do órgão ou serviço;

192 *Regime do Contrato de Trabalho em Funções Públicas*

i) Para o desenvolvimento de projectos não inseridos nas actividades normais dos órgãos ou serviços;

j) Quando a formação, ou a obtenção de grau académico ou título profissional, dos trabalhadores no âmbito das entidades empregadoras públicas envolva a prestação de trabalho subordinado;

l) Quando se trate de órgãos ou serviços em regime de instalação.

2 – Para efeitos da alínea *a)* do número anterior, consideram-se ausentes, designadamente:

a) Os trabalhadores em situação de mobilidade geral;

b) Os trabalhadores que se encontrem em comissão de serviço;

c) Os trabalhadores que se encontrem a exercer funções noutra carreira, categoria ou órgão ou serviço no decurso do período experimental.

3 – É vedada a celebração de contrato a termo resolutivo para substituição de trabalhador colocado em situação de mobilidade especial.

4 – No caso da alínea *e)* do n.º 1, o contrato, incluindo as suas renovações, não pode ter duração superior a um ano.

5 – Os contratos para o exercício de funções nos órgãos ou serviços referidos na alínea *l)* do n.º 1 são obrigatoriamente celebrados a termo resolutivo nos termos previstos em lei especial.

Artigo 94.º
Justificação do termo

A prova dos factos que justificam a celebração de contrato a termo cabe à entidade empregadora pública.

Artigo 95.º
Formalidades

1 – Do contrato a termo resolutivo devem constar as indicações previstas no n.º 2 do artigo 72.º e ainda:

a) A indicação do motivo justificativo do termo estipulado;

b) A data da respectiva cessação, sendo o contrato a termo certo.

2 – Para efeitos da alínea *a*) do número anterior, a indicação do motivo justificativo da aposição do termo deve ser feita pela menção expressa dos factos que o integram, devendo estabelecer-se a relação entre a justificação invocada e o termo estipulado.

Artigo 96.º
Contratos sucessivos

1 – A cessação, por motivo não imputável ao trabalhador, de contrato a termo impede nova admissão a termo para o mesmo posto de trabalho, antes de decorrido um período de tempo equivalente a um terço da duração do contrato, incluindo as suas renovações.

2 – O disposto no número anterior não é aplicável nos seguintes casos:

a) Nova ausência do trabalhador substituído, quando o contrato a termo tenha sido celebrado para a sua substituição;

b) Acréscimos excepcionais da actividade do órgão ou serviço, após a cessação do contrato.

Artigo 97.º
Informações

1 – A entidade empregadora pública deve comunicar, no prazo máximo de cinco dias úteis, à comissão de trabalhadores e às associações sindicais representativas, designadamente àquela em que o trabalhador esteja filiado, a celebração, com indicação do respectivo fundamento legal, e a cessação do contrato a termo.

2 – A entidade empregadora pública deve comunicar, no prazo máximo de cinco dias úteis, à entidade que tenha competência na área da igualdade de oportunidades entre homens e mulheres o motivo da não renovação de contrato a termo sempre que estiver em causa uma trabalhadora grávida, puérpera ou lactante.

3 – A entidade empregadora pública deve afixar informação relativa à existência de postos de trabalho permanentes que se encontrem disponíveis no órgão ou serviço.

Artigo 98.º
Obrigações sociais

O trabalhador admitido a termo é incluído, segundo um cálculo efectuado com recurso à média no ano civil anterior, no total dos trabalhadores do órgão ou serviço para determinação das obrigações sociais relacionadas com o número de trabalhadores ao serviço.

Artigo 99.º
Preferência na admissão

1 – O trabalhador contratado a termo que se candidate, nos termos legais, a procedimento concursal de recrutamento publicitado durante a execução do contrato ou até 90 dias após a cessação do mesmo, para ocupação de posto de trabalho com características idênticas às daquele para que foi contratado, na modalidade de contrato por tempo indeterminado, tem preferência, na lista de ordenação final dos candidatos, em caso de igualdade de classificação.

2 – A violação do disposto no número anterior obriga a entidade empregadora pública a indemnizar o trabalhador no valor correspondente a três meses de remuneração base.

3 – Cabe ao trabalhador alegar a violação da preferência prevista no n.º 1 e à entidade empregadora pública a prova do cumprimento do disposto nesse preceito.

Artigo 100.º
Igualdade de tratamento

O trabalhador contratado a termo tem os mesmos direitos e está adstrito aos mesmos deveres do trabalhador permanente numa situação comparável, salvo se razões objectivas justificarem um tratamento diferenciado.

Artigo 101.º
Formação

A entidade empregadora pública deve proporcionar formação profissional ao trabalhador contratado a termo.

Artigo 102.º
Taxa social única

A taxa social única pode ser aumentada relativamente à entidade empregadora pública em função do número de trabalhadores contratados a termo no órgão ou serviço e da respectiva duração dos seus contratos, nos termos previstos no anexo II, «Regulamento».

DIVISÃO II
Termo certo

Artigo 103.º
Duração

O contrato a termo certo dura pelo período acordado, não podendo exceder três anos, incluindo renovações, nem ser renovado mais de duas vezes, sem prejuízo do disposto em lei especial.

Artigo 104.º
Renovação do contrato

1 – Por acordo das partes, o contrato a termo certo pode não estar sujeito a renovação.

2 – O contrato a termo certo não está sujeito a renovação automática.

3 – A renovação do contrato está sujeita à verificação das exigências materiais da sua celebração, bem como a forma escrita.

4 – Considera-se como único contrato aquele que seja objecto de renovação.

Artigo 105.º
Estipulação de prazo inferior a seis meses

1 – Nos contratos celebrados por prazo inferior a seis meses o termo estipulado deve corresponder à duração previsível da tarefa ou serviço a realizar.

196   *Regime do Contrato de Trabalho em Funções Públicas*

2 – Os contratos celebrados por prazo inferior a seis meses podem ser renovados uma única vez, por período igual ou inferior ao inicialmente contratado.

DIVISÃO III
Termo incerto

ARTIGO 106.º
Pressupostos

Só é admitida a celebração de contratos a termo incerto nas situações previstas nas alíneas *a)* a *d)* e *f)* a *l)* do n.º 1 do artigo 93.º

ARTIGO 107.º
Duração

O contrato a termo incerto dura por todo o tempo necessário para a substituição do trabalhador ausente ou para a conclusão da tarefa ou serviço cuja execução justifica a celebração.

SUBSECÇÃO III
Cláusulas de limitação da liberdade de trabalho

ARTIGO 108.º
Pacto de não concorrência

1 – São nulas as cláusulas dos contratos e de instrumento de regulamentação colectiva de trabalho que, por qualquer forma, possam prejudicar o exercício da liberdade de trabalho, após a cessação do contrato.

2 – É lícita, porém, a cláusula pela qual se limite a actividade do trabalhador no período máximo de dois anos subsequentes à cessação do contrato se ocorrerem cumulativamente as seguintes condições:

a) Constar tal cláusula, por forma escrita, do contrato ou do acordo de cessação deste;

Lei n.º 59/2008, de 11 de Setembro 197

b) Tratar-se de actividade cujo exercício possa efectivamente causar prejuízo à entidade empregadora pública;
c) Atribuir-se ao trabalhador uma compensação durante o período de limitação da sua actividade, que pode sofrer redução equitativa quando a entidade empregadora pública houver despendido somas avultadas com a sua formação profissional.

3 – Em caso de despedimento declarado ilícito ou de resolução com justa causa pelo trabalhador com fundamento em acto ilícito da entidade empregadora pública, o montante da compensação referida na alínea c) do número anterior é elevado até ao equivalente à remuneração base devida no momento da cessação do contrato, sob pena de não poder ser invocada a cláusula de não concorrência.

4 – São deduzidas no montante da compensação referida no número anterior as importâncias percebidas pelo trabalhador no exercício de qualquer actividade profissional iniciada após a cessação do contrato até ao montante fixado nos termos da alínea c) do n.º 2.

5 – Tratando-se de trabalhador afecto ao exercício de actividades cuja natureza suponha especial relação de confiança ou com acesso a informação particularmente sensível no plano da concorrência, a limitação a que se refere o n.º 2 pode ser prolongada até três anos.

ARTIGO 109.º
Pacto de permanência

1 – É lícita a cláusula pela qual as partes convencionem, sem diminuição de remuneração, a obrigatoriedade de prestação de serviço durante certo prazo, não superior a três anos, como compensação de despesas extraordinárias comprovadamente feitas pela entidade empregadora pública na formação profissional do trabalhador, podendo este desobrigar-se restituindo a soma das importâncias despendidas.

2 – Em caso de resolução do contrato pelo trabalhador com justa causa ou quando, tendo sido declarado ilícito o despedimento, o trabalhador não opte pela reintegração, não existe a obrigação de restituir a soma referida no número anterior.

Artigo 110.°
Limitação de liberdade de trabalho

São proibidos quaisquer acordos entre entidades empregadoras públicas no sentido de limitarem a admissão de trabalhadores que a elas tenham prestado serviço.

CAPÍTULO II
Prestação do trabalho

SECÇÃO I
Disposições gerais

Artigo 111.°
Princípio geral

As condições de prestação de trabalho devem favorecer a compatibilização da vida profissional com a vida familiar do trabalhador, bem como assegurar o respeito das normas aplicáveis em matéria de segurança, higiene e saúde no trabalho.

Artigo 112.°
Poder de direcção

Compete à entidade empregadora pública, dentro dos limites decorrentes do contrato e das normas que o regem, fixar os termos em que deve ser prestado o trabalho.

Artigo 113.°
Funções desempenhadas

1 – O trabalhador deve, em princípio, exercer funções correspondentes à actividade para que foi contratado.

Lei n.º 59/2008, de 11 de Setembro 199

2 – A actividade contratada não prejudica o exercício, de forma esporádica, das funções que lhe sejam afins ou funcionalmente ligadas, para as quais o trabalhador detenha a qualificação profissional adequada e que não impliquem desvalorização profissional.

3 – O disposto no número anterior confere ao trabalhador, sempre que o exercício das funções acessórias exigir especiais qualificações, o direito a formação profissional não inferior a dez horas anuais.

4 – A entidade empregadora pública deve procurar atribuir a cada trabalhador, no âmbito da actividade para que foi contratado, as funções mais adequadas às suas aptidões e qualificação profissional.

ARTIGO 114.º
Efeitos remuneratórios

A determinação pela entidade empregadora pública do exercício das funções a que se refere o n.º 2 do artigo anterior confere ao trabalhador o direito a auferir pelo nível remuneratório imediatamente superior àquele por que aufere que se encontre previsto na categoria a que correspondem aquelas funções.

ARTIGO 115.º
Regulamento interno do órgão ou serviço

1 – A entidade empregadora pública pode elaborar regulamentos internos do órgão ou serviço contendo normas de organização e disciplina do trabalho.

2 – Na elaboração do regulamento interno do órgão ou serviço é ouvida a comissão de trabalhadores ou, na sua falta, a comissão sindical ou intersindical ou os delegados sindicais.

3 – A entidade empregadora pública deve dar publicidade ao conteúdo do regulamento interno do órgão ou serviço, designadamente afixando-o na sede do órgão ou serviço e nos locais de trabalho, de modo a possibilitar o seu pleno conhecimento, a todo o tempo, pelos trabalhadores.

4 – A elaboração de regulamento interno do órgão ou serviço sobre determinadas matérias pode ser tornada obrigatória por instrumento de regulamentação colectiva de trabalho negocial.

SECÇÃO II
Local de trabalho

Artigo 116.º
Noção

1 – O trabalhador deve, em princípio, realizar a sua prestação no local de trabalho contratualmente definido, sem prejuízo do regime de mobilidade geral aplicável às relações jurídicas de emprego público constituídas por tempo indeterminado.

2 – O trabalhador encontra-se adstrito às deslocações inerentes às suas funções ou indispensáveis à sua formação profissional.

SECÇÃO III
Duração e organização do tempo de trabalho

SUBSECÇÃO I
Noções e princípios gerais

Artigo 117.º
Tempo de trabalho

Considera-se tempo de trabalho qualquer período durante o qual o trabalhador está a desempenhar a actividade ou permanece adstrito à realização da prestação, bem como as interrupções e os intervalos previstos no artigo seguinte.

Artigo 118.º
Interrupções e intervalos

Consideram-se compreendidos no tempo de trabalho:

a) As interrupções de trabalho como tal consideradas em instrumento de regulamentação colectiva de trabalho ou em regulamento interno do órgão ou serviço;

b) As interrupções ocasionais no período de trabalho diário, quer as inerentes à satisfação de necessidades pessoais inadiáveis do trabalhador quer as resultantes do consentimento da entidade empregadora pública;

c) As interrupções de trabalho ditadas por motivos técnicos, nomeadamente limpeza, manutenção ou afinação de equipamentos, mudança dos programas de produção, carga ou descarga de mercadorias, falta de matéria-prima ou energia, ou factores climatéricos que afectem a actividade do órgão ou serviço, ou por motivos económicos, designadamente quebra de encomendas;

d) Os intervalos para refeição em que o trabalhador tenha de permanecer no espaço habitual de trabalho ou próximo dele, adstrito à realização da prestação, para poder ser chamado a prestar trabalho normal em caso de necessidade;

e) As interrupções ou pausas nos períodos de trabalho impostas por normas especiais de segurança, higiene e saúde no trabalho.

ARTIGO 119.º
Período de descanso

Entende-se por período de descanso todo aquele que não seja tempo de trabalho.

ARTIGO 120.º
Período normal de trabalho

O tempo de trabalho que o trabalhador se obriga a prestar, medido em número de horas por dia e por semana, denomina-se período normal de trabalho.

ARTIGO 121.º
Horário de trabalho

1 – Entende-se por horário de trabalho a determinação das horas do início e do termo do período normal de trabalho diário, bem como dos intervalos de descanso.

2 – O horário de trabalho delimita o período de trabalho diário e semanal.

3 – O início e o termo do período de trabalho diário podem ocorrer em dias de calendário consecutivos.

Artigo 122.º
Período de funcionamento

1 – Entende-se por período de funcionamento o intervalo de tempo diário durante o qual os órgãos ou serviços podem exercer a sua actividade.

2 – Em regra, o período de funcionamento dos órgãos ou serviços não pode iniciar-se antes das 8 horas nem terminar depois das 20 horas, sendo obrigatoriamente afixado de modo visível nos locais de trabalho.

Artigo 123.º
Período de atendimento

1 – Entende-se por período de atendimento o intervalo de tempo diário durante o qual os órgãos ou serviços estão abertos para atender o público, podendo este período ser igual ou inferior ao período de funcionamento.

2 – O período de atendimento deve, tendencialmente, ter a duração mínima de sete horas diárias e abranger os períodos da manhã e da tarde, devendo ser obrigatoriamente afixadas, de modo visível ao público, nos locais de atendimento, as horas do seu início e do seu termo.

Artigo 124.º
Ritmo de trabalho

A entidade empregadora pública que pretenda organizar a actividade laboral segundo um certo ritmo deve observar o princípio geral da adaptação do trabalho ao homem, com vista, nomeadamente, a atenuar o trabalho monótono e o trabalho cadenciado em função do tipo de actividade e das exigências em matéria de segurança e saúde, em especial no que se refere às pausas durante o tempo de trabalho.

Artigo 125.º
Registo

1 – A entidade empregadora pública deve manter um registo que permita apurar o número de horas de trabalho prestadas pelo trabalhador, por dia e por semana, com indicação da hora de início e de termo do trabalho, bem como dos intervalos efectuados.

2 – Nos órgãos ou serviços com mais de 50 trabalhadores, o registo previsto no número anterior é efectuado por sistemas automáticos ou mecânicos.

3 – Em casos excepcionais e devidamente fundamentados, o dirigente máximo ou órgão de direcção do serviço pode dispensar o registo por sistemas automáticos ou mecânicos.

SUBSECÇÃO II
Limites à duração do trabalho

Artigo 126.º
Limites máximos dos períodos normais de trabalho

1 – O período normal de trabalho não pode exceder sete horas por dia nem trinta e cinco horas por semana.

2 – O trabalho a tempo completo corresponde ao período normal de trabalho semanal e constitui o regime regra de trabalho dos trabalhadores integrados nas carreiras gerais, correspondendo-lhe as remunerações base mensais legalmente previstas.

3 – Há tolerância de quinze minutos para as transacções, operações e serviços começados e não acabados na hora estabelecida para o termo do período normal de trabalho diário, não sendo, porém, de admitir que tal tolerância deixe de revestir carácter excepcional, devendo o acréscimo de trabalho ser pago quando perfizer quatro horas ou no termo de cada ano civil.

4 – O período normal de trabalho diário dos trabalhadores que prestem trabalho exclusivamente nos dias de descanso semanal dos restantes trabalhadores do órgão ou serviço pode ser aumentado, no máximo, em quatro horas diárias, sem prejuízo do disposto em instrumento de regulamentação colectiva de trabalho.

Artigo 127.º
Adaptabilidade

1 – Por instrumento de regulamentação colectiva de trabalho, o período normal de trabalho pode ser definido em termos médios, caso em que o limite diário fixado no n.º 1 do artigo anterior pode ser aumentado até ao máximo de três horas, sem que a duração do trabalho semanal exceda cinquenta horas, só não contando para este limite o trabalho extraordinário prestado por motivo de força maior.

2 – O período normal de trabalho definido nos termos previstos no número anterior não pode exceder quarenta e cinco horas semanais em média num período de dois meses.

Artigo 128.º
Período de referência

1 – A duração média do trabalho deve ser apurada por referência ao período que esteja fixado em instrumento de regulamentação colectiva de trabalho aplicável, não podendo ser superior a 12 meses, ou, na falta de fixação do período de referência em instrumento de regulamentação colectiva de trabalho, por referência a períodos máximos de 4 meses.

2 – O período de referência de quatro meses referido no número anterior pode ser alargado para seis meses nas seguintes situações:

a) Havendo afastamento entre o local de trabalho e o local de residência do trabalhador ou entre diferentes locais de trabalho do trabalhador;

b) Trabalhadores directamente afectos a actividades de vigilância, transporte e tratamento de sistemas electrónicos de segurança.

3 – O disposto no número anterior é ainda aplicável a actividades caracterizadas pela necessidade de assegurar a continuidade do serviço, nomeadamente:

a) Recepção, tratamento ou cuidados de saúde em estabelecimentos e serviços prestadores de cuidados de saúde, instituições residenciais, prisões e centros educativos, incluindo os médicos em formação;

Lei n.º 59/2008, de 11 de Setembro

b) Serviço de ambulâncias, bombeiros ou protecção civil;
c) Distribuição e abastecimento de água;
d) Recolha de lixo ou instalações de incineração;
e) Actividades em que o processo de trabalho não possa ser interrompido por motivos técnicos;
f) Investigação e desenvolvimento;
g) Havendo acréscimo previsível de actividade no turismo;
h) Caso fortuito ou motivo de força maior;
i) Em caso de acidente ou de risco de acidente iminente.

4 – Salvo quando expressamente previsto em instrumento de regulamentação colectiva de trabalho, o período de referência apenas pode ser alterado durante a sua execução quando justificado por circunstâncias objectivas e o total de horas de trabalho prestadas for inferior ou igual às que teriam sido realizadas caso não vigorasse um regime de adaptabilidade.

5 – Nas semanas em que a duração do trabalho seja inferior a trinta e cinco horas, a redução diária não pode ser superior a duas horas mas as partes podem também acordar na redução da semana de trabalho em dias ou meios dias, sem prejuízo do direito ao subsídio de refeição

ARTIGO 129.º
**Excepções aos limites máximos
dos períodos normais de trabalho**

1 – Os limites dos períodos normais de trabalho fixados no artigo 126.º só podem ser ultrapassados nos casos expressamente previstos neste Regime, salvo o disposto no número seguinte.

2 – O acréscimo dos limites do período normal de trabalho pode ser determinado em instrumento de regulamentação colectiva de trabalho:

a) Desde que se mostre absolutamente incomportável a sujeição do período de trabalho do trabalhador a esses limites;
b) Em relação às pessoas cujo trabalho seja acentuadamente intermitente ou de simples presença.

3 – Sempre que as situações referidas na alínea *a)* do número anterior tenham carácter industrial, o período normal de trabalho é fixado de

modo a não ultrapassar a média de quarenta horas por semana no termo do número de semanas estabelecido no respectivo instrumento de regulamentação colectiva de trabalho.

ARTIGO 130.°
Redução dos limites máximos
dos períodos normais de trabalho

1 – A redução dos limites máximos dos períodos normais de trabalho pode ser estabelecida por instrumento de regulamentação colectiva de trabalho.

2 – Da redução dos limites máximos dos períodos normais de trabalho não pode resultar diminuição da remuneração dos trabalhadores.

ARTIGO 131.°
Duração média do trabalho

1 – Sem prejuízo dos limites previstos nos artigos 126.° a 129.°, a duração média do trabalho semanal, incluindo trabalho extraordinário, não pode exceder quarenta e duas horas, num período de referência fixado em instrumento de regulamentação colectiva de trabalho, não devendo, em caso algum, ultrapassar 12 meses ou, na falta de fixação do período de referência em instrumento de regulamentação colectiva de trabalho, num período de referência de 4 meses, que pode ser de 6 meses nos casos previstos nos n.ºˢ 2 e 3 do artigo 128.°

2 – No cálculo da média referida no número anterior, os dias de férias são subtraídos ao período de referência em que são gozados.

3 – Os dias de ausência por doença, bem como os dias de licença por maternidade e paternidade e de licença especial do pai ou da mãe para assistência a pessoa com deficiência e a doente crónico, são considerados com base no correspondente período normal de trabalho.

SUBSECÇÃO III
Horário de trabalho

ARTIGO 132.º
Definição do horário de trabalho

1 – Compete à entidade empregadora pública definir os horários de trabalho dos trabalhadores ao seu serviço, dentro dos condicionalismos legais.

2 – As comissões de trabalhadores ou, na sua falta, as comissões intersindicais, as comissões sindicais ou os delegados sindicais devem ser consultados previamente sobre a definição e a organização dos horários de trabalho.

ARTIGO 133.º
Horário de trabalho e períodos de funcionamento
e de atendimento

A entidade empregadora pública deve respeitar os períodos de funcionamento e de atendimento na organização dos horários de trabalho para os trabalhadores ao seu serviço.

ARTIGO 134.º
Critérios especiais de definição do horário de trabalho

1 – Na definição do horário de trabalho, a entidade empregadora pública deve facilitar ao trabalhador a frequência de cursos escolares, em especial os de formação técnica ou profissional.

2 – Na definição do horário de trabalho são prioritárias as exigências de protecção da segurança e saúde dos trabalhadores.

3 – Havendo trabalhadores pertencentes ao mesmo agregado familiar, a fixação do horário de trabalho deve tomar sempre em conta esse facto.

Artigo 135.º
Alteração do horário de trabalho

1 – Não podem ser unilateralmente alterados os horários individualmente acordados.

2 – Todas as alterações dos horários de trabalho devem ser fundamentadas e precedidas de consulta aos trabalhadores afectados, à comissão de trabalhadores ou, na sua falta, à comissão sindical ou intersindical ou aos delegados sindicais e ser afixadas no órgão ou serviço com antecedência de sete dias, ainda que vigore um regime de adaptabilidade.

3 – Exceptua-se do disposto no n.º 2 a alteração do horário de trabalho cuja duração não exceda uma semana, não podendo a entidade empregadora pública recorrer a este regime mais de três vezes por ano, desde que seja registada em livro próprio com a menção de que foi previamente informada e consultada a comissão de trabalhadores ou, na sua falta, a comissão sindical ou intersindical ou os delegados sindicais.

4 – As alterações que impliquem acréscimo de despesas para os trabalhadores conferem o direito a compensação económica.

Artigo 136.º
Intervalo de descanso

A jornada de trabalho diária deve ser interrompida por um intervalo de descanso, de duração não inferior a uma hora nem superior a duas, de modo que os trabalhadores não prestem mais de cinco horas de trabalho consecutivo.

Artigo 137.º
Redução ou dispensa de intervalo de descanso

1 – Por instrumento de regulamentação colectiva de trabalho pode ser estabelecida a prestação de trabalho até seis horas consecutivas e o intervalo diário de descanso ser reduzido, excluído ou ter uma duração superior à prevista no artigo anterior, bem como ser determinada a frequência e a duração de quaisquer outros intervalos de descanso do período de trabalho diário.

Lei n.º 59/2008, de 11 de Setembro 209

2 – Não é permitida a alteração aos intervalos de descanso prevista no número anterior se ela implicar a prestação de mais de seis horas consecutivas de trabalho, excepto quanto a actividades de vigilância, transporte e tratamento de sistemas electrónicos de segurança e a actividades que não possam ser interrompidas por motivos técnicos.

ARTIGO 138.º
Descanso diário

1 – É garantido ao trabalhador um período mínimo de descanso de onze horas seguidas entre dois períodos diários de trabalho consecutivos.

2 – O disposto no número anterior não é aplicável quando seja necessária a prestação de trabalho extraordinário por motivo de força maior ou por ser indispensável para prevenir ou reparar prejuízos graves para o órgão ou serviço devidos a acidente ou a risco de acidente iminente.

3 – A regra constante do n.º 1 não é aplicável quando os períodos normais de trabalho sejam fraccionados ao longo do dia com fundamento nas características da actividade, nomeadamente no caso dos serviços de limpeza.

4 – O disposto no n.º 1 não é aplicável a actividades caracterizadas pela necessidade de assegurar a continuidade do serviço, nomeadamente as actividades a seguir indicadas, desde que através de instrumento de regulamentação colectiva de trabalho sejam garantidos ao trabalhador os correspondentes descansos compensatórios:

a) Actividades de vigilância, transporte e tratamento de sistemas electrónicos de segurança;
b) Recepção, tratamento e cuidados dispensados em estabelecimentos e serviços prestadores de cuidados de saúde, instituições residenciais, prisões e centros educativos;
c) Distribuição e abastecimento de água;
d) Ambulâncias, bombeiros ou protecção civil;
e) Recolha de lixo e incineração;
f) Actividades em que o processo de trabalho não possa ser interrompido por motivos técnicos;
g) Investigação e desenvolvimento.

5 – O disposto no número anterior é extensivo aos casos de acréscimo previsível de actividade no turismo.

ARTIGO 139.º
Condições de isenção de horário de trabalho

1 – Os trabalhadores titulares de cargos dirigentes e que chefiem equipas multidisciplinares gozam de isenção de horário de trabalho, nos termos dos respectivos estatutos.

2 – Podem ainda gozar de isenção de horário outros trabalhadores, mediante celebração de acordo escrito com a respectiva entidade empregadora pública, desde que tal isenção seja admitida por lei ou por instrumento de regulamentação colectiva de trabalho.

ARTIGO 140.º
Efeitos da isenção de horário de trabalho

1 – A isenção de horário pode compreender as seguintes modalidades:

a) Não sujeição aos limites máximos dos períodos normais de trabalho;
b) Possibilidade de alargamento da prestação a um determinado número de horas, por dia ou por semana;
c) Observância dos períodos normais de trabalho acordados.

2 – A isenção de horário dos trabalhadores referidos no n.º 1 do artigo anterior implica, em qualquer circunstância, a não sujeição aos limites máximos dos períodos normais de trabalho, nos termos dos respectivos estatutos.

3 – Nos casos previstos no n.º 2 do artigo anterior, a escolha da modalidade de isenção de horário obedece ao disposto na lei ou em instrumento de regulamentação colectiva de trabalho.

4 – Na falta de lei, instrumento de regulamentação colectiva de trabalho ou estipulação das partes, o regime de isenção de horário segue o disposto na alínea *b)* do n.º 1, não podendo o alargamento da prestação de trabalho ser superior a duas horas por dia ou a dez horas por semana.

Lei n.º 59/2008, de 11 de Setembro 211

5 – A isenção não prejudica o direito aos dias de descanso semanal obrigatório, aos feriados obrigatórios e aos dias e meios dias de descanso complementar nem ao descanso diário a que se refere o n.º 1 do artigo 138.º, excepto nos casos previstos no n.º 2 desse artigo e no n.º 1 do artigo 139.º

6 – Nos casos previstos nos n.ºs 2 do artigo 138.º e 1 do artigo 139.º, deve ser observado um período de descanso que permita a recuperação do trabalhador entre dois períodos diários de trabalho consecutivos.

ARTIGO 141.º
Mapas de horário de trabalho

1 – Sem prejuízo do disposto no n.º 3 do artigo 135.º, em todos os locais de trabalho deve ser afixado, em lugar bem visível, um mapa de horário de trabalho, elaborado pela entidade empregadora pública de harmonia com as disposições legais e com os instrumentos de regulamentação colectiva de trabalho aplicáveis.

2 – As condições de publicidade dos horários de trabalho do pessoal afecto à condução de veículos automóveis são estabelecidas em despacho conjunto dos membros do Governo responsáveis pela área da Administração Pública e pelo sector dos transportes, ouvidas as organizações sindicais interessadas.

SUBSECÇÃO IV
Trabalho a tempo parcial

ARTIGO 142.º
Noção

1 – Considera-se trabalho a tempo parcial o que corresponda a um período normal de trabalho semanal inferior ao praticado a tempo completo.

2 – O trabalho a tempo parcial pode, salvo estipulação em contrário, ser prestado em todos ou alguns dias da semana, sem prejuízo do descanso semanal, devendo o número de dias de trabalho ser fixado por acordo.

3 – Para efeitos da presente subsecção, se o período normal de trabalho não for igual em cada semana, é considerada a respectiva média num

período de quatro meses ou período diferente estabelecido por instrumento de regulamentação colectiva de trabalho.

Artigo 143.º
Liberdade de celebração

A liberdade de celebração de contratos a tempo parcial não pode ser excluída por aplicação de disposições constantes de instrumentos de regulamentação colectiva de trabalho.

Artigo 144.º
Preferência na admissão ao trabalho a tempo parcial

Os instrumentos de regulamentação colectiva de trabalho devem estabelecer, para a admissão em regime de tempo parcial, preferências em favor dos trabalhadores com responsabilidades familiares, dos trabalhadores com capacidade de trabalho reduzida, pessoa com deficiência ou doença crónica e dos trabalhadores que frequentem estabelecimentos de ensino médio ou superior.

Artigo 145.º
Forma e formalidades

1 – Do contrato a tempo parcial deve constar a indicação do período normal de trabalho diário e semanal com referência comparativa ao trabalho a tempo completo.

2 – Se faltar no contrato a indicação do período normal de trabalho semanal, presume-se que o contrato foi celebrado para a duração máxima do período normal de trabalho admitida para o contrato a tempo parcial pela lei ou por instrumento de regulamentação colectiva de trabalho aplicável.

Artigo 146.º
Condições de trabalho

1 – Ao trabalho a tempo parcial é aplicável o regime previsto na lei e na regulamentação colectiva que, pela sua natureza, não implique a

Lei n.º 59/2008, de 11 de Setembro 213

prestação de trabalho a tempo completo, não podendo os trabalhadores a tempo parcial ter um tratamento menos favorável do que os trabalhadores a tempo completo, a menos que um tratamento diferente seja justificado por motivos objectivos.

2 – As razões objectivas atendíveis nos termos do n.º 1 podem ser definidas por instrumento de regulamentação colectiva de trabalho.

3 – Os instrumentos de regulamentação colectiva de trabalho, sempre que tal for consentido pela natureza das actividades ou profissões abrangidas, devem conter normas sobre o regime de trabalho a tempo parcial.

4 – O trabalhador a tempo parcial tem direito à remuneração base prevista na lei, em proporção do respectivo período normal de trabalho semanal.

5 – São ainda calculados em proporção do período normal de trabalho semanal do trabalhador a tempo parcial os suplementos remuneratórios devidos pelo exercício de funções em postos de trabalho que apresentem condições mais exigentes de forma permanente, bem como os prémios de desempenho, previstos na lei ou em instrumento de regulamentação colectiva de trabalho.

6 – O trabalhador a tempo parcial tem ainda direito a subsídio de refeição, excepto quando a sua prestação de trabalho diário seja inferior a metade da duração diária do trabalho a tempo completo, sendo então calculado em proporção do respectivo período normal de trabalho semanal.

ARTIGO 147.º
Alteração da duração do trabalho

1 – O trabalhador a tempo parcial pode passar a trabalhar a tempo completo, ou o inverso, a título definitivo ou por período determinado, mediante acordo escrito com a entidade empregadora pública.

2 – O acordo referido no número anterior pode cessar por iniciativa do trabalhador até ao 7.º dia seguinte à data da respectiva celebração, mediante comunicação escrita enviada à entidade empregadora pública.

3 – Quando a passagem de trabalho a tempo completo para trabalho a tempo parcial, nos termos do n.º 1, se verificar por período determinado, até ao máximo de três anos, o trabalhador tem direito a retomar a prestação de trabalho a tempo completo.

4 – No caso previsto no número anterior, o trabalhador não pode retomar antecipadamente a prestação de trabalho a tempo completo quando, nos termos da alínea *d*) do n.° 1 do artigo 93.°, se tenha verificado a sua substituição por um trabalhador contratado a termo certo e enquanto esta durar.

5 – O prazo previsto no n.° 3 pode ser elevado por instrumento de regulamentação colectiva de trabalho ou por acordo entre as partes.

ARTIGO 148.°
Deveres da entidade empregadora pública

1 – Sempre que possível, a entidade empregadora pública deve tomar em consideração:

a) O pedido de mudança do trabalhador a tempo completo para um trabalho a tempo parcial que se torne disponível no órgão ou serviço;

b) O pedido de mudança do trabalhador a tempo parcial para um trabalho a tempo completo ou de aumento do seu tempo de trabalho, se surgir esta possibilidade;

c) As medidas destinadas a facilitar o acesso ao trabalho a tempo parcial em todos os níveis do órgão ou serviço, incluindo os postos de trabalho qualificados, e, se pertinente, as medidas destinadas a facilitar o acesso do trabalhador a tempo parcial à formação profissional, para favorecer a progressão e a mobilidade profissionais.

2 – A entidade empregadora pública deve, ainda:

a) Fornecer, em tempo oportuno, informação sobre os postos de trabalho a tempo parcial e a tempo completo disponíveis no órgão ou serviço de modo a facilitar as mudanças a que se referem as alíneas *a*) e *b*) do número anterior;

b) Fornecer aos órgãos de representação dos trabalhadores informações adequadas sobre o trabalho a tempo parcial no órgão ou serviço.

SUBSECÇÃO V
Trabalho por turnos

ARTIGO 149.º
Noção

Considera-se trabalho por turnos qualquer modo de organização do trabalho em equipa em que os trabalhadores ocupem sucessivamente os mesmos postos de trabalho, a um determinado ritmo, incluindo o ritmo rotativo, que pode ser de tipo contínuo ou descontínuo, o que implica que os trabalhadores podem executar o trabalho a horas diferentes no decurso de um dado período de dias ou semanas.

ARTIGO 150.º
Organização

1 – Devem ser organizados turnos de pessoal diferente sempre que o período de funcionamento ultrapasse os limites máximos dos períodos normais de trabalho.

2 – Os turnos devem, na medida do possível, ser organizados de acordo com os interesses e as preferências manifestados pelos trabalhadores.

3 – A duração de trabalho de cada turno não pode ultrapassar os limites máximos dos períodos normais de trabalho.

4 – O trabalhador só pode ser mudado de turno após o dia de descanso semanal obrigatório.

5 – Os turnos no regime de laboração contínua e dos trabalhadores que assegurem serviços que não possam ser interrompidos, nomeadamente trabalhadores directamente afectos a actividades de vigilância, transporte e tratamento de sistemas electrónicos de segurança, devem ser organizados de modo que aos trabalhadores de cada turno seja concedido, pelo menos, um dia de descanso em cada período de sete dias, sem prejuízo do período excedente de descanso a que o trabalhador tenha direito.

Artigo 151.º
Protecção em matéria de segurança, higiene e saúde

1 – Sem prejuízo do disposto nos artigos 221.º a 229.º, a entidade empregadora pública deve organizar as actividades de segurança, higiene e saúde no trabalho de forma que os trabalhadores por turnos beneficiem de um nível de protecção em matéria de segurança e saúde adequado à natureza do trabalho que exercem.

2 – A entidade empregadora pública deve assegurar que os meios de protecção e prevenção em matéria de segurança e saúde dos trabalhadores por turnos sejam equivalentes aos aplicáveis aos restantes trabalhadores e se encontrem disponíveis a qualquer momento.

Artigo 152.º
Registo dos trabalhadores em regime de turnos

A entidade empregadora pública que organize um regime de trabalho por turnos deve ter registo separado dos trabalhadores incluídos em cada turno.

SUBSECÇÃO VI
Trabalho nocturno

Artigo 153.º
Noção

1 – Considera-se período de trabalho nocturno o que tenha a duração mínima de sete horas e máxima de onze horas, compreendendo o intervalo entre as 0 e as 5 horas.

2 – Os instrumentos de regulamentação colectiva de trabalho podem estabelecer o período de trabalho nocturno, com observância do disposto no número anterior.

3 – Na ausência de fixação por instrumento de regulamentação colectiva de trabalho, considera-se período de trabalho nocturno o compreendido entre as 22 horas de um dia e as 7 horas do dia seguinte.

Artigo 154.º
Trabalhador nocturno

Entende-se por trabalhador nocturno aquele que execute, pelo menos, três horas de trabalho normal nocturno em cada dia ou que possa realizar durante o período nocturno uma certa parte do seu tempo de trabalho anual, definida por instrumento de regulamentação colectiva de trabalho ou, na sua falta, correspondente a três horas por dia.

Artigo 155.º
Duração

1 – O período normal de trabalho diário do trabalhador nocturno, quando vigore regime de adaptabilidade, não deve ser superior a sete horas diárias, em média semanal, salvo disposição diversa estabelecida em instrumento de regulamentação colectiva de trabalho.

2 – Para o apuramento da média referida no número anterior não se contam os dias de descanso semanal obrigatório ou complementar e os dias feriados.

3 – O trabalhador nocturno cuja actividade implique riscos especiais ou uma tensão física ou mental significativa não deve prestá-la por mais de sete horas num período de vinte e quatro horas em que execute trabalho nocturno.

4 – O disposto nos números anteriores não é aplicável a trabalhadores titulares de cargos dirigentes e a chefes de equipas multidisciplinares.

5 – O disposto no n.º 3 não é igualmente aplicável:

a) Quando seja necessária a prestação de trabalho extraordinário por motivo de força maior ou por ser indispensável para prevenir ou reparar prejuízos graves para o órgão ou serviço devido a acidente ou a risco de acidente iminente;

b) A actividades caracterizadas pela necessidade de assegurar a continuidade do serviço, nomeadamente as actividades indicadas no número seguinte, desde que através de instrumento de regulamentação colectiva de trabalho negocial sejam garantidos ao trabalhador os correspondentes descansos compensatórios.

218   *Regime do Contrato de Trabalho em Funções Públicas*

6 – Para efeito do disposto na alínea *b*) do número anterior, atender-se-á às seguintes actividades:

a) Actividades de vigilância, transporte e tratamento de sistemas electrónicos de segurança;
b) Recepção, tratamento e cuidados dispensados em estabelecimentos e serviços prestadores de cuidados de saúde, instituições residenciais, prisões e centros educativos;
c) Distribuição e abastecimento de água;
d) Ambulâncias, bombeiros ou protecção civil;
e) Recolha de lixo e incineração;
f) Actividades em que o processo de trabalho não possa ser interrompido por motivos técnicos;
g) Investigação e desenvolvimento.

7 – O disposto no número anterior é extensivo aos casos de acréscimo previsível de actividade no turismo.

Artigo 156.º
Protecção do trabalhador nocturno

1 – A entidade empregadora pública deve assegurar que o trabalhador nocturno, antes da sua colocação e, posteriormente, a intervalos regulares e no mínimo anualmente, beneficie de um exame médico gratuito e sigiloso destinado a avaliar o seu estado de saúde.

2 – A entidade empregadora pública deve assegurar, sempre que possível, a mudança de local de trabalho do trabalhador nocturno que sofra de problemas de saúde relacionados com o facto de executar trabalho nocturno para um trabalho diurno que esteja apto a desempenhar.

3 – Aplica-se ao trabalhador nocturno o disposto no artigo 151.º

Artigo 157.º
Garantia

São definidas em legislação especial as condições ou garantias a que está sujeita a prestação de trabalho nocturno por trabalhadores que corram

Lei n.º 59/2008, de 11 de Setembro 219

riscos de segurança ou de saúde relacionados com o trabalho durante o período nocturno, bem como as actividades que impliquem para o trabalhador nocturno riscos especiais ou uma tensão física ou mental significativa, conforme o referido no n.º 3 do artigo 155.º

SUBSECÇÃO VII
Trabalho extraordinário

ARTIGO 158.º
Noção

1 – Considera-se trabalho extraordinário todo aquele que é prestado fora do horário de trabalho.

2 – Nos casos em que tenha sido limitada a isenção de horário de trabalho a um determinado número de horas de trabalho, diário ou semanal, considera-se trabalho extraordinário o que seja prestado fora desse período.

3 – Quando tenha sido estipulado que a isenção de horário de trabalho não prejudica o período normal de trabalho diário ou semanal, considera-se trabalho extraordinário aquele que exceda a duração do período normal de trabalho diário ou semanal.

4 – Não se compreende na noção de trabalho extraordinário:

a) O trabalho prestado por trabalhador isento de horário de trabalho em dia normal de trabalho, sem prejuízo do previsto no número anterior;

b) O trabalho prestado para compensar suspensões de actividade, independentemente da causa, de duração não superior a quarenta e oito horas seguidas ou interpoladas por um dia de descanso ou feriado, quando haja acordo entre a entidade empregadora pública e o trabalhador;

c) A tolerância de quinze minutos prevista no n.º 3 do artigo 126.º;

d) A formação profissional, ainda que realizada fora do horário de trabalho, desde que não exceda duas horas diárias.

Artigo 159.º
Obrigatoriedade

O trabalhador é obrigado a realizar a prestação de trabalho extraordinário, salvo quando, havendo motivos atendíveis, expressamente solicite a sua dispensa.

Artigo 160.º
Condições da prestação de trabalho extraordinário

1 – O trabalho extraordinário só pode ser prestado quando o órgão ou serviço tenha de fazer face a acréscimos eventuais e transitórios de trabalho e não se justifique a admissão de trabalhador.

2 – O trabalho extraordinário pode ainda ser prestado havendo motivo de força maior ou quando se torne indispensável para prevenir ou reparar prejuízos graves para o órgão ou serviço.

3 – O trabalho extraordinário previsto no número anterior apenas fica sujeito aos limites decorrentes do n.º 1 do artigo 131.º

Artigo 161.º
Limites da duração do trabalho extraordinário

1 – O trabalho extraordinário previsto no n.º 1 do artigo anterior fica sujeito, por trabalhador, aos seguintes limites:

a) Cem horas de trabalho por ano;
b) Duas horas por dia normal de trabalho;
c) Um número de horas igual ao período normal de trabalho diário nos dias de descanso semanal, obrigatório ou complementar, e nos feriados;
d) Um número de horas igual a meio período normal de trabalho diário em meio dia de descanso complementar.

2 – Os limites fixados no número anterior podem ser ultrapassados desde que não impliquem uma remuneração por trabalho extraordinário superior a 60 % da remuneração base do trabalhador:

a) Quando se trate de trabalhadores que ocupem postos de trabalho de motoristas ou telefonistas e de outros trabalhadores integrados

Lei n.º 59/2008, de 11 de Setembro 221

nas carreiras de assistente operacional e de assistente técnico, cuja manutenção ao serviço para além do horário de trabalho seja fundamentadamente reconhecida como indispensável;

b) Em circunstâncias excepcionais e delimitadas no tempo, mediante autorização do membro do Governo competente ou, quando esta não for possível, mediante confirmação da mesma entidade, a proferir nos 15 dias posteriores à ocorrência.

3 – O limite máximo a que se refere a alínea a) do n.º 1 pode ser aumentado até duzentas horas por ano, por instrumento de regulamentação colectiva de trabalho.

Artigo 162.º
Trabalho a tempo parcial

1 – O limite anual de horas de trabalho extraordinário para fazer face a acréscimos eventuais de trabalho, aplicável a trabalhador a tempo parcial, é de oitenta horas por ano ou o correspondente à proporção entre o respectivo período normal de trabalho e o de trabalhador a tempo completo quando superior.

2 – O limite previsto no número anterior pode ser aumentado até duzentas horas por ano por instrumento de regulamentação colectiva de trabalho.

Artigo 163.º
Descanso compensatório

1 – A prestação de trabalho extraordinário em dia útil, em dia de descanso semanal complementar e em dia feriado confere ao trabalhador o direito a um descanso compensatório remunerado, correspondente a 25 % das horas de trabalho extraordinário realizado.

2 – O descanso compensatório vence-se quando perfizer um número de horas igual ao período normal de trabalho diário e deve ser gozado nos 90 dias seguintes.

3 – Nos casos de prestação de trabalho em dia de descanso semanal obrigatório, o trabalhador tem direito a um dia de descanso compensatório remunerado, a gozar num dos três dias úteis seguintes.

222 Regime do Contrato de Trabalho em Funções Públicas

4 – Na falta de acordo, o dia do descanso compensatório é fixado pela entidade empregadora pública.

Artigo 164.º
Casos especiais

1 – Nos casos de prestação de trabalho extraordinário em dia de descanso semanal obrigatório motivado pela falta imprevista do trabalhador que deveria ocupar o posto de trabalho no turno seguinte, quando a sua duração não ultrapassar duas horas, o trabalhador tem direito a um descanso compensatório de duração igual ao período de trabalho extraordinário prestado naquele dia, ficando o seu gozo sujeito ao regime do n.º 2 do artigo anterior.

2 – Quando o descanso compensatório for devido por trabalho extraordinário não prestado em dias de descanso semanal, obrigatório ou complementar, pode o mesmo, por acordo entre a entidade empregadora pública e o trabalhador, ser substituído por prestação de trabalho remunerado com um acréscimo não inferior a 100 %.

Artigo 165.º
Registo

1 – A entidade empregadora pública deve possuir um registo de trabalho extraordinário onde, antes do início da prestação e logo após o seu termo, são anotadas as horas de início e termo do trabalho extraordinário.

2 – O registo das horas de trabalho extraordinário deve ser visado pelo trabalhador imediatamente a seguir à sua prestação.

3 – Do registo previsto no número anterior deve constar sempre a indicação expressa do fundamento da prestação de trabalho extraordinário, além de outros elementos fixados no anexo II, «Regulamento».

4 – No mesmo registo devem ser anotados os períodos de descanso compensatório gozados pelo trabalhador.

5 – A entidade empregadora pública deve possuir e manter durante cinco anos a relação nominal dos trabalhadores que efectuaram trabalho extraordinário, com discriminação do número de horas prestadas ao abrigo dos n.ᵒˢ 1 ou 2 do artigo 160.º e indicação do dia em que gozaram o respec-

Lei n.º 59/2008, de 11 de Setembro 223

tivo descanso compensatório, para fiscalização da Inspecção-Geral de Finanças ou outro serviço de inspecção legalmente competente.

6 – A violação do disposto nos n.ᵒˢ 1 a 4 confere ao trabalhador, por cada dia em que tenha desempenhado a sua actividade fora do horário de trabalho, o direito à remuneração correspondente ao valor de duas horas de trabalho extraordinário.

SUBSECÇÃO VIII
Descanso semanal

ARTIGO 166.º
Semana de trabalho e descanso semanal

1 – A semana de trabalho é, em regra, de cinco dias.

2 – Os trabalhadores têm direito a um dia de descanso semanal obrigatório, acrescido de um dia de descanso semanal complementar, que devem coincidir com o domingo e o sábado, respectivamente.

3 – Os dias de descanso referidos no número anterior só podem deixar de coincidir com o domingo e o sábado, respectivamente, quando o trabalhador exerça funções em órgão ou serviço que encerre a sua actividade noutros dias da semana.

4 – Os dias de descanso semanal podem ainda deixar de coincidir com o domingo e o sábado nos seguintes casos:

a) De trabalhador necessário para assegurar a continuidade de serviços que não possam ser interrompidos ou que devam ser desempenhados em dia de descanso de outros trabalhadores;

b) Do pessoal dos serviços de limpeza ou encarregado de outros trabalhos preparatórios e complementares que devam necessariamente ser efectuados no dia de descanso dos restantes trabalhadores;

c) De trabalhador directamente afecto a actividades de vigilância, transporte e tratamento de sistemas electrónicos de segurança;

d) De trabalhador que exerça actividade em exposições e feiras;

e) De pessoal dos serviços de inspecção de actividades que não encerrem ao sábado e, ou, ao domingo;

f) Nos demais casos previstos em legislação especial.

5 – Quando a natureza do órgão ou serviço ou razões de interesse público o exijam, pode o dia de descanso complementar ser gozado, segundo opção do trabalhador, do seguinte modo:

a) Dividido em dois períodos imediatamente anteriores ou posteriores ao dia de descanso semanal obrigatório;

b) Meio dia imediatamente anterior ou posterior ao dia de descanso semanal obrigatório, sendo o tempo restante deduzido na duração do período normal de trabalho dos restantes dias úteis, sem prejuízo da duração do período normal de trabalho semanal.

6 – Sempre que seja possível, a entidade empregadora pública deve proporcionar aos trabalhadores que pertençam ao mesmo agregado familiar o descanso semanal nos mesmos dias.

Artigo 167.º
Duração do descanso semanal obrigatório

1 – Quando o dia de descanso complementar não seja contíguo ao dia de descanso semanal obrigatório, adiciona-se a este um período de onze horas, correspondente ao período mínimo de descanso diário estabelecido no artigo 138.º

2 – O disposto no número anterior não é aplicável a trabalhadores titulares de cargos dirigentes e a chefes de equipas multidisciplinares.

3 – O disposto no n.º 1 não é igualmente aplicável:

a) Quando seja necessária a prestação de trabalho extraordinário por motivo de força maior ou por ser indispensável para prevenir ou reparar prejuízos graves para o órgão ou serviço devidos a acidente ou a risco de acidente iminente;

b) Quando os períodos normais de trabalho são fraccionados ao longo do dia com fundamento nas características da actividade, nomeadamente serviços de limpeza;

c) A actividades caracterizadas pela necessidade de assegurar a continuidade do serviço, nomeadamente as actividades indicadas no número seguinte, desde que através de instrumento de regulamentação colectiva de trabalho ou de acordo individual sejam garantidos ao trabalhador os correspondentes descansos compensatórios.

Lei n.º 59/2008, de 11 de Setembro 225

4 – Para efeitos do disposto na alínea *c*) do número anterior, atender-se-á às seguintes actividades:

a) Actividades de vigilância, transporte e tratamento de sistemas electrónicos de segurança;
b) Recepção, tratamento e cuidados dispensados em estabelecimentos e serviços prestadores de cuidados de saúde, instituições residenciais, prisões e centros educativos;
c) Ambulâncias, bombeiros ou protecção civil;
d) Recolha de lixo e incineração;
e) Actividades em que o processo de trabalho não possa ser interrompido por motivos técnicos;
f) Investigação e desenvolvimento.

5 – O disposto na alínea *c*) do n.º 3 é extensivo aos casos de acréscimo previsível de actividade no turismo.

SUBSECÇÃO IX
Feriados

ARTIGO 168.º
Feriados obrigatórios

1 – São feriados obrigatórios:

1 de Janeiro;
Sexta-Feira Santa;
Domingo de Páscoa;
25 de Abril;
1 de Maio;
Corpo de Deus (festa móvel);
10 de Junho;
15 de Agosto;
5 de Outubro;
1 de Novembro;
1, 8 e 25 de Dezembro.

2 – O feriado de Sexta-Feira Santa pode ser observado noutro dia com significado local no período da Páscoa.

226 *Regime do Contrato de Trabalho em Funções Públicas*

3 – Mediante legislação especial, determinados feriados obrigatórios podem ser observados na segunda-feira da semana subsequente.

ARTIGO 169.°
Feriados facultativos

1 – Além dos feriados obrigatórios, apenas podem ser observados a terça-feira de Carnaval e o feriado municipal da localidade.

2 – Em substituição de qualquer dos feriados referidos no número anterior, pode ser observado, a título de feriado, qualquer outro dia em que acordem entidade empregadora pública e trabalhador.

ARTIGO 170.°
Imperatividade

São nulas as disposições de contrato ou de instrumento de regulamentação colectiva de trabalho que estabeleçam feriados diferentes dos indicados nos artigos anteriores.

SUBSECÇÃO X
Férias

ARTIGO 171.°
Direito a férias

1 – O trabalhador tem direito a um período de férias remuneradas em cada ano civil.

2 – O direito a férias deve efectivar-se de modo a possibilitar a recuperação física e psíquica do trabalhador e assegurar-lhe condições mínimas de disponibilidade pessoal, de integração na vida familiar e de participação social e cultural.

3 – O direito a férias é irrenunciável e, fora dos casos previstos na lei, o seu gozo efectivo não pode ser substituído, ainda que com o acordo do trabalhador, por qualquer compensação económica ou outra.

4 – O direito a férias reporta-se, em regra, ao trabalho prestado no

Lei n.º 59/2008, de 11 de Setembro

ano civil anterior e não está condicionado à assiduidade ou efectividade de serviço, sem prejuízo do disposto no n.º 2 do artigo 193.º

ARTIGO 172.º
Aquisição do direito a férias

1 – O direito a férias adquire-se com a celebração do contrato e vence-se no dia 1 de Janeiro de cada ano civil, salvo o disposto nos números seguintes.

2 – No ano da contratação, o trabalhador tem direito, após seis meses completos de execução do contrato, a gozar 2 dias úteis de férias por cada mês de duração do contrato, até ao máximo de 20 dias úteis.

3 – No caso de sobrevir o termo do ano civil antes de decorrido o prazo referido no número anterior ou antes de gozado o direito a férias, pode o trabalhador usufruí-lo até 30 de Junho do ano civil subsequente.

4 – Da aplicação do disposto nos n.os 2 e 3 não pode resultar para o trabalhador o direito ao gozo de um período de férias, no mesmo ano civil, superior a 30 dias úteis, sem prejuízo do disposto em instrumento de regulamentação colectiva de trabalho.

ARTIGO 173.º
Duração do período de férias

1 – O período anual de férias tem, em função da idade do trabalhador, a seguinte duração:

a) 25 dias úteis até o trabalhador completar 39 anos de idade;
b) 26 dias úteis até o trabalhador completar 49 anos de idade;
c) 27 dias úteis até o trabalhador completar 59 anos de idade;
d) 28 dias úteis a partir dos 59 anos de idade.

2 – A idade relevante para efeitos de aplicação do número anterior é aquela que o trabalhador completar até 31 de Dezembro do ano em que as férias se vencem.

3 – Ao período de férias previsto no n.º 1 acresce um dia útil de férias por cada 10 anos de serviço efectivamente prestado.

228   *Regime do Contrato de Trabalho em Funções Públicas*

4 – A duração do período de férias pode ainda ser aumentada no quadro de sistemas de recompensa do desempenho, nos termos previstos na lei ou em instrumento de regulamentação colectiva de trabalho.

5 – Para efeitos de férias, são úteis os dias da semana de segunda--feira a sexta-feira, com excepção dos feriados, não podendo as férias ter início em dia de descanso semanal do trabalhador.

6 – O trabalhador pode renunciar parcialmente ao direito a férias, recebendo a remuneração e o subsídio respectivos, sem prejuízo de ser assegurado o gozo efectivo de 20 dias úteis de férias.

Artigo 174.º
Direito a férias nos contratos
de duração inferior a seis meses

1 – O trabalhador admitido com contrato cuja duração total não atinja seis meses tem direito a gozar dois dias úteis de férias por cada mês completo de duração do contrato.

2 – Para efeitos da determinação do mês completo devem contar-se todos os dias, seguidos ou interpolados, em que foi prestado trabalho.

3 – Nos contratos cuja duração total não atinja seis meses, o gozo das férias tem lugar no momento imediatamente anterior ao da cessação, salvo acordo das partes.

Artigo 175.º
Cumulação de férias

1 – As férias devem ser gozadas no decurso do ano civil em que se vencem, não sendo permitido acumular no mesmo ano férias de dois ou mais anos.

2 – As férias podem, porém, ser gozadas no 1.º trimestre do ano civil seguinte, em acumulação ou não com as férias vencidas no início deste, por acordo entre entidade empregadora pública e trabalhador ou sempre que este pretenda gozar as férias com familiares residentes no estrangeiro.

3 – Entidade empregadora pública e trabalhador podem ainda acordar na acumulação, no mesmo ano, de metade do período de férias vencido no ano anterior com o vencido no início desse ano.

Lei n.º 59/2008, de 11 de Setembro   229

Artigo 176.º
Marcação do período de férias

1 – O período de férias é marcado por acordo entre entidade empregadora pública e trabalhador.

2 – Na falta de acordo, cabe à entidade empregadora pública marcar as férias e elaborar o respectivo mapa, ouvindo para o efeito a comissão de trabalhadores ou, na sua falta, a comissão sindical ou intersindical ou os delegados sindicais.

3 – A entidade empregadora pública só pode marcar o período de férias entre 1 de Maio e 31 de Outubro, salvo parecer favorável em contrário das estruturas representativas referidas no número anterior ou disposição diversa de instrumento de regulamentação colectiva de trabalho.

4 – Na marcação das férias, os períodos mais pretendidos devem ser rateados, sempre que possível, beneficiando, alternadamente, os trabalhadores em função dos períodos gozados nos dois anos anteriores.

5 – Salvo se houver prejuízo grave para a entidade empregadora pública, devem gozar férias em idêntico período os cônjuges que trabalhem no mesmo órgão ou serviço, bem como as pessoas que vivam em união de facto ou economia comum nos termos previstos em legislação especial.

6 – O gozo do período de férias pode ser interpolado, por acordo entre a entidade empregadora pública e o trabalhador e desde que, num dos períodos, sejam gozados, no mínimo, 11 dias úteis consecutivos.

7 – O mapa de férias, com indicação do início e termo dos períodos de férias de cada trabalhador, deve ser elaborado até 15 de Abril de cada ano e afixado nos locais de trabalho entre esta data e 31 de Outubro.

Artigo 177.º
Alteração da marcação do período de férias

1 – Se, depois de marcado o período de férias, exigências imperiosas do funcionamento do órgão ou serviço determinarem o adiamento ou a interrupção das férias já iniciadas, o trabalhador tem direito a ser indemnizado pela entidade empregadora pública dos prejuízos que comprovadamente haja sofrido na pressuposição de que gozaria integralmente as férias na época fixada.

230   *Regime do Contrato de Trabalho em Funções Públicas*

2 – A interrupção das férias não pode prejudicar o gozo seguido de metade do período a que o trabalhador tenha direito.

3 – Há lugar a alteração do período de férias sempre que o trabalhador, na data prevista para o seu início, esteja temporariamente impedido por facto que não lhe seja imputável, cabendo à entidade empregadora pública, na falta de acordo, a nova marcação do período de férias, sem sujeição ao disposto no n.º 3 do artigo anterior.

4 – Terminando o impedimento antes de decorrido o período anteriormente marcado, o trabalhador deve gozar os dias de férias ainda compreendidos neste, aplicando-se quanto à marcação dos dias restantes o disposto no número anterior.

5 – Nos casos em que a cessação do contrato esteja sujeita a aviso prévio, a entidade empregadora pública pode determinar que o período de férias seja antecipado para o momento imediatamente anterior à data prevista para a cessação do contrato.

Artigo 178.º
Doença no período de férias

1 – No caso de o trabalhador adoecer durante o período de férias, são as mesmas suspensas desde que a entidade empregadora pública seja do facto informada, prosseguindo, logo após a alta, o gozo dos dias de férias compreendidos ainda naquele período, cabendo à entidade empregadora pública, na falta de acordo, a marcação dos dias de férias não gozados, sem sujeição ao disposto no n.º 3 do artigo 176.º

2 – Cabe à entidade empregadora pública, na falta de acordo, a marcação dos dias de férias não gozados, que podem decorrer em qualquer período, aplicando-se neste caso o n.º 3 do artigo seguinte.

3 – A prova da doença prevista no n.º 1 é feita por estabelecimento hospitalar, por declaração do centro de saúde ou por atestado médico.

4 – A doença referida no número anterior pode ser fiscalizada por médico designado pela segurança social, mediante requerimento da entidade empregadora pública.

5 – No caso de a segurança social não indicar o médico a que se refere o número anterior no prazo de vinte e quatro horas, a entidade empregadora pública designa o médico para efectuar a fiscalização, não podendo este ter qualquer vínculo contratual anterior à entidade empregadora pública.

Lei n.º 59/2008, de 11 de Setembro　　　231

6 – Em caso de desacordo entre os pareceres médicos referidos nos números anteriores, pode ser requerida por qualquer das partes a intervenção de junta médica.

7 – Em caso de incumprimento das obrigações previstas no artigo anterior e nos n.ᵒˢ 1 e 2, bem como de oposição, sem motivo atendível, à fiscalização referida nos n.ᵒˢ 4, 5 e 6, os dias de alegada doença são considerados dias de férias.

8 – O desenvolvimento do disposto no presente artigo consta do anexo II, «Regulamento».

ARTIGO 179.º
Efeitos da suspensão do contrato
por impedimento prolongado

1 – No ano da suspensão do contrato por impedimento prolongado, respeitante ao trabalhador, se se verificar a impossibilidade total ou parcial do gozo do direito a férias já vencido, o trabalhador tem direito à remuneração correspondente ao período de férias não gozado e respectivo subsídio.

2 – No ano da cessação do impedimento prolongado o trabalhador tem direito às férias nos termos previstos no n.º 2 do artigo 172.º

3 – No caso de sobrevir o termo do ano civil antes de decorrido o prazo referido no número anterior ou antes de gozado o direito a férias, pode o trabalhador usufruí-lo até 30 de Abril do ano civil subsequente.

4 – Cessando o contrato após impedimento prolongado respeitante ao trabalhador, este tem direito à remuneração e ao subsídio de férias correspondentes ao tempo de serviço prestado no ano de início da suspensão.

ARTIGO 180.º
Efeitos da cessação do contrato

1 – Cessando o contrato, o trabalhador tem direito a receber a remuneração correspondente a um período de férias proporcional ao tempo de serviço prestado até à data da cessação, bem como ao respectivo subsídio.

2 – Se o contrato cessar antes de gozado o período de férias vencido no início do ano da cessação, o trabalhador tem ainda direito a receber a

remuneração e o subsídio correspondentes a esse período, o qual é sempre considerado para efeitos de antiguidade.

3 – Da aplicação do disposto nos números anteriores ao contrato cuja duração não atinja, por qualquer causa, 12 meses não pode resultar um período de férias superior ao proporcional à duração do vínculo, sendo esse período considerado para efeitos de remuneração, subsídio e antiguidade.

4 – O disposto no número anterior aplica-se ainda sempre que o contrato cesse no ano subsequente ao da admissão.

Artigo 181.º
Violação do direito a férias

Caso a entidade empregadora pública, com culpa, obste ao gozo das férias nos termos previstos nos artigos anteriores, o trabalhador recebe, a título de compensação, o triplo da remuneração correspondente ao período em falta, que deve obrigatoriamente ser gozado no 1.º trimestre do ano civil subsequente.

Artigo 182.º
Exercício de outra actividade durante as férias

1 – O trabalhador não pode exercer durante as férias qualquer outra actividade remunerada, salvo se já a viesse exercendo cumulativamente ou a entidade empregadora pública o autorizar a isso.

2 – A violação do disposto no número anterior, sem prejuízo da eventual responsabilidade disciplinar do trabalhador, dá à entidade empregadora pública o direito de reaver a remuneração correspondente às férias e respectivo subsídio, da qual metade reverte para o Instituto de Gestão Financeira da Segurança Social, no caso de o trabalhador ser beneficiário do regime geral de segurança social para todas as eventualidades, ou constitui receita do Estado nos restantes casos.

3 – Para os efeitos previstos no número anterior, a entidade empregadora pública pode proceder a descontos na remuneração do trabalhador até ao limite de um sexto, em relação a cada um dos períodos de vencimento posteriores.

Artigo 183.º
Contacto em período de férias

Antes do início das férias, o trabalhador deve indicar, se possível, à respectiva entidade empregadora pública, a forma como pode ser eventualmente contactado.

SUBSECÇÃO XI
Faltas

Artigo 184.º
Noção

1 – Falta é a ausência do trabalhador no local de trabalho e durante o período em que devia desempenhar a actividade a que está adstrito.

2 – Nos casos de ausência do trabalhador por períodos inferiores ao período de trabalho a que está obrigado, os respectivos tempos são adicionados para determinação dos períodos normais de trabalho diário em falta.

3 – Para efeito do disposto no número anterior, caso os períodos de trabalho diário não sejam uniformes, considera-se sempre o de menor duração relativo a um dia completo de trabalho.

Artigo 185.º
Tipos de faltas

1 – As faltas podem ser justificadas ou injustificadas.
2 – São consideradas faltas justificadas:

a) As dadas, durante 15 dias seguidos, por altura do casamento;
b) As motivadas por falecimento do cônjuge, parentes ou afins, nos termos do artigo 187.º;
c) As motivadas pela prestação de provas em estabelecimento de ensino, nos termos da legislação especial;
d) As motivadas por impossibilidade de prestar trabalho devido a facto que não seja imputável ao trabalhador, nomeadamente doença, acidente ou cumprimento de obrigações legais;

234 *Regime do Contrato de Trabalho em Funções Públicas*

e) As motivadas pela necessidade de prestação de assistência inadiável e imprescindível a membros do seu agregado familiar, nos termos previstos neste Regime e no anexo II, «Regulamento»;

f) As motivadas pela necessidade de tratamento ambulatório, realização de consultas médicas e exames complementares de diagnóstico que não possam efectuar-se fora do período normal de trabalho e só pelo tempo estritamente necessário;

g) As motivadas por isolamento profiláctico;

h) As ausências não superiores a quatro horas e só pelo tempo estritamente necessário, justificadas pelo responsável pela educação de menor, uma vez por trimestre, para deslocação à escola tendo em vista inteirar-se da situação educativa do filho menor;

i) As dadas para doação de sangue e socorrismo;

j) As motivadas pela necessidade de submissão a métodos de selecção em procedimento concursal;

l) As dadas por conta do período de férias;

m) As dadas pelos trabalhadores eleitos para as estruturas de representação colectiva, nos termos do artigo 293.°;

n) As dadas por candidatos a eleições para cargos públicos, durante o período legal da respectiva campanha eleitoral;

o) As que por lei forem como tal qualificadas, designadamente as previstas nos Decretos-Leis n.°ˢ 220/84, de 4 de Julho, 272/88, de 3 de Agosto, 282/89, de 23 de Agosto, e 190/99, de 5 de Junho.

3 – O disposto na alínea *f)* do número anterior é extensivo à assistência ao cônjuge ou equiparado, ascendentes, descendentes, adoptandos, adoptados e enteados, menores ou deficientes, em regime de tratamento ambulatório, quando comprovadamente o trabalhador seja a pessoa mais adequada para o fazer.

4 – São consideradas injustificadas as faltas não previstas nos n.°ˢ 2 e 3.

ARTIGO 186.°
Imperatividade

As disposições relativas aos tipos de faltas e à sua duração não podem ser objecto de instrumento de regulamentação colectiva de trabalho, salvo tratando-se das situações previstas na alínea *m)* do n.° 2 do artigo anterior.

Artigo 187.º
Faltas por motivo de falecimento de parentes ou afins

1 – Nos termos da alínea *b*) do n.º 2 do artigo 185.º, o trabalhador pode faltar justificadamente:

a) Cinco dias consecutivos por falecimento de cônjuge não separado de pessoas e bens ou de parente ou afim no 1.º grau na linha recta;

b) Dois dias consecutivos por falecimento de outro parente ou afim na linha recta ou em 2.º grau da linha colateral.

2 – Aplica-se o disposto na alínea *a*) do número anterior ao falecimento de pessoa que viva em união de facto ou economia comum com o trabalhador nos termos previstos em legislação especial.

Artigo 188.º
Faltas por conta do período de férias

1 – Sem prejuízo do disposto em lei especial, o trabalhador pode faltar 2 dias por mês por conta do período de férias, até ao máximo de 13 dias por ano, os quais podem ser utilizados em períodos de meios dias.

2 – As faltas previstas no número anterior relevam, segundo opção do interessado, no período de férias do próprio ano ou do seguinte.

3 – As faltas por conta do período de férias devem ser comunicadas com a antecedência mínima de vinte e quatro horas ou, se não for possível, no próprio dia e estão sujeitas a autorização, que pode ser recusada se forem susceptíveis de causar prejuízo para o normal funcionamento do órgão ou serviço.

Artigo 189.º
Comunicação da falta justificada

1 – As faltas justificadas, quando previsíveis, são obrigatoriamente comunicadas à entidade empregadora pública com a antecedência mínima de cinco dias.

2 – Quando imprevisíveis, as faltas justificadas são obrigatoriamente comunicadas à entidade empregadora pública logo que possível.

3 – A comunicação tem de ser reiterada para as faltas justificadas

236 *Regime do Contrato de Trabalho em Funções Públicas*

imediatamente subsequentes às previstas nas comunicações indicadas nos números anteriores.

ARTIGO 190.º
Prova da falta justificada

1 – A entidade empregadora pública pode, nos 15 dias seguintes à comunicação referida no artigo anterior, exigir ao trabalhador prova dos factos invocados para a justificação.

2 – A prova da situação de doença prevista na alínea *d*) do n.º 2 do artigo 185.º é feita por estabelecimento hospitalar, por declaração do centro de saúde ou por atestado médico.

3 – A doença referida no número anterior pode ser fiscalizada por médico, mediante requerimento da entidade empregadora pública dirigido à segurança social.

4 – No caso de a segurança social não indicar o médico a que se refere o número anterior no prazo de vinte e quatro horas, a entidade empregadora pública designa o médico para efectuar a fiscalização, não podendo este ter qualquer vínculo contratual anterior à entidade empregadora pública.

5 – Em caso de desacordo entre os pareceres médicos referidos nos números anteriores, pode ser requerida a intervenção de junta médica.

6 – Em caso de incumprimento das obrigações previstas no artigo anterior e nos n.ᵒˢ 1 e 2 deste artigo, bem como de oposição, sem motivo atendível, à fiscalização referida nos n.ᵒˢ 3, 4 e 5, as faltas são consideradas injustificadas.

7 – O desenvolvimento do disposto no presente artigo consta do anexo II, «Regulamento».

ARTIGO 191.º
Efeitos das faltas justificadas

1 – As faltas justificadas não determinam a perda ou prejuízo de quaisquer direitos do trabalhador, salvo o disposto no número seguinte.

2 – Sem prejuízo de outras previsões legais, determinam a perda de remuneração as seguintes faltas ainda que justificadas:

a) Por motivo de doença, desde que o trabalhador beneficie de um regime de protecção social na doença;

Lei n.º 59/2008, de 11 de Setembro 237

b) As previstas na alínea *o)* do n.º 2 do artigo 185.º, quando superiores a 30 dias por ano.

3 – Nos casos previstos na alínea *d)* do n.º 2 do artigo 185.º, se o impedimento do trabalhador se prolongar efectiva ou previsivelmente para além de um mês, aplica-se o regime de suspensão da prestação do trabalho por impedimento prolongado.

4 – No caso previsto na alínea *n)* do n.º 2 do artigo 185.º, as faltas justificadas conferem, no máximo, direito à remuneração relativa a um terço do período de duração da campanha eleitoral, só podendo o trabalhador faltar meios dias ou dias completos com aviso prévio de quarenta e oito horas.

ARTIGO 192.º
Efeitos das faltas injustificadas

1 – As faltas injustificadas constituem violação do dever de assiduidade e determinam perda da remuneração correspondente ao período de ausência, o qual será descontado na antiguidade do trabalhador.

2 – Tratando-se de faltas injustificadas a um ou meio período normal de trabalho diário, imediatamente anteriores ou posteriores aos dias ou meios dias de descanso ou feriados, considera-se que o trabalhador praticou uma infracção grave.

3 – No caso de a apresentação do trabalhador, para início ou reinício da prestação de trabalho, se verificar com atraso injustificado superior a trinta ou sessenta minutos, pode a entidade empregadora pública recusar a aceitação da prestação durante parte ou todo o período normal de trabalho, respectivamente.

ARTIGO 193.º
Efeitos das faltas no direito a férias

1 – As faltas não têm efeito sobre o direito a férias do trabalhador, salvo o disposto no número seguinte.

2 – Nos casos em que as faltas determinem perda de remuneração, as ausências podem ser substituídas, se o trabalhador expressamente assim o

preferir, por dias de férias, na proporção de 1 dia de férias por cada dia de falta, desde que seja salvaguardado o gozo efectivo de 20 dias úteis de férias ou da correspondente proporção, se se tratar de férias no ano de admissão.

3 – O disposto no número anterior não é aplicável às faltas previstas na alínea *l*) do n.º 2 do artigo 185.º

SECÇÃO IV
Teletrabalho

ARTIGO 194.º
Noção

Para efeitos deste Regime, considera-se teletrabalho a prestação laboral realizada com subordinação jurídica, habitualmente fora do órgão ou serviço da entidade empregadora pública, e através do recurso a tecnologias de informação e de comunicação.

ARTIGO 195.º
Formalidades

1 – Do contrato para prestação subordinada de teletrabalho devem constar as seguintes indicações:

a) Identificação dos contraentes;
b) Cargo ou funções a desempenhar, com menção expressa do regime de teletrabalho;
c) Duração do trabalho em regime de teletrabalho;
d) Actividade antes exercida pelo teletrabalhador ou, não estando este vinculado à entidade empregadora pública, aquela que exercerá aquando da cessação do trabalho em regime de teletrabalho, se for esse o caso;
e) Propriedade dos instrumentos de trabalho a utilizar pelo teletrabalhador, bem como a entidade responsável pela respectiva instalação e manutenção e pelo pagamento das inerentes despesas de consumo e de utilização;

Lei n.° 59/2008, de 11 de Setembro 239

f) Identificação do estabelecimento ou unidade orgânica do órgão ou serviço ao qual deve reportar o teletrabalhador;

g) Identificação do superior hierárquico ou de outro interlocutor do órgão ou serviço com o qual o teletrabalhador pode contactar no âmbito da respectiva prestação laboral.

2 – Não se considera sujeito ao regime de teletrabalho o acordo não escrito ou em que falte a menção referida na alínea *b)* do número anterior.

Artigo 196.°
Liberdade contratual

1 – O trabalhador pode passar a trabalhar em regime de teletrabalho por acordo escrito celebrado com a entidade empregadora pública, cuja duração inicial não pode exceder três anos.

2 – O acordo referido no número anterior pode cessar por decisão de qualquer das partes durante os primeiros 30 dias da sua execução.

3 – Cessado o acordo, o trabalhador tem direito a retomar a prestação de trabalho, nos termos previstos no contrato ou em instrumento de regulamentação colectiva de trabalho.

4 – O prazo referido no n.° 1 pode ser modificado por instrumento de regulamentação colectiva de trabalho.

Artigo 197.°
Igualdade de tratamento

O teletrabalhador tem os mesmos direitos e está adstrito às mesmas obrigações dos trabalhadores que não exerçam a sua actividade em regime de teletrabalho tanto no que se refere à formação e promoção profissionais como às condições de trabalho.

Artigo 198.°
Privacidade

1 – A entidade empregadora pública deve respeitar a privacidade do teletrabalhador e os tempos de descanso e de repouso da família, bem

como proporcionar-lhe boas condições de trabalho tanto do ponto de vista físico como moral.

2 – Sempre que o teletrabalho seja realizado no domicílio do trabalhador, as visitas ao local de trabalho só devem ter por objecto o controlo da actividade laboral daquele, bem como dos respectivos equipamentos, e apenas podem ser efectuadas entre a 9 e as 19 horas, com a assistência do trabalhador ou de pessoa por ele designada.

ARTIGO 199.º
Instrumentos de trabalho

1 – Na ausência de qualquer estipulação contratual, presume-se que os instrumentos de trabalho utilizados pelo teletrabalhador no manuseamento de tecnologias de informação e de comunicação constituem propriedade da entidade empregadora pública, a quem compete a respectiva instalação e manutenção, bem como o pagamento das inerentes despesas.

2 – O teletrabalhador deve observar as regras de utilização e funcionamento dos equipamentos e instrumentos de trabalho que lhe forem disponibilizados.

3 – Salvo acordo em contrário, o teletrabalhador não pode dar aos equipamentos e instrumentos de trabalho que lhe forem confiados pela entidade empregadora pública uso diverso do inerente ao cumprimento da sua prestação de trabalho.

ARTIGO 200.º
Segurança, higiene e saúde no trabalho

1 – O teletrabalhador é abrangido pelo regime jurídico relativo à segurança, higiene e saúde no trabalho, bem como pelo regime jurídico dos acidentes de trabalho e doenças profissionais.

2 – A entidade empregadora pública é responsável pela definição e execução de uma política de segurança, higiene e saúde que abranja os teletrabalhadores, aos quais devem ser proporcionados, nomeadamente, exames médicos periódicos e equipamentos de protecção visual.

Artigo 201.º
Período normal de trabalho

O teletrabalhador está sujeito aos limites máximos do período normal de trabalho diário e semanal aplicáveis aos trabalhadores que não exercem a sua actividade em regime de teletrabalho.

Artigo 202.º
Isenção de horário de trabalho

O teletrabalhador pode estar isento de horário de trabalho.

Artigo 203.º
Deveres secundários

1 – A entidade empregadora pública deve proporcionar ao teletrabalhador formação específica para efeitos de utilização e manuseamento das tecnologias de informação e de comunicação necessárias ao exercício da respectiva prestação laboral.

2 – A entidade empregadora pública deve proporcionar ao teletrabalhador contactos regulares com o órgão ou serviço e demais trabalhadores a fim de evitar o seu isolamento.

3 – O teletrabalhador deve, em especial, guardar segredo sobre as informações e as técnicas que lhe tenham sido confiadas pela entidade empregadora pública.

Artigo 204.º
Participação e representação colectivas

1 – O teletrabalhador é considerado para o cálculo do limiar mínimo exigível para efeitos de constituição das estruturas representativas dos trabalhadores previstas neste Regime, podendo candidatar-se a essas estruturas.

2 – O teletrabalhador pode participar nas reuniões promovidas no local de trabalho pelas comissões de trabalhadores ou associações sindi-

cais, nomeadamente através do emprego das tecnologias de informação e de comunicação que habitualmente utiliza na prestação da sua actividade laboral.

3 – As comissões de trabalhadores e as associações sindicais podem, com as necessárias adaptações, exercer, através das tecnologias de informação e de comunicação habitualmente utilizadas pelo teletrabalhador na prestação da sua actividade laboral, o respectivo direito de afixação e divulgação de textos, convocatórias, comunicações ou informações relativos à vida sindical e aos interesses sócio-profissionais dos trabalhadores.

CAPÍTULO III
Remuneração e outras atribuições patrimoniais

SECÇÃO I
Disposições gerais

Artigo 205.º
Princípios gerais

Sem prejuízo da aplicação ao contrato dos princípios e normas que regem as remunerações dos trabalhadores que exercem funções ao abrigo de relações jurídicas de emprego público, à remuneração é aplicável o disposto nos artigos seguintes.

Artigo 206.º
Imperatividade

As disposições legais em matéria de remunerações não podem ser afastadas ou derrogadas por instrumento de regulamentação colectiva de trabalho, salvo quando prevejam sistemas de recompensa do desempenho.

Lei n.º 59/2008, de 11 de Setembro 243

Artigo 207.º
Subsídio de Natal

1 – O trabalhador tem direito a um subsídio de Natal de valor igual a um mês de remuneração base mensal, que deve ser pago em Novembro de cada ano.

2 – O valor do subsídio de Natal é proporcional ao tempo de serviço prestado no ano civil, nas seguintes situações:

a) No ano de admissão do trabalhador;
b) No ano da cessação do contrato;
c) Em caso de suspensão do contrato, salvo se por doença do trabalhador.

Artigo 208.º
Remuneração do período de férias

1 – A remuneração do período de férias corresponde à que o trabalhador receberia se estivesse em serviço efectivo, à excepção do subsídio de refeição.

2 – Além da remuneração mencionada no número anterior, o traba-lhador tem direito a um subsídio de férias de valor igual a um mês de remuneração base mensal, que deve ser pago por inteiro no mês de Junho de cada ano.

3 – A suspensão do contrato por doença do trabalhador não prejudica o direito ao subsídio de férias, nos termos do número anterior.

4 – O aumento ou a redução do período de férias previstos nos n.ºˢ 3 e 4 do artigo 173.º e 2 do artigo 193.º, respectivamente, não implicam o aumento ou a redução correspondentes na remuneração ou no subsídio de férias.

Artigo 209.º
Isenção de horário de trabalho

1 – O trabalhador isento de horário de trabalho nas modalidades previstas nas alíneas *a)* e *b)* do n.º 1 do artigo 140.º tem direito a um

suplemento remuneratório, nos termos fixados por lei ou por instrumento de regulamentação colectiva de trabalho.

2 – O disposto no número anterior não se aplica a carreiras especiais e a cargos, designadamente a cargos dirigentes, bem como a chefes de equipas multidisciplinares, em que o regime de isenção de horário de trabalho constitua o regime normal de prestação do trabalho.

ARTIGO 210.º
Trabalho nocturno

1 – O trabalho nocturno deve ser remunerado com um acréscimo de 25 % relativamente à remuneração do trabalho equivalente prestado durante o dia.

2 – O acréscimo remuneratório previsto no número anterior pode ser fixado em instrumento de regulamentação colectiva de trabalho através de uma redução equivalente dos limites máximos do período normal de trabalho.

3 – O disposto no n.º 1 não se aplica ao trabalho prestado durante o período nocturno, salvo se previsto em instrumento de regulamentação colectiva de trabalho:

a) Ao serviço de actividades que sejam exercidas exclusiva ou predominantemente durante esse período, designadamente as de espectáculos e diversões públicas;

b) Ao serviço de actividades que, pela sua natureza ou por força da lei, devam necessariamente funcionar à disposição do público durante o mesmo período;

c) Quando o acréscimo remuneratório pela prestação de trabalho nocturno se encontre integrado na remuneração base.

ARTIGO 211.º
Trabalho por turnos

1 – Desde que um dos turnos seja total ou parcialmente coincidente com o período de trabalho nocturno, os trabalhadores por turnos têm direito a um acréscimo remuneratório cujo montante varia em função do

Lei n.º 59/2008, de 11 de Setembro

número de turnos adoptado, bem como da natureza permanente ou não do funcionamento do serviço.

2 – O acréscimo referido no número anterior, relativamente à remuneração base, varia entre:

a) 25 % e 22 %, quando o regime de turnos for permanente, total ou parcial;
b) 22 % e 20 %, quando o regime de turnos for semanal prolongado, total ou parcial;
c) 20 % e 15 %, quando o regime de turnos for semanal, total ou parcial.

3 – A fixação das percentagens, nos termos do número anterior, tem lugar em regulamento interno ou em instrumento de regulamentação colectiva de trabalho.

4 – O regime de turnos é permanente quando o trabalho é prestado em todos os sete dias da semana, semanal prolongado quando é prestado em todos os cinco dias úteis e no sábado ou no domingo e semanal quando é prestado apenas de segunda-feira a sexta-feira.

5 – O regime de turnos é total quando é prestado em, pelo menos, três períodos de trabalho diário e parcial quando é prestado apenas em dois períodos.

6 – O acréscimo remuneratório inclui o que fosse devido por trabalho nocturno mas não afasta o que seja devido por prestação de trabalho extraordinário.

7 – O acréscimo remuneratório é considerado para efeitos de quotização para o regime de protecção social aplicável e de cálculo da correspondente pensão de reforma ou de aposentação.

Artigo 212.º
Trabalho extraordinário

1 – A prestação de trabalho extraordinário em dia normal de trabalho confere ao trabalhador o direito aos seguintes acréscimos:

a) 50 % da remuneração na primeira hora;
b) 75 % da remuneração, nas horas ou fracções subsequentes.

246   *Regime do Contrato de Trabalho em Funções Públicas*

2 – O trabalho extraordinário prestado em dia de descanso semanal, obrigatório ou complementar, e em dia feriado confere ao trabalhador o direito a um acréscimo de 100 % da remuneração por cada hora de trabalho efectuado.

3 – A compensação horária que serve de base ao cálculo do trabalho extraordinário é apurada segundo a fórmula do artigo 215.°, considerando-se, nas situações de determinação do período normal de trabalho semanal em termos médios, que *N* significa o número médio de horas do período normal de trabalho semanal efectivamente praticado no órgão ou serviço.

4 – Os montantes remuneratórios previstos nos números anteriores podem ser fixados em instrumento de regulamentação colectiva de trabalho.

5 – É exigível o pagamento de trabalho extraordinário cuja prestação tenha sido prévia e expressamente determinada.

Artigo 213.°
Feriados

1 – O trabalhador tem direito à remuneração correspondente aos feriados, sem que a entidade empregadora pública os possa compensar com trabalho extraordinário.

2 – O trabalhador que realiza a prestação em órgão ou serviço legalmente dispensado de suspender o trabalho em dia feriado obrigatório tem direito a um descanso compensatório de igual duração ou ao acréscimo de 100 % da remuneração pelo trabalho prestado nesse dia, cabendo a escolha à entidade empregadora pública.

SECÇÃO II
Determinação do valor da remuneração

Artigo 214.°
Princípios gerais

Na determinação do valor da remuneração deve ter-se em conta a quantidade, natureza e qualidade do trabalho, observando-se o princípio de que para trabalho igual salário igual.

Artigo 215.º
Cálculo do valor da remuneração horária

O valor da hora normal de trabalho é calculado através da fórmula $(RB \times 12):(52 \times N)$, sendo RB a remuneração base mensal e N o período normal de trabalho semanal.

SECÇÃO III
Retribuição mínima

Artigo 216.º
Retribuição mínima mensal garantida

A tabela remuneratória única não pode prever níveis remuneratórios de montante inferior ao da retribuição mínima mensal garantida prevista no Código do Trabalho, aprovado pela Lei n.º 99/2003, de 27 de Agosto.

SECÇÃO IV
Cumprimento

Artigo 217.º
Forma do cumprimento

1 – O montante da remuneração deve estar à disposição do trabalhador na data do vencimento ou no dia útil imediatamente anterior.

2 – No acto do pagamento da remuneração, a entidade empregadora pública deve entregar ao trabalhador documento do qual constem a identificação daquela e o nome completo deste, o número de inscrição na instituição de protecção social respectiva, a categoria profissional, o período a que respeita a remuneração, discriminando a remuneração base e as demais prestações, os descontos e deduções efectuados e o montante líquido a receber.

Artigo 218.º
Tempo do cumprimento

1 – A obrigação de satisfazer a remuneração, quando esta seja periódica, vence-se mensalmente.

2 – O cumprimento deve efectuar-se nos dias úteis.

3 – A entidade empregadora pública fica constituída em mora se o trabalhador, por facto que não lhe for imputável, não puder dispor do montante da remuneração na data do vencimento.

SECÇÃO V
Garantias

Artigo 219.º
Compensações e descontos

1 – Na pendência do contrato, a entidade empregadora pública não pode compensar a remuneração em dívida com créditos que tenha sobre o trabalhador nem fazer quaisquer descontos ou deduções no montante da referida remuneração.

2 – O disposto no número anterior não se aplica:

a) Aos descontos a favor do Estado, da segurança social ou de outras entidades, ordenados por lei, por decisão judicial transitada em julgado ou por auto de conciliação, quando da decisão ou do auto tenha sido notificada a entidade empregadora pública;

b) Às indemnizações devidas pelo trabalhador à entidade empregadora pública, quando se acharem liquidadas por decisão judicial transitada em julgado ou por auto de conciliação;

c) Às multas ou a reposição de qualquer quantia em que o trabalhador tenha sido condenado no âmbito de procedimento disciplinar e não tenha procedido ao respectivo pagamento voluntário;

d) Aos preços de refeições no local de trabalho, de utilização de telefones, de fornecimento de géneros, de combustíveis ou de materiais, quando solicitados pelo trabalhador, bem como a outras despesas efectuadas pela entidade empregadora pública por conta do trabalhador, e consentidas por este;

e) A outros descontos ou deduções previstos na lei.

Lei n.º 59/2008, de 11 de Setembro

3 – Com excepção da alínea *a*), os descontos referidos no número anterior não podem exceder, no seu conjunto, um sexto da remuneração.

4 – Os preços de refeições ou de outros fornecimentos ao trabalhador, quando relativos à utilização de cooperativas de consumo, podem, obtido o acordo destas e dos trabalhadores, ser descontados na remuneração em percentagem superior à mencionada no número anterior.

ARTIGO 220.º
Insusceptibilidade de cessão

O trabalhador não pode ceder, a título gratuito ou oneroso, os seus créditos a remunerações na medida em que estes sejam impenhoráveis.

CAPÍTULO IV
Segurança, higiene e saúde no trabalho

ARTIGO 221.º
Princípios gerais

1 – O trabalhador tem direito à prestação de trabalho em condições de segurança, higiene e saúde asseguradas pela entidade empregadora pública.

2 – A entidade empregadora pública é obrigada a organizar as actividades de segurança, higiene e saúde no trabalho que visem a prevenção de riscos profissionais e a promoção da saúde do trabalhador.

3 – A execução de medidas em todas as fases da actividade do órgão ou serviço destinadas a assegurar a segurança e saúde no trabalho assenta nos seguintes princípios de prevenção:

a) Planificação e organização da prevenção de riscos profissionais;
b) Eliminação dos factores de risco e de acidente;
c) Avaliação e controlo dos riscos profissionais;
d) Informação, formação, consulta e participação dos trabalhadores e seus representantes;
e) Promoção e vigilância da saúde dos trabalhadores.

250   *Regime do Contrato de Trabalho em Funções Públicas*

4 – A aplicação das normas deste capítulo pode ser afastada quando estejam em causa actividades condicionadas por critérios de segurança ou de emergência, designadamente actividades de protecção civil, na estrita medida das necessidades determinadas por aqueles critérios.

Artigo 222.º
Obrigações gerais da entidade empregadora pública

1 – A entidade empregadora pública é obrigada a assegurar aos trabalhadores condições de segurança, higiene e saúde em todos os aspectos relacionados com o trabalho.

2 – Para efeitos do disposto no número anterior, a entidade empregadora pública deve aplicar as medidas necessárias, tendo em conta os seguintes princípios de prevenção:

a) Proceder, na concepção das instalações, dos locais e processos de trabalho, à identificação dos riscos previsíveis, combatendo-os na origem, anulando-os ou limitando os seus efeitos, por forma a garantir um nível eficaz de protecção;

b) Integrar no conjunto das actividades do órgão ou serviço e a todos os níveis a avaliação dos riscos para a segurança e saúde dos trabalhadores, com a adopção de convenientes medidas de prevenção;

c) Assegurar que as exposições aos agentes químicos, físicos e biológicos nos locais de trabalho não constituam risco para a saúde dos trabalhadores;

d) Planificar a prevenção no órgão ou serviço num sistema coerente que tenha em conta a componente técnica, a organização do trabalho, as relações sociais e os factores materiais inerentes ao trabalho;

e) Ter em conta, na organização dos meios, não só os trabalhadores como também terceiros susceptíveis de serem abrangidos pelos riscos da realização dos trabalhos quer nas instalações quer no exterior;

f) Dar prioridade à protecção colectiva em relação às medidas de protecção individual;

g) Organizar o trabalho, procurando, designadamente, eliminar os efeitos nocivos do trabalho monótono e do trabalho cadenciado sobre a saúde dos trabalhadores;

Lei n.º 59/2008, de 11 de Setembro 251

h) Assegurar a vigilância adequada da saúde dos trabalhadores em função dos riscos a que se encontram expostos no local de trabalho;

i) Estabelecer, em matéria de primeiros socorros, de combate a incêndios e de evacuação de trabalhadores, as medidas que devem ser adoptadas e a identificação dos trabalhadores responsáveis pela sua aplicação, bem como assegurar os contactos necessários com as entidades exteriores competentes para realizar aquelas operações e as de emergência médica;

j) Permitir unicamente a trabalhadores com aptidão e formação adequadas e apenas quando e durante o tempo necessário o acesso a zonas de risco grave;

l) Adoptar medidas e dar instruções que permitam aos trabalhadores, em caso de perigo grave e iminente que não possa ser evitado, cessar a sua actividade ou afastar-se imediatamente do local de trabalho, sem que possam retomar a actividade enquanto persistir esse perigo, salvo em casos excepcionais e desde que assegurada a protecção adequada;

m) Substituir o que é perigoso pelo que é isento de perigo ou menos perigoso;

n) Dar instruções adequadas aos trabalhadores;

o) Ter em consideração se os trabalhadores têm conhecimentos e aptidões em matérias de segurança e saúde no trabalho que lhes permitam exercer com segurança as tarefas de que os incumbir.

3 – Na aplicação das medidas de prevenção, a entidade empregadora pública deve mobilizar os meios necessários, nomeadamente nos domínios da prevenção técnica, da formação e da informação, e os serviços adequados, internos ou exteriores ao órgão ou serviço, bem como o equipamento de protecção que se torne necessário utilizar, tendo em conta, em qualquer caso, a evolução da técnica.

4 – Quando vários órgãos ou serviços desenvolvam, simultaneamente, actividades com os respectivos trabalhadores no mesmo local de trabalho, devem as entidades empregadoras públicas, tendo em conta a natureza das actividades que cada um desenvolve, cooperar no sentido da protecção da segurança e da saúde, sendo as obrigações asseguradas pelas seguintes entidades:

a) O órgão ou serviço em cujas instalações os trabalhadores prestam serviço;

b) Nos restantes casos, as várias entidades empregadoras públicas, que devem coordenar-se para a organização das actividades de segurança, higiene e saúde no trabalho, sem prejuízo das obrigações de cada entidade empregadora pública relativamente aos respectivos trabalhadores.

5 – A entidade empregadora pública deve, no órgão ou serviço, observar as prescrições legais e as estabelecidas em instrumentos de regulamentação colectiva de trabalho, assim como as directrizes da Autoridade para as Condições de Trabalho e outras entidades competentes respeitantes à segurança, higiene e saúde no trabalho.

ARTIGO 223.º
Obrigações gerais do trabalhador

1 – Constituem obrigações dos trabalhadores:

a) Cumprir as prescrições de segurança, higiene e saúde no trabalho estabelecidas nas disposições legais e em instrumentos de regulamentação colectiva de trabalho, bem como as instruções determinadas com esse fim pela entidade empregadora pública;

b) Zelar pela sua segurança e saúde, bem como pela segurança e saúde das outras pessoas que possam ser afectadas pelas suas acções ou omissões no trabalho;

c) Utilizar correctamente e segundo as instruções transmitidas pela entidade empregadora pública máquinas, aparelhos, instrumentos, substâncias perigosas e outros equipamentos e meios postos à sua disposição, designadamente os equipamentos de protecção colectiva e individual, bem como cumprir os procedimentos de trabalho estabelecidos;

d) Cooperar, no órgão ou serviço, para a melhoria do sistema de segurança, higiene e saúde no trabalho;

e) Comunicar imediatamente ao superior hierárquico ou, não sendo possível, aos trabalhadores que tenham sido designados para se ocuparem de todas ou algumas das actividades de segurança, higiene e saúde no trabalho as avarias e deficiências por si detectadas que se lhe afigurem susceptíveis de originar perigo grave e iminente, assim como qualquer defeito verificado nos sistemas de protecção;

f) Em caso de perigo grave e iminente, não sendo possível estabelecer contacto imediato com o superior hierárquico ou com os trabalhadores que desempenhem funções específicas nos domínios da segurança, higiene e saúde no local de trabalho, adoptar as medidas e instruções estabelecidas para tal situação.

2 – Os trabalhadores não podem ser prejudicados por causa dos procedimentos adoptados na situação referida na alínea *f*) do número anterior, nomeadamente em virtude de, em caso de perigo grave e iminente que não possa ser evitado, se afastarem do seu posto de trabalho ou de uma área perigosa ou tomarnoutras medidas para a sua própria segurança ou a de terceiros.

3 – Se a conduta do trabalhador tiver contribuído para originar a situação de perigo, o disposto no número anterior não prejudica a sua responsabilidade, nos termos gerais.

4 – As medidas e actividades relativas à segurança, higiene e saúde no trabalho não implicam encargos financeiros para os trabalhadores, sem prejuízo da responsabilidade disciplinar e civil emergente do incumprimento culposo das respectivas obrigações.

5 – As obrigações dos trabalhadores no domínio da segurança e saúde nos locais de trabalho não excluem a responsabilidade da entidade empregadora pública pela segurança e a saúde daqueles em todos os aspectos relacionados com o trabalho.

Artigo 224.º
Informação e consulta dos trabalhadores

1 – Os trabalhadores, assim como os seus representantes no órgão ou serviço, devem dispor de informação actualizada sobre:

a) Os riscos para a segurança e saúde, bem como as medidas de protecção e de prevenção e a forma como se aplicam, relativos quer ao posto de trabalho ou função quer, em geral, ao órgão ou serviço;

b) As medidas e as instruções a adoptar em caso de perigo grave e iminente;

c) As medidas de primeiros socorros, de combate a incêndios e de evacuação dos trabalhadores em caso de sinistro, bem como os trabalhadores ou serviços encarregados de as pôr em prática.

2 – Sem prejuízo da formação adequada, a informação a que se refere o número anterior deve ser sempre proporcionada ao trabalhador nos seguintes casos:

a) Admissão no órgão ou serviço;
b) Mudança de posto de trabalho ou de funções;
c) Introdução de novos equipamentos de trabalho ou alteração dos existentes;
d) Adopção de uma nova tecnologia;
e) Actividades que envolvam trabalhadores de diversos órgãos ou serviços.

3 – A entidade empregadora pública deve consultar por escrito e, pelo menos, duas vezes por ano, previamente ou em tempo útil, os representantes dos trabalhadores ou, na sua falta, os próprios trabalhadores sobre:

a) A avaliação dos riscos para a segurança e saúde no trabalho, incluindo os respeitantes aos grupos de trabalhadores sujeitos a riscos especiais;
b) As medidas de segurança, higiene e saúde antes de serem postas em prática ou, logo que seja possível, em caso de aplicação urgente das mesmas;
c) As medidas que, pelo seu impacte nas tecnologias e nas funções, tenham repercussão sobre a segurança, higiene e saúde no trabalho;
d) O programa e a organização da formação no domínio da segurança, higiene e saúde no trabalho;
e) A designação e a exoneração dos trabalhadores que desempenhem funções específicas nos domínios da segurança, higiene e saúde no local de trabalho;
f) A designação dos trabalhadores responsáveis pela aplicação das medidas de primeiros socorros, de combate a incêndios e de evacuação de trabalhadores, a respectiva formação e o material disponível;
g) O recurso a serviços exteriores ao órgão ou serviço ou a técnicos qualificados para assegurar o desenvolvimento de todas ou parte das actividades de segurança, higiene e saúde no trabalho;

Lei n.° 59/2008, de 11 de Setembro

h) O material de protecção que seja necessário utilizar;

i) As informações referidas na alínea *a)* do n.° 1;

j) A lista anual dos acidentes de trabalho mortais e dos que ocasionem incapacidade para o trabalho superior a três dias úteis, elaborada até ao final de Março do ano subsequente;

l) Os relatórios dos acidentes de trabalho;

m) As medidas tomadas de acordo com o disposto nos n.ᵒˢ 6 e 9.

4 – Os trabalhadores e os seus representantes podem apresentar propostas de modo a minimizar qualquer risco profissional.

5 – Para efeitos do disposto nos números anteriores, deve ser facultado o acesso:

a) Às informações técnicas objecto de registo e aos dados médicos colectivos não individualizados;

b) Às informações técnicas provenientes de serviços de inspecção e outros organismos competentes no domínio da segurança, higiene e saúde no trabalho.

6 – A entidade empregadora pública deve informar os trabalhadores com funções específicas no domínio da segurança, higiene e saúde no trabalho sobre as matérias referidas nas alíneas *a)*, *b)*, *h)*, *j)* e *l)* do n.° 3 e no n.° 5 deste artigo.

7 – As consultas, respectivas respostas e propostas referidas nos n.ᵒˢ 3 e 4 deste artigo devem constar de registo em livro próprio organizado pelo órgão ou serviço.

8 – A entidade empregadora pública deve informar os serviços e os técnicos qualificados exteriores ao órgão ou serviço que exerçam actividades de segurança, higiene e saúde no trabalho sobre os factores que reconhecida ou presumivelmente afectam a segurança e saúde dos trabalhadores e as matérias referidas nas alíneas *a)* do n.° 1 e *f)* do n.° 3 deste artigo.

9 – O órgão ou serviço em cujas instalações os trabalhadores prestam serviço deve informar as respectivas entidades empregadoras públicas sobre as matérias referidas nas alíneas *a)* do n.° 1 e *f)* do n.° 3 deste artigo, devendo também ser assegurada informação aos trabalhadores.

Artigo 225.º
Serviços de segurança, higiene e saúde no trabalho

A entidade empregadora pública deve garantir a organização e o funcionamento dos serviços de segurança, higiene e saúde no trabalho, nos termos previstos em legislação especial.

Artigo 226.º
Representantes dos trabalhadores

1 – Os representantes dos trabalhadores para a segurança, higiene e saúde no trabalho são eleitos pelos trabalhadores por voto directo e secreto, segundo o princípio da representação pelo método de Hondt.

2 – Só podem concorrer listas apresentadas pelas organizações sindicais que tenham trabalhadores representados no órgão ou serviço ou listas que se apresentem subscritas, no mínimo, por 20 % dos trabalhadores do órgão ou serviço, não podendo nenhum trabalhador subscrever ou fazer parte de mais de uma lista.

3 – Cada lista deve indicar um número de candidatos efectivos igual ao dos lugares elegíveis e igual número de candidatos suplentes.

4 – Os representantes dos trabalhadores não poderão exceder:

a) Órgãos ou serviços com menos de 61 trabalhadores – um representante;

b) Órgãos ou serviços de 61 a 150 trabalhadores – dois representantes;

c) Órgãos ou serviços de 151 a 300 trabalhadores – três representantes;

d) Órgãos ou serviços de 301 a 500 trabalhadores – quatro representantes;

e) Órgãos ou serviços de 501 a 1000 trabalhadores – cinco representantes;

f) Órgãos ou serviços de 1001 a 1500 trabalhadores – seis representantes;

g) Órgãos ou serviços com mais de 1500 trabalhadores – sete representantes.

5 – O mandato dos representantes dos trabalhadores é de três anos.

6 – A substituição dos representantes dos trabalhadores só é admitida no caso de renúncia ou impedimento definitivo, cabendo a mesma aos candidatos efectivos e suplentes pela ordem indicada na respectiva lista.

7 – Os representantes dos trabalhadores dispõem, para o exercício das suas funções, de um crédito de cinco horas por mês.

8 – O crédito de horas referido no número anterior não é acumulável com créditos de horas de que o trabalhador beneficie por integrar outras estruturas representativas dos trabalhadores.

ARTIGO 227.º
Formação dos trabalhadores

1 – O trabalhador deve receber uma formação adequada no domínio da segurança, higiene e saúde no trabalho, tendo em atenção o posto de trabalho e o exercício de actividades de risco elevado.

2 – Aos trabalhadores e seus representantes, designados para se ocuparem de todas ou algumas das actividades de segurança, higiene e saúde no trabalho, deve ser assegurada, pela entidade empregadora pública, a formação permanente para o exercício das respectivas funções.

3 – A formação dos trabalhadores do órgão ou serviço sobre segurança, higiene e saúde no trabalho deve ser assegurada de modo que não possa resultar prejuízo para os mesmos.

ARTIGO 228.º
Inspecção

1 – A fiscalização do cumprimento da legislação relativa a segurança, higiene e saúde no trabalho, assim como a aplicação das correspondentes sanções, compete ao serviço com competência inspectiva do ministério responsável pela área laboral, sem prejuízo de competência fiscalizadora específica atribuída a outras entidades.

2 – Compete ao serviço com competência inspectiva do ministério responsável pela área laboral a realização de inquéritos em caso de acidente de trabalho mortal ou que evidencie uma situação particularmente grave.

3 – Nos casos de doença profissional ou de quaisquer outros danos para a saúde ocorridos durante o trabalho ou com ele relacionados, a Direcção-Geral da Saúde, através das autoridades de saúde, bem como o

Centro Nacional de Protecção contra os Riscos Profissionais, podem, igualmente, promover a realização dos inquéritos.

4 – Os representantes dos trabalhadores podem apresentar as suas observações por ocasião das visitas e fiscalizações efectuadas ao órgão ou serviço pelo serviço com competência inspectiva do ministério responsável pela área laboral ou outra autoridade competente, bem como solicitar a sua intervenção se as medidas adoptadas e os meios fornecidos pela entidade empregadora pública forem insuficientes para assegurar a segurança, higiene e saúde no trabalho.

ARTIGO 229.º
Legislação complementar

O desenvolvimento do regime previsto no presente capítulo consta do anexo II, «Regulamento».

CAPÍTULO V
Vicissitudes contratuais

SECÇÃO I
Redução da actividade e suspensão do contrato

SUBSECÇÃO I
Disposições gerais

ARTIGO 230.º
Factos que determinam a redução ou a suspensão

1 – A redução do período normal de trabalho ou a suspensão do contrato pode fundamentar-se na impossibilidade temporária, respectivamente, parcial ou total, da prestação do trabalho, por facto respeitante ao trabalhador, e no acordo das partes.

2 – Permite também a redução do período normal de trabalho ou a suspensão do contrato a celebração, entre trabalhador e entidade empregadora pública, de um acordo de pré-reforma.

Artigo 231.º
Efeitos da redução e da suspensão

1 – Durante a redução ou suspensão mantêm-se os direitos, deveres e garantias das partes na medida em que não pressuponham a efectiva prestação do trabalho.

2 – O tempo de redução ou suspensão conta-se para efeitos de antiguidade.

3 – A redução ou suspensão não interrompe o decurso do prazo para efeitos de caducidade, nem obsta a que qualquer das partes faça cessar o contrato nos termos gerais.

SUBSECÇÃO II
Suspensão do contrato por facto respeitante ao trabalhador

Artigo 232.º
Factos determinantes

1 – Determina a suspensão do contrato o impedimento temporário por facto não imputável ao trabalhador que se prolongue por mais de um mês, nomeadamente doença.

2 – O contrato considera-se suspenso, mesmo antes de decorrido o prazo de um mês, a partir do momento em que seja previsível que o impedimento vai ter duração superior àquele prazo.

3 – O contrato caduca no momento em que se torne certo que o impedimento é definitivo.

4 – O impedimento temporário por facto imputável ao trabalhador determina a suspensão do contrato nos casos previstos na lei.

Artigo 233.º
Regresso do trabalhador

No dia imediato ao da cessação do impedimento, o trabalhador deve apresentar-se à entidade empregadora pública, para retomar a actividade, sob pena de incorrer em faltas injustificadas.

SUBSECÇÃO III
Licenças

Artigo 234.º
Concessão e recusa da licença

1 – A entidade empregadora pública pode conceder ao trabalhador, a pedido deste, licenças sem remuneração.

2 – Sem prejuízo do disposto em legislação especial ou em instrumento de regulamentação colectiva de trabalho, o trabalhador tem direito a licenças sem remuneração de longa duração para frequência de cursos de formação ministrados sob responsabilidade de uma instituição de ensino ou de formação profissional ou no âmbito de programa específico aprovado por autoridade competente e executado sob o seu controlo pedagógico ou frequência de cursos ministrados em estabelecimento de ensino.

3 – A entidade empregadora pública pode recusar a concessão da licença prevista no número anterior nas seguintes situações:

a) Quando ao trabalhador tenha sido proporcionada formação profissional adequada ou licença para o mesmo fim, nos últimos 24 meses;

b) Quando a antiguidade do trabalhador no órgão ou serviço seja inferior a três anos;

c) Quando o trabalhador não tenha requerido a licença com uma antecedência mínima de 90 dias em relação à data do seu início;

d) Para além das situações referidas nas alíneas anteriores, tratando-se de trabalhadores titulares de cargos dirigentes que chefiem equipas multidisciplinares ou integrados em carreiras ou categorias de grau 3 de complexidade funcional, quando não seja possível a substituição dos mesmos durante o período da licença, sem prejuízo sério para o funcionamento do órgão ou serviço.

4 – Para efeitos do disposto no n.º 2, considera-se de longa duração a licença superior a 60 dias.

5 – As licenças sem remuneração para acompanhamento de cônjuge colocado no estrangeiro e para o exercício de funções em organismos internacionais são concedidas nos termos previstos na lei aplicável ao pessoal nomeado.

Lei n.º 59/2008, de 11 de Setembro 261

ARTIGO 235.º
Efeitos

1 – A concessão da licença determina a suspensão do contrato, com os efeitos previstos nos n.ºs 1 e 3 do artigo 231.º

2 – O período de tempo da licença não conta para efeitos de antiguidade, sem prejuízo do disposto no número seguinte.

3 – Nas licenças previstas no n.º 5 do artigo anterior e noutras licenças fundadas em circunstâncias de interesse público, o trabalhador pode requerer que lhe seja contado o tempo para efeitos de reforma, aposentação e fruição de benefícios sociais, mantendo os correspondentes descontos com base na remuneração auferida à data da concessão da licença.

4 – Nas licenças de duração inferior a um ano, nas previstas no n.º 5 do artigo anterior e noutras licenças fundadas em circunstâncias de inte-resse público, o trabalhador tem direito à ocupação de um posto de trabalho no órgão ou serviço quando terminar a licença.

5 – Nas restantes licenças, o trabalhador que pretenda regressar ao serviço e cujo posto de trabalho se encontre ocupado, deve aguardar a pre-visão, no mapa de pessoal, de um posto de trabalho não ocupado, podendo candidatar-se a procedimento concursal para outro órgão ou serviço para o qual reúna os requisitos exigidos.

6 – Ao regresso antecipado do trabalhador em gozo de licença sem remuneração é aplicável o disposto no número anterior.

SUBSECÇÃO IV
Pré-reforma

ARTIGO 236.º
Noção de pré-reforma

Considera-se pré-reforma a situação de redução ou de suspensão da prestação do trabalho em que o trabalhador com idade igual ou superior a 55 anos mantém o direito a receber da entidade empregadora pública uma prestação pecuniária mensal até à data da verificação de qualquer das situações previstas no n.º 1 do artigo 241.º

262　　Regime do Contrato de Trabalho em Funções Públicas

Artigo 237.º
Acordo de pré-reforma

1 – A situação de pré-reforma constitui-se por acordo entre a entidade empregadora pública e o trabalhador e depende da prévia autorização dos membros do Governo responsáveis pelas áreas das finanças e da Administração Pública.

2 – Do acordo de pré-reforma devem constar as seguintes indicações:

a) Data de início da situação de pré-reforma;
b) Montante da prestação de pré-reforma;
c) Forma de organização do tempo de trabalho no caso de redução da prestação de trabalho.

3 – A entidade empregadora pública deve remeter o acordo de pré-reforma à segurança social ou, sendo o caso, à Caixa Geral de Aposentações, conjuntamente com a folha de remunerações relativa ao mês da sua entrada em vigor.

Artigo 238.º
Direitos do trabalhador

1 – O trabalhador em situação de pré-reforma tem os direitos constantes do acordo celebrado com a entidade empregadora pública, sem prejuízo do disposto nos artigos seguintes.

2 – O trabalhador em situação de pré-reforma pode desenvolver outra actividade profissional remunerada, nos termos previstos nos artigos 25.º a 30.º da Lei n.º 12-A/2008, de 27 de Fevereiro.

Artigo 239.º
Prestação de pré-reforma

1 – Na situação de pré-reforma que corresponda à redução da prestação do trabalho, a prestação de pré-reforma é fixada com base na última remuneração auferida pelo trabalhador, em proporção do período normal de trabalho semanal acordado.

Lei n.º 59/2008, de 11 de Setembro 263

2 – A prestação referida no número anterior é actualizada anualmente em percentagem igual à do aumento de remuneração de que o trabalhador beneficiaria se estivesse no pleno exercício das suas funções.

3 – As regras para a fixação da prestação a atribuir na situação de pré-reforma que corresponda à suspensão da prestação de trabalho são fixadas por decreto regulamentar.

ARTIGO 240.º
Não pagamento pontual da prestação de pré-reforma

No caso de falta de pagamento pontual da prestação de pré-reforma, se a mora se prolongar por mais de 30 dias, o trabalhador tem direito a retomar o pleno exercício de funções, sem prejuízo da sua antiguidade, ou a resolver o contrato, com direito à indemnização prevista nos n.ᵒˢ 2 e 3 do artigo seguinte.

ARTIGO 241.º
Extinção da situação de pré-reforma

1 – A situação de pré-reforma extingue-se:

a) Com a passagem à situação de pensionista por limite de idade ou invalidez;
b) Com o regresso ao pleno exercício de funções por acordo entre o trabalhador e a entidade empregadora pública ou nos termos do artigo anterior;
c) Com a cessação do contrato.

2 – Sempre que a extinção da situação de pré-reforma resulte de cessação do contrato que conferisse ao trabalhador direito a indemnização ou compensação caso estivesse no pleno exercício das suas funções, aquele tem direito a uma indemnização correspondente ao montante das prestações de pré-reforma até à idade legal de reforma.

3 – A indemnização referida no número anterior tem por base a última prestação de pré-reforma devida à data da cessação do contrato.

Artigo 242.º
Requerimento da reforma por velhice

O trabalhador em situação de pré-reforma é considerado requerente da reforma ou aposentação por velhice logo que complete a idade legal, salvo se até essa data tiver ocorrido a extinção da situação de pré-reforma.

CAPÍTULO VI
Incumprimento do contrato

SECÇÃO I
Disposições gerais

Artigo 243.º
Princípio geral

Se uma das partes faltar culposamente ao cumprimento dos seus deveres torna-se responsável pelo prejuízo causado à contraparte.

Artigo 244.º
Mora

Se a entidade empregadora pública faltar culposamente ao cumprimento de prestações pecuniárias constitui-se na obrigação de pagar os correspondentes juros de mora.

SECÇÃO II
Prescrição

Artigo 245.º
Prescrição e regime de provas
dos créditos resultantes do contrato

1 – Todos os créditos resultantes do contrato e da sua violação ou cessação, pertencentes à entidade empregadora pública ou ao trabalhador,

Lei n.º 59/2008, de 11 de Setembro 265

extinguem-se por prescrição, decorrido um ano a partir do dia seguinte àquele em que cessou o contrato.

2 – Os créditos resultantes da indemnização por falta do gozo de férias, pela aplicação de sanções que venham a ser declaradas inválidas ou pela realização de trabalho extraordinário, vencidos há mais de cinco anos, só podem, todavia, ser provados por documento idóneo.

CAPÍTULO VII
Cessação do contrato

SECÇÃO I
Disposições gerais

ARTIGO 246.º
Proibição de despedimento sem justa causa

São proibidos os despedimentos sem justa causa ou por motivos políticos ou ideológicos.

ARTIGO 247.º
Natureza imperativa

1 – O regime fixado no presente capítulo não pode ser afastado ou modificado por instrumento de regulamentação colectiva de trabalho, salvo o disposto nos números seguintes ou noutra disposição legal.

2 – Os critérios de definição de indemnizações, os prazos de procedimento e os prazos de aviso prévio consagrados neste capítulo podem ser regulados por instrumento de regulamentação colectiva de trabalho.

3 – Os valores de indemnizações podem, dentro dos limites fixados neste Regime, ser regulados por instrumento de regulamentação colectiva de trabalho.

Artigo 248.º
Modalidades de cessação do contrato

Sem prejuízo do disposto no Estatuto Disciplinar dos Trabalhadores Que Exercem Funções Públicas, o contrato pode cessar por:

a) Caducidade;
b) Revogação;
c) Resolução;
d) Denúncia.

Artigo 249.º
Documentos a entregar ao trabalhador

1 – Quando cesse o contrato, a entidade empregadora pública é obrigada a entregar ao trabalhador um certificado de trabalho, indicando as datas de admissão e de saída, bem como o cargo ou cargos que desempenhou.

2 – O certificado não pode conter quaisquer outras referências, salvo pedido do trabalhador nesse sentido.

3 – Além do certificado de trabalho, a entidade empregadora pública é obrigada a entregar ao trabalhador outros documentos destinados a fins oficiais que por aquele devam ser emitidos e que este solicite, designadamente os previstos na legislação de protecção social.

Artigo 250.º
Devolução de instrumentos de trabalho

Cessando o contrato, o trabalhador deve devolver imediatamente à entidade empregadora pública os instrumentos de trabalho e quaisquer outros objectos que sejam pertença desta, sob pena de incorrer em responsabilidade civil pelos danos causados.

SECÇÃO II
Caducidade

ARTIGO 251.º
Causas de caducidade

O contrato caduca nos termos gerais, nomeadamente:

a) Verificando-se o seu termo;
b) Em caso de impossibilidade superveniente, absoluta e definitiva de o trabalhador prestar o seu trabalho;
c) Com a reforma ou aposentação do trabalhador, por velhice ou invalidez.

Artigo 252.º
Caducidade do contrato a termo certo

1 – O contrato caduca no termo do prazo estipulado desde que a entidade empregadora pública ou o trabalhador não comuniquem, por escrito, 30 dias antes de o prazo expirar, a vontade de o renovar.

2 – Na falta da comunicação pelo trabalhador presume-se a vontade deste de renovar o contrato.

3 – A caducidade do contrato a termo certo que decorra da não comunicação, pela entidade empregadora pública, da vontade de o renovar confere ao trabalhador o direito a uma compensação correspondente a três ou dois dias de remuneração base por cada mês de duração do vínculo, consoante o contrato tenha durado por um período que, respectivamente, não exceda ou seja superior a seis meses.

4 – Para efeitos da compensação prevista no número anterior a duração do contrato que corresponda a fracção de mês é calculada proporcionalmente.

ARTIGO 253.º
Caducidade do contrato a termo incerto

1 – O contrato caduca quando, prevendo-se a ocorrência do termo incerto, a entidade empregadora pública comunique ao trabalhador a ces-

sação do mesmo, com a antecedência mínima de 7, 30 ou 60 dias, conforme o contrato tenha durado até seis meses, de seis meses até dois anos ou por período superior.

2 – Tratando-se da situação prevista na alínea *i*) do n.° 1 do artigo 93.°, que dê lugar à contratação de vários trabalhadores, a comunicação a que se refere o número anterior deve ser feita, sucessivamente, a partir da verificação da diminuição gradual da respectiva ocupação, com a aproximação da conclusão do projecto para o desenvolvimento do qual foram contratados.

3 – A falta da comunicação a que se refere o n.° 1 implica para a entidade empregadora pública o pagamento da remuneração correspondente ao período de aviso prévio em falta.

4 – A cessação do contrato confere ao trabalhador o direito a uma compensação calculada nos termos dos n.ᵒˢ 3 e 4 do artigo anterior.

ARTIGO 254.°
Reforma por velhice

1 – O contrato caduca pela reforma do trabalhador por velhice ou, em qualquer caso, quando o trabalhador complete 70 anos de idade.

2 – São aplicáveis ao trabalhador reformado, com as necessárias adaptações, os regimes de incompatibilidades e de cumulação de remunerações dos trabalhadores aposentados.

3 – Para os efeitos dos números anteriores, o Centro Nacional de Pensões notifica, simultaneamente, o trabalhador beneficiário e a entidade empregadora pública da atribuição da pensão de velhice e da data a que o início da mesma se reporta.

4 – A caducidade do contrato verifica-se decorridos 30 dias sobre o conhecimento, por ambas as partes, da reforma do trabalhador por velhice.

5 – O disposto no n.° 1 aplica-se aos contratos celebrados com trabalhadores que sejam subscritores da Caixa Geral de Aposentações.

SECÇÃO III
Revogação

Artigo 255.º
Cessação por acordo

A entidade empregadora pública e o trabalhador podem fazer cessar o contrato por acordo, nos termos do disposto nos artigos seguintes.

Artigo 256.º
Acordo de cessação

O acordo de cessação é regulamentado por portaria dos membros do Governo responsáveis pelas áreas das finanças e da Administração Pública com observância das seguintes regras:

a) A compensação a atribuir ao trabalhador toma como referência a sua remuneração base mensal, sendo o respectivo montante aferido em função do número de anos completos, e com a respectiva proporção no caso de fracção de ano, de exercício de funções públicas;

b) A sua celebração gera a incapacidade do trabalhador para constituir uma relação de vinculação, a título de emprego público ou outro, com os órgãos e serviços das administrações directa e indirecta do Estado, regionais e autárquicas, incluindo as respectivas entidades públicas empresariais, e com os outros órgãos do Estado, durante o número de meses igual ao dobro do número resultante da divisão do montante da compensação atribuída pelo da sua remuneração base mensal, calculado com aproximação por excesso.

Artigo 257.º
Forma

1 – O acordo de cessação deve constar de documento assinado por ambas as partes, ficando cada uma com um exemplar.

270   *Regime do Contrato de Trabalho em Funções Públicas*

2 – O acordo de cessação deve discriminar as quantias pagas a título de compensação pela cessação do contrato e, sendo o caso, as decorrentes de créditos já vencidos ou exigíveis em virtude dessa cessação, bem como mencionar expressamente a data da celebração do acordo e a de início da produção dos respectivos efeitos.

Artigo 258.°
Cessação do acordo de revogação

1 – Os efeitos do acordo de revogação do contrato podem cessar por decisão do trabalhador até ao 7.° dia seguinte à data da respectiva celebração, mediante comunicação escrita.

2 – No caso de não ser possível assegurar a recepção da comunicação prevista no número anterior, o trabalhador deve remetê-la à entidade empregadora pública, por carta registada com aviso de recepção, no dia útil subsequente ao fim desse prazo.

3 – A cessação prevista no n.° 1 só é eficaz se, em simultâneo com a comunicação, o trabalhador entregar ou puser por qualquer forma à disposição da entidade empregadora pública, na totalidade, o valor das compensações pecuniárias eventualmente pagas em cumprimento do acordo, ou por efeito da cessação do contrato.

SECÇÃO IV
Cessação por iniciativa da entidade empregadora pública

SUBSECÇÃO I
Resolução

DIVISÃO I
Despedimento por inadaptação

Artigo 259.°
Noção

Constitui fundamento de despedimento do trabalhador a sua inadaptação superveniente ao posto de trabalho, nos termos dos artigos seguintes.

Artigo 260.º
Situações de inadaptação

1 – A inadaptação verifica-se em qualquer das situações previstas nas alíneas seguintes, quando, sendo determinadas pelo modo de exercício de funções do trabalhador, tornem praticamente impossível a subsistência da relação de trabalho:

a) Redução continuada de produtividade ou de qualidade;
b) Avarias repetidas nos meios afectos ao posto de trabalho;
c) Riscos para a segurança e saúde do próprio, dos restantes trabalhadores ou de terceiros.

2 – Verifica-se ainda inadaptação do trabalhador quando, tratando-se de carreiras ou categorias de grau 3 de complexidade funcional, não tenham sido cumpridos os objectivos previamente fixados e formalmente aceites por escrito, sendo tal determinado pelo modo de exercício de funções e desde que se torne praticamente impossível a subsistência da relação de trabalho.

3 – O não cumprimento de objectivos a que se refere o número anterior é verificado em processo de avaliação de desempenho, nos termos previstos em lei que regule ou adapte o sistema de avaliação do desempenho dos trabalhadores da Administração Pública.

Artigo 261.º
Requisitos

1 – O despedimento por inadaptação a que se refere o n.º 1 do artigo anterior só pode ter lugar desde que, cumulativamente, se verifiquem os seguintes requisitos:

a) Tenham sido introduzidas modificações no posto de trabalho resultantes de alterações nos processos de trabalho, da introdução de novas tecnologias ou equipamentos baseados em diferente ou mais complexa tecnologia, nos seis meses anteriores ao início do procedimento previsto no artigo 268.º;
b) Tenha sido ministrada acção de formação profissional adequada às modificações introduzidas no posto de trabalho, sob controlo

272 *Regime do Contrato de Trabalho em Funções Públicas*

pedagógico da autoridade competente ou de entidade por esta credenciada;

c) Tenha sido facultado ao trabalhador, após a formação, um período não inferior a 30 dias de adaptação ao posto de trabalho ou, fora deste, sempre que o exercício de funções naquele posto seja susceptível de causar prejuízos ou riscos para a segurança e saúde do próprio, dos restantes trabalhadores ou de terceiros;

d) Não exista no órgão ou serviço outro posto de trabalho disponível e compatível com a categoria do trabalhador; *e)* A situação de inadaptação não tenha sido determinada pela falta de condições de segurança, higiene e saúde no trabalho imputável à entidade empregadora pública;

f) Seja posta à disposição do trabalhador a compensação devida.

2 – A cessação do contrato prevista no n.º 2 do artigo anterior só pode ter lugar desde que, cumulativamente, se verifiquem os seguintes requisitos:

a) A introdução de novos processos de trabalho, de novas tecnologias ou equipamentos baseados em diferente ou mais complexa tecnologia implique modificação nas funções relativas ao posto de trabalho;

b) A situação de inadaptação não tenha sido determinada pela falta de condições de segurança, higiene e saúde no trabalho imputável à entidade empregadora pública;

c) Seja posta à disposição do trabalhador a compensação devida.

Artigo 262.º
Reocupação do anterior posto de trabalho

O trabalhador que, nos três meses anteriores à data do início do procedimento previsto no artigo 268.º, tenha sido colocado em posto de trabalho em relação ao qual se verifique a inadaptação tem direito a reocupar o posto de trabalho anterior, com garantia da mesma remuneração base, salvo se este tiver sido extinto.

Artigo 263.º
Aviso prévio

1 – A decisão de despedimento, com menção expressa do motivo, deve ser comunicada, por escrito, a cada trabalhador com uma antecedência não inferior a 60 dias relativamente à data prevista para a cessação do contrato.

2 – A inobservância do aviso prévio a que se refere o número anterior não determina a imediata cessação do vínculo e implica para a entidade empregadora pública o pagamento da remuneração correspondente ao período de antecedência em falta.

Artigo 264.º
Crédito de horas

1 – Durante o prazo de aviso prévio o trabalhador tem direito a utilizar um crédito de horas correspondente a dois dias de trabalho por semana, sem prejuízo da remuneração.

2 – O crédito de horas pode ser dividido por alguns ou por todos os dias da semana, por iniciativa do trabalhador.

3 – O trabalhador deve comunicar à entidade empregadora pública o modo de utilização do crédito de horas com três dias de antecedência, salvo motivo atendível.

Artigo 265.º
Denúncia

Durante o prazo de aviso prévio, o trabalhador pode, mediante declaração com a antecedência mínima de três dias úteis, denunciar o contrato, sem prejuízo do direito à compensação.

Artigo 266.º
Compensação

1 – O trabalhador cujo contrato cesse em virtude de despedimento por inadaptação tem direito a uma compensação correspondente a um mês

de remuneração base por cada ano completo de antiguidade no exercício de funções públicas.

2 – No caso de fracção de ano, o valor de referência previsto no número anterior é calculado proporcionalmente.

3 – A compensação a que se refere o n.º 1 não pode ser inferior a três meses de remuneração base.

4 – Presume-se que o trabalhador aceita o despedimento quando recebe a compensação prevista neste artigo.

ARTIGO 267.º
Manutenção do nível de emprego

1 – Da cessação do contrato com fundamento na inadaptação do trabalhador não pode resultar diminuição do volume de emprego no órgão ou serviço.

2 – A manutenção do volume de emprego deve ser assegurada no prazo de 180 dias, a contar da cessação do contrato, admitindo-se, para o efeito, qualquer das seguintes situações:

 a) Admissão de trabalhador;
 b) Colocação de outro trabalhador no posto de trabalho no decurso do processo, visando a extinção do seu anterior posto de trabalho.

SUBSECÇÃO II
Procedimento

DIVISÃO I
Despedimento por inadaptação

ARTIGO 268.º
Comunicações

1 – No caso de despedimento por inadaptação, a entidade empregadora pública comunica, por escrito, ao trabalhador, à comissão de trabalhadores e às associações sindicais representativas, designadamente àquela em que o trabalhador esteja filiado, a necessidade de fazer cessar o contrato.

Lei n.º 59/2008, de 11 de Setembro 275

2 – A comunicação a que se refere o número anterior é acompanhada de:

a) Indicação dos motivos invocados para a cessação do contrato;
b) Indicação das modificações introduzidas no posto de trabalho, dos resultados da formação ministrada e do período de adaptação facultado, nos casos do n.º 1 do artigo 261.º;
c) Indicação da inexistência de outro posto de trabalho que seja compatível com a categoria do trabalhador, no caso da alínea *d)* do n.º 1 do artigo 261.º

ARTIGO 269.º
Consultas

1 – Dentro do prazo de 10 dias a contar da comunicação a que se refere o artigo anterior, a estrutura representativa dos trabalhadores emite parecer fundamentado quanto aos motivos invocados para o despedimento.

2 – Dentro do mesmo prazo o trabalhador pode deduzir oposição à cessação do contrato, oferecendo os meios de prova que considere pertinentes.

ARTIG 270.º
Decisão

1 – Decorridos cinco dias sobre o termo do prazo a que se refere o n.º 1 do artigo anterior, em caso de cessação do contrato, e sem prejuízo da eventual colocação do trabalhador em situação de mobilidade especial, nos termos da lei, a entidade empregadora pública profere, por escrito, decisão fundamentada de que conste:

a) Motivo da cessação do contrato;
b) Verificação dos requisitos previstos no artigo 261.º, com justificação de inexistência de posto de trabalho alternativo ou menção da recusa de aceitação das alternativas propostas;
c) Montante da compensação, assim como a forma e o lugar do seu pagamento;
d) Data da cessação do contrato.

276   *Regime do Contrato de Trabalho em Funções Públicas*

2 – A decisão é comunicada, por cópia ou transcrição, ao trabalhador e às estruturas de representação colectiva de trabalhadores nos termos estabelecidos no n.° 1 do artigo 268.°

SUBSECÇÃO III
Ilicitude do despedimento

ARTIGO 271.°
Princípio geral

Sem prejuízo do disposto nos artigos seguintes e em legislação especial, qualquer tipo de despedimento é ilícito:

a) Se não tiver sido precedido do respectivo procedimento;
b) Se se fundar em motivos políticos, ideológicos, étnicos ou religiosos, ainda que com invocação de motivo diverso;
c) Se forem declarados improcedentes os motivos justificativos invocados para o despedimento.

ARTIGO 272.°
Despedimento por inadaptação

O despedimento por inadaptação é ainda ilícito se:

a) Faltarem os requisitos do artigo 261.°;
b) Não tiverem sido feitas as comunicações previstas no artigo 268.°;
c) Não tiver sido posta à disposição do trabalhador despedido, até ao termo do prazo de aviso prévio, a compensação a que se refere o artigo 266.° e bem assim os créditos vencidos ou exigíveis em virtude da cessação do contrato.

ARTIGO 273.°
Suspensão do despedimento

O trabalhador pode requerer a suspensão da eficácia do acto de despedimento nos termos do Código de Processo nos Tribunais Administrativos.

Artigo 274.º
Impugnação do despedimento

1 – O acto de despedimento pode ser objecto de apreciação jurisdicional nos termos do Código de Processo nos Tribunais Administrativos.

2 – A acção tem de ser intentada no prazo de um ano a contar da data do despedimento.

3 – A entidade empregadora pública apenas pode invocar factos e fundamentos constantes da decisão de despedimento comunicada ao trabalhador.

Artigo 275.º
Efeitos da ilicitude

Sendo o despedimento declarado ilícito, a entidade empregadora pública é condenada:

a) A indemnizar o trabalhador por todos os danos, patrimoniais e não patrimoniais, causados;

b) A reintegrá-lo no seu posto de trabalho sem prejuízo da sua categoria e antiguidade.

Artigo 276.º
Compensação

1 – Sem prejuízo da indemnização prevista na alínea a) do artigo anterior, o trabalhador tem direito a receber as remunerações que deixou de auferir desde a data do despedimento até ao trânsito em julgado da decisão do tribunal.

2 – Ao montante apurado nos termos da segunda parte do número anterior deduzem-se as importâncias que o trabalhador tenha comprovadamente obtido com a cessação do contrato e que não receberia se não fosse o despedimento.

3 – O montante do subsídio de desemprego auferido pelo trabalhador é deduzido na compensação, devendo a entidade empregadora pública entregar essa quantia à segurança social, no caso de ter sido esta a entidade pagadora da prestação.

278 *Regime do Contrato de Trabalho em Funções Públicas*

4 – Da importância calculada nos termos da segunda parte do n.° 1 é deduzido o montante das remunerações respeitantes ao período decorrido desde a data do despedimento até 30 dias antes da data da propositura da acção, se esta não for proposta nos 30 dias subsequentes ao despedimento.

Artigo 277.°
Reintegração

O trabalhador pode optar pela reintegração no órgão ou serviço até à sentença do tribunal.

Artigo 278.°
Indemnização em substituição da reintegração

1 – Em substituição da reintegração pode o trabalhador optar por uma indemnização, cabendo ao tribunal fixar o montante, entre 15 e 45 dias de remuneração base por cada ano completo ou fracção de antiguidade no exercício de funções públicas, atendendo ao valor da remuneração e ao grau de ilicitude decorrente do disposto no artigo 271.°

2 – Para efeitos do número anterior, o tribunal deve atender a todo o tempo decorrido desde a data do despedimento até ao trânsito em julgado da decisão jurisdicional.

3 – A indemnização prevista no n.° 1 não pode ser inferior a três meses de remuneração base.

Artigo 279.°
Regras especiais relativas ao contrato a termo

1 – Ao contrato a termo aplicam-se as regras gerais de cessação do contrato, com as alterações constantes do número seguinte.

2 – Sendo o despedimento declarado ilícito, a entidade empregadora pública é condenada:

a) No pagamento da indemnização pelos prejuízos causados, não devendo o trabalhador receber uma compensação inferior à importância correspondente ao valor das remunerações que deixou de auferir desde a data do despedimento até ao termo certo

Lei n.º 59/2008, de 11 de Setembro 279

ou incerto do contrato, ou até ao trânsito em julgado da decisão do tribunal, se aquele termo ocorrer posteriormente;

b) Na reintegração do trabalhador, sem prejuízo da sua categoria, caso o termo ocorra depois do trânsito em julgado da decisão do tribunal.

SECÇÃO V
Cessação por iniciativa do trabalhador

SUBSECÇÃO I
Resolução

ARTIGO 280.º
Regras gerais

1 – Ocorrendo justa causa, pode o trabalhador fazer cessar imediatamente o contrato.

2 – Constituem justa causa de resolução do contrato pelo trabalhador, nomeadamente, os seguintes comportamentos da entidade empregadora pública:

a) Falta culposa de pagamento pontual da remuneração;
b) Violação culposa das garantias legais ou convencionais do trabalhador;
c) Aplicação de sanção ilegal;
d) Falta culposa de condições de segurança, higiene e saúde no trabalho;
e) Lesão culposa de interesses patrimoniais sérios do trabalhador;
f) Ofensas à integridade física ou moral, liberdade, honra ou dignidade do trabalhador, puníveis por lei, praticadas pela entidade empregadora pública ou seu representante legítimo.

3 – Constitui ainda justa causa de resolução do contrato pelo trabalhador:

a) Necessidade de cumprimento de obrigações legais incompatíveis com a continuação ao serviço;

280 *Regime do Contrato de Trabalho em Funções Públicas*

b) Altcração substancial e duradoura das condições de trabalho no exercício legítimo de poderes da entidade empregadora pública;

c) Falta não culposa de pagamento pontual da remuneração.

4 – Para apreciação da justa causa deve atender-se ao grau de lesão dos interesses do trabalhador e às demais circunstâncias que no caso se mostrem relevantes.

ARTIGO 281.º
Procedimento

1 – A declaração de resolução deve ser feita por escrito, com indicação sucinta dos factos que a justificam, nos 30 dias subsequentes ao conhecimento desses factos.

2 – Se o fundamento da resolução for o da alínea *a)* do n.º 3 do artigo anterior, o trabalhador deve notificar a entidade empregadora pública logo que possível.

ARTIGO 282.º
Indemnização devida ao trabalhador

1 – A resolução do contrato com fundamento nos factos previstos no n.º 2 do artigo 280.º confere ao trabalhador o direito a uma indemnização por todos os danos patrimoniais e não patrimoniais sofridos, devendo esta corresponder a uma indemnização a fixar entre 15 e 45 dias de remuneração base por cada ano completo de antiguidade no exercício de funções públicas.

2 – No caso de fracção de ano, o valor de referência previsto na segunda parte do número anterior é calculado proporcionalmente, mas, independentemente da antiguidade do trabalhador, a indemnização nunca pode ser inferior a três meses de remuneração base.

3 – No caso de contrato a termo, a indemnização prevista nos números anteriores não pode ser inferior à quantia correspondente às remunerações vincendas.

Lei n.º 59/2008, de 11 de Setembro

ARTIGO 283.º
Impugnação da resolução

1 – A resolução do contrato pode ser objecto de apreciação jurisdicional nos termos do Código de Processo nos Tribunais Administrativos.

2 – A acção tem de ser intentada no prazo de um ano a contar da data da resolução.

3 – Na acção em que for apreciada a ilicitude da resolução apenas são atendíveis para a justificar os factos constantes da comunicação referida no n.º 1 do artigo 281.º

ARTIGO 284.º
Resolução ilícita

No caso de ter sido impugnada a resolução do contrato com base em ilicitude do procedimento previsto no n.º 1 do artigo 281.º, o trabalhador pode corrigir o vício até ao termo do prazo para contestar, não se aplicando, no entanto, este regime mais de uma vez.

ARTIGO 285.º
Responsabilidade do trabalhador em caso de resolução ilícita

A resolução do contrato pelo trabalhador com invocação de justa causa, quando esta não tenha sido provada, confere à entidade empregadora pública o direito a uma indemnização pelos prejuízos causados não inferior ao montante calculado nos termos do artigo 287.º

SUBSECÇÃO II
Denúncia

ARTIGO 286.º
Aviso prévio

1 – O trabalhador pode denunciar o contrato independentemente de justa causa, mediante comunicação escrita enviada à entidade empre-

282 *Regime do Contrato de Trabalho em Funções Públicas*

gadora pública com a antecedência mínima de 30 ou 60 dias, conforme tenha, respectivamente, até dois anos ou mais de dois anos de antiguidade no órgão ou serviço.

2 – Sendo o contrato a termo, o trabalhador que se pretenda desvincular antes do decurso do prazo acordado deve avisar a entidade empregadora pública com a antecedência mínima de 30 dias, se o contrato tiver duração igual ou superior a seis meses, ou de 15 dias, se for de duração inferior.

3 – No caso de contrato a termo incerto, para o cálculo do prazo de aviso prévio a que se refere o número anterior atender-se-á ao tempo de duração efectiva do contrato.

ARTIGO 287.º
Falta de cumprimento do prazo de aviso prévio

Se o trabalhador não cumprir, total ou parcialmente, o prazo de aviso prévio estabelecido no artigo anterior, fica obrigado a pagar à entidade empregadora pública uma indemnização de valor igual à remuneração base correspondente ao período de antecedência em falta, sem prejuízo da responsabilidade civil pelos danos eventualmente causados em virtude da inobservância do prazo de aviso prévio ou emergentes da violação de obrigações assumidas em pacto de permanência.

ARTIGO 288.º
Não produção de efeitos da declaração
de cessação do contrato

1 – A declaração de cessação do contrato por iniciativa do trabalhador, tanto por resolução como por denúncia, pode por este ser revogada por qualquer forma até ao 7.º dia seguinte à data em que chega ao poder da entidade empregadora pública.

2 – No caso de não ser possível assegurar a recepção da comunicação prevista no número anterior, o trabalhador deve remetê-la à entidade empregadora pública, por carta registada com aviso de recepção, no dia útil subsequente ao fim desse prazo.

3 – A cessação prevista no n.º 1 só é eficaz se, em simultâneo com a comunicação, o trabalhador entregar ou puser por qualquer forma à dis-

Lei n.º 59/2008, de 11 de Setembro 283

posição da entidade empregadora pública, na totalidade, o valor das compensações pecuniárias eventualmente pagas em consequência da cessação do contrato.

4 – Para a cessação do vínculo, a entidade empregadora pública pode exigir que os documentos de onde conste a declaração prevista no n.º 1 do artigo 281.º e o aviso prévio a que se refere o n.º 1 do artigo 286.º tenham a assinatura do trabalhador objecto de reconhecimento notarial presencial.

TÍTULO III
Direito colectivo

SUBTÍTULO I
Sujeitos

CAPÍTULO I
Estruturas de representação colectiva dos trabalhadores

SECÇÃO I
Princípios

SUBSECÇÃO I
Disposições gerais

ARTIGO 289.º
Estruturas de representação colectiva dos trabalhadores

Para defesa e prossecução colectivas dos seus direitos e interesses, podem os trabalhadores constituir:

a) Comissões de trabalhadores e subcomissões de trabalhadores;
b) Associações sindicais.

Artigo 290.º
Autonomia e independência

1 – Sem prejuízo das formas de apoio previstas na lei, não podem as entidades empregadoras públicas promover a constituição, manter ou financiar o funcionamento, por quaisquer meios, das estruturas de representação colectiva dos trabalhadores ou, por qualquer modo, intervir na sua organização e direcção, assim como impedir ou dificultar o exercício dos seus direitos.

2 – As estruturas de representação colectiva são independentes do Estado, dos partidos políticos, das instituições religiosas e de quaisquer associações de outra natureza, sendo proibida qualquer ingerência destes na sua organização e direcção, bem como o seu recíproco financiamento.

3 – O Estado pode apoiar as estruturas de representação colectiva dos trabalhadores, nos termos previstos na lei.

4 – O Estado não pode discriminar as estruturas de representação colectiva dos trabalhadores relativamente a quaisquer outras entidades associativas.

Artigo 291.º
Proibição de actos discriminatórios

É proibido e considerado nulo todo o acordo ou acto que vise:

a) Subordinar o emprego do trabalhador à condição de este se filiar ou não se filiar numa associação sindical ou de se retirar daquela em que esteja inscrito;

b) Despedir, mudar de local de trabalho ou, por qualquer modo, prejudicar um trabalhador devido ao exercício dos direitos relativos à participação em estruturas de representação colectiva ou pela sua filiação ou não filiação sindical.

Lei n.º 59/2008, de 11 de Setembro 285

SUBSECÇÃO II
Protecção especial dos representantes dos trabalhadores

Artigo 292.º
Crédito de horas

1 – Beneficiam de crédito de horas, nos termos previstos neste Regime, os trabalhadores eleitos para as estruturas de representação colectiva.

2 – O crédito de horas é referido ao período normal de trabalho e conta como tempo de serviço efectivo.

3 – Sempre que pretendam exercer o direito ao gozo do crédito de horas, os trabalhadores devem avisar, por escrito, a entidade empregadora pública com a antecedência mínima de dois dias, salvo motivo atendível.

Artigo 293.º
Faltas

1 – As ausências dos trabalhadores eleitos para as estruturas de representação colectiva no desempenho das suas funções e que excedam o crédito de horas consideram-se faltas justificadas e contam, salvo para efeito de remuneração, como tempo de serviço efectivo.

2 – Relativamente aos delegados sindicais, apenas se consideram justificadas, para além das que correspondam ao gozo do crédito de horas, as ausências motivadas pela prática de actos necessários e inadiáveis no exercício das suas funções, as quais contam, salvo para efeito de remuneração, como tempo de serviço efectivo.

3 – As ausências a que se referem os números anteriores são comunicadas, por escrito, com um dia de antecedência, com referência às datas e ao número de dias de que os respectivos trabalhadores necessitam para o exercício das suas funções, ou, em caso de impossibilidade de previsão, nas quarenta e oito horas imediatas ao primeiro dia de ausência.

4 – A inobservância do disposto no número anterior torna as faltas injustificadas.

Artigo 294.º
Protecção em caso
de procedimento disciplinar e despedimento

1 – A suspensão preventiva de trabalhador eleito para as estruturas de representação colectiva não obsta a que o mesmo possa ter acesso aos locais e actividades que se compreendam no exercício normal dessas funções.

2 – O despedimento de trabalhador candidato a corpos sociais das associações sindicais, bem como do que exerça ou haja exercido funções nos mesmos corpos sociais há menos de três anos, presume-se feito sem justa causa ou motivo justificativo.

3 – No caso de o trabalhador despedido ser representante sindical ou membro de comissão de trabalhadores, tendo sido interposta providência cautelar de suspensão da eficácia do acto de despedimento, esta só não é decretada se o tribunal concluir pela existência de probabilidade séria de verificação da justa causa ou do motivo justificativo invocados.

4 – As acções administrativas que tenham por objecto litígios relativos ao despedimento dos trabalhadores referidos no número anterior têm natureza urgente.

5 – Sem prejuízo do disposto no número seguinte, não havendo justa causa ou motivo justificativo, o trabalhador despedido tem o direito de optar entre a reintegração no órgão ou serviço e uma indemnização calculada nos termos previstos no n.º 1 do artigo 278.º ou estabelecida em instrumento de regulamentação colectiva de trabalho, e nunca inferior à remuneração base correspondente a seis meses.

6 – No caso de despedimento decidido em procedimento disciplinar, a indemnização em substituição da reintegração a que se refere o número anterior é calculada nos termos previstos no Estatuto Disciplinar dos Trabalhadores Que Exercem Funções Públicas.

Artigo 295.º
Protecção em caso de mudança de local de trabalho

1 – Os trabalhadores eleitos para as estruturas de representação colectiva, bem como na situação de candidatos e até dois anos após o fim do respectivo mandato, não podem ser mudados de local de trabalho sem o seu acordo expresso e sem audição da estrutura a que pertencem.

Lei n.º 59/2008, de 11 de Setembro 287

2 – O disposto no número anterior não é aplicável quando a mudança de local de trabalho resultar da mudança de instalações do órgão ou serviço ou decorrer de normas legais aplicáveis a todos os seus trabalhadores

SUBSECÇÃO III
Informação e consulta

Artigo 296.º
Deveres de informação e consulta

A entidade empregadora pública é obrigada a prestar informações e a proceder a consultas, nos termos da lei.

Artigo 297.º
Justificação e controlo

1 – A não prestação de informações ou a não realização de consultas a que se refere o artigo anterior devem ser justificadas por escrito, com base em critérios legais objectivamente aferíveis.

2 – A recusa de prestação de informações ou de realização de consultas podem ser objecto de apreciação administrativa e jurisdicional, nos termos da lei sobre acesso a informação administrativa e do Código de Processo nos Tribunais Administrativos.

SECÇÃO II
Comissões de trabalhadores

SUBSECÇÃO I
Constituição, estatutos e eleição das comissões e das subcomissões de trabalhadores

ARTIGO 298.º
Princípios gerais

1 – É direito dos trabalhadores criarem em cada órgão ou serviço uma comissão de trabalhadores para defesa dos seus interesses e para o exercício dos direitos previstos na Constituição.

2 – Nos órgãos ou serviços com estabelecimentos periféricos ou unidades orgânicas desconcentradas os respectivos trabalhadores podem constituir subcomissões de trabalhadores.

3 – Podem ser criadas comissões coordenadoras para articulação de actividades das comissões de trabalhadores constituídas nos órgãos ou serviços do mesmo ministério ou nos órgãos ou serviços de diferentes ministérios que prossigam atribuições de natureza análoga, bem como para o desempenho de outros direitos consignados na lei.

ARTIGO 299.º
Personalidade e capacidade

1 – As comissões de trabalhadores adquirem personalidade jurídica pelo registo dos seus estatutos no ministério responsável pela área da Administração Pública.

2 – A capacidade das comissões de trabalhadores abrange todos os direitos e obrigações necessários ou convenientes para a prossecução dos fins previstos na lei.

ARTIGO 300.º
Remissão

A constituição, estatutos e eleição das comissões, das subcomissões de trabalhadores e das comissões coordenadoras é regulada pelo anexo II, «Regulamento».

ARTIGO 301.º
Composição das comissões de trabalhadores

O número de membros das comissões de trabalhadores não pode exceder:

    a) Em órgãos ou serviços com menos de 50 trabalhadores – 2 membros;
    b) Em órgãos ou serviços com 51 a 200 trabalhadores – 3 membros;
    c) Em órgãos ou serviços com 201 a 500 trabalhadores – 3 a 5 membros;
    d) Em órgãos ou serviços com 501 a 1000 trabalhadores – 5 a 7 membros;
    e) Em órgãos ou serviços com mais de 1000 trabalhadores – 7 a 11 membros.

ARTIGO 302.º
Subcomissões de trabalhadores

1 – O número de membros das subcomissões de trabalhadores não pode exceder:

    a) Nos estabelecimentos ou unidades orgânicas com 50 a 200 trabalhadores – 3 membros;
    b) Nos estabelecimentos ou unidades orgânicas com mais de 200 trabalhadores – 5 membros.

2 – Nos estabelecimentos ou unidades orgânicas com menos de 50 trabalhadores, a função das subcomissões de trabalhadores é assegurada por um só trabalhador.

SUBSECÇÃO II
Direitos em geral

ARTIGO 303.º
Direitos das comissões
e das subcomissões de trabalhadores

1 – As comissões de trabalhadores têm os direitos que lhes são conferidos na Constituição, regulamentados no anexo II, «Regulamento».

2 – Os direitos das subcomissões de trabalhadores são regulados no anexo II, «Regulamento».

3 – As comissões e as subcomissões de trabalhadores não podem, através do exercício dos seus direitos e do desempenho das suas funções, prejudicar o normal funcionamento do órgão ou serviço.

ARTIGO 304.º
Crédito de horas

1 – Para o exercício da sua actividade, cada um dos membros das seguintes entidades dispõe de crédito de horas não inferior aos seguintes montantes:

a) Subcomissões de trabalhadores – oito horas mensais;
b) Comissões de trabalhadores – vinte e cinco horas mensais;
c) Comissões coordenadoras – vinte horas mensais.

2 – Nos órgãos ou serviços com menos de 50 trabalhadores o crédito de horas referido no número anterior é reduzido a metade.

3 – Nos órgãos ou serviços com mais de 1000 trabalhadores, as comissões de trabalhadores podem optar:

a) Por um montante global, que é apurado pela seguinte fórmula: $C = n \times 25$, em que C é o crédito de horas e n o número de membros da comissão de trabalhadores; ou

b) Por dispor de um dos seus membros durante metade do seu período normal de trabalho, independentemente dos créditos referidos no n.º 1.

Lei n.º 59/2008, de 11 de Setembro 291

4 – Tem de ser tomada por unanimidade a opção prevista no número anterior, bem como, no caso da alínea *a*), a distribuição do montante global do crédito de horas pelos diversos membros da comissão de trabalhadores, não podendo ser atribuídas a cada um mais de quarenta horas mensais.

5 – Os membros das entidades referidas no n.º 1 ficam obrigados, para além do limite aí estabelecido, e ressalvado o disposto nos n.ᵒˢ 2 a 4, à prestação de trabalho nas condições normais.

6 – Não pode haver lugar a acumulação de crédito de horas pelo facto de um trabalhador pertencer a mais de uma das entidades referidas no n.º 1.

ARTIGO 305.º
Reuniões dos trabalhadores

1 – Salvo o disposto nos números seguintes, as comissões de trabalhadores devem marcar as reuniões gerais a realizar nos locais de trabalho fora do horário de trabalho observado pela generalidade dos trabalhadores e sem prejuízo da execução normal da actividade no caso de trabalho por turnos ou de trabalho extraordinário.

2 – Podem realizar-se reuniões gerais de trabalhadores nos locais de trabalho durante o horário de trabalho observado pela generalidade dos trabalhadores até um máximo de quinze horas por ano, desde que se assegure o funcionamento dos serviços de natureza urgente e essencial.

3 – Para efeito do número anterior, as comissões ou as subcomissões de trabalhadores são obrigadas a comunicar aos órgãos de direcção do órgão ou serviço a realização das reuniões com a antecedência mínima de quarenta e oito horas.

ARTIGO 306.º
Apoio às comissões de trabalhadores

1 – Os órgãos de direcção dos órgãos e serviços devem pôr à disposição das comissões ou subcomissões de trabalhadores as instalações adequadas, bem como os meios materiais e técnicos necessários ao desempenho das suas atribuições.

2 – As comissões e subcomissões de trabalhadores têm igualmente direito a distribuir informação relativa aos interesses dos trabalhadores, bem como à sua afixação em local adequado que for destinado para esse efeito.

Artigo 307.º
Exercício abusivo

1 – O exercício dos direitos por parte dos membros das comissões de trabalhadores, comissões coordenadoras e subcomissões de trabalhadores, quando considerado abusivo, é passível de responsabilidade disciplinar, civil ou criminal, nos termos gerais.

2 – Durante a tramitação do respectivo processo judicial, o membro ou membros visados mantêm-se em funções, não podendo ser prejudicados, quer nas suas funções no órgão a que pertençam, quer na sua actividade profissional.

SECÇÃO III
Associações sindicais

SUBSECÇÃO I
Disposições preliminares

Artigo 308.º
Direito de associação sindical

1 – Os trabalhadores têm o direito de constituir associações sindicais a todos os níveis para defesa e promoção dos seus interesses sócio-profissionais.

2 – As associações sindicais abrangem sindicatos, federações, uniões e confederações.

3 – Os estatutos das federações, uniões ou confederações podem admitir a representação directa dos trabalhadores não representados em sindicatos.

Lei n.º 59/2008, de 11 de Setembro 293

ARTIGO 309.º
Noções

Entende-se por:

a) «Sindicato» – associação permanente de trabalhadores para defesa e promoção dos seus interesses sócio-profissionais;
b) «Federação» – associação de sindicatos de trabalhadores da mesma profissão ou do mesmo sector de actividade;
c) «União» – associação de sindicatos de base regional;
d) «Confederação» – associação nacional de sindicatos;
e) «Secção sindical de órgão ou serviço» – conjunto de trabalhadores de um órgão ou serviço, estabelecimento periférico ou unidade orgânica desconcentrada filiados no mesmo sindicato;
f) «Comissão sindical de órgão ou serviço» – organização dos delegados sindicais do mesmo sindicato no órgão ou serviço, estabelecimento periférico ou unidade orgânica desconcentrada;
g) «Comissão intersindical de órgão ou serviço» – organização dos delegados das comissões sindicais do órgão ou serviço de uma confederação, desde que abranjam no mínimo cinco delegados sindicais, ou de todas as comissões sindicais do órgão ou serviço, estabelecimento periférico ou unidade orgânica desconcentrada.

ARTIGO 310.º
Direitos

1 – As associações sindicais têm, nomeadamente, o direito de:

a) Celebrar acordos colectivos de trabalho;
b) Prestar serviços de carácter económico e social aos seus associados;
c) Participar na elaboração da legislação do trabalho;
d) Participar nos procedimentos relativos aos trabalhadores no âmbito de processos de reorganização de órgãos ou serviços;
e) Estabelecer relações ou filiar-se em organizações sindicais internacionais.

2 – É reconhecida às associações sindicais legitimidade processual para defesa dos direitos e interesses colectivos e para a defesa colectiva dos direitos e interesses individuais legalmente protegidos dos trabalhadores que representem.

3 – As associações sindicais beneficiam da isenção do pagamento das custas para defesa dos direitos e interesses colectivos, aplicando-se no demais o regime previsto no Regulamento das Custas Processuais.

ARTIGO 311.º
Princípios

As associações sindicais devem reger-se pelos princípios da organização e da gestão democráticas.

ARTIGO 312.º
Liberdade sindical individual

1 – No exercício da liberdade sindical, é garantida aos trabalhadores, sem qualquer discriminação, a liberdade de inscrição em sindicato que, na área da sua actividade, represente a categoria respectiva.

2 – O trabalhador não pode estar simultaneamente filiado a título da mesma profissão ou actividade em sindicatos diferentes.

3 – Pode manter a qualidade de associado o prestador de trabalho que deixe de exercer a sua actividade, mas não passe a exercer outra não representada pelo mesmo sindicato ou não perca a condição de trabalhador subordinado.

4 – O trabalhador pode retirar-se a todo o tempo do sindicato em que esteja filiado, mediante comunicação escrita enviada com a antecedência mínima de 30 dias.

SUBSECÇÃO II
Organização sindical

Artigo 313.º
Auto-regulamentação, eleição e gestão

As associações sindicais regem-se por estatutos e regulamentos por elas aprovados, elegem livre e democraticamente os titulares dos corpos sociais de entre os associados e organizam a sua gestão e actividade.

Artigo 314.º
Independência

É incompatível o exercício de cargos de direcção de associações sindicais com o exercício de quaisquer cargos de direcção em partidos políticos, instituições religiosas ou outras associações relativamente às quais exista conflito de interesses.

Artigo 315.º
Regime subsidiário

1 – As associações sindicais estão sujeitas ao regime geral do direito de associação em tudo o que não contrarie este Regime ou a natureza específica da autonomia sindical.

2 – Não são aplicáveis às associações sindicais as normas do regime geral do direito de associação susceptíveis de determinar restrições inadmissíveis à liberdade de organização dos sindicatos.

Artigo 316.º
Registo e aquisição de personalidade

1 – As associações sindicais adquirem personalidade jurídica pelo registo dos seus estatutos no ministério responsável pela área laboral.

2 – O requerimento do registo de qualquer associação sindical, assinado pelo presidente da mesa da assembleia constituinte ou de assembleia

de representantes de associados, deve ser acompanhado dos estatutos aprovados, de certidão ou cópia certificada da acta da assembleia, com as folhas de presenças e respectivos termos de abertura e encerramento.

3 – O ministério responsável pela área laboral, após o registo:

a) Publica os estatutos no *Boletim do Trabalho e Emprego* nos 30 dias posteriores à sua recepção;

b) Remete certidão ou fotocópia certificada da acta da assembleia constituinte ou de assembleia de representantes de associados, dos estatutos e do pedido de registo, acompanhados de uma apreciação fundamentada sobre a legalidade da constituição da associação e dos estatutos, dentro do prazo de oito dias a contar da publicação, ao magistrado do Ministério Público no tribunal competente.

4 – No caso de a constituição ou os estatutos da associação serem desconformes com a lei, o magistrado do Ministério Público promove, dentro do prazo de 15 dias, a contar da recepção, a declaração judicial de extinção da associação.

5 – As associações sindicais só podem iniciar o exercício das respectivas actividades depois da publicação dos estatutos no *Boletim do Trabalho e Emprego* ou, na falta desta, depois de decorridos 30 dias após o registo.

6 – O ministério responsável pela área laboral remete, oficiosamente, ao membro do Governo responsável pela área da Administração Pública cópia dos estatutos da associação sindical.

ARTIGO 317.º

Alterações dos estatutos

1 – A alteração dos estatutos fica sujeita a registo e ao disposto nos n.ᵒˢ 2 a 4 e 6 do artigo anterior, com as necessárias adaptações.

2 – As alterações a que se refere o número anterior só produzem efeitos em relação a terceiros após a publicação dos estatutos no *Boletim do Trabalho e Emprego* ou, na falta desta, depois de decorridos 30 dias a contar do registo.

Artigo 318.º
Conteúdo dos estatutos

1 – Com os limites dos artigos seguintes, os estatutos devem conter e regular:

a) A denominação, a localidade da sede, o âmbito subjectivo, objectivo e geográfico, os fins e a duração, quando a associação não se constitua por período indeterminado;

b) A aquisição e a perda da qualidade de associado, bem como os respectivos direitos e deveres;

c) Os princípios gerais em matéria disciplinar;

d) Os respectivos órgãos, entre os quais deve haver uma assembleia geral ou uma assembleia de representantes de associados, um órgão colegial de direcção e um conselho fiscal, bem como o número de membros e o funcionamento daqueles;

e) No caso de estar prevista uma assembleia de representantes, os princípios reguladores da respectiva eleição, tendo em vista a representatividade desse órgão;

f) O exercício do direito de tendência;

g) O regime de administração financeira, o orçamento e as contas;

h) O processo de alteração dos estatutos;

i) A extinção, dissolução e consequente liquidação, bem como o destino do respectivo património.

2 – A denominação deve identificar o âmbito subjectivo, objectivo e geográfico da associação e não pode confundir-se com a denominação de outra associação existente.

3 – As associações sindicais têm obrigatoriamente sede em território nacional.

4 – No caso de os estatutos preverem a existência de uma assembleia de representantes de associados, nomeadamente um congresso ou conselho geral, esta exerce os direitos previstos na lei para a assembleia geral.

Artigo 319.º
Princípios da organização e da gestão democráticas

No respeito pelos princípios da organização e da gestão democráticas, as associações sindicais devem reger-se, nomeadamente, em obediência às seguintes regras:

a) Todo o associado no gozo dos seus direitos sindicais tem o direito de participar na actividade da associação, incluindo o de eleger e ser eleito para a direcção e ser nomeado para qualquer cargo associativo, sem prejuízo de poderem estabelecer-se requisitos de idade e de tempo de inscrição;

b) A assembleia geral reúne-se ordinariamente, pelo menos, uma vez por ano;

c) Deve ser possibilitado a todos os associados o exercício efectivo do direito de voto, podendo os estatutos prever para tanto a realização simultânea de assembleias gerais por áreas regionais ou secções de voto, ou outros sistemas compatíveis com as deliberações a tomar;

d) Nenhum associado pode estar representado em mais do que um dos órgãos electivos;

e) São asseguradas iguais oportunidades a todas as listas concorrentes às eleições para a direcção, devendo constituir-se para fiscalizar o processo eleitoral uma comissão eleitoral composta pelo presidente da mesa da assembleia geral e por representantes de cada uma das listas concorrentes;

f) Com as listas, os proponentes apresentam o seu programa de acção, o qual, juntamente com aquelas, deve ser amplamente divulgado, por forma que todos os associados dele possam ter conhecimento prévio, nomeadamente pela sua exposição em lugar bem visível na sede da associação durante o prazo mínimo de oito dias;

g) O mandato dos membros da direcção não pode ter duração superior a quatro anos, sendo permitida a reeleição para mandatos sucessivos;

h) Os corpos sociais podem ser destituídos por deliberação da assembleia geral, devendo os estatutos regular os termos da destituição e da gestão da associação sindical até ao início de funções de novos corpos sociais;

i) As assembleias gerais devem ser convocadas com ampla publicidade, indicando-se a hora, local e objecto, e devendo ser publicada a convocatória com antecedência mínima de três dias em um dos

Lei n.º 59/2008, de 11 de Setembro 299

jornais da localidade da sede da associação sindical ou, não o havendo, em um dos jornais aí mais lidos;
j) A convocação das assembleias gerais compete ao presidente da respectiva mesa, por sua iniciativa ou a pedido da direcção, ou de 10 % ou 200 dos associados.

ARTIGO 320.º
Participação nos processos eleitorais

Os associados têm os direitos previstos no anexo II, «Regulamento», em matéria de participação em processos eleitorais que se desenvolvam no âmbito da associação sindical.

ARTIGO 321.º
Regime disciplinar

O regime disciplinar deve assegurar o procedimento escrito e o direito de defesa do associado, devendo a sanção de expulsão ser apenas aplicada aos casos de grave violação de deveres fundamentais.

ARTIGO 322.º
Aquisição e impenhorabilidade de bens

1 – Os bens móveis e imóveis cuja utilização seja estritamente indispensável ao funcionamento das associações sindicais são impenhoráveis.

2 – Os bens imóveis destinados ao exercício de actividades compreendidas nos fins próprios das associações sindicais não gozam da impenhorabilidade estabelecida no número anterior sempre que, cumulativamente, se verifiquem as seguintes condições:

a) A aquisição, construção, reconstrução, modificação ou beneficiação desses bens seja feita mediante recurso a financiamento por terceiros com garantia real, previamente registada;
b) O financiamento por terceiros e as condições de aquisição sejam objecto de deliberação da assembleia geral de associados ou de órgão deliberativo estatutariamente competente.

Artigo 323.º
Publicidade dos membros da direcção

1 – O presidente da mesa da assembleia geral deve remeter a identificação dos membros da direcção, bem como cópia da acta da assembleia que os elegeu, ao ministério responsável pela área laboral no prazo de 10 dias após a eleição, para publicação imediata no *Boletim do Trabalho e Emprego*.

2 – O ministério responsável pela área laboral remete, oficiosamente, ao membro do Governo responsável pela área da Administração Pública cópia da documentação referida no número anterior.

Artigo 324.º
Dissolução e destino dos bens

Em caso de dissolução de uma associação sindical, os respectivos bens não podem ser distribuídos pelos associados.

Artigo 325.º
Cancelamento do registo

1 – A extinção judicial ou voluntária da associação sindical deve ser comunicada ao ministério responsável pela área laboral que procede ao cancelamento do respectivo registo, produzindo efeitos a partir da respectiva publicação no *Boletim do Trabalho e Emprego*.

2 – O ministério responsável pela área laboral comunica, oficiosamente, ao membro do Governo responsável pela área da Administração Pública o cancelamento do registo da associação sindical.

SUBSECÇÃO III
Quotização sindical

Artigo 326.º
Garantias

1 – O trabalhador não pode ser obrigado a pagar quotas para associação sindical em que não esteja inscrito.

Lei n.º 59/2008, de 11 de Setembro 301

2 – A aplicação do sistema de cobrança e entrega de quotas sindicais não pode implicar para o trabalhador qualquer discriminação, nem o pagamento de outras quotas ou indemnizações, ou provocar-lhe sanções que, de qualquer modo, atinjam a sua liberdade de trabalho.

3 – A entidade empregadora pública pode proceder ao tratamento automatizado de dados pessoais dos trabalhadores, referentes a filiação sindical, desde que, nos termos da lei, sejam exclusivamente utilizados no processamento do sistema de cobrança e entrega de quotas sindicais, previsto nesta secção.

ARTIGO 327.º
Carteiras profissionais

A falta de pagamento das quotas não pode prejudicar a passagem de carteiras profissionais ou de quaisquer outros documentos essenciais à actividade profissional do trabalhador, quando a emissão desses documentos seja da competência das associações sindicais.

ARTIGO 328.º
Cobrança de quotas

1 – O sistema de cobrança e entrega de quotas sindicais determina para a entidade empregadora pública a obrigação de proceder à dedução do valor da quota sindical na remuneração do trabalhador, entregando essa quantia à associação sindical em que aquele está inscrito até ao dia 15 do mês seguinte.

2 – A responsabilidade pelas despesas necessárias para a entrega à associação sindical do valor da quota deduzida pela entidade empregadora pública pode ser definida por instrumento de regulamentação colectiva de trabalho ou por acordo entre entidade empregadora pública e trabalhador.

3 – O sistema de cobrança e entrega de quotas sindicais referido no n.º 1 pode resultar de:

a) Instrumento de regulamentação colectiva de trabalho;
b) Pedido expresso do trabalhador dirigido à entidade empregadora pública.

Regime do Contrato de Trabalho em Funções Públicas

4 – Na situação prevista na alínea *a*) do número anterior, a cobrança de quotas por dedução na remuneração do trabalhador com a consequente entrega à respectiva associação sindical depende ainda de declaração do trabalhador autorizando a referida dedução.

5 – Na situação prevista na alínea *b*) do n.° 3, o pedido expresso do trabalhador constitui manifestação inequívoca da sua vontade de lhe serem descontadas na remuneração as quotas sindicais.

Artigo 329.°
Declaração, pedido e revogação

1 – O sistema de cobrança e entrega de quotas sindicais, previsto no artigo anterior, mantém-se em vigor enquanto o trabalhador não revogar a sua declaração com as seguintes indicações:

a) Nome e assinatura do trabalhador;
b) Sindicato em que o trabalhador está inscrito;
c) Valor da quota estatutariamente estabelecida.

2 – O trabalhador deve enviar cópia ao sindicato respectivo da declaração de autorização ou do pedido de cobrança, previstos no artigo anterior, bem como da respectiva revogação.

3 – A declaração de autorização ou o pedido de cobrança, previstos no artigo anterior, bem como a respectiva revogação, produzem efeitos a partir do 1.° dia do mês seguinte ao da sua entrega à entidade empregadora pública.

SUBSECÇÃO IV
Exercício da actividade sindical no órgão ou serviço

Artigo 330.°
Acção sindical no órgão ou serviço

1 – Os trabalhadores e os sindicatos têm direito a desenvolver actividade sindical no interior do órgão ou serviço, nomeadamente através de delegados sindicais, comissões sindicais e comissões intersindicais.

Lei n.º 59/2008, de 11 de Setembro   303

2 – O exercício do direito referido no número anterior não pode comprometer a realização do interesse público e o normal funcionamento dos órgãos ou serviços.

Artigo 331.º
Reuniões de trabalhadores

1 – Os trabalhadores podem reunir-se nos locais de trabalho, fora do horário de trabalho observado pela generalidade dos trabalhadores, mediante convocação do órgão competente da associação sindical, do delegado sindical ou da comissão sindical ou intersindical, sem prejuízo do normal funcionamento, no caso de trabalho por turnos ou de trabalho extraordinário.

2 – Os trabalhadores podem reunir-se durante o horário de trabalho observado pela generalidade dos trabalhadores até um período máximo de quinze horas por ano, que contam como tempo de serviço efectivo, desde que assegurem o funcionamento dos serviços de natureza urgente e essencial.

3 – A convocação das reuniões referidas nos números anteriores é regulada nos termos previstos no anexo II, «Regulamento».

Artigo 332.º
Delegado sindical, comissão sindical
e comissão intersindical

1 – Os delegados sindicais são eleitos e destituídos nos termos dos estatutos dos respectivos sindicatos, em escrutínio directo e secreto.

2 – Nos órgãos ou serviços em que o número de delegados o justifique, ou que compreendam estabelecimentos periféricos ou unidades orgânicas desconcentradas, podem constituir-se comissões sindicais de delegados.

3 – Sempre que num órgão ou serviço existam delegados de mais de um sindicato pode constituir-se uma comissão intersindical de delegados.

Artigo 333.º
Comunicação à entidade empregadora pública sobre eleição e destituição dos delegados sindicais

1 – As direcções dos sindicatos comunicam por escrito à entidade empregadora pública a identificação dos delegados sindicais, bem como daqueles que fazem parte de comissões sindicais e intersindicais de delegados, sendo o teor dessa comunicação publicitado nos locais reservados às informações sindicais.

2 – O mesmo deve ser observado no caso de substituição ou cessação de funções.

Artigo 334.º
Número de delegados sindicais

O número máximo de delegados sindicais que beneficiam do regime de protecção previsto neste Regime é determinado da seguinte forma:

a) Órgão ou serviço, estabelecimento periférico ou unidade orgânica desconcentrada com menos de 50 trabalhadores sindicalizados – um membro;

b) Órgão ou serviço, estabelecimento periférico ou unidade orgânica desconcentrada com 50 a 99 trabalhadores sindicalizados – dois membros;

c) Órgão ou serviço, estabelecimento periférico ou unidade orgânica desconcentrada com 100 a 199 trabalhadores sindicalizados – três membros;

d) Órgão ou serviço, estabelecimento periférico ou unidade orgânica desconcentrada com 200 a 499 trabalhadores sindicalizados – seis membros;

e) Órgão ou serviço, estabelecimento periférico ou unidade orgânica desconcentrada com 500 ou mais trabalhadores sindicalizados – seis membros, acrescendo um por cada 200 trabalhadores sindicalizados.

ARTIGO 335.º
Direito a instalações

Os titulares de cargos dirigentes dos órgãos ou serviços, estabelecimentos periféricos ou unidades orgânicas desconcentradas põem à disposição dos delegados sindicais, sempre que estes o requeiram e as condições físicas das instalações o permitam, um local apropriado ao exercício das suas funções.

ARTIGO 336.º
Direito de afixação e informação sindical

Os delegados sindicais têm o direito de afixar, no interior do órgão ou serviço e em local apropriado, para o efeito reservado pela entidade empregadora pública, textos, convocatórias, comunicações ou informações relativos à vida sindical e aos interesses sócio-profissionais dos trabalhadores, bem como proceder à sua distribuição, mas sem prejuízo, em qualquer dos casos, do funcionamento normal do órgão ou serviço.

ARTIGO 337.º
Direito a informação e consulta

1 – Os delegados sindicais gozam do direito a informação e consulta relativamente às matérias constantes das suas atribuições.

2 – O direito a informação e consulta abrange, para além de outras referidas na lei ou identificadas em acordo colectivo de trabalho, as seguintes matérias:

a) A informação sobre a evolução recente e a evolução provável das actividades do órgão ou serviço, do estabelecimento periférico ou da unidade orgânica desconcentrada e a sua situação financeira;

b) A informação e consulta sobre a situação, a estrutura e a evolução provável do emprego no órgão ou serviço e sobre as eventuais medidas de antecipação previstas, nomeadamente em caso de ameaça para o emprego;

c) A informação e consulta sobre as decisões susceptíveis de desencadear mudanças substanciais a nível da organização do trabalho ou dos contratos de trabalho.

3 – Os delegados sindicais devem requerer, por escrito, respectivamente, ao órgão de direcção do órgão ou serviço ou ao dirigente do estabelecimento periférico ou da unidade orgânica desconcentrada, os elementos de informação respeitantes às matérias referidas nos números anteriores.

4 – As informações são-lhes prestadas, por escrito, no prazo de 10 dias, salvo se, pela sua complexidade, se justificar prazo maior, que nunca deve ser superior a 30 dias.

5 – Quando esteja em causa a tomada de decisões por parte da entidade empregadora pública no exercício dos poderes de direcção e de organização decorrentes do contrato de trabalho, os procedimentos de informação e consulta deverão ser conduzidos, por ambas as partes, no sentido de alcançar, sempre que possível, o consenso.

ARTIGO 338.º
Crédito de horas dos delegados sindicais

1 – Cada delegado sindical dispõe, para o exercício das suas funções, de um crédito de doze horas por mês.

2 – O crédito de horas a que se refere o número anterior é atribuído nos termos previstos no n.º 8 do artigo 250.º do anexo II, «Regulamento», com as necessárias adaptações.

SUBSECÇÃO V
Membros da direcção das associações sindicais

ARTIGO 339.º
Crédito de horas e faltas dos membros da direcção

1 – Para o exercício das suas funções cada membro da direcção beneficia de um crédito de horas por mês e do direito a faltas justificadas para o exercício de funções sindicais.

2 – O crédito de horas a que se refere o número anterior, bem como o regime aplicável às faltas justificadas para o exercício de funções sindicais, é definido nos termos previstos no anexo II, «Regulamento».

SUBTÍTULO II
Instrumentos de regulamentação colectiva de trabalho

CAPÍTULO I
Princípios gerais

SECÇÃO I
Disposições gerais

ARTIGO 340.º
Forma

Os instrumentos de regulamentação colectiva de trabalho revestem a forma escrita, sob pena de nulidade.

ARTIGO 341.º
Limites

Os instrumentos de regulamentação colectiva de trabalho não podem conferir eficácia retroactiva a qualquer das suas cláusulas, salvo tratando-se de cláusulas de natureza pecuniária.

ARTIGO 342.º
Publicidade

A entidade empregadora pública deve afixar no órgão ou serviço, em local apropriado, a indicação dos instrumentos de regulamentação colectiva de trabalho aplicáveis.

SECÇÃO II
Concorrência e articulação entre instrumentos de regulamentação colectiva de trabalho

ARTIGO 343.°
Articulação entre acordos colectivos de trabalho

1 – Os acordos colectivos de trabalho são articulados, devendo o acordo colectivo de carreira indicar as matérias que podem ser reguladas pelos acordos colectivos de entidade empregadora pública.

2 – Na falta de acordo colectivo de carreira ou da indicação referida no número anterior, o acordo colectivo de entidade empregadora pública apenas pode regular as matérias de duração e organização do tempo de trabalho, excluindo as respeitantes a suplementos remuneratórios, e de segurança, higiene e saúde no trabalho.

ARTIGO 344.°
Instrumentos de regulamentação colectiva de trabalho não negociais

1 – Sempre que existir concorrência entre instrumentos de regulamentação colectiva de trabalho de natureza não negocial, a decisão de arbitragem necessária afasta a aplicação dos outros instrumentos.

2 – Em caso de concorrência entre os regulamentos de extensão, compete aos trabalhadores escolherem, por maioria, no prazo de 30 dias, o instrumento aplicável, comunicando a escolha à entidade empregadora pública.

3 – A declaração e a deliberação previstas no número anterior são irrevogáveis até ao termo da vigência do instrumento por eles adoptado.

4 – Na ausência de escolha pelos trabalhadores, é aplicável o instrumento de publicação mais recente.

5 – No caso de os instrumentos concorrentes terem sido publicados na mesma data, aplica-se o que regular a principal actividade da entidade empregadora pública.

Lei n.º 59/2008, de 11 de Setembro

Artigo 345.º
Instrumentos de regulamentação colectiva de trabalho negociais e não negociais

A entrada em vigor de um instrumento de regulamentação colectiva de trabalho negocial afasta a aplicação, no respectivo âmbito, de um anterior instrumento de regulamentação colectiva de trabalho não negocial.

CAPÍTULO II
Acordo colectivo de trabalho

SECÇÃO I
Princípio geral

Artigo 346.º
Promoção da contratação colectiva

O Estado deve promover a contratação colectiva, de modo que os regimes previstos em acordos colectivos de trabalho sejam aplicáveis ao maior número de trabalhadores e entidades empregadoras públicas.

SECÇÃO II
Legitimidade, representação, objecto e conteúdo

Artigo 347.º
Legitimidade e representação

1 – Têm legitimidade para celebrar acordos colectivos de carreiras gerais:

a) Pelas associações sindicais:
  i) As confederações sindicais com assento na Comissão Permanente de Concertação Social;

ii) As associações sindicais com um número de trabalhadores sindicalizados que corresponda a, pelo menos, 5 % do número total de trabalhadores que exercem funções públicas;

iii) As associações sindicais que representem trabalhadores de todas as administrações públicas e, na administração do Estado, em todos os ministérios, desde que o número de trabalhadores sindicalizados corresponda a, pelo menos, 2,5 % do número total de trabalhadores que exercem funções públicas;

b) Pelas entidades empregadoras públicas, os membros do Governo responsáveis pelas áreas das finanças e da Administração Pública.

2 – Têm legitimidade para celebrar acordos colectivos de carreiras especiais:

a) Pelas associações sindicais, as confederações sindicais com assento na Comissão Permanente de Concertação Social e as associações sindicais que representem, pelo menos, 5 % do número total de trabalhadores integrados na carreira especial em causa;

b) Pelas entidades empregadoras públicas, os membros do Governo responsáveis pelas áreas das finanças e da Administração Pública e os restantes membros do Governo interessados em função das carreiras objecto dos acordos.

3 – Têm legitimidade para celebrar acordos colectivos de entidade empregadora pública:

a) Pelas associações sindicais, as confederações sindicais com assento na Comissão Permanente de Concertação Social e as restantes associações sindicais representativas dos respectivos trabalhadores;

b) Pela entidade empregadora pública, os membros do Governo responsáveis pelas áreas das finanças e da Administração Pública e o que superintenda no órgão ou serviço, bem como a própria entidade empregadora pública.

4 – Têm ainda legitimidade para celebrar acordos colectivos de carreiras gerais as associações sindicais que apresentem uma única proposta de celebração ou de revisão de um acordo colectivo de trabalho e que, em conjunto, cumpram os critérios das subalíneas *ii*) ou *iii*) da alínea *a*) do n.° 1.

Lei n.º 59/2008, de 11 de Setembro 311

5 – No caso previsto no número anterior o processo negocial decorre conjuntamente.

6 – Os acordos colectivos de trabalho são assinados pelos representantes das associações sindicais determinadas nos termos dos números anteriores, bem como pelos membros do Governo e entidade referidos naqueles números, ou respectivos representantes.

7 – Para efeitos do disposto no número anterior, consideram-se representantes das associações sindicais:

a) Os membros das respectivas direcções com poderes para contratar;

b) As pessoas, singulares ou colectivas, mandatadas pelas direcções das associações sindicais.

8 – A revogação do mandato só é eficaz após comunicação escrita à outra parte até à data da assinatura do acordo colectivo de trabalho.

9 – Para efeitos do disposto no n.º 6, é representante da entidade empregadora pública, tenha ou não personalidade jurídica, o respectivo dirigente máximo ou aquele no qual tenha sido delegada tal competência.

ARTIGO 348.º
Conteúdo

Os acordos colectivos de trabalho devem, designadamente, regular:

a) As relações entre as partes outorgantes, em particular quanto à verificação do cumprimento do acordo colectivo de trabalho e aos meios de resolução de conflitos decorrentes da sua aplicação e revisão;

b) O âmbito temporal, nomeadamente a sobrevigência e o prazo de denúncia;

c) Os direitos e deveres recíprocos dos trabalhadores e das entidades empregadoras públicas;

d) Os processos de resolução dos litígios emergentes de contratos, instituindo mecanismos de conciliação, mediação e arbitragem;

e) A definição de serviços mínimos e dos meios necessários para os assegurar em caso de greve.

Artigo 349.º
Comissão paritária

1 – O acordo colectivo de trabalho deve prever a constituição de uma comissão formada por igual número de representantes das entidades signatárias com competência para interpretar e integrar as suas cláusulas.

2 – O funcionamento da comissão é regulado pelo acordo colectivo de trabalho.

3 – A comissão paritária só pode deliberar desde que esteja presente metade dos representantes de cada parte.

4 – A deliberação tomada por unanimidade considera-se para todos os efeitos como integrando o acordo colectivo de trabalho a que respeita, devendo ser depositada e publicada nos mesmos termos do acordo colectivo de trabalho.

5 – A deliberação tomada por unanimidade pode ser objecto de regulamento de extensão.

Artigo 350.º
Conteúdo obrigatório

O acordo colectivo de trabalho deve referir:

a) Designação das entidades celebrantes;
b) Nome e qualidade em que intervêm os representantes das entidades celebrantes;
c) Âmbito de aplicação;
d) Data de celebração;
e) Acordo colectivo de trabalho alterado e respectiva data de publicação, caso exista;
f) Prazo de vigência, caso exista;
g) Estimativa pelas entidades celebrantes do número de órgãos ou serviços e de trabalhadores abrangidos pelo acordo colectivo de trabalho.

Lei n.º 59/2008, de 11 de Setembro   313

SECÇÃO III
Negociação

ARTIGO 351.º
Proposta

1 – O processo de negociação inicia-se com a apresentação à outra parte da proposta de celebração ou de revisão de um acordo colectivo de trabalho.

2 – A proposta deve revestir forma escrita, ser devidamente fundamentada e conter os seguintes elementos:

a) Designação das entidades que a subscrevem em nome próprio e em representação de outras;

b) Indicação do acordo colectivo de trabalho que se pretende rever, sendo caso disso, e respectiva data de publicação.

ARTIGO 352.º
Resposta

1 – A entidade destinatária da proposta deve responder, de forma escrita e fundamentada, nos 30 dias seguintes à recepção daquela, salvo se houver prazo convencionado ou prazo mais longo indicado pelo proponente.

2 – A resposta deve exprimir uma posição relativa a todas as cláusulas da proposta, aceitando, recusando ou contrapropondo.

3 – A falta de resposta ou de contraproposta, no prazo fixado no n.º 1 e nos termos do número anterior, legitima a entidade proponente a requerer a conciliação.

ARTIGO 353.º
Prioridade em matéria negocial

1 – As partes devem, sempre que possível, atribuir prioridade às matérias dos suplementos remuneratórios, dos prémios de desempenho e

da duração e organização do tempo de trabalho, tendo em vista o ajuste do acréscimo global de encargos daí resultante, bem como à segurança, higiene e saúde no trabalho.

2 – A inviabilidade do acordo inicial sobre as matérias referidas no número anterior não justifica a ruptura de negociação.

Artigo 354.º
Boa fé na negociação

1 – As partes devem respeitar, no processo de negociação colectiva, o princípio de boa fé, nomeadamente respondendo com a máxima brevidade possível às propostas e contrapropostas, observando, caso exista, o protocolo negocial e fazendo-se representar em reuniões e contactos destinados à prevenção ou resolução de conflitos.

2 – Os representantes das partes no processo de negociação colectiva devem, oportunamente, fazer as necessárias consultas aos trabalhadores e às entidades empregadoras públicas interessadas, não podendo, no entanto, invocar tal necessidade para obterem a suspensão ou interrupção de quaisquer actos.

3 – Cada uma das partes do processo deve, na medida em que daí não resulte prejuízo para a defesa dos seus interesses, facultar à outra os elementos ou informações que ela solicitar.

4 – Não pode ser recusado, no decurso de processos de negociação dos acordos colectivos de entidade empregadora pública, o fornecimento de planos e relatórios de actividades e de orçamentos dos órgãos ou serviços e, em qualquer caso, a indicação do número de trabalhadores, por categoria, que se situem no âmbito de aplicação do acordo a celebrar.

Artigo 355.º
Apoio técnico da Administração

Na preparação da proposta e respectiva resposta e durante as negociações, a Direcção-Geral da Administração e do Emprego Público e os demais órgãos e serviços fornecem às partes a informação necessária de que dispõem e que por elas seja requerida.

SECÇÃO IV
Depósito

ARTIGO 356.º
Depósito

1 – O acordo colectivo de trabalho, bem como a respectiva revogação, é entregue para depósito, na Direcção-Geral da Administração e do Emprego Público, nos cinco dias subsequentes à data da assinatura.

2 – O depósito considera-se feito se não for recusado nos 15 dias seguintes à recepção do acordo colectivo de trabalho nos serviços referidos no número anterior.

ARTIGO 357.º
Recusa de depósito

1 – O depósito dos acordos colectivos de trabalho é recusado:

a) Se não obedecerem ao disposto no artigo 350.º;
b) Se não forem acompanhados dos títulos de representação exigidos no artigo 347.º;
c) Se os sujeitos outorgantes carecerem de capacidade para a sua celebração;
d) Se não tiver decorrido o prazo de 10 meses após a data da entrada em vigor do acordo colectivo de trabalho;
e) Se não for entregue o texto consolidado, no caso de ter havido três revisões.

2 – A decisão de recusa do depósito, com a respectiva fundamentação, é imediatamente notificada às partes e devolvido o respectivo acordo colectivo de trabalho.

Artigo 358.º
Alteração dos acordos

1 – Por acordo das partes, e enquanto o depósito não for efectuado ou recusado, pode ser introduzida qualquer alteração formal ou substancial ao conteúdo do acordo colectivo de trabalho entregue para esse efeito.

2 – A alteração referida no número anterior interrompe o prazo previsto no n.º 2 do artigo 356.º

SECÇÃO V
Âmbito pessoal

Artigo 359.º
Princípio da filiação

1 – O acordo colectivo de trabalho obriga as entidades empregadoras públicas abrangidas pelo seu âmbito de aplicação e os trabalhadores ao seu serviço que sejam membros das associações sindicais outorgantes.

2 – O acordo colectivo de trabalho outorgado pelas uniões, federações e confederações obriga os trabalhadores inscritos nos sindicatos representados nos termos dos estatutos daquelas organizações.

Artigo 360.º
Efeitos da filiação

Os acordos colectivos de trabalho abrangem os trabalhadores que estejam filiados nas associações signatárias no momento do início do processo negocial, bem como os que nelas se filiem durante o período de vigência dos mesmos acordos.

Artigo 361.º
Efeitos da desfiliação

1 – Em caso de desfiliação dos trabalhadores ou das respectivas associações, dos sujeitos outorgantes, o acordo colectivo de trabalho aplica-se

até ao final do prazo que dele expressamente constar ou, sendo o acordo objecto de alteração, até à sua entrada em vigor.

2 – No caso de o acordo colectivo de trabalho não ter prazo de vigência, os trabalhadores ou as respectivas associações que se tenham desfiliado dos sujeitos outorgantes são abrangidos durante o prazo mínimo de um ano.

ARTIGO 362.º
Efeitos da sucessão nas atribuições

1 – Em caso de reorganização de órgãos ou serviços com transferência das suas atribuições ou competências para outro órgão ou serviço, os acordos colectivos de entidade empregadora pública que vinculam aqueles órgãos ou serviços são aplicáveis ao órgão ou serviço integrador até ao termo dos respectivos prazos de vigência, e no mínimo durante 12 meses a contar da data da transferência, salvo se, entretanto, outro acordo colectivo de entidade empregadora pública passar a aplicar-se ao órgão ou serviço integrador.

2 – Em caso de transferência de atribuições ou de responsabilidade de gestão de órgão ou serviço para entidades públicas empresariais ou entidades privadas sob qualquer forma, o instrumento de regulamentação colectiva de trabalho que vincula aquele órgão ou serviço é aplicável a estas entidades até ao termo do respectivo prazo de vigência, e no mínimo durante 12 meses a contar da data da transferência, salvo se, entretanto, outro instrumento de regulamentação colectiva de trabalho negocial passar a aplicar-se às mesmas entidades.

SECÇÃO VI
Âmbito temporal

ARTIGO 363.º
Vigência

1 – O acordo colectivo de trabalho vigora pelo prazo que dele constar, não podendo ser inferior a um ano.

318   *Regime do Contrato de Trabalho em Funções Públicas*

2 – Decorrido o prazo de vigência aplica-se o seguinte regime:

a) O acordo colectivo de trabalho renova-se nos termos nele previstos;

b) No caso de o acordo colectivo de trabalho não regular a matéria prevista na alínea anterior, renova-se sucessivamente por períodos de um ano.

3 – O acordo colectivo de trabalho pode ter diferentes períodos de vigência para cada matéria ou grupo homogéneo de cláusulas.

4 – O disposto nos números anteriores não prejudica a aplicação do regime previsto no artigo seguinte.

ARTIGO 364.°
Sobrevigência

1 – Qualquer acordo colectivo de trabalho pode ser denunciado, independentemente do período de vigência ou das cláusulas de renovação nele previstas, decorrido o prazo de 10 anos contado desde a sua entrada em vigor ou, sendo o caso, da sua última revisão global.

2 – Havendo denúncia, o acordo colectivo de trabalho renova-se por um período de 18 meses, devendo as partes promover os procedimentos conducentes à celebração de novo acordo.

3 – Decorrido o período referido no número anterior o acordo colectivo de trabalho caduca, mantendo-se, até à entrada em vigor de um outro acordo colectivo de trabalho ou decisão arbitral, os efeitos definidos por acordo das partes ou, na sua falta, os já produzidos pelo mesmo acordo nos contratos no que respeita a:

a) Remuneração do trabalhador;

b) Duração do tempo de trabalho.

4 – Para além dos efeitos referidos no número anterior, o trabalhador beneficia dos demais direitos e garantias decorrentes da aplicação do presente Regime.

5 – Decorrido o prazo de um ano após a caducidade do acordo colectivo de trabalho sem que tenha sido celebrado um novo acordo e esgotados os meios de resolução de conflitos colectivos, qualquer das partes

Lei n.º 59/2008, de 11 de Setembro 319

pode accionar a arbitragem necessária, mediante comunicação à parte que se lhe contrapõe na negociação do acordo colectivo de trabalho e à Direcção-Geral da Administração e do Emprego Público.

ARTIGO 365.º
Denúncia

1 – O acordo colectivo de trabalho pode ser denunciado, por qualquer dos outorgantes, mediante comunicação escrita dirigida à outra parte, desde que seja acompanhada de uma proposta negocial.

2 – A denúncia deve ser feita com uma antecedência de, pelo menos, três meses, relativamente ao termo do prazo de vigência previsto no artigo 363.º ou no n.º 1 do artigo 364.º

ARTIGO 366.º
Cessação

O acordo colectivo de trabalho pode cessar:

a) Mediante revogação por acordo das partes;
b) Por caducidade, nos termos do artigo 364.º

ARTIGO 367.º
Sucessão de acordos colectivos de trabalho

1 – O acordo colectivo de trabalho posterior revoga integralmente o acordo anterior, salvo nas matérias expressamente ressalvadas pelas partes.

2 – A mera sucessão de acordos colectivos de trabalho não pode ser invocada para diminuir o nível de protecção global dos trabalhadores.

3 – Os direitos decorrentes de acordo colectivo de trabalho só podem ser reduzidos por novo acordo de cujo texto conste, em termos expressos, o seu carácter globalmente mais favorável.

4 – No caso previsto no número anterior, o novo acordo colectivo de trabalho prejudica os direitos decorrentes de acordo anterior, salvo se, no novo acordo, forem expressamente ressalvados pelas partes.

SECÇÃO VII
Cumprimento

ARTIGO 368.º
Execução

1 – No cumprimento do acordo colectivo de trabalho devem as partes, tal como os respectivos filiados, proceder de boa fé.

2 – Durante a execução do acordo colectivo de trabalho atende-se às circunstâncias em que as partes fundamentaram a decisão de contratar.

ARTIGO 369.º
Incumprimento

A parte outorgante do acordo colectivo de trabalho, bem como os respectivos filiados que faltem culposamente ao cumprimento das obrigações dele emergentes são responsáveis pelo prejuízo causado, nos termos gerais.

CAPÍTULO III
Acordo de adesão

ARTIGO 370.º
Adesão a acordos colectivos de trabalho
e a decisões arbitrais

1 – As associações sindicais e, no caso de acordos colectivos de entidade empregadora pública, as entidades empregadoras públicas, podem aderir a acordos colectivos de trabalho ou decisões arbitrais em vigor.

2 – A adesão opera-se por acordo entre a entidade interessada e aquela ou aquelas que se lhe contraporiam na negociação do acordo, se nela tivessem participado.

3 – Da adesão não pode resultar modificação do conteúdo do acordo

colectivo de trabalho ou da decisão arbitral ainda que destinada a aplicar-se somente no âmbito da entidade aderente.

4 – Aos acordos de adesão aplicam-se as regras referentes à legitimidade, à assinatura, ao depósito e à publicação dos acordos colectivos de trabalho.

CAPÍTULO IV
Arbitragem

SECÇÃO I
Arbitragem voluntária

Artigo 371.º
Admissibilidade

A todo o tempo as partes podem acordar em submeter a arbitragem, nos termos que definirem ou, na falta de definição, segundo o disposto nos artigos seguintes, as questões laborais que resultem, nomeadamente, da interpretação, integração, celebração ou revisão de um acordo colectivo de trabalho.

Artigo 372.º
Funcionamento

1 – A arbitragem é realizada por três árbitros, um nomeado por cada uma das partes e o terceiro escolhido por estes.

2 – No caso de não ter sido feita a designação do terceiro árbitro, a Direcção-Geral da Administração e do Emprego Público procede ao respectivo sorteio de entre os árbitros constantes da lista de árbitros presidentes, no prazo de cinco dias úteis.

3 – A Direcção-Geral da Administração e do Emprego Público deve ser informada pelas partes do início e do termo do respectivo procedimento.

322 *Regime do Contrato de Trabalho em Funções Públicas*

4 – Os árbitros podem ser assistidos por peritos e têm o direito a obter das partes, da Direcção-Geral da Administração e do Emprego Público e dos demais órgãos e serviços a informação necessária de que estes disponham.

5 – Os árbitros enviam o texto da decisão às partes e à Direcção--Geral da Administração e do Emprego Público, para efeitos de depósito e publicação, no prazo de 15 dias a contar da decisão.

6 – O regime geral da arbitragem voluntária é subsidiariamente aplicável.

Artigo 373.º
Efeitos da decisão arbitral

1 – A decisão arbitral produz os efeitos do acordo colectivo de trabalho.

2 – Aplicam-se às decisões arbitrais, com as necessárias adaptações, as regras sobre conteúdo obrigatório e depósito previstas para os acordos colectivos de trabalho.

SECÇÃO II
Arbitragem necessária

Artigo 374.º
Funcionamento

1 – A arbitragem necessária é accionada mediante comunicação fundamentada de qualquer das partes à parte que se lhe contrapõe na negociação do acordo colectivo de trabalho e à Direcção-Geral da Administração e do Emprego Público.

2 – Nas quarenta e oito horas subsequentes à comunicação a que se refere o número anterior, as partes nomeiam o respectivo árbitro, cuja identificação é comunicada, no prazo de vinte e quatro horas, à outra parte e à Direcção-Geral da Administração e do Emprego Público.

3 – No prazo de setenta e duas horas a contar da comunicação referida no número anterior, os árbitros procedem à escolha do terceiro

Lei n.º 59/2008, de 11 de Setembro 323

árbitro, cuja identificação é comunicada, nas vinte e quatro horas subsequentes, às entidades referidas na parte final do número anterior.

4 – No caso de não ter sido feita a nomeação do árbitro por uma das partes, a Direcção-Geral da Administração e do Emprego Público procede, no prazo de cinco dias úteis, ao sorteio do árbitro em falta de entre os constantes da lista de árbitros dos representantes dos trabalhadores ou das entidades empregadoras públicas, consoante os casos, podendo a parte faltosa oferecer outro, em sua substituição, nas quarenta e oito horas seguintes, procedendo, neste caso, os árbitros nomeados à escolha do terceiro árbitro, nos termos do número anterior.

5 – No caso de não ter sido feita a escolha do terceiro árbitro, a Direcção-Geral da Administração e do Emprego Público procede ao respectivo sorteio de entre os árbitros constantes da lista de árbitros presidentes, no prazo de cinco dias úteis.

6 – A Direcção-Geral da Administração e do Emprego Público notifica os representantes da parte trabalhadora e das entidades empregadoras públicas do dia e hora do sorteio, realizando-se este à hora marcada na presença de todos os representantes ou, na falta destes, uma hora depois com os que estiverem presentes.

7 – O regime da arbitragem voluntária estabelecido na secção anterior é subsidiariamente aplicável, sem prejuízo da regulamentação prevista no anexo II, «Regulamento».

ARTIGO 375.º
Listas de árbitros

1 – As listas de árbitros dos representantes dos trabalhadores e das entidades empregadoras públicas são compostas por oito árbitros e elaboradas, no prazo de três meses após a entrada em vigor do RCTFP, pelas confederações sindicais e pelo membro do Governo responsável pela área da Administração Pública, respectivamente.

2 – No caso de as listas de árbitros dos representantes dos trabalhadores e, ou, das entidades empregadoras públicas não terem sido elaboradas nos termos do número anterior, a competência para a sua elaboração é deferida ao presidente do Conselho Económico e Social, que a constitui no prazo de um mês.

3 – A lista de árbitros presidentes é constituída por juízes ou

magistrados jubilados, indicados, em número de três, por cada uma das seguintes entidades:

a) Conselho Superior da Magistratura;
b) Conselho Superior dos Tribunais Administrativos e Fiscais;
c) Conselho Superior do Ministério Público.

4 – Cada lista vigora durante um período de três anos.

5 – As listas de árbitros são comunicadas à Direcção-Geral da Administração e do Emprego Público, que garante a sua permanente actualização.

Artigo 376.º
Efeitos da decisão arbitral

A decisão arbitral produz os efeitos da arbitragem voluntária.

Artigo 377.º
Legislação complementar

O desenvolvimento do regime previsto na presente secção consta do anexo II, «Regulamento».

CAPÍTULO V
Regulamento de extensão

Artigo 378.º
Extensão de acordos colectivos de trabalho
ou decisões arbitrais

O âmbito de aplicação definido nos acordos colectivos de trabalho ou decisões arbitrais pode ser estendido, após a sua entrada em vigor, por regulamentos de extensão.

Artigo 379.º
Competência

Compete aos membros do Governo responsáveis pelas áreas das finanças e da Administração Pública a emissão de regulamentos de extensão, nos termos dos artigos seguintes.

Artigo 380.º
Admissibilidade de emissão de regulamentos de extensão

1 – A emissão de um regulamento de extensão só é possível estando em causa circunstâncias sociais e económicas que fundamentadamente a justifiquem e após esgotadas todas as diligências legalmente previstas para a celebração de instrumentos de regulamentação colectiva negociais.

2 – Verificados os pressupostos referidos no número anterior, os membros do Governo responsáveis pelas áreas das finanças e da Administração Pública podem, através da emissão de um regulamento, determinar a extensão, total ou parcial, de:

a) Acordos colectivos de carreira ou decisões arbitrais a outros trabalhadores, desde que os mesmos se encontrem abrangidos pelo âmbito de aplicação daqueles instrumentos;

b) Acordos colectivos de entidade empregadora pública ou decisões arbitrais a outra ou outras entidades empregadoras públicas.

Artigo 381.º
Procedimento de elaboração do regulamento de extensão

1 – Os membros do Governo responsáveis pelas áreas das finanças e da Administração Pública mandam publicar o projecto de regulamento de extensão na 2.ª série do *Diário da República.*

2 – Nos 15 dias seguintes ao da publicação do aviso, podem os interessados no procedimento de extensão deduzir, por escrito, oposição fundamentada.

3 – Têm legitimidade para intervir no procedimento quaisquer particulares, pessoas singulares ou colectivas, que possam ser, ainda que indirectamente, afectados pela emissão do regulamento de extensão.

326   *Regime do Contrato de Trabalho em Funções Públicas*

4 – O regime previsto no Código do Procedimento Administrativo é subsidiariamente aplicável.

CAPÍTULO VI
Publicação e entrada em vigor

ARTIGO 382.º
Publicação e entrada em vigor dos instrumentos de regulamentação colectiva de trabalho

1 – Os instrumentos de regulamentação colectiva de trabalho, bem como a sua revogação, são publicados na 2.ª série do *Diário da República* e entram em vigor, após a sua publicação, nos mesmos termos das leis.

2 – Compete à Direcção-Geral da Administração e do Emprego Público proceder à publicação na 2.ª série do *Diário da República* de avisos sobre a data da cessação da vigência de acordos colectivos de trabalho.

3 – Os instrumentos de regulamentação colectiva de trabalho que sejam objecto de três revisões são integralmente republicados.

SUBTÍTULO III
Conflitos colectivos

CAPÍTULO I
Resolução de conflitos colectivos

SECÇÃO I
Princípio geral

ARTIGO 383.º
Boa fé

Na pendência de um conflito colectivo de trabalho as partes devem agir de boa fé.

SECÇÃO II
Conciliação

ARTIGO 384.º
Admissibilidade

1 – Os conflitos colectivos de trabalho, designadamente os que resultam da celebração ou revisão de um acordo colectivo de trabalho, podem ser dirimidos por conciliação.

2 – Na falta de regulamentação convencional da conciliação, aplicam-se as disposições constantes dos artigos seguintes.

ARTIGO 385.º
Funcionamento

1 – A conciliação pode ser promovida em qualquer altura:

a) Por acordo das partes;

b) Por uma das partes, no caso de falta de resposta à proposta de celebração ou de revisão, ou fora desse caso, mediante aviso prévio de oito dias, por escrito, à outra parte.

2 – Do requerimento de conciliação deve constar a indicação do respectivo objecto.

3 – A conciliação é efectuada, caso seja requerida por uma ou por ambas as partes, por um dos árbitros presidentes a que se refere o n.º 3 do artigo 375.º, assessorado pela Direcção-Geral da Administração e do Emprego Público.

4 – O árbitro a que se refere o número anterior é sorteado pela Direcção-Geral da Administração e do Emprego Público de entre os árbitros constantes da lista de árbitros presidentes, no prazo de cinco dias úteis.

5 – No caso de a conciliação não ter sido requerida nos termos do n.º 3, a Direcção-Geral da Administração e do Emprego Público deve ser informada pelas partes do início e do termo do respectivo procedimento.

6 – No procedimento conciliatório é sempre dada prioridade à definição das matérias sobre as quais o mesmo vai incidir.

Artigo 386.º
Procedimento de conciliação

1 – Tendo sido requerida nos termos do n.º 3 do artigo anterior, as partes são convocadas para o início do procedimento de conciliação, nos 15 dias seguintes à apresentação do pedido.

2 – A Direcção-Geral da Administração e do Emprego Público deve convidar a participar na conciliação que tenha por objecto a revisão de um acordo colectivo de trabalho as partes no processo de negociação que não requeiram a conciliação.

3 – As partes referidas no número anterior devem responder ao convite no prazo de cinco dias úteis.

4 – As partes são obrigadas a comparecer nas reuniões de conciliação.

Artigo 387.º
Transformação da conciliação em mediação

A conciliação pode ser transformada em mediação, nos termos dos artigos seguintes.

SECÇÃO III
Mediação

Artigo 388.º
Admissibilidade

1 – As partes podem a todo o tempo acordar em submeter a mediação os conflitos colectivos, nomeadamente os que resultem da celebração ou revisão de um acordo colectivo de trabalho.

2 – Para os efeitos previstos no número anterior, as partes podem recorrer a serviços públicos de mediação ou outros sistemas de mediação laboral.

3 – Na falta do acordo previsto no n.º 1, uma das partes pode requerer, um mês após o início da conciliação, a intervenção de uma das

personalidades constantes da lista de árbitros presidentes para desempenhar as funções de mediador.

4 – Do requerimento de mediação deve constar a indicação do respectivo objecto.

Artigo 389.º
Funcionamento

1 – A mediação é efectuada, caso seja requerida por uma ou por ambas as partes, por um dos árbitros presidentes a que se refere o n.º 3 do artigo 375.º, assessorado pela Direcção-Geral da Administração e do Emprego Público.

2 – O árbitro a que se refere o número anterior é sorteado pela Direcção-Geral da Administração e do Emprego Público de entre os árbitros constantes da lista de árbitros presidentes, no prazo de cinco dias úteis.

3 – No caso de a mediação não ter sido requerida nos termos do número anterior, a Direcção-Geral da Administração e do Emprego Público deve ser informada pelas partes do início e do termo do respectivo procedimento.

4 – Se a mediação for requerida apenas por uma das partes, o mediador deve solicitar à outra parte que se pronuncie sobre o respectivo objecto.

5 – Se as partes discordarem sobre o objecto da mediação, o mediador decide tendo em consideração a viabilidade de acordo das partes.

6 – Para a elaboração da proposta, o mediador pode solicitar às partes e a qualquer órgão ou serviço os dados e informações de que estes disponham e que aquele considere necessários.

7 – O mediador deve remeter às partes a sua proposta por carta registada no prazo de 30 dias a contar da sua nomeação.

8 – A proposta do mediador considera-se recusada se não houver comunicação escrita de ambas as partes a aceitá-la no prazo de 10 dias a contar da sua recepção.

9 – Decorrido o prazo fixado no número anterior, o mediador comunica, em simultâneo, a cada uma das partes, no prazo de cinco dias, a aceitação ou recusa das partes.

10 – O mediador está obrigado a guardar sigilo de todas as informações colhidas no decurso do procedimento que não sejam conhecidas da outra parte.

Artigo 390.º
Convocatória pelo mediador

1 – Até ao termo do prazo referido na parte final do n.º 7 do artigo anterior, o mediador pode realizar todos os contactos, com cada uma das partes em separado, que considere convenientes e viáveis no sentido da obtenção de um acordo.

2 – As partes são obrigadas a comparecer nas reuniões convocadas pelo mediador.

SECÇÃO IV
Arbitragem

Artigo 391.º
Arbitragem

Os conflitos colectivos podem ser dirimidos por arbitragem nos termos previstos nos artigos 371.º a 377.º

CAPÍTULO II
Greve

Artigo 392.º
Direito à greve

1 – A greve constitui, nos termos da Constituição, um direito dos trabalhadores.

2 – Compete aos trabalhadores definir o âmbito de interesses a defender através da greve.

3 – O direito à greve é irrenunciável.

Artigo 393.º
Competência para declarar a greve

1 – O recurso à greve é decidido pelas associações sindicais.

2 – Sem prejuízo do direito reconhecido às associações sindicais no número anterior, as assembleias de trabalhadores podem decidir do recurso à greve, por voto secreto, desde que no respectivo órgão ou serviço a maioria dos trabalhadores não esteja representada por associações sindicais e que a assembleia seja expressamente convocada para o efeito por 20 % ou 200 trabalhadores.

3 – As assembleias referidas no número anterior deliberam validamente desde que participe na votação a maioria dos trabalhadores do órgão ou serviço e que a declaração de greve seja aprovada pela maioria dos votantes.

Artigo 394.º
Representação dos trabalhadores

1 – Os trabalhadores em greve serão representados pela associação ou associações sindicais ou por uma comissão eleita para o efeito, no caso a que se refere o n.º 2 do artigo anterior.

2 – As entidades referidas no número anterior podem delegar os seus poderes de representação.

Artigo 395.º
Piquetes de greve

A associação sindical ou a comissão de greve pode organizar piquetes para desenvolver actividades tendentes a persuadir os trabalhadores a aderirem à greve, por meios pacíficos, sem prejuízo do reconhecimento da liberdade de trabalho dos não aderentes.

Artigo 396.º
Aviso prévio

1 – As entidades com legitimidade para decidirem o recurso à greve devem dirigir à entidade empregadora pública, ao membro do Governo

332 Regime do Contrato de Trabalho em Funções Públicas

responsável pela área da Administração Pública e aos restantes membros do Governo competentes, por meios idóneos, nomeadamente por escrito ou através dos meios de comunicação social, um aviso prévio, com o prazo mínimo de cinco dias úteis.

2 – Para os casos dos n.ºˢ 1 e 2 do artigo 399.º, o prazo de aviso prévio é de 10 dias úteis.

3 – O aviso prévio deve conter uma proposta de definição dos serviços necessários à segurança e manutenção do equipamento e instalações, bem como, sempre que a greve se realize em órgão ou serviço que se destine à satisfação de necessidades sociais impreteríveis, uma proposta de definição de serviços mínimos.

ARTIGO 397.º
Proibição de substituição dos grevistas

1 – A entidade empregadora pública não pode, durante a greve, substituir os grevistas por pessoas que à data do aviso prévio referido no número anterior não trabalhavam no respectivo órgão ou serviço, nem pode, desde aquela data, admitir novos trabalhadores para aquele efeito.

2 – A concreta tarefa desempenhada pelo trabalhador em greve não pode, durante esse período, ser realizada por empresa especialmente contratada para o efeito, salvo no caso de não estarem garantidos a satisfação das necessidades sociais impreteríveis ou os serviços necessários à segurança e manutenção do equipamento e instalações.

ARTIGO 398.º
Efeitos da greve

1 – A greve suspende, no que respeita aos trabalhadores que a ela aderirem, as relações emergentes do contrato, nomeadamente o direito à remuneração e, em consequência, desvincula-os dos deveres de subordinação e assiduidade.

2 – Relativamente aos vínculos laborais dos grevistas, mantêm-se, durante a greve, os direitos, deveres e garantias das partes na medida em que não pressuponham a efectiva prestação do trabalho, assim como os

Lei n.º 59/2008, de 11 de Setembro   333

direitos previstos na legislação sobre protecção social e as prestações devidas por acidentes de trabalho e doenças profissionais.

3 – O período de suspensão não pode prejudicar a antiguidade e os efeitos dela decorrentes, nomeadamente no que respeita à contagem de tempo de serviço.

ARTIGO 399.º
Obrigações durante a greve

1 – Nos órgãos ou serviços que se destinem à satisfação de necessidades sociais impreteríveis ficam as associações sindicais e os trabalhadores obrigados a assegurar, durante a greve, a prestação dos serviços mínimos indispensáveis para ocorrer à satisfação daquelas necessidades.

2 – Para efeitos do disposto no número anterior, consideram-se órgãos ou serviços que se destinam à satisfação de necessidades sociais impreteríveis os que se integram, nomeadamente, em alguns dos seguintes sectores:

a) Segurança pública, quer em meio livre quer em meio institucional;
b) Correios e telecomunicações;
c) Serviços médicos, hospitalares e medicamentosos;
d) Salubridade pública, incluindo a realização de funerais;
e) Serviços de energia e minas, incluindo o abastecimento de combustíveis;
f) Distribuição e abastecimento de água;
g) Bombeiros;
h) Serviços de atendimento ao público que assegurem a satisfação de necessidades essenciais cuja prestação incumba ao Estado;
i) Transportes relativos a passageiros, animais e géneros alimentares deterioráveis e a bens essenciais à economia nacional, abrangendo as respectivas cargas e descargas;
j) Transporte e segurança de valores monetários.

3 – As associações sindicais e os trabalhadores ficam obrigados a prestar, durante a greve, os serviços necessários à segurança e manutenção do equipamento e instalações.

ARTIGO 400.°
Definição dos serviços mínimos

1 – Os serviços mínimos previstos nos n.ᵒˢ 1 e 3 do artigo anterior devem ser definidos por instrumento de regulamentação colectiva de trabalho ou por acordo com os representantes dos trabalhadores.

2 – Na ausência de previsão em instrumento de regulamentação colectiva de trabalho e não havendo acordo anterior ao aviso prévio quanto à definição dos serviços mínimos previstos no n.° 1 do artigo anterior, o membro do Governo responsável pela área da Administração Pública convoca os representantes dos trabalhadores referidos no artigo 394.° e os representantes das entidades empregadoras públicas interessadas, tendo em vista a negociação de um acordo quanto aos serviços mínimos e quanto aos meios necessários para os assegurar.

3 – Na falta de um acordo até ao termo do 3.° dia posterior ao aviso prévio de greve, a definição dos serviços e dos meios referidos no número anterior compete a um colégio arbitral composto por três árbitros constantes das listas de árbitros previstas no artigo 375.°, nos termos previstos no anexo II, «Regulamento».

4 – A decisão do colégio arbitral produz efeitos imediatamente após a sua notificação aos representantes referidos no n.° 2 e deve ser afixada nas instalações do órgão ou serviço, nos locais habitualmente destinados à informação dos trabalhadores.

5 – Os representantes dos trabalhadores a que se refere o artigo 394.° devem designar os trabalhadores que ficam adstritos à prestação dos serviços referidos no artigo anterior, até vinte e quatro horas antes do início do período de greve, e, se não o fizerem, deve a entidade empregadora pública proceder a essa designação.

6 – A definição dos serviços mínimos deve respeitar os princípios da necessidade, da adequação e da proporcionalidade.

ARTIGO 401.°
Regime de prestação dos serviços mínimos

1 – Os trabalhadores afectos à prestação de serviços mínimos mantêm-se, na estrita medida necessária à prestação desses serviços, sob a autoridade e direcção da entidade empregadora pública, tendo direito, nomeadamente, à remuneração.

2 – O disposto no número anterior é aplicável a trabalhadores que prestem durante a greve os serviços necessários à segurança e manutenção do equipamento e instalações.

Artigo 402.º
Incumprimento da obrigação de prestação dos serviços mínimos

No caso de não cumprimento da obrigação de prestação de serviços mínimos, sem prejuízo dos efeitos gerais, o Governo pode determinar a requisição ou mobilização, nos termos previstos em legislação especial.

Artigo 403.º
Termo da greve

A greve termina por acordo entre as partes ou por deliberação das entidades que a tiverem declarado, cessando imediatamente os efeitos previstos no artigo 398.º

Artigo 404.º
Proibição de discriminações devidas à greve

É nulo e de nenhum efeito todo o acto que implique coacção, prejuízo ou discriminação sobre qualquer trabalhador por motivo de adesão ou não à greve.

Artigo 405.º
Inobservância da lei

1 – A greve declarada ou executada de forma contrária à lei faz incorrer os trabalhadores grevistas no regime de faltas injustificadas.

2 – O disposto no número anterior não prejudica a aplicação, quando a tal haja lugar, dos princípios gerais em matéria de responsabilidade civil.

Artigo 406.º
Lock-out

1 – É proibido o *lock-out*.

2 – Considera-se *lock-out* qualquer decisão unilateral da entidade empregadora pública que se traduza na paralisação total ou parcial do órgão ou serviço ou na interdição do acesso aos locais de trabalho a alguns ou à totalidade dos trabalhadores e, ainda, na recusa em fornecer trabalho, condições e instrumentos de trabalho que determine ou possa determinar a paralisação de todos ou alguns sectores do órgão ou serviço ou desde que, em qualquer caso, vise atingir finalidades alheias à normal actividade do órgão ou serviço.

Artigo 407.º
Contratação colectiva

1 – Para além das matérias referidas no n.º 1 do artigo 400.º, pode a contratação colectiva estabelecer normas especiais relativas a procedimentos de resolução dos conflitos susceptíveis de determinar o recurso à greve, assim como limitações, durante a vigência do instrumento de regulamentação colectiva de trabalho, à declaração de greve por parte dos sindicatos outorgantes com a finalidade de modificar o conteúdo desse acordo colectivo de trabalho.

2 – As limitações previstas na segunda parte do número anterior não prejudicam, nomeadamente a declaração de greve com fundamento:

a) Na alteração anormal das circunstâncias a que se refere o n.º 2 do artigo 368.º;

b) No incumprimento do acordo colectivo de trabalho.

3 – O trabalhador não pode ser responsabilizado pela adesão a greve declarada em incumprimento das limitações previstas no n.º 1.

ANEXO II
REGULAMENTO

CAPÍTULO I
Direitos de personalidade

ARTIGO 1.º
Dados biométricos

1 – A entidade empregadora pública só pode tratar dados biométricos do trabalhador após notificação à Comissão Nacional de Protecção de Dados.

2 – O tratamento de dados biométricos só é permitido se os dados a utilizar forem necessários, adequados e proporcionais aos objectivos a atingir.

3 – Os dados biométricos são conservados durante o período necessário para a prossecução das finalidades do tratamento a que se destinam, devendo ser destruídos no momento da mudança de local de trabalho ou da cessação do contrato.

4 – A notificação a que se refere o n.º 1 deve ser acompanhada de parecer da comissão de trabalhadores ou, 10 dias após a consulta, de comprovativo do pedido de parecer.

ARTIGO 2.º
Utilização de meios de vigilância a distância

1 – Para efeitos do n.º 2 do artigo 11.º do Regime, a utilização de meios de vigilância a distância no local de trabalho está sujeita a autorização da Comissão Nacional de Protecção de Dados.

2 – A autorização referida no número anterior só pode ser concedida se a utilização dos meios for necessária, adequada e proporcional aos objectivos a atingir.

3 – Os dados pessoais recolhidos através dos meios de vigilância a distância são conservados durante o período necessário para a prossecução

das finalidades da utilização a que se destinam, devendo ser destruídos no momento da mudança de local de trabalho ou da cessação do contrato.

4 – O pedido de autorização a que se refere o n.º 1 deve ser acompanhado de parecer da comissão de trabalhadores ou, 10 dias após a consulta, comprovativo do pedido de parecer.

Artigo 3.º
Informação sobre meios de vigilância a distância

Para efeitos do n.º 3 do artigo 11.º do Regime, a entidade empregadora pública deve afixar nos locais de trabalho em que existam meios de vigilância a distância os seguintes dizeres, consoante os casos: «Este local encontra-se sob vigilância de um circuito fechado de televisão» ou «Este local encontra-se sob vigilância de um circuito fechado de televisão, procedendo-se à gravação de imagem e som», seguido de símbolo identificativo.

CAPÍTULO II
Igualdade e não discriminação

SECÇÃO I
Âmbito

Artigo 4.º
Âmbito

O presente capítulo regula o artigo 23.º do Regime.

SECÇÃO II
Igualdade e não discriminação

SUBSECÇÃO I
Disposições gerais

ARTIGO 5.°
Dever de informação

A entidade empregadora pública deve afixar no órgão ou serviço, em local apropriado, a informação relativa aos direitos e deveres do trabalhador em matéria de igualdade e não discriminação.

ARTIGO 6.°
Conceitos

1 – Constituem factores de discriminação, além dos previstos no n.° 1 do artigo 14.° do Regime, nomeadamente, o território de origem, língua, raça, instrução, situação económica, origem ou condição social.
2 – Considera-se:

a) Discriminação directa sempre que, em razão de um dos factores indicados no referido preceito legal, uma pessoa seja sujeita a tratamento menos favorável do que aquele que é, tenha sido ou venha a ser dado a outra pessoa em situação comparável;
b) Discriminação indirecta sempre que uma disposição, critério ou prática aparentemente neutra seja susceptível de colocar pessoas que se incluam num dos factores característicos indicados no referido preceito legal numa posição de desvantagem comparativamente com outras, a não ser que essa disposição, critério ou prática seja objectivamente justificada por um fim legítimo e que os meios para o alcançar sejam adequados e necessários;
c) Trabalho igual aquele em que as funções desempenhadas na mesma entidade empregadora pública são iguais ou objectivamente semelhantes em natureza, qualidade e quantidade;

340   *Regime do Contrato de Trabalho em Funções Públicas*

d) Trabalho de valor igual aquele que corresponde a um conjunto de funções, prestadas à mesma entidade empregadora pública, consideradas equivalentes, atendendo, nomeadamente, às qualificações ou experiência exigida, às responsabilidades atribuídas, ao esforço físico e psíquico e às condições em que o trabalho é efectuado.

3 – Constitui discriminação uma ordem ou instrução que tenha a finalidade de prejudicar pessoas em razão de um factor referido no n.º 1 deste artigo ou no n.º 1 do artigo 14.º do Regime.

ARTIGO 7.º
**Direito à igualdade nas condições
de acesso e no trabalho**

1 – O direito à igualdade de oportunidades e de tratamento no que se refere ao acesso ao emprego, à formação e promoção profissionais e às condições de trabalho respeita:

a) Aos critérios de selecção e às condições de contratação, em qualquer sector de actividade e a todos os níveis hierárquicos;
b) Ao acesso a todos os tipos de orientação e formação profissional de qualquer nível, incluindo a aquisição de experiência prática;
c) À remuneração, promoções a todos os níveis hierárquicos e aos critérios que servem de base para a selecção dos trabalhadores a despedir;
d) À filiação ou participação em organizações de trabalhadores ou em qualquer outra organização cujos membros exercem uma determinada profissão, incluindo os benefícios por elas atribuídos.

2 – O disposto no número anterior não prejudica a aplicação das disposições legais relativas:

a) Ao exercício de uma actividade profissional por estrangeiro ou apátrida;
b) À especial protecção da gravidez, maternidade, paternidade, adopção e outras situações respeitantes à conciliação da actividade profissional com a vida familiar.

Lei n.º 59/2008, de 11 de Setembro 341

3 – Nos aspectos referidos no n.º 1, são permitidas diferenças de tratamento baseadas na idade que sejam necessárias e apropriadas à realização de um objectivo legítimo, designadamente de política de emprego, mercado de trabalho ou formação profissional.

4 – As disposições legais ou de instrumentos de regulamentação colectiva de trabalho que justifiquem os comportamentos referidos no n.º 3 devem ser avaliadas periodicamente e revistas se deixarem de se justificar.

ARTIGO 8.º
Protecção contra actos de retaliação

É inválido qualquer acto que prejudique o trabalhador em consequência de rejeição ou submissão a actos discriminatórios.

ARTIGO 9.º
Extensão da protecção em situações de discriminação

Em caso de invocação de qualquer prática discriminatória no acesso ao trabalho, à formação profissional e nas condições de trabalho, nomeadamente por motivo de licença por maternidade, dispensa para consultas pré-natais, protecção da segurança e saúde e de despedimento de trabalhadora grávida, puérpera ou lactante, licença parental ou faltas para assistência a menores, aplica-se o regime previsto no n.º 3 do artigo 14.º do Regime em matéria de ónus da prova, sem prejuízo da aplicação de regimes legais mais favoráveis.

SUBSECÇÃO II
Igualdade e não discriminação em função do sexo

DIVISÃO I
Princípios gerais

ARTIGO 10.º
Formação profissional

Nas acções de formação profissional dirigidas a profissões exercidas predominantemente por trabalhadores de um dos sexos deve ser dada, sempre que se justifique, preferência a trabalhadores do sexo com menor representação, bem como, em quaisquer acções de formação profissional, a trabalhadores com escolaridade reduzida, sem qualificação ou responsáveis por famílias monoparentais ou no caso de licença por maternidade, paternidade ou adopção.

Artigo 11.º
Igualdade de remuneração

1 – Para efeitos do n.º 1 do artigo 19.º do Regime, a igualdade de remuneração implica, nomeadamente, a eliminação de qualquer discriminação fundada no sexo, no conjunto de elementos de que depende a sua determinação.

2 – Sem prejuízo do disposto no n.º 2 do artigo 19.º do Regime, a igualdade de remuneração implica que para trabalho igual ou de valor igual:

a) Qualquer modalidade de remuneração variável seja estabelecida na base da mesma unidade de medida;

b) A remuneração calculada em função do tempo de trabalho seja a mesma.

3 – Não podem constituir fundamento das diferenciações remuneratórias, a que se refere o n.º 2 do artigo 19.º do Regime, as licenças, faltas e dispensas relativas à protecção da maternidade e da paternidade.

Artigo 12.º
Sanção sem motivo justificativo

Presume-se sem motivo justificativo o despedimento ou a aplicação de qualquer sanção sob a aparência de punição de outra falta, quando tenha lugar até um ano após a data da reclamação, queixa ou propositura da acção jurisdicional contra a entidade empregadora pública.

Lei n.º 59/2008, de 11 de Setembro 343

ARTIGO 13.º
Regras contrárias ao princípio da igualdade

1 – As disposições de estatutos das organizações representativas de trabalhadores, bem como os regulamentos internos de órgão ou serviço que restrinjam o acesso a qualquer emprego, actividade profissional, formação profissional, condições de trabalho ou carreira profissional exclusivamente a trabalhadores masculinos ou femininos, fora dos casos previstos no n.º 2 do artigo 14.º e no artigo 21.º do Regime, têm-se por aplicáveis a ambos os sexos.

2 – As disposições de instrumentos de regulamentação colectiva de trabalho, bem como os regulamentos internos de órgão ou serviço que estabeleçam condições de trabalho aplicáveis exclusivamente a trabalhadores masculinos ou femininos para categorias profissionais com conteúdo funcional igual ou equivalente consideram-se substituídas pela disposição mais favorável, a qual passa a abranger os trabalhadores de ambos os sexos.

3 – Para efeitos do número anterior, considera-se que a categoria profissional tem igual conteúdo funcional ou é equivalente quando a respectiva descrição de funções corresponder, respectivamente, a trabalho igual ou trabalho de valor igual, nos termos das alíneas *c*) e *d*) do n.º 2 do artigo 6.º

ARTIGO 14.º
Registos

Todas as entidades empregadoras públicas devem manter durante cinco anos registo dos recrutamentos feitos donde constem, por sexos, nomeadamente, os seguintes elementos:

a) Publicitação de procedimentos concursais;
b) Número de candidaturas apresentadas;
c) Número de candidatos presentes nos métodos de selecção;
d) Resultados dos métodos de selecção utilizados;
e) Ordenação final dos candidatos;
f) Balanços sociais relativos a dados que permitam analisar a existência de eventual discriminação de um dos sexos no acesso ao emprego, formação e promoção profissionais e condições de trabalho.

DIVISÃO II
Protecção do património genético

Artigo 15.°
Agentes susceptíveis de implicar riscos para o património genético

1 – Os agentes biológicos, físicos ou químicos susceptíveis de implicar riscos para o património genético do trabalhador ou dos seus descendentes constam de lista elaborada pelo serviço competente do ministério responsável pela saúde e aprovada por portaria dos ministros responsáveis pelas áreas da saúde e laboral.

2 – A lista referida no número anterior deve ser revista em função dos conhecimentos científicos e técnicos, competindo a promoção da sua actualização ao ministério responsável pela saúde.

3 – A regulamentação das actividades que são proibidas ou condicionadas por serem susceptíveis de implicar riscos para o património genético do trabalhador ou dos seus descendentes consta dos artigos 16.° a 39.°

DIVISÃO III
Actividades proibidas que envolvam agentes biológicos, físicos ou químicos proibidos

Artigo 16.°
Agentes biológicos, físicos ou químicos proibidos

São proibidas aos trabalhadores as actividades que envolvam a exposição aos agentes biológicos, físicos ou químicos susceptíveis de implicar riscos para o património genético do trabalhador ou dos seus descendentes, que constam da lista referida no n.° 1 do artigo anterior com indicação de que determinam a proibição das mesmas.

ARTIGO 17.º
Utilizações permitidas de agentes proibidos

1 – A utilização dos agentes proibidos referidos no artigo anterior é permitida:

a) Para fins exclusivos de investigação científica;
b) Em actividades destinadas à respectiva eliminação.

2 – Nas utilizações previstas no número anterior, deve ser evitada a exposição dos trabalhadores aos agentes em causa, nomeadamente através de medidas que assegurem que a sua utilização decorra durante o tempo mínimo possível e que se realize num único sistema fechado, do qual só possam ser retirados na medida em que for necessário ao controlo do processo ou à manutenção do sistema.

3 – A entidade empregadora pública apenas pode fazer uso da permissão referida no n.º 1 após ter comunicado ao organismo do ministério responsável pela área laboral competente em matéria de segurança, higiene e saúde no trabalho as seguintes informações:

a) Agente e respectiva quantidade utilizada anualmente;
b) Actividades, reacções ou processos implicados;
c) Número de trabalhadores expostos;
d) Medidas técnicas e de organização tomadas para prevenir a exposição dos trabalhadores.

4 – A comunicação prevista no número anterior deve ser realizada com 15 dias de antecedência, podendo no caso da alínea b) do n.º 1 o prazo ser inferior desde que devidamente fundamentado.

5 – O organismo referido no n.º 3 confirma a recepção da comunicação com as informações necessárias, indicando, sendo caso disso, as medidas complementares de protecção dos trabalhadores que a entidade empregadora pública deve aplicar.

6 – A entidade empregadora pública deve, sempre que for solicitado, facultar às entidades fiscalizadoras os documentos referidos nos números anteriores.

346 *Regime do Contrato de Trabalho em Funções Públicas*

DIVISÃO IV
**Actividades condicionadas que envolvam agentes
biológicos, físicos ou químicos condicionados**

ARTIGO 18.º
Disposições gerais

1 – São condicionadas aos trabalhadores as actividades que envolvam a exposição aos agentes biológicos, físicos ou químicos susceptíveis de implicar riscos para o património genético do trabalhador ou dos seus descendentes que constam da lista referida no n.º 1 do artigo 15.º com indicação de que determinam o condicionamento das mesmas.

2 – As actividades referidas no número anterior estão sujeitas ao disposto nos artigos 19.º a 31.º, bem como às disposições específicas constantes dos artigos 32.º a 39.º

ARTIGO 19.º
Início da actividade

1 – A actividade susceptível de provocar exposição a agentes biológicos, físicos ou químicos que possam envolver riscos para o património genético só pode iniciar-se após a avaliação dos riscos e a adopção das medidas de prevenção adequadas.

2 – A entidade empregadora pública deve notificar o organismo do ministério responsável pela área laboral competente em matéria de segurança, higiene e saúde no trabalho e a Direcção-Geral da Saúde com, pelo menos, 30 dias de antecedência do início de actividades em que sejam utilizados, pela primeira vez, agentes biológicos, físicos ou químicos susceptíveis de implicar riscos para o património genético.

3 – A notificação deve conter os seguintes elementos:

a) Nome e endereço do órgão ou serviço;

b) Nome e habilitação do responsável pelo serviço de segurança, higiene e saúde no trabalho e, se for pessoa diferente, do médico do trabalho;

c) Resultado da avaliação dos riscos e a espécie do agente;

d) As medidas preventivas e de protecção previstas.

Lei n.º 59/2008, de 11 de Setembro 347

4 – O organismo do ministério responsável pela área laboral competente em matéria de segurança, higiene e saúde no trabalho pode determinar que a notificação seja feita em impresso de modelo apropriado ao tratamento informático dos seus elementos.

5 – Se houver modificações substanciais nos procedimentos com possibilidade de repercussão na saúde dos trabalhadores, deve ser feita, com quarenta e oito horas de antecedência, uma nova notificação.

Artigo 20.º
Avaliação dos riscos

1 – Nas actividades susceptíveis de exposição a agentes biológicos, físicos ou químicos que possam implicar riscos para o património genético, a entidade empregadora pública deve avaliar os riscos para a saúde dos trabalhadores, determinando a natureza, o grau e o tempo de exposição.

2 – Nas actividades que impliquem a exposição a várias espécies de agentes, a avaliação dos riscos deve ser feita com base no perigo resultante da presença de todos esses agentes.

3 – A avaliação dos riscos deve ser repetida trimestralmente, bem como sempre que houver alterações das condições de trabalho susceptíveis de afectar a exposição dos trabalhadores a agentes referidos no número anterior e, ainda, nas situações previstas no n.º 5 do artigo 28.º

4 – A avaliação dos riscos deve ter em conta todas as formas de exposição e vias de absorção, tais como a absorção pela pele ou através desta.

5 – A entidade empregadora pública deve atender, na avaliação dos riscos, aos resultados disponíveis de qualquer vigilância da saúde já efectuada aos eventuais efeitos sobre a saúde de trabalhadores particularmente sensíveis aos riscos a que estejam expostos, bem como identificar os trabalhadores que necessitem de medidas de protecção especiais.

6 – O resultado da avaliação dos riscos deve constar de documento escrito.

Artigo 21.º
Substituição e redução de agentes

1 – A entidade empregadora pública deve evitar ou reduzir a utilização de agentes biológicos, físicos ou químicos susceptíveis de implicar

348   *Regime do Contrato de Trabalho em Funções Públicas*

riscos para o património genético, substituindo-os por substâncias, preparações ou processos que, nas condições de utilização, não sejam perigosos ou impliquem menor risco para os trabalhadores.

2 – Se não for tecnicamente possível a aplicação do disposto no número anterior, a entidade empregadora pública deve assegurar que a produção ou a utilização do agente se faça em sistema fechado.

3 – Se a aplicação de um sistema fechado não for tecnicamente possível, a entidade empregadora pública deve assegurar que o nível de exposição dos trabalhadores seja reduzido ao nível mais baixo possível e não ultrapasse os valores limite estabelecidos em legislação especial sobre agentes cancerígenos ou mutagénicos.

ARTIGO 22.º
Redução dos riscos de exposição

Nas actividades em que sejam utilizados agentes biológicos, físicos ou químicos susceptíveis de implicar riscos para o património genético, a entidade empregadora pública deve, além dos procedimentos referidos no artigo anterior, aplicar as seguintes medidas:

a) Limitação das quantidades do agente no local de trabalho;
b) Redução ao mínimo possível do número de trabalhadores expostos ou susceptíveis de o serem, da duração e do respectivo grau de exposição;
c) Adopção de procedimentos de trabalho e de medidas técnicas que evitem ou minimizem a libertação de agentes no local de trabalho;
d) Eliminação dos agentes na fonte por aspiração localizada ou ventilação geral adequada e compatível com a protecção da saúde pública e do ambiente;
e) Utilização de métodos apropriados de medição de agentes, em particular para a detecção precoce de exposições anormais resultantes de acontecimento imprevisível
f) Adopção de medidas de protecção colectiva adequadas ou, se a exposição não puder ser evitada por outros meios, medidas de protecção individual;
g) Adopção de medidas de higiene, nomeadamente a limpeza periódica dos pavimentos, paredes e outras superfícies;

Lei n.º 59/2008, de 11 de Setembro 349

h) Delimitação das zonas de riscos e utilização de adequada sinalização de segurança e de saúde, incluindo de proibição de fumar em áreas onde haja riscos de exposição a esses agentes;
i) Instalação de dispositivos para situações de emergência susceptíveis de originar exposições anormalmente elevadas;
j) Verificação da presença de agentes biológicos utilizados fora do confinamento físico primário, sempre que for necessário e tecnicamente possível;
l) Meios que permitam a armazenagem, manuseamento e transporte sem riscos, nomeadamente mediante a utilização de recipientes herméticos e rotulados de forma clara e legível;
m) Meios seguros de recolha, armazenagem e evacuação dos resíduos, incluindo a utilização de recipientes herméticos e rotulados de forma clara e legível, de modo a não constituírem fonte de contaminação dos trabalhadores e dos locais de trabalho, de acordo com a legislação especial sobre resíduos e protecção do ambiente;
n) Afixação de sinais de perigo bem visíveis, nomeadamente o sinal indicativo de perigo biológico;
o) Elaboração de planos de acção em casos de acidentes que envolvam agentes biológicos.

Artigo 23.º
Informação das autoridades competentes

1 – Se a avaliação revelar a existência de riscos, a entidade empregadora pública deve conservar e manter disponíveis as informações sobre:

a) As actividades e os processos industriais em causa, as razões por que são utilizados agentes biológicos, físicos ou químicos susceptíveis de implicar riscos para o património genético e os eventuais casos de substituição;
b) Os elementos utilizados para efectuar a avaliação e o seu resultado;
c) As quantidades de substâncias ou preparações fabricadas ou utilizadas que contenham agentes biológicos, físicos ou químicos susceptíveis de implicar riscos para o património genético;
d) O número de trabalhadores expostos, bem como natureza, grau e tempo de exposição;

350   *Regime do Contrato de Trabalho em Funções Públicas*

e) As medidas de prevenção tomadas e os equipamentos de protecção utilizados.

2 – O organismo do ministério responsável pela área laboral competente em matéria de segurança, higiene e saúde no trabalho e as autoridades de saúde têm acesso às informações referidas no número anterior, sempre que o solicitem.

3 – A entidade empregadora pública deve ainda informar as entidades mencionadas no número anterior, a pedido destas, sobre o resultado de investigações que promova sobre a substituição e redução de agentes biológicos, físicos ou químicos susceptíveis de implicar riscos para o património genético e a redução dos riscos de exposição.

4 – A entidade empregadora pública deve informar, no prazo de vinte e quatro horas, o organismo do ministério responsável pela área laboral competente em matéria de segurança, higiene e saúde no trabalho e a Direcção-Geral da Saúde de qualquer acidente ou incidente que possa ter provocado a disseminação de um agente susceptível de implicar riscos para o património genético.

Artigo 24.º
Exposição previsível

Nas actividades em que seja previsível um aumento significativo de exposição, se for impossível a aplicação de medidas técnicas preventivas suplementares para limitar a exposição, a entidade empregadora pública deve:

a) Reduzir ao mínimo a exposição dos trabalhadores e assegurar a sua protecção durante a realização dessas actividades;

b) Colocar à disposição dos trabalhadores vestuário de protecção e equipamento individual de protecção respiratória, a ser utilizado enquanto durar a exposição;

c) Assegurar que a exposição de cada trabalhador não tenha carácter permanente e seja limitada ao estritamente necessário;

d) Delimitar e assinalar as zonas onde se realizam essas actividades;

e) Só permitir acesso às zonas onde se realizam essas actividades a pessoas autorizadas.

Artigo 25.º
Exposição imprevisível

Nas situações imprevisíveis em que o trabalhador possa estar sujeito a uma exposição anormal a agentes biológicos, físicos ou químicos susceptíveis de implicar riscos para o património genético, a entidade empregadora pública deve informar o trabalhador, os representantes dos trabalhadores para a segurança, higiene e saúde no trabalho e tomar, até ao restabelecimento da situação normal, as seguintes medidas:

a) Limitar o número de trabalhadores na zona afectada aos indispensáveis à execução das reparações e de outros trabalhos necessários;
b) Colocar à disposição dos trabalhadores referidos na alínea anterior vestuário de protecção e equipamento individual de protecção respiratória;
c) Impedir a exposição permanente e limitá-la ao estritamente necessário para cada trabalhador;
d) Impedir que qualquer trabalhador não protegido permaneça na área afectada.

Artigo 26.º
Acesso às áreas de riscos

A entidade empregadora pública deve assegurar que o acesso às áreas onde decorrem actividades susceptíveis de exposição a agentes biológicos, físicos ou químicos que possam implicar riscos para o património genético seja limitado aos trabalhadores que nelas tenham de entrar por causa das suas funções.

Artigo 27.º
Comunicação de acidente ou incidente

O trabalhador deve comunicar imediatamente qualquer acidente ou incidente que envolva a manipulação de agentes biológicos, físicos ou químicos susceptíveis de implicar riscos para o património genético à enti-

352 Regime do Contrato de Trabalho em Funções Públicas

dade empregadora pública e ao responsável pelos serviços de segurança, higiene e saúde no trabalho.

Artigo 28.º
Vigilância da saúde

1 – A entidade empregadora pública deve assegurar a vigilância da saúde do trabalhador em relação ao qual o resultado da avaliação revele a existência de riscos, através de exames de saúde de admissão, periódicos e ocasionais, devendo os exames, em qualquer caso, ser realizados antes da exposição aos riscos.

2 – A vigilância da saúde deve permitir a aplicação de medidas de saúde individuais, dos princípios e práticas da medicina do trabalho, e acordo com os conhecimentos mais recentes, e incluir os seguintes procedimentos:

a) Registo da história clínica e profissional de cada trabalhador;
b) Avaliação individual do seu estado de saúde;
c) Vigilância biológica, sempre que necessária;
d) Rastreio de efeitos precoces e reversíveis.

3 – A entidade empregadora pública deve tomar, em relação a cada trabalhador, as medidas preventivas ou de protecção propostas pelo médico responsável pela vigilância da saúde do trabalhador.

4 – Se um trabalhador sofrer de uma doença identificável ou um efeito nocivo que possa ter sido provocado pela exposição a agentes biológicos, físicos ou químicos susceptíveis de implicar riscos para o património genético, a entidade empregadora pública deve:

a) Assegurar a vigilância contínua da saúde do trabalhador;
b) Repetir a avaliação dos riscos;
c) Rever as medidas tomadas para eliminar ou reduzir os riscos, tendo em conta o parecer do médico responsável pela vigilância da saúde do trabalhador e incluindo a possibilidade de afectar o trabalhador a outro posto de trabalho em que não haja riscos de exposição.

5 – Nas situações referidas no número anterior, o médico responsável pela vigilância da saúde do trabalhador pode exigir que se proceda à

vigilância da saúde de qualquer outro trabalhador que tenha estado sujeito a exposição idêntica, devendo nestes casos ser repetida a avaliação dos riscos.

6 – O trabalhador tem direito de conhecer os exames e o resultado da vigilância da saúde que lhe digam respeito e pode solicitar a revisão desse resultado.

7 – A entidade empregadora pública deve informar o médico responsável pela vigilância da saúde do trabalhador sobre a natureza e, se possível, o grau das exposições ocorridas, incluindo as exposições imprevisíveis.

8 – Devem ser prestados ao trabalhador informações e conselho sobre a vigilância da saúde a que deve ser submetido depois de terminar a exposição aos riscos.

9 – O médico responsável pela vigilância da saúde deve comunicar ao organismo do ministério responsável pela área laboral competente em matéria de segurança, higiene e saúde no trabalho os casos de cancro identificados como resultantes da exposição a um agente biológico, físico ou químico susceptível de implicar riscos para o património genético.

ARTIGO 29.º
Higiene e protecção individual

1 – Nas actividades susceptíveis de contaminação por agentes biológicos, físicos ou químicos que possam implicar riscos para o património genético, a entidade empregadora pública deve:

a) Impedir os trabalhadores de fumar, comer ou beber nas áreas de trabalho em que haja riscos de contaminação;
b) Fornecer vestuário de protecção adequado;
c) Assegurar que os equipamentos de protecção são guardados em local apropriado, verificados e limpos, se possível antes e, obrigatoriamente, após cada utilização, bem como reparados ou substituídos se tiverem defeitos ou estiverem danificados;
d) Pôr à disposição dos trabalhadores instalações sanitárias e vestiários adequados para a sua higiene pessoal.

354 *Regime do Contrato de Trabalho em Funções Públicas*

2 – Em actividades em que são utilizados agentes biológicos susceptíveis de implicar riscos para o património genético, a entidade empregadora pública deve:

a) Definir procedimentos para a recolha, manipulação e tratamento de amostras de origem humana ou animal;
b) Assegurar a existência de colírios e anti-sépticos cutâneos em locais apropriados, quando se justificarem.

3 – Antes de abandonar o local de trabalho, o trabalhador deve retirar o vestuário de trabalho e os equipamentos de protecção individual que possam estar contaminados e guardá-los em locais apropriados e sepa-rados.

4 – A entidade empregadora pública deve assegurar a descontaminação, limpeza e, se necessário, destruição do vestuário e dos equipamentos de protecção individual referidos no número anterior.

5 – A utilização de equipamento de protecção individual das vias respiratórias deve:

a) Ser limitada ao tempo mínimo necessário, não podendo ultrapassar quatro horas diárias;
b) Tratando-se de aparelhos de protecção respiratória isolantes com pressão positiva, a sua utilização deve ser excepcional, por tempo não superior a quatro horas diárias, as quais, se forem seguidas, devem ser intercaladas por uma pausa de, pelo menos, trinta minutos.

Artigo 30.°
Registo e arquivo de documentos

1 – A entidade empregadora pública deve organizar registos de dados e conservar arquivos actualizados sobre:

a) Os resultados da avaliação dos riscos a que se referem os artigos 20.°, 32.° e 34.°, bem como os critérios e procedimentos da avaliação, os métodos de medição, análises e ensaios utilizados;
b) A lista dos trabalhadores expostos a agentes biológicos, físicos ou químicos susceptíveis de implicar riscos para o património

genético, com a indicação da natureza e, se possível, do agente e do grau de exposição a que cada trabalhador esteve sujeito;
c) Os registos de acidentes e incidentes.

2 – O médico responsável pela vigilância da saúde deve organizar registos de dados e conservar arquivo actualizado sobre os resultados da vigilância da saúde de cada trabalhador, com a indicação do respectivo posto de trabalho, dos exames médicos e complementares realizados e de outros elementos que considere úteis.

Artigo 31.º
Conservação de registos e arquivos

1 – Os registos e arquivos referidos no artigo anterior devem ser conservados durante, pelo menos, 40 anos após ter terminado a exposição do trabalhador a que respeita.

2 – Se o órgão ou serviço for extinto, os registos e arquivos devem ser transferidos para o organismo do ministério responsável pela área laboral competente em matéria de segurança, higiene e saúde no trabalho, que assegura a sua confidencialidade.

3 – Ao cessar o contrato, o médico responsável pela vigilância da saúde deve entregar ao trabalhador, a pedido deste, cópia da sua ficha clínica.

DIVISÃO V
Actividades condicionadas que envolvam
agentes biológicos condicionados

Artigo 32.º
Avaliação dos riscos

A avaliação dos riscos de exposição a agentes biológicos susceptíveis de implicar riscos para o património genético deve, sem prejuízo do disposto no artigo 20.º, ter em conta todas as informações disponíveis, nomeadamente:

a) Os riscos suplementares que os agentes biológicos podem constituir para trabalhadores cuja sensibilidade possa ser afectada,

356 *Regime do Contrato de Trabalho em Funções Públicas*

nomeadamente por doença anterior, medicação, deficiência imunitária, gravidez ou aleitamento;

b) As recomendações da Direcção-Geral da Saúde sobre as medidas de controlo de agentes nocivos à saúde dos trabalhadores;

c) As informações técnicas existentes sobre doenças relacionadas com a natureza do trabalho;

d) Os potenciais efeitos alérgicos ou tóxicos resultantes do trabalho;

e) O conhecimento de doença verificada num trabalhador que esteja directamente relacionada com o seu trabalho.

ARTIGO 33.º
Vacinação dos trabalhadores

1 – A entidade empregadora pública deve promover a informação do trabalhador que esteja ou possa estar exposto a agentes biológicos sobre as vantagens e inconvenientes da vacinação e da sua falta.

2 – O médico responsável pela vigilância da saúde deve determinar que o trabalhador não imunizado contra os agentes biológicos a que esteja ou possa estar exposto seja sujeito a vacinação.

3 – A vacinação deve respeitar as recomendações da Direcção-Geral da Saúde, sendo anotada na ficha clínica do trabalhador e registada no seu boletim individual de saúde.

DIVISÃO VI
Actividades condicionadas que envolvam agentes químicos condicionados

ARTIGO 34.º
Avaliação dos riscos

1 – Se a avaliação revelar a existência de agentes químicos susceptíveis de implicar riscos para o património genético, a entidade empregadora pública deve avaliar os riscos para os trabalhadores tendo em conta, sem prejuízo do disposto no artigo 20.º, nomeadamente:

a) As informações relativas à saúde constantes das fichas de dados de segurança de acordo com a legislação especial sobre classifi-

Lei n.º 59/2008, de 11 de Setembro 357

cação, embalagem e rotulagem das substâncias e preparações perigosas e outras informações suplementares necessárias à avaliação dos riscos fornecidas pelo fabricante, em especial a avaliação específica dos riscos para os utilizadores;

b) As condições de trabalho que impliquem a presença desses agentes, incluindo a sua quantidade;

c) Os valores limite obrigatórios e os valores limite de exposição profissional com carácter indicativo estabelecidos em legislação especial.

2 – No caso em que for possível identificar a susceptibilidade do trabalhador para determinado agente químico a que seja exposto durante a actividade, deve esta situação ser considerada na avaliação dos riscos, bem como para a necessidade da mudança do posto de trabalho.

3 – A avaliação dos riscos deve ser repetida sempre que ocorram alterações significativas, nas situações em que tenha sido ultrapassado um valor limite de exposição profissional obrigatório ou um valor limite biológico e nas situações em que os resultados da vigilância da saúde o justifiquem.

ARTIGO 35.º
Medição da exposição

1 – A entidade empregadora pública deve proceder à medição da concentração de agentes químicos susceptíveis de implicar riscos para o património genético, tendo em atenção os valores limite de exposição profissional constantes de legislação especial.

2 – A medição referida no número anterior deve ser periodicamente repetida, bem como se houver alteração das condições susceptíveis de se repercutirem na exposição dos trabalhadores a agentes químicos que possam implicar riscos para o património genético.

3 – A entidade empregadora pública deve tomar o mais rapidamente possível as medidas de prevenção e protecção adequadas se o resultado das medições demonstrar que foi excedido um valor limite de exposição profissional.

Artigo 36.º
Operações específicas

A entidade empregadora pública deve tomar as medidas técnicas e organizativas adequadas à natureza da actividade, incluindo armazenagem, manuseamento e separação de agentes químicos incompatíveis, pela seguinte ordem de prioridade:

a) Prevenir a presença de concentrações perigosas de substâncias inflamáveis ou de quantidades perigosas de substâncias quimicamente instáveis;

b) Se a natureza da actividade não permitir a aplicação do disposto na alínea anterior, evitar a presença de fontes de ignição que possam provocar incêndios e explosões ou de condições adversas que possam fazer que substâncias ou misturas de substâncias quimicamente instáveis provoquem efeitos físicos nocivos;

c) Atenuar os efeitos nocivos para a saúde dos trabalhadores no caso de incêndio ou explosão resultante da ignição de substâncias inflamáveis ou os efeitos físicos nocivos provocados por substâncias ou misturas de substâncias quimicamente instáveis.

Artigo 37.º
Acidentes, incidentes e situações de emergência

1 – A entidade empregadora pública deve dispor de um plano de acção, em cuja elaboração e execução devem participar as entidades competentes, com as medidas adequadas a aplicar em situação de acidente, incidente ou de emergência resultante da presença no local de trabalho de agentes químicos susceptíveis de implicar riscos para o património genético.

2 – O plano de acção referido no número anterior deve incluir a realização periódica de exercícios de segurança e a disponibilização dos meios adequados de primeiros socorros.

3 – Se ocorrer alguma das situações referidas no n.º 1, a entidade empregadora pública deve adoptar imediatamente as medidas adequadas, informar os trabalhadores envolvidos e só permitir a presença na área afectada de trabalhadores indispensáveis à execução das reparações ou outras operações estritamente necessárias.

Lei n.º 59/2008, de 11 de Setembro 359

4 – Os trabalhadores autorizados a exercer temporariamente funções na área afectada, nos termos do número anterior, devem utilizar vestuário de protecção, equipamento de protecção individual e equipamento e material de segurança específico adequados à situação.

5 – A entidade empregadora pública deve instalar sistemas de alarme e outros sistemas de comunicação necessários para assinalar os riscos acrescidos para a saúde, de modo a permitir a adopção de medidas imediatas adequadas, incluindo operações de socorro, evacuação e salvamento.

ARTIGO 38.º
Instalações e equipamentos de trabalho

A entidade empregadora pública deve assegurar que:

a) Haja controlo suficiente de instalações, equipamento e máquinas ou equipamentos de prevenção ou limitação dos efeitos de explosões ou ainda que sejam adoptadas medidas imediatas adequadas para reduzir a pressão de explosão;

b) O conteúdo dos recipientes e canalizações utilizados por agentes químicos seja claramente identificado de acordo com a legislação respeitante à classificação, embalagem e rotulagem das substâncias e preparações perigosas e à sinalização de segurança no local de trabalho.

ARTIGO 39.º
Informação sobre as medidas de emergência

1 – A entidade empregadora pública deve assegurar que as informações sobre as medidas de emergência respeitantes a agentes químicos susceptíveis de implicar riscos para o património genético sejam prestadas aos serviços de segurança, higiene e saúde no trabalho, bem como a outras entidades internas e externas que intervenham em situação de emergência ou acidente.

2 – As informações referidas no número anterior devem incluir:

a) Avaliação prévia dos perigos da actividade exercida, os modos de os identificar, as precauções e os procedimentos adequados para que os serviços de emergência possam preparar os planos de intervenção e as medidas de precaução;

b) Informações disponíveis sobre os perigos específicos verificados ou que possam ocorrer num acidente ou numa situação de emergência, incluindo as informações relativas aos procedimentos previstos no artigo 37.º

CAPÍTULO III
Protecção da maternidade e da paternidade

SECÇÃO I
Âmbito

Artigo 40.º
Âmbito

O presente capítulo regula o artigo 43.º do Regime.

SECÇÃO II
Licenças, dispensas e faltas

Artigo 41.º
Dever de informação

A entidade empregadora pública deve afixar no órgão ou serviço, em local apropriado, a informação relativa aos direitos e deveres do trabalhador em matéria de maternidade e paternidade.

Artigo 42.º
Licença por maternidade

1 – A trabalhadora pode optar por uma licença por maternidade superior em 25 % à prevista no n.º 1 do artigo 26.º do Regime, devendo o

acréscimo ser gozado necessariamente a seguir ao parto, nos termos da legislação *sobre* protecção social.

2 – A trabalhadora deve informar a entidade empregadora pública até sete dias após o parto de qual a modalidade de licença por maternidade por que opta, presumindo-se, na falta de declaração, que a licença tem a duração de 120 dias.

3 – O regime previsto nos números anteriores aplica-se ao pai que goze a licença por paternidade nos casos previstos nos n.ºs 2 e 4 do artigo 27.° do Regime.

4 – A trabalhadora grávida que pretenda gozar parte da licença por maternidade antes do parto, nos termos do n.° 1 do artigo 26.° do Regime, deve informar a entidade empregadora pública e apresentar atestado médico que indique a data previsível do mesmo.

5 – A informação referida no número anterior deve ser prestada com a antecedência de 10 dias ou, em caso de urgência comprovada pelo médico, logo que possível.

6 – Em caso de internamento hospitalar da mãe ou da criança durante o período de licença a seguir ao parto, nos termos do n.° 5 do artigo 26.° do Regime, a contagem deste período é suspensa pelo tempo de duração do internamento, mediante comunicação à respectiva entidade empregadora pública, acompanhada de declaração emitida pelo estabelecimento hospitalar.

7 – O disposto nos n.ºs 4 e 5 aplica-se também, nos termos previstos no n.° 3 do artigo 26.° do Regime, em situação de risco clínico para a trabalhadora ou para o nascituro, impeditivo do exercício de funções, que seja distinto de risco específico de exposição a agentes, processos ou condições de trabalho, se o mesmo não puder ser evitado com o exercício de outras tarefas compatíveis com o seu estado e categoria profissional ou se a entidade empregadora pública não o possibilitar.

Artigo 43.°
Licença por paternidade

1 – É obrigatório o gozo da licença por paternidade prevista no n.° 1 do artigo 27.° do Regime, devendo o trabalhador informar a entidade empregadora pública com a antecedência de cinco dias relativamente ao início do período, consecutivo ou interpolado, de licença ou, em caso de urgência comprovada, logo que possível.

2 – Para efeitos do gozo de licença em caso de incapacidade física ou psíquica ou morte da mãe, nos termos do n.° 2 do artigo 27.° do Regime, o trabalhador deve, logo que possível, informar a entidade empregadora pública, apresentar certidão de óbito ou atestado médico comprovativo e, sendo caso disso, declarar qual o período de licença por maternidade gozado pela mãe.

3 – O trabalhador que pretenda gozar a licença por paternidade, por decisão conjunta dos pais, deve informar a entidade empregadora pública com a antecedência de 10 dias e:

a) Apresentar documento de que conste a decisão conjunta;
b) Declarar qual o período de licença por maternidade gozado pela mãe, que não pode ser inferior a seis semanas a seguir ao parto;
c) Provar que a entidade empregadora, pública ou privada, da mãe foi informada da decisão conjunta.

ARTIGO 44.°
**Condições especiais de trabalho para assistência
a filho com deficiência ou doença crónica**

1 – Para efeitos do n.° 1 do artigo 28.° do Regime, o trabalhador tem direito, nomeadamente, à redução de cinco horas do período normal de trabalho semanal para assistência a filho até 1 ano de idade com deficiência ou doença crónica se o outro progenitor exercer actividade profissional ou estiver impedido ou inibido totalmente de exercer o poder paternal.

2 – Se ambos os progenitores forem titulares do direito, a redução do período normal de trabalho pode ser utilizada por qualquer deles ou por ambos em períodos sucessivos.

3 – O trabalhador deve comunicar à entidade empregadora pública que pretende reduzir o período normal de trabalho com a antecedência de 10 dias, bem como:

a) Apresentar atestado médico comprovativo da deficiência ou da doença crónica;
b) Declarar que o outro progenitor tem actividade profissional ou que está impedido ou inibido totalmente de exercer o poder paternal e, sendo caso disso, que não exerce ao mesmo tempo este direito.

4 – A entidade empregadora pública deve adequar a redução do período normal de trabalho tendo em conta a preferência do trabalhador, salvo se outra solução for imposta por exigências imperiosas do funcionamento do órgão ou serviço.

Artigo 45.º
Licença por adopção

1 – O período de licença por adopção, previsto no n.º 1 do artigo 29.º do Regime, é acrescido, no caso de adopções múltiplas, de 30 dias por cada adopção além da primeira.

2 – Quando a confiança administrativa consistir na confirmação da permanência do menor a cargo do adoptante, este tem direito a licença desde que a data em que o menor ficou de facto a seu cargo tenha ocorrido há menos de 100 dias e até ao momento em que estes se completam.

3 – O trabalhador candidato a adopção deve informar a entidade empregadora pública do gozo da respectiva licença com a antecedência de 10 dias ou, em caso de urgência comprovada, logo que possível, fazendo prova da confiança judicial ou administrativa do adoptando e da idade deste.

4 – No caso de os cônjuges candidatos à adopção serem trabalhadores, o período de licença pode ser integralmente gozado por um deles ou por ambos, em tempo parcial ou em períodos sucessivos, conforme decisão conjunta.

5 – Em qualquer dos casos referidos no número anterior, o trabalhador deve:

a) Apresentar documento de que conste a decisão conjunta;
b) Declarar qual o período de licença gozado pelo seu cônjuge, sendo caso disso;
c) Provar que o seu cônjuge informou a respectiva entidade empregadora, pública ou privada, da decisão conjunta.

6 – Se o trabalhador falecer durante a licença, o cônjuge sobrevivo que não seja adoptante tem direito a licença correspondente ao período não gozado ou a um mínimo de 14 dias se o adoptado viver consigo em comunhão de mesa e habitação.

7 – Em caso de internamento hospitalar do candidato à adopção ou do adoptando, o período de licença é suspenso pelo tempo de duração do internamento, mediante comunicação daquele à respectiva entidade empregadora pública, acompanhada de declaração passada pelo estabelecimento hospitalar.

8 – O trabalhador candidato a adoptante não tem direito a licença por adopção do filho do cônjuge ou de pessoa que com ele viva em união de facto.

Artigo 46.º
Dispensa para consultas pré-natais

1 – Para efeitos do n.º 1 do artigo 30.º do Regime, a trabalhadora grávida deve, sempre que possível, comparecer às consultas pré-natais fora do horário de trabalho.

2 – Sempre que a consulta pré-natal só seja possível durante o horário de trabalho, a entidade empregadora pública pode exigir à trabalhadora a apresentação de prova desta circunstância e da realização da consulta ou declaração dos mesmos factos.

3 – Para efeito dos números anteriores, a preparação para o parto é equiparada a consulta pré-natal.

Artigo 47.º
Dispensas para amamentação e aleitação

1 – Para efeitos do n.º 2 do artigo 30.º do Regime, a trabalhadora comunica à entidade empregadora pública, com a antecedência de 10 dias relativamente ao início da dispensa, que amamenta o filho, devendo apresentar atestado médico após o 1.º ano de vida do filho.

2 – A dispensa para aleitação, prevista no n.º 3 do artigo 30.º do Regime, pode ser exercida pela mãe ou pelo pai trabalhador, ou por ambos, conforme decisão conjunta, devendo o beneficiário, em qualquer caso:

   a) Comunicar à entidade empregadora pública que aleita o filho, com a antecedência de 10 dias relativamente ao início da dispensa;

Lei n.° 59/2008, de 11 de Setembro 365

b) Apresentar documento de que conste a decisão conjunta;
c) Declarar qual o período de dispensa gozado pelo outro progenitor, sendo caso disso;
d) Provar que o outro progenitor informou a respectiva entidade empregadora, pública ou privada, da decisão conjunta.

3 – A dispensa diária para amamentação ou aleitação é gozada em dois períodos distintos, com a duração máxima de uma hora cada, salvo se outro regime for acordado com a entidade empregadora pública, em qualquer caso sem exceder duas horas diárias.

4 – No caso de nascimentos múltiplos, a dispensa referida no número anterior é acrescida de mais trinta minutos por cada gemelar além do primeiro.

5 – Se a mãe ou o pai trabalhar a tempo parcial, a dispensa diária para amamentação ou aleitação é reduzida na proporção do respectivo período normal de trabalho, não podendo ser inferior a trinta minutos.

6 – Na situação referida no número anterior, a dispensa diária é gozada em período não superior a uma hora e, sendo caso disso, num segundo período com a duração remanescente, salvo se outro regime for acordado com a entidade empregadora pública.

ARTIGO 48.°
**Faltas para assistência a filho menor,
com deficiência ou doença crónica**

1 – Para efeitos de justificação das faltas a que se referem os artigos 31.° e 33.° do Regime, a entidade empregadora pública pode exigir ao trabalhador:

a) Prova do carácter inadiável e imprescindível da assistência;
b) Declaração de que o outro progenitor tem actividade profissional e não faltou pelo mesmo motivo ou está impossibilitado de prestar a assistência.

2 – Em caso de hospitalização, a entidade empregadora pública pode exigir declaração de internamento passada pelo estabelecimento hospitalar.

Artigo 49.º
Faltas para assistência a netos

1 – Para efeitos do artigo 32.º do Regime, o trabalhador que pretenda faltar ao trabalho em caso de nascimento de netos que sejam filhos de adolescentes com idade inferior a 16 anos deve informar a entidade empregadora pública com a antecedência de cinco dias, declarando que:

a) O neto vive consigo em comunhão de mesa e habitação;
b) O neto é filho de adolescente com idade inferior a 16 anos;
c) O cônjuge do trabalhador exerce actividade profissional ou se encontra física ou psiquicamente impossibilitado de cuidar do neto ou não vive em comunhão de mesa e habitação com este.

2 – Se houver dois titulares do direito, estes podem gozar apenas um período de faltas, integralmente por um deles, ou por ambos em tempo parcial ou em períodos sucessivos, conforme decisão conjunta.

3 – Nos casos referidos no número anterior, o titular que faltar ao trabalho deve apresentar à entidade empregadora pública:

a) O documento de que conste a decisão conjunta;
b) A prova de que o outro titular informou a respectiva entidade empregadora, pública ou privada, da decisão conjunta.

Artigo 50.º
Licença parental

1 – Para efeitos dos n.ºs 1 e 2 do artigo 34.º do Regime, o pai ou a mãe que pretenda utilizar a licença parental, ou os regimes alternativos de trabalho a tempo parcial ou de períodos intercalados de ambos, deve informar a entidade empregadora pública, por escrito, do início e termo do período de licença, do trabalho a tempo parcial ou dos períodos intercalados pretendidos.

2 – Se ambos os progenitores pretenderem gozar simultaneamente a licença e estiverem ao serviço da mesma entidade empregadora pública, esta pode adiar a licença de um deles com fundamento em exigências imperiosas ligadas ao funcionamento do órgão ou serviço e desde que seja fornecida por escrito a respectiva fundamentação.

Artigo 51.º
Licenças para assistência a filho ou adoptado e pessoa com deficiência ou doença crónica

1 – Para efeitos dos n.ᵒˢ 3 e 4 do artigo 34.º e do n.º 1 do artigo 35.º do Regime, o trabalhador tem direito a licença especial para assistência a filho ou adoptado ou a licença para assistência a pessoa com deficiência ou doença crónica se o outro progenitor exercer actividade profissional ou estiver impedido ou inibido totalmente de exercer o poder paternal.

2 – Se houver dois titulares, a licença pode ser gozada por qualquer deles ou por ambos em períodos sucessivos.

3 – O trabalhador deve informar a entidade empregadora pública, por escrito e com a antecedência de 30 dias, do início e termo do período em que pretende gozar a licença e declarar que o outro progenitor tem actividade profissional e não se encontra ao mesmo tempo em situação de licença ou está impedido ou inibido totalmente de exercer o poder paternal, que o filho faz parte do seu agregado familiar e não está esgotado o período máximo de duração da licença.

4 – Na falta de indicação em contrário por parte do trabalhador, a licença tem a duração de seis meses.

5 – O trabalhador deve comunicar à entidade empregadora pública, por escrito e com a antecedência de 15 dias relativamente ao termo do período de licença, a sua intenção de regressar ao trabalho, ou de a prorrogar, excepto se o período máximo da licença entretanto se completar.

SECÇÃO III
Regimes de trabalho especiais

Artigo 52.º
Trabalho a tempo parcial

1 – Para efeitos dos n.ᵒˢ 1 e 2 do artigo 36.º do Regime, o direito a trabalhar a tempo parcial pode ser exercido por qualquer dos progenitores, ou por ambos em períodos sucessivos, depois da licença parental, ou dos regimes alternativos de trabalho a tempo parcial ou de períodos intercalados de ambos.

2 – Salvo acordo em contrário, o período normal de trabalho a tempo parcial corresponde a metade do praticado a tempo completo e é prestado diariamente, de manhã ou de tarde, ou em três dias por semana, conforme o pedido do trabalhador.

ARTIGO 53.°
Flexibilidade de horário

1 – Para efeitos dos n.ᵒˢ 1 e 2 do artigo 36.° do Regime, o direito a trabalhar com flexibilidade de horário pode ser exercido por qualquer dos progenitores ou por ambos.

2 – Entende-se por flexibilidade de horário aquele em que o trabalhador pode escolher, dentro de certos limites, as horas de início e termo do período normal de trabalho diário.

3 – A flexibilidade de horário deve:

a) Conter um ou dois períodos de presença obrigatória, com duração igual a metade do período normal de trabalho diário;

b) Indicar os períodos para início e termo do trabalho normal diário, cada um com duração não inferior a um terço do período normal de trabalho diário, podendo esta duração ser reduzida na medida do necessário para que o horário se contenha dentro do período de funcionamento do órgão ou serviço;

c) Estabelecer um período para intervalo de descanso não superior a duas horas.

4 – O trabalhador que trabalhe em regime de flexibilidade de horário pode efectuar até seis horas consecutivas de trabalho e até dez horas de trabalho em cada dia e deve cumprir o correspondente período normal de trabalho semanal, em média de cada período de quatro semanas.

5 – O regime de trabalho com flexibilidade de horário referido nos números anteriores deve ser elaborado pela entidade empregadora pública.

Artigo 54.°
Autorização para trabalho a tempo parcial ou com flexibilidade de horário

1 – Para efeitos do artigo 36.° do Regime, o trabalhador que pretenda trabalhar a tempo parcial ou com flexibilidade de horário deve solicitá-lo à entidade empregadora pública, por escrito, com a antecedência de 30 dias, com os seguintes elementos:

a) Indicação do prazo previsto, até ao máximo de dois anos, ou de três anos no caso de três filhos ou mais;

b) Declaração de que o menor faz parte do seu agregado familiar, que o outro progenitor não se encontra ao mesmo tempo em situação de trabalho a tempo parcial, que não está esgotado o período máximo de duração deste regime de trabalho ou, no caso de flexibilidade de horário, que o outro progenitor tem actividade profissional ou está impedido ou inibido totalmente de exercer o poder paternal;

c) A repartição semanal do período de trabalho pretendida, no caso de trabalho a tempo parcial.

2 – A entidade empregadora pública apenas pode recusar o pedido com fundamento em exigências imperiosas ligadas ao funcionamento do órgão ou serviço, ou à impossibilidade de substituir o trabalhador se este for indispensável, carecendo sempre a recusa de parecer prévio favorável da entidade que tenha competência na área da igualdade de oportunidades entre homens e mulheres.

3 – Se o parecer referido no número anterior for desfavorável, a entidade empregadora pública só pode recusar o pedido após decisão jurisdicional que reconheça a existência de motivo justificativo.

4 – A entidade empregadora pública deve informar o trabalhador, por escrito, no prazo de 20 dias contados a partir da recepção do pedido, indicando o fundamento da intenção de recusa.

5 – O trabalhador pode apresentar uma apreciação escrita do fundamento da intenção de recusa, no prazo de cinco dias contados a partir da sua recepção.

6 – A entidade empregadora pública deve submeter o processo à apreciação da entidade que tenha competência na área da igualdade de opor-

tunidades entre homens e mulheres, nos cinco dias subsequentes ao fim do prazo para apreciação pelo trabalhador, acompanhado de cópia do pedido, do fundamento da intenção de o recusar e da apreciação do trabalhador.

7 – A entidade que tenha competência na área da igualdade de oportunidades entre homens e mulheres deve notificar a entidade empregadora pública e o trabalhador do seu parecer, no prazo de 30 dias.

8 – Se o parecer não for emitido no prazo referido no número anterior, considera-se que é favorável à intenção da entidade empregadora pública.

9 – Considera-se que a entidade empregadora pública aceita o pedido do trabalhador nos seus precisos termos:

a) Se não comunicar a intenção de recusa no prazo de 20 dias após a recepção do pedido;

b) Se, tendo comunicado a intenção de recusar o pedido, não informar o trabalhador da decisão sobre o mesmo nos cinco dias subsequentes à notificação referida no n.° 7 ou, consoante o caso, no fim do prazo estabelecido nesse número;

c) Se não submeter o processo à apreciação da entidade que tenha competência na área da igualdade de oportunidades entre homens e mulheres dentro do prazo previsto no n.° 6.

ARTIGO 55.°
Prorrogação e cessação do trabalho a tempo parcial

1 – A prestação de trabalho a tempo parcial pode ser prorrogada até ao máximo de dois anos ou de três anos, no caso de terceiro filho ou mais, ou ainda quatro anos no caso de filho com deficiência ou doença crónica, sendo aplicável à prorrogação o disposto para o pedido inicial.

2 – A prestação de trabalho a tempo parcial cessa no termo do período para que foi concedida ou no da sua prorrogação, retomando o trabalhador a prestação de trabalho a tempo completo.

ARTIGO 56.°
Efeitos da redução do período normal de trabalho

1 – A redução do período normal de trabalho prevista no n.° 1 do

artigo 44.º não implica diminuição de direitos consagrados na lei, salvo o disposto no número seguinte.

2 – As horas de redução do período normal de trabalho só são remuneradas na medida em que, em cada ano, excedam o número correspondente aos dias de faltas não remuneradas previstas no n.º 2 do artigo 193.º do Regime.

ARTIGO 57.º
Dispensa de trabalho nocturno

1 – Para efeitos do artigo 38.º do Regime, a trabalhadora grávida, puérpera ou lactante que pretenda ser dispensada de prestar trabalho nocturno deve informar a entidade empregadora pública e apresentar atestado médico, nos casos em que este seja legalmente exigido, com a antecedência de 10 dias.

2 – Em situação de urgência comprovada pelo médico, a informação referida no número anterior pode ser feita independentemente do prazo.

3 – Sem prejuízo do disposto nos números anteriores, a dispensa da prestação de trabalho nocturno deve ser determinada por médico do trabalho sempre que este, no âmbito da vigilância da saúde dos trabalhadores, identificar qualquer risco para a trabalhadora grávida, puérpera ou lactante.

SECÇÃO IV
Actividades condicionadas ou proibidas

SUBSECÇÃO I
Actividades condicionadas à trabalhadora grávida, puérpera ou lactante

ARTIGO 58.º
Actividades condicionadas

Para efeitos dos n.ºˢ 2 e 6 do artigo 40.º do Regime, são condicionadas à trabalhadora grávida, puérpera ou lactante as actividades referidas nos artigos 59.º a 62.º

Artigo 59.º
Agentes físicos

São condicionadas à trabalhadora grávida, puérpera ou lactante as actividades que envolvam a exposição a agentes físicos susceptíveis de provocar lesões fetais ou o desprendimento da placenta, nomeadamente:

a) Choques, vibrações mecânicas ou movimentos;
b) Movimentação manual de cargas que comportem riscos, nomeadamente dorso-lombares, ou cujo peso exceda 10 kg;
c) Ruído;
d) Radiações não ionizantes;
e) Temperaturas extremas, de frio ou de calor;
f) Movimentos e posturas, deslocações quer no interior quer no exterior do órgão ou serviço, fadiga mental e física e outras sobrecargas físicas ligadas à actividade exercida.

Artigo 60.º
Agentes biológicos

São condicionadas à trabalhadora grávida, puérpera ou lactante todas as actividades em que possa existir o risco de exposição a agentes biológicos classificados nos grupos de risco 2, 3 e 4, de acordo com a legislação relativa às prescrições mínimas de protecção da segurança e saúde dos trabalhadores contra os riscos da exposição a agentes biológicos durante o trabalho que não sejam mencionados no artigo 65.º

Artigo 61.º
Agentes químicos

São condicionadas à trabalhadora grávida, puérpera ou lactante as actividades em que exista ou possa existir o risco de exposição a:

a) Substâncias químicas e preparações perigosas qualificadas com uma ou mais das frases de risco seguintes:
«R40 – possibilidade de efeitos irreversíveis», «R45 – pode causar cancro», «R49 – pode causar cancro por inalação» e

Lei n.º 59/2008, de 11 de Setembro 373

«R63 – possíveis riscos durante a gravidez de efeitos indesejáveis na descendência», nos termos da legislação sobre a classificação, embalagem e rotulagem das substâncias e preparações perigosas;
b) Auramina;
c) Mercúrio e seus derivados;
d) Medicamentos antimitóticos;
e) Monóxido de carbono;
f) Agentes químicos perigosos de penetração cutânea formal;
g) Substâncias ou preparações que se libertem nos processos industriais referidos no artigo seguinte.

ARTIGO 62.º
Processos industriais e condições de trabalho

São condicionadas à trabalhadora grávida, puérpera ou lactante as actividades em locais de trabalho onde decorram ou possam decorrer os seguintes processos industriais:

a) Fabrico de auramina;
b) Trabalhos susceptíveis de provocarem a exposição a hidrocarbonetos policíclicos aromáticos presentes nomea damente na fuligem, no alcatrão, no pez, nos fumos ou nas poeiras de hulha;
c) Trabalhos susceptíveis de provocarem a exposição a poeiras, fumos ou névoas produzidos durante a calcinação e electrorrefinação de mates de níquel;
d) Processo de ácido forte durante o fabrico de álcool isopropílico;
e) Trabalhos susceptíveis de provocarem a exposição a poeiras de madeiras de folhosas.

SUBSECÇÃO II
Actividades proibidas a trabalhadora grávida

ARTIGO 63.º
Actividades proibidas

Para efeitos do n.º 5 do artigo 40.º do Regime, são proibidas à trabalhadora grávida as actividades referidas nos artigos 64.º a 67.º

Artigo 64.°
Agentes físicos

É proibida à trabalhadora grávida a realização de actividades em que esteja, ou possa estar, exposta aos seguintes agentes físicos:

a) Radiações ionizantes;
b) Atmosferas com sobrepressão elevada, nomeadamente câmaras hiperbáricas ou de mergulho submarino.

Artigo 65.°
Agentes biológicos

É proibida à trabalhadora grávida a realização de qualquer actividade em que possa estar em contacto com vectores de transmissão do toxoplasma e com o vírus da rubéola, salvo se existirem provas de que a trabalhadora grávida possui anticorpos ou imunidade a esses agentes e se encontra suficientemente protegida.

Artigo 66.°
Agentes químicos

É proibida à trabalhadora grávida a realização de qualquer actividade em que possa estar em contacto com:

a) As substâncias químicas perigosas, qualificadas com uma ou mais frases de risco seguintes: «R46 – pode causar alterações genéticas hereditárias», «R61 – risco durante a gravidez com efeitos adversos na descendência» e «R64 – pode causar dano nas crianças alimentadas com leite materno», nos termos da legislação sobre a classificação, embalagem e rotulagem das substâncias e preparações perigosas;
b) O chumbo e seus compostos na medida em que esses agentes podem ser absorvidos pelo organismo humano.

Lei n.° 59/2008, de 11 de Setembro 375

Artigo 67.°
Condições de trabalho

É proibida à trabalhadora grávida a prestação de trabalho subterrâneo em minas.

SUBSECÇÃO III
Actividades proibidas à trabalhadora lactante

Artigo 68.°
Agentes e condições de trabalho

É proibida à trabalhadora lactante a realização de qualquer actividade que envolva a exposição aos seguintes agentes físicos e químicos:

a) Radiações ionizantes;
b) Substâncias químicas qualificadas com a frase de risco «R64 – pode causar dano nas crianças alimentadas com leite materno», nos termos da legislação sobre a classificação, embalagem e rotulagem das substâncias e preparações perigosas;
c) Chumbo e seus compostos na medida em que esses agentes podem ser absorvidos pelo organismo humano.

Artigo 69.°
Condições de trabalho

É proibida à trabalhadora lactante a prestação de trabalho subterrâneo em minas.

SECÇÃO V
Protecção no trabalho e no despedimento

Artigo 70.°
Protecção no trabalho

O trabalhador, após terminar qualquer situação de licença, faltas, dispensa ou regime de trabalho especial regulado no presente capítulo tem direito a retomar a actividade anterior.

Artigo 71.º
Efeitos das licenças

1 – A licença parental, a licença especial para assistência a filho e a licença para assistência a pessoa com deficiência ou doença crónica, previstas nos artigos 34.º e 35.º do Regime:

a) Suspendem-se por doença do trabalhador, se este informar a entidade empregadora pública e apresentar atestado médico comprovativo, e prosseguem logo após a cessação desse impedimento;
b) Não podem ser suspensas por conveniência da entidade empregadora pública;
c) Terminam em caso do falecimento do filho, que deve ser comunicado à entidade empregadora pública no prazo de cinco dias.

2 – No caso previsto na alínea c) do número anterior, o trabalhador retoma a actividade anterior na primeira vaga que ocorrer no órgão ou serviço ou, se esta entretanto se não verificar, no termo do período previsto para a licença.

3 – Terminadas as licenças referidas no n.º 1, o trabalhador deve apresentar-se à entidade empregadora pública para retomar a actividade anterior, sob pena de incorrer em faltas injustificadas.

Artigo 72.º
Protecção no despedimento

1 – Para efeitos do artigo 42.º do Regime, a entidade empregadora pública deve remeter cópia do processo à entidade que tenha competência na área da igualdade de oportunidades entre homens e mulheres, nos seguintes momentos:

a) Com o relatório final do instrutor, no despedimento por facto imputável ao trabalhador;

b) Depois das consultas referidas no artigo 269.º do Regime, no despedimento por inadaptação.

2 – A exigência de parecer prévio da entidade que tenha competência na área da igualdade de oportunidades entre homens e mulheres considera-se verificada, e em sentido favorável ao despedimento, se a mesma não se pronunciar no prazo de 30 dias a contar da recepção da cópia do processo.

3 – A acção a que se refere o n.º 6 do artigo 42.º do Regime deve ser intentada nos 30 dias subsequentes à notificação do parecer prévio desfavorável ao despedimento emitido pela entidade que tenha competência na área da igualdade de oportunidades entre homens e mulheres.

4 – O pai tem direito, durante o gozo da licença por paternidade, à mesma protecção no despedimento de trabalhadora grávida, puérpera ou lactante.

SECÇÃO VI
Disposições comuns

ARTIGO 73.º
Extensão de direitos atribuídos aos progenitores

1 – O adoptante, o tutor ou a pessoa a quem for deferida a confiança judicial ou administrativa do menor, bem como o cônjuge ou a pessoa em união de facto com qualquer daqueles ou com o progenitor, desde que viva em comunhão de mesa e habitação com o menor, beneficia dos seguintes direitos:

a) Dispensa para aleitação;
b) Licença especial para assistência a filho e licença para assistência a pessoa com deficiência ou doença crónica;
c) Faltas para assistência a filho menor, ou pessoa com deficiência ou doença crónica;
d) Condições especiais de trabalho para assistência a filho com deficiência ou doença crónica;
e) Trabalho a tempo parcial;
f) Trabalho em regime de flexibilidade de horário.

2 – O adoptante e o tutor do menor beneficiam do direito a licença parental ou a regimes alternativos de trabalho a tempo parcial ou de períodos intercalados de ambos.

3 – O regime de faltas para assistência a netos, previsto no artigo 32.º do Regime, é aplicável ao tutor do adolescente, a trabalhador a quem tenha sido deferida a confiança judicial ou administrativa do mesmo, bem como ao seu cônjuge ou pessoa em união de facto.

4 – Sempre que qualquer dos direitos referidos nos n.ºs 1 e 3 depender de uma relação de tutela ou confiança judicial ou administrativa do menor, o respectivo titular deve, para que o possa exercer, mencionar essa qualidade à entidade empregadora pública.

ARTIGO 74.º
Condição de exercício do poder paternal

O trabalhador não deve estar impedido ou inibido totalmente de exercer o poder paternal para que possa exercer os seguintes direitos:

a) Licença por paternidade;

b) Licença por adopção;

c) Dispensa para aleitação;

d) Licença parental, ou os regimes alternativos de trabalho a tempo parcial ou de períodos intercalados de ambos;

e) Faltas para assistência a filho menor ou pessoa com deficiência ou doença crónica;

f) Licença especial para assistência a filho, incluindo pessoa com deficiência ou doença crónica;

g) Faltas para assistência a neto;

h) Condições especiais de trabalho para assistência a filho com deficiência ou doença crónica;

i) Trabalho a tempo parcial para assistência a filho;

j) Trabalho em regime de flexibilidade de horário para assistência a filho.

Artigo 75.º
Regime das licenças, dispensas e faltas

1 – As licenças, dispensas e faltas previstas no artigo 32.º e nos n.ºs 1 e 2 do artigo 34.º do Regime não determinam perda de quaisquer direitos, sendo consideradas como prestação efectiva de serviço para todos os efeitos, salvo quanto à remuneração.

2 – As licenças por maternidade, paternidade, adopção e a licença parental:

a) Suspendem o gozo das férias, devendo os restantes dias ser gozados após o seu termo, mesmo que tal se verifique no ano seguinte;
b) Não prejudicam o tempo já decorrido de qualquer estágio ou curso de formação, sem prejuízo de o trabalhador cumprir o período em falta para o completar;
c) Adiam a aplicação de métodos de selecção em procedimento concursal, os quais devem ter lugar após o termo da licença.

3 – As licenças, dispensas e faltas previstas no n.º 1 não são cumuláveis com outras similares consagradas em lei ou instrumento de regulamentação colectiva de trabalho.

4 – As licenças previstas nos n.ºs 3, 4 e 5 do artigo 34.º e no artigo 35.º do Regime suspendem os direitos, deveres e garantias das partes na medida em que pressuponham a efectiva prestação de trabalho, designadamente a remuneração.

5 – As licenças previstas nos artigos 34.º e 35.º do Regime não prejudicam a atribuição dos benefícios dos subsistemas de saúde e de acção social complementar a que o trabalhador tenha direito.

6 – Durante as licenças previstas nos artigos 34.º e 35.º do Regime, o trabalhador tem direito a aceder à informação periódica emitida pela entidade empregadora pública para o conjunto dos trabalhadores.

7 – O início do exercício efectivo de funções que devesse ocorrer durante o período das licenças por maternidade, por paternidade e por adopção é transferido para o termo das mesmas, produzindo o contrato por tempo indeterminado todos os efeitos, designadamente de antiguidade, a partir da data de publicação do respectivo extracto.

Artigo 76.º
Subsídio de refeição

1 – O direito ao subsídio de refeição é mantido em todas as situações previstas nos artigos 26.º, 27.º, 29.º, 30.º e 32.º, no n.º 3 do artigo 38.º e na alínea *c*) do n.º 4 do artigo 40.º do Regime.

2 – O direito referido no número anterior mantém-se, ainda, nos primeiros 15 dias, ou período equivalente, da licença parental gozada pelo pai, desde que sejam imediatamente subsequentes à licença por maternidade ou por paternidade.

3 – As faltas referidas nos artigos 31.º e 33.º do Regime implicam a perda do subsídio de refeição.

Artigo 77.º
Incompatibilidades

Durante o período de licença parental ou dos regimes alternativos de trabalho a tempo parcial ou de períodos intercalados de ambos, de licença especial para assistência a filho ou de licença para assistência a pessoa com deficiência ou doença crónica, ou ainda durante o período de trabalho a tempo parcial para assistência a filho, o trabalhador não pode exercer outra actividade incompatível com a respectiva finalidade, nomeadamente trabalho subordinado ou prestação continuada de serviços fora da sua residência habitual.

SECÇÃO VII
Protecção social

Artigo 78.º
Subsídio

1 – Durante as licenças, faltas e dispensas referidas nos artigos 26.º, 27.º, 29.º e 32.º, no n.º 3 do artigo 38.º e na alínea *c*) do n.º 4 do artigo 40.º do Regime, bem como no artigo 42.º, o trabalhador tem direito a um subsídio, nos termos da legislação sobre protecção social.

2 – O disposto no número anterior é ainda aplicável aos primeiros 15 dias, ou período equivalente, da licença parental gozada pelo pai, desde que sejam imediatamente subsequentes à licença por maternidade ou por paternidade.

3 – No caso de trabalhadora lactante dispensada do trabalho, nos termos do n.º 3 do artigo 38.º ou da alínea *c*) do n.º 4 do artigo 40.º do Regime, o direito referido no n.º 1 mantém-se até um ano após o parto.

Artigo 79.º
Subsídio em caso de faltas para assistência

Em caso de faltas para assistência a menores e pessoa com deficiência ou doença crónica, nos termos dos artigos 31.º e 33.º do Regime, o trabalhador tem direito a um subsídio nos termos da legislação sobre protecção social.

Artigo 80.º
Relevância para acesso a prestações de protecção social

Os períodos de licença previstos nos artigos 34.º e 35.º do Regime são tomados em conta para o cálculo das prestações devidas pelos regimes de protecção social em caso de invalidez ou velhice.

Artigo 81.º
Subsídio em caso de licença especial para assistência a pessoa com deficiência ou doença crónica

Durante a licença prevista no artigo 35.º do Regime, o trabalhador tem direito a um subsídio para assistência a deficientes profundos e doentes crónicos, nos termos da legislação sobre protecção social.

SECÇÃO VIII
Trabalhadores nomeados

ARTIGO 82.º
Regime especial aplicável aos trabalhadores nomeados

As disposições da presente secção aplicam-se apenas aos trabalhadores que exercem funções públicas na modalidade de nomeação.

SUBSECÇÃO I
Licenças, dispensas e faltas

ARTIGO 83.º
Efeitos das licenças por maternidade, paternidade e adopção

As licenças por maternidade, por paternidade e por adopção a que se referem os artigos 26.º, 27.º e 29.º do Regime não determinam a perda de quaisquer direitos, sendo consideradas como prestação efectiva de serviço para todos os efeitos.

ARTIGO 84.º
Efeitos das dispensas e faltas

1 – As dispensas referidas no artigo 30.º, no n.º 3 do artigo 38.º e na alínea *c*) do n.º 4 do artigo 40.º do Regime são consideradas como prestação efectiva de serviço para todos os efeitos, excepto quanto à remuneração.

2 – As faltas previstas nos artigos 31.º e 33.º do Regime contam para antiguidade na carreira e categoria.

3 – Às faltas previstas no artigo 32.º do Regime aplica-se, com as necessárias adaptações, o disposto no artigo 83.º

4 – A justificação e o controlo das faltas previstas no n.º 2 são feitos em termos idênticos ao estabelecido na lei para as faltas por doença do trabalhador.

Lei n.º 59/2008, de 11 de Setembro   383

5 – O documento médico comprovativo da doença do familiar deve mencionar expressamente que o doente necessita de acompanhamento ou assistência permanente, com carácter inadiável e imprescindível.

6 – O documento referido no número anterior deve ser acompanhado de declaração do trabalhador da qual conste que ele é o familiar em melhores condições para a prestação do acompanhamento ou assistência e a indicação da sua ligação familiar com o doente.

7 – A contagem das faltas para assistência a menores é suspensa nos casos previstos no n.º 2 do artigo 31.º do Regime e retomada após a alta do internamento.

SUBSECÇÃO II
Regime de trabalho especial

ARTIGO 85.º
Faltas para assistência a membros do agregado familiar

1 – O trabalhador tem direito a faltar ao trabalho até 15 dias por ano para prestar assistência inadiável e imprescindível em caso de doença ou acidente ao cônjuge, parente ou afim na linha recta ascendente ou no 2.º grau da linha colateral, filho, adoptado ou enteado com mais de 10 anos de idade.

2 – Aos 15 dias previstos no número anterior acresce um dia por cada filho, adoptado ou enteado além do primeiro.

3 – O disposto nos números anteriores é aplicável aos trabalhadores a quem tenha sido deferida a tutela de outra pessoa ou confiada a guarda de menor com mais de 10 anos por decisão judicial ou administrativa.

4 – Para justificação de faltas, a entidade empregadora pública pode exigir ao trabalhador:

a) Prova do carácter inadiável e imprescindível da assistência;
b) Declaração de que os outros membros do agregado familiar, caso exerçam actividade profissional, não faltaram pelo mesmo motivo ou estão impossibilitados de prestar a assistência.

5 – As faltas previstas neste artigo não determinam a perda de quais-

quer direitos e são consideradas como prestação efectiva de serviço, sendo-lhes aplicável o disposto nos n.ºs 2 e 4 do artigo 84.°

ARTIGO 86.°
Trabalho a tempo parcial e flexibilidade de horário

1 – Os regimes de trabalho a tempo parcial e de flexibilidade de horário previstos no artigo 36.° do Regime são regulados pela lei aplicável aos trabalhadores que exercem funções públicas na modalidade de nomeação em matéria de duração e horário de trabalho.

2 – O regime de trabalho a tempo parcial e os horários específicos, com a necessária flexibilidade e sem prejuízo do cumprimento da duração semanal do horário de trabalho a que se refere o artigo 36.° do Regime, são aplicados a requerimento dos interessados, de forma a não perturbar o normal funcionamento dos órgãos ou serviços, mediante acordo entre o dirigente e o trabalhador, com observância do previsto na lei em matéria de duração e modalidades de horários de trabalho para os trabalhadores que exercem funções públicas na modalidade de nomeação.

3 – Sempre que o número de pretensões para utilização das facilidades de horários se revelar manifesta e comprovadamente comprometedora do normal funcionamento dos órgãos ou serviços, são fixados, pelo processo previsto no número anterior, o número e as condições em que são deferidas as pretensões apresentadas.

4 – Quando não seja possível a aplicação do disposto nos números anteriores, o trabalhador é dispensado por uma só vez ou interpoladamente em cada semana, em termos idênticos ao previsto na lei para a frequência de aulas no regime do trabalhador-estudante.

5 – A dispensa para amamentação ou aleitação, prevista no artigo 30.° do Regime, pode ser acumulada com a jornada contínua e o horário de trabalhador-estudante, não podendo implicar no total uma redução superior a duas horas diárias.

Lei n.º 59/2008, de 11 de Setembro 385

CAPÍTULO IV
Trabalhador-estudante

Artigo 87.º
Âmbito

O presente capítulo regula o artigo 58.º, bem como a alínea *c*) do n.º 2 artigo 185.º do Regime.

Artigo 88.º
Concessão do estatuto de trabalhador-estudante

1 – Para poder beneficiar do regime previsto nos artigos 52.º a 58.º do Regime, o trabalhador-estudante deve comprovar perante a entidade empregadora pública a sua condição de estudante, apresentando igualmente o respectivo horário escolar.

2 – Para efeitos do n.º 2 do artigo 52.º do Regime, o trabalhador deve comprovar:

a) Perante a entidade empregadora pública, no final de cada ano lectivo, o respectivo aproveitamento escolar;

b) Perante o estabelecimento de ensino, a sua qualidade de trabalhador.

3 – Para efeitos do número anterior considera-se aproveitamento escolar o trânsito de ano ou a aprovação em, pelo menos, metade das disciplinas em que o trabalhador-estudante esteja matriculado ou, no âmbito do ensino recorrente por unidades capitalizáveis no 3.º ciclo do ensino básico e no ensino secundário, a capitalização de um número de unidades igual ou superior ao dobro das disciplinas em que aquele se matricule, com um mínimo de uma unidade de cada uma dessas disciplinas.

4 – É considerado com aproveitamento escolar o trabalhador que não satisfaça o disposto no número anterior por causa de ter gozado a licença por maternidade ou licença parental não inferior a um mês ou devido a acidente de trabalho ou doença profissional.

5 – O trabalhador-estudante tem o dever de escolher, de entre as possibilidades existentes no respectivo estabelecimento de ensino, o horário

escolar compatível com as suas obrigações profissionais, sob pena de não poder beneficiar dos inerentes direitos.

Artigo 89.º
Dispensa de trabalho

1 – Para efeitos do n.º 2 do artigo 53.º do Regime, o trabalhador--estudante beneficia de dispensa de trabalho até seis horas semanais, sem perda de quaisquer direitos, contando como prestação efectiva de serviço, se assim o exigir o respectivo horário escolar.

2 – A dispensa de trabalho para frequência de aulas prevista no n.º 1 pode ser utilizada de uma só vez ou fraccionadamente, à escolha do trabalhador-estudante, dependendo do período normal de trabalho semanal aplicável, nos seguintes termos:

   a) Igual ou superior a vinte horas e inferior a trinta horas – dispensa até três horas semanais;
   b) Igual ou superior a trinta horas e inferior a trinta e quatro horas – dispensa até quatro horas semanais;
   c) Igual ou superior a trinta e quatro horas – dispensa até cinco horas semanais.

3 – A entidade empregadora pública pode, nos 15 dias seguintes à utilização da dispensa de trabalho, exigir a prova da frequência de aulas, sempre que o estabelecimento de ensino proceder ao controlo da frequência.

Artigo 90.º
Trabalho extraordinário e adaptabilidade

1 – Ao trabalhador-estudante não pode ser exigida a prestação de trabalho extraordinário, excepto por motivo de força maior, nem exigida a prestação de trabalho em regime de adaptabilidade, sempre que colidir com o seu horário escolar ou com a prestação de provas de avaliação.

2 – No caso de o trabalhador realizar trabalho em regime de adaptabilidade tem direito a um dia por mês de dispensa de trabalho, sem perda de quaisquer direitos, contando como prestação efectiva de serviço.

Lei n.º 59/2008, de 11 de Setembro 387

3 – No caso de o trabalhador-estudante realizar trabalho extraordinário, o descanso compensatório previsto no artigo 163.º do Regime é, pelo menos, igual ao número de horas de trabalho extraordinário prestado.

ARTIGO 91.º
Prestação de provas de avaliação

1 – Para efeitos do artigo 54.º do Regime, o trabalhador-estudante tem direito a faltar justificadamente ao trabalho para prestação de provas de avaliação nos seguintes termos:

a) Até dois dias por cada prova de avaliação, sendo um o da realização da prova e o outro o imediatamente anterior, aí se incluindo sábados, domingos e feriados;

b) No caso de provas em dias consecutivos ou de mais de uma prova no mesmo dia, os dias anteriores são tantos quantas as provas de avaliação a efectuar, aí se incluindo sábados, domingos e feriados;

c) Os dias de ausência referidos nas alíneas anteriores não podem exceder um máximo de quatro por disciplina em cada ano lectivo.

2 – O direito previsto no número anterior só pode ser exercido em dois anos lectivos relativamente a cada disciplina.

3 – Consideram-se ainda justificadas as faltas dadas pelo trabalhador-estudante na estrita medida das necessidades impostas pelas deslocações para prestar provas de avaliação, não sendo remuneradas, independentemente do número de disciplinas, mais de 10 faltas.

4 – Para efeitos de aplicação deste artigo, consideram-se provas de avaliação os exames e outras provas escritas ou orais, bem como a apresentação de trabalhos, quando estes os substituem ou os complementam, desde que determinem directa ou indirectamente o aproveitamento escolar.

ARTIGO 92.º
Férias e licenças

1 – Para efeitos do n.º 1 do artigo 56.º do Regime, o trabalhador-

388 *Regime do Contrato de Trabalho em Funções Públicas*

-estudante tem direito a marcar o gozo de 15 dias de férias interpoladas, sem prejuízo do número de dias de férias a que tem direito.

2 – Para efeitos do n.º 2 do artigo 56.º do Regime, o trabalhador-estudante, justificando-se por motivos escolares, pode utilizar em cada ano civil, seguida ou interpoladamente, até 10 dias úteis de licença sem remuneração, desde que o requeira nos seguintes termos:

a) Com quarenta e oito horas de antecedência ou, sendo inviável, logo que possível, no caso de pretender um dia de licença;
b) Com oito dias de antecedência, no caso de pretender dois a cinco dias de licença;
c) Com 15 dias de antecedência, caso pretenda mais de 5 dias de licença.

Artigo 93.º
Cessação de direitos

1 – Os direitos conferidos ao trabalhador-estudante em matéria de horário de trabalho, de férias e licenças, previstos nos artigos 53.º e 56.º do Regime e nos artigos 89.º e 92.º, cessam quando o trabalhador-estudante não conclua com aproveitamento o ano escolar ao abrigo de cuja frequência beneficiou desses mesmos direitos.

2 – Os restantes direitos conferidos ao trabalhador-estudante cessam quando este não tenha aproveitamento em dois anos consecutivos ou três interpolados.

3 – Os direitos dos trabalhadores-estudantes cessam imediatamente no ano lectivo em causa em caso de falsas declarações relativamente aos factos de que depende a concessão do estatuto ou a factos constitutivos de direitos, bem como quando tenham sido utilizados para fins diversos.

4 – No ano lectivo subsequente àquele em que cessaram os direitos previstos no Regime e neste capítulo, pode ao trabalhador-estudante ser novamente concedido o exercício dos mesmos, não podendo esta situação ocorrer mais do que duas vezes.

Artigo 94.º
Excesso de candidatos à frequência de cursos

1 – Sempre que a pretensão formulada pelo trabalhador-estudante no sentido de lhe ser aplicado o disposto no artigo 53.º do Regime e no artigo 89.º se revele, manifesta e comprovadamente, comprometedora do normal funcionamento do órgão ou serviço, fixa-se, por acordo entre a entidade empregadora pública, trabalhador interessado e comissão de trabalhadores ou, na sua falta, comissão intersindical, comissões sindicais ou delegados sindicais, as condições em que é decidida a pretensão apresentada.

2 – Na falta do acordo previsto na segunda parte do número anterior, a entidade empregadora pública decide fundamentadamente, informando por escrito o trabalhador interessado.

Artigo 95.º
Especificidades da frequência
de estabelecimento de ensino

1 – O trabalhador-estudante não está sujeito à frequência de um número mínimo de disciplinas de determinado curso, em graus de ensino em que isso seja possível, nem a regimes de prescrição ou que impliquem mudança de estabelecimento de ensino.

2 – O trabalhador-estudante não está sujeito a qualquer disposição legal que faça depender o aproveitamento escolar de frequência de um número mínimo de aulas por disciplina.

3 – O trabalhador-estudante não está sujeito a limitações quanto ao número de exames a realizar na época de recurso.

4 – No caso de não haver época de recurso, o trabalhador-estudante tem direito, na medida em que for legalmente admissível, a uma época especial de exame em todas as disciplinas.

5 – O estabelecimento de ensino com horário pós-laboral deve assegurar que os exames e as provas de avaliação, bem como serviços mínimos de apoio ao trabalhador-estudante decorram, na medida do possível, no mesmo horário.

6 – O trabalhador-estudante tem direito a aulas de compensação ou de apoio pedagógico que sejam consideradas imprescindíveis pelos órgãos do estabelecimento de ensino.

Artigo 96.º
Cumulação de regimes

O trabalhador-estudante não pode cumular perante o estabelecimento de ensino e a entidade empregadora pública os benefícios conferidos no Regime e neste capítulo com quaisquer regimes que visem os mesmos fins, nomeadamente no que respeita à inscrição, dispensa de trabalho para frequência de aulas, licenças por motivos escolares ou prestação de provas de avaliação.

CAPÍTULO V
Trabalhadores estrangeiros e apátridas

Artigo 97.º
Âmbito

O presente capítulo regula o n.º 1 do artigo 61.º e o n.º 1 do artigo 62.º do Regime.

Artigo 98.º
Formalidades

1 – Para efeitos do n.º 1 do artigo 61.º do Regime, o contrato deve conter, para além das indicações e dos requisitos previstos nos n.ºs 1 e 2 do artigo 72.º do Regime, ou no n.º 1 do artigo 95.º do mesmo Regime, se se tratar de contrato a termo resolutivo, a referência ao visto de trabalho ou ao título de autorização de residência ou permanência do trabalhador em território português, nos termos da legislação em vigor.

2 – Para efeitos do n.º 1 do artigo 61.º do Regime, o trabalhador deve ainda anexar ao contrato a identificação e o domicílio da pessoa ou pessoas beneficiárias de pensão em caso de morte resultante de acidente de trabalho ou doença profissional.

3 – A entidade empregadora pública deve guardar, junto com o exemplar do contrato, os documentos comprovativos do cumprimento das obrigações legais relativas à entrada e à permanência ou residência do cidadão estrangeiro em Portugal.

Artigo 99.º
Comunicação da celebração e da cessação

1 – Para efeitos do n.º 1 do artigo 62.º do Regime, antes do início da prestação de trabalho por parte do trabalhador estrangeiro ou apátrida, a entidade empregadora pública deve comunicar, por escrito, a celebração do contrato à Inspecção-Geral de Finanças.

2 – Verificando-se a cessação do contrato, a entidade empregadora pública deve comunicar, por escrito, esse facto, no prazo de 15 dias, à Inspecção-Geral de Finanças.

3 – O disposto nos números anteriores não é aplicável à celebração de contratos com cidadãos nacionais de países membros do espaço económico europeu ou outros relativamente aos quais vigore idêntico regime.

CAPÍTULO VI
Taxa social única

Artigo 100.º
Âmbito

O presente capítulo regula o artigo 102.º do Regime.

Artigo 101.º
Taxa social única

A parcela da taxa social única a cargo de entidade empregadora pública, cuja percentagem de trabalhadores contratados a termo certo seja igual ou superior a 15 %, é aumentada, relativamente a todos os trabalhadores contratados a termo certo, em:

a) 0,6 % a partir do início do 4.º ano da duração do contrato e até ao final do 5.º;

b) 1 % a partir do início do 6.º ano da duração do contrato.

Artigo 102.º
Determinação do número de trabalhadores

A percentagem de trabalhadores contratados a termo prevista no artigo anterior é calculada com base nos números médios do total de trabalhadores contratados a termo certo e do total de trabalhadores do órgão ou serviço, relativos ao mês precedente.

Artigo 103.º
Compensação do aumento da taxa social única

1 – No caso de posto de trabalho ocupado por trabalhador contratado a termo certo que passe a ser ocupado por trabalhador contratado por tempo indeterminado, a entidade empregadora pública tem direito a compensar o aumento da parcela da taxa social única com uma redução, igual em percentagem e período do aumento ocorrido nos termos do artigo 101.º

2 – A redução referida no número anterior não é cumulável com qualquer outra redução da parcela da taxa social única a cargo da entidade empregadora pública e relativa a trabalhador que ocupe o mesmo posto de trabalho.

CAPÍTULO VII
Mapas de horário de trabalho

Artigo 104.º
Âmbito

O presente capítulo regula o n.º 1 do artigo 141.º do Regime.

Artigo 105.º
Mapa de horário de trabalho

1 – Do mapa de horário de trabalho deve constar:

a) Identificação da entidade empregadora pública;

Lei n.° 59/2008, de 11 de Setembro 393

b) Sede e local de trabalho;
c) Começo e termo do período de funcionamento do órgão ou serviço;
d) Horas de início e termo dos períodos normais de trabalho, com indicação dos intervalos de descanso;
e) Dias de descanso semanal obrigatório e complementar;
f) Instrumento de regulamentação colectiva de trabalho aplicável, se o houver;
g) Regime resultante do acordo individual que institui a adaptabilidade, se o houver.

2 – Quando as indicações referidas no número anterior não forem comuns a todos os trabalhadores, devem também constar dos mapas de horário de trabalho os nomes dos trabalhadores cujo regime seja diferente do estabelecido para os restantes, sem prejuízo do n.° 4.

3 – Sempre que os horários de trabalho incluam turnos de pessoal diferente, devem constar ainda do respectivo mapa:

a) Número de turnos;
b) Escala de rotação, se a houver;
c) Horas de início e termo dos períodos normais de trabalho, com indicação dos intervalos de descanso;
d) Dias de descanso do pessoal de cada turno.

4 – A composição dos turnos, de harmonia com a respectiva escala, se a houver, é registada em livro próprio ou em suporte informático e faz parte integrante do mapa de horário de trabalho.

ARTIGO 106.°
Afixação do mapa de horário de trabalho

1 – A entidade empregadora pública procede à afixação nos locais de trabalho do mapa de horário de trabalho.

2 – Quando vários órgãos ou serviços desenvolvam, simultaneamente, actividades no mesmo local de trabalho, deve a entidade empregadora pública em cujas instalações os trabalhadores prestam serviço afixar os diferentes mapas de horário de trabalho.

Artigo 107.º
Alteração do mapa de horário de trabalho

A alteração de qualquer elemento constante do mapa de horário de trabalho está sujeita às normas fixadas para a sua elaboração e afixação.

CAPÍTULO VIII
Condições ou garantias da prestação do trabalho nocturno

Artigo 108.º
Âmbito

O presente capítulo regula o artigo 157.º do Regime.

Artigo 109.º
Actividades

Entende-se que implicam para o trabalhador nocturno riscos especiais ou uma tensão física ou mental significativa as actividades:

a) Monótonas, repetitivas, cadenciadas e isoladas;
b) Realizadas em obras de construção, escavação, movimentação de terras, túneis, com riscos de quedas de altura ou de soterramento, demolição e intervenção em ferrovias e rodovias sem interrupção de tráfego;
c) Realizadas na indústria extractiva;
d) Realizadas no fabrico, transporte e utilização de explosivos e pirotecnia;
e) Que envolvam contactos com correntes eléctricas de média e alta tensão;
f) Realizadas na produção e transporte de gases comprimidos, liquefeitos ou dissolvidos ou com utilização significativa dos mesmos;

Lei n.º 59/2008, de 11 de Setembro 395

g) Que, em função da avaliação dos riscos a ser efectuada pela entidade empregadora pública, assumam a natureza de particular penosidade, perigosidade, insalubridade ou toxicidade.

Artigo 110.º
Avaliação de riscos

1 – A entidade empregadora pública deve avaliar os riscos inerentes à actividade do trabalhador, tendo presente, nomeadamente, a sua condição física e psíquica, em momento anterior ao início da actividade e posteriormente, de seis em seis meses, bem como antes da alteração das condições de trabalho.

2 – A avaliação referida no número anterior consta de documento que deve ser facultado ao serviço com competência inspectiva do ministério responsável pela área laboral sempre que solicitado.

Artigo 111.º
Consulta

A entidade empregadora pública deve consultar os representantes dos trabalhadores para a segurança, higiene e saúde no trabalho ou, na falta destes, os próprios trabalhadores relativamente ao início da prestação de trabalho nocturno, às formas de organização do trabalho nocturno que melhor se adapte ao trabalhador, bem como sobre as medidas de segurança, higiene e saúde a adoptar para a prestação desse trabalho.

CAPÍTULO IX
Registo do trabalho extraordinário

Artigo 112.º
Âmbito

O presente capítulo regula o n.º 3 do artigo 165.º do Regime.

Artigo 113.º
Registo

1 – Sem prejuízo do n.º 2 do artigo 165.º do Regime, o visto do registo das horas de início e termo do trabalho extraordinário é dispensado quando o registo for directamente efectuado pelo trabalhador.

2 – O registo de trabalho extraordinário deve conter os elementos e ser efectuado de acordo com o modelo aprovado por portaria do membro do Governo responsável pela área da Administração Pública.

3 – O registo referido no número anterior é efectuado em suporte documental adequado, nomeadamente em impressos adaptados a sistemas de relógio de ponto, mecanográficos ou informáticos, devendo reunir as condições para a sua imediata consulta e impressão, sempre que necessário.

4 – Os suportes documentais de registo de trabalho extraordinário devem encontrar-se permanentemente actualizados, sem emendas nem rasuras não ressalvadas.

Artigo 114.º
Actividade realizada no exterior do órgão ou serviço

1 – O trabalhador que realize o trabalho extraordinário no exterior do órgão ou serviço deve visar imediatamente o registo do trabalho extraordinário após o seu regresso ou mediante devolução do registo devidamente visado.

2 – O órgão ou serviço deve possuir, devidamente visado, o registo de trabalho extraordinário no prazo máximo de 15 dias a contar da prestação.

CAPÍTULO X
Fiscalização de doenças durante as férias

SECÇÃO I
Âmbito

ARTIGO 115.º
Âmbito

O presente capítulo regula o n.º 8 do artigo 178.º do Regime.

SECÇÃO II
Verificação da situação de doença por médico designado pela segurança social

ARTIGO 116.º
Requerimento

1 – Para efeitos de verificação da situação de doença do trabalhador, a entidade empregadora pública deve requerer a designação de médico aos serviços da segurança social da área da residência habitual do trabalhador.

2 – A entidade empregadora pública deve, na mesma data, informar o trabalhador do requerimento referido no número anterior.

ARTIGO 117.º
Designação de médico

1 – Os serviços da segurança social devem, no prazo de vinte e quatro horas a contar da recepção do requerimento:

a) Designar o médico de entre os que integram comissões de verificação de incapacidade temporária;
b) Comunicar a designação do médico à entidade empregadora pública;

c) Convocar o trabalhador para o exame médico, indicando o local, dia e hora da sua realização, que deve ocorrer nas setenta e duas horas seguintes;

d) Informar o trabalhador de que a sua não comparência ao exame médico, sem motivo atendível, tem como consequência que os dias de alegada doença são considerados dias de férias, bem como que deve apresentar, aquando da sua observação, informação clínica e os elementos auxiliares de diagnóstico de que disponha, comprovativos da sua incapacidade.

2 – Os serviços de segurança social, caso não possam cumprir o disposto no número anterior, devem, dentro do mesmo prazo, comunicar essa impossibilidade à entidade empregadora pública.

SECÇÃO III
**Verificação da situação de doença por médico designado
pela entidade empregadora pública**

Artigo 118.º
Designação de médico

1 – A entidade empregadora pública pode designar um médico para efectuar a verificação da situação de doença do trabalhador:

a) Não se tendo realizado o exame no prazo previsto na alínea *c)* do n.º 1 do artigo 117.º por motivo não imputável ao trabalhador ou, sendo caso disso, do n.º 2 do artigo 122.º;

b) Tendo recebido a comunicação prevista no n.º 2 do artigo 117.º ou, na falta desta, se não tiver obtido indicação do médico por parte dos serviços da segurança social nas vinte e quatro horas após a apresentação do requerimento previsto no n.º 1 do artigo 116.º

2 – Na mesma data da designação prevista no número anterior a ntidade empregadora pública deve dar cumprimento ao disposto nas alíneas *c)* e *d)* do n.º 1 do artigo 117.º

SECÇÃO IV
Reavaliação da situação de doença

ARTIGO 119.º
Comissão de reavaliação

1 – Para efeitos do n.º 6 do artigo 178.º do Regime, a reavaliação da situação de doença do trabalhador é feita por intervenção de comissão de reavaliação dos serviços da segurança social da área da residência habitual deste.

2 – Sem prejuízo do previsto no número seguinte, a comissão de reavaliação é constituída por três médicos, um designado pelos serviços da segurança social, que preside com o respectivo voto de qualidade, devendo ser, quando se tenha procedido à verificação da situação de doença ao abrigo do artigo 117.º, o médico que a realizou, um indicado pelo trabalhador e outro pela entidade empregadora pública.

3 – A comissão de reavaliação é constituída por apenas dois médicos no caso de:

a) O trabalhador ou entidade empregadora pública não ter procedido à respectiva designação;

b) O trabalhador e entidade empregadora pública não terem procedido à respectiva designação, cabendo aos serviços de segurança social a designação de outro médico.

ARTIGO 120.º
Requerimento

1 – Qualquer das partes pode requerer a reavaliação da situação de doença nas vinte e quatro horas subsequentes ao conhecimento do resultado da verificação da mesma, devendo, na mesma data, comunicar esse pedido à contraparte.

2 – O requerente deve indicar o médico referido no n.º 3 do artigo anterior ou declarar que prescinde dessa faculdade.

3 – A contraparte pode indicar o médico nas vinte e quatro horas seguintes ao conhecimento do pedido.

Artigo 121.º
Procedimento

1 – Os serviços da segurança social devem, no prazo de vinte e quatro horas a contar da recepção do requerimento, dar cumprimento ao disposto nas alíneas *c*) e *d*) do n.º 1 do artigo 117.º

2 – No prazo de oito dias a contar da apresentação do requerimento, a comissão deve proceder à reavaliação da situação de doença do trabalhador e comunicar o resultado da mesma a este e à entidade empregadora pública.

SECÇÃO V
Disposições comuns

Artigo 122.º
Impossibilidade de comparência ao exame médico

1 – O trabalhador convocado para exame médico fora do seu domicílio que, justificadamente, não se possa deslocar deve, em qualquer caso, informar dessa impossibilidade a entidade que o tiver convocado, até à data prevista para o exame ou, se não tiver sido possível, nas vinte e quatro horas seguintes.

2 – Consoante a natureza do impedimento do trabalhador, é determinada nova data para o exame e, se necessário, a sua realização no domicílio do trabalhador, dentro das quarenta e oito horas seguintes.

Artigo 123.º
Comunicação do resultado da verificação

1 – O médico que proceda à verificação da situação de doença só pode comunicar à entidade empregadora pública se o trabalhador está ou não apto para desempenhar a actividade, salvo autorização deste.

2 – O médico que proceda à verificação da situação de doença deve proceder à comunicação prevista no número anterior nas vinte e quatro horas subsequentes.

Artigo 124.º
Comunicações

As comunicações previstas no presente capítulo devem ser efectuadas por escrito e por meio célere, designadamente telegrama, telefax ou correio electrónico.

Artigo 125.º
Eficácia do resultado da verificação da situação de doença

A entidade empregadora pública não pode fundamentar qualquer decisão desfavorável para o trabalhador no resultado da verificação da situação de doença do mesmo, efectuada nos termos dos artigos 117.º ou 118.º, enquanto decorrer o prazo para requerer a intervenção da comissão de reavaliação, nem até à decisão final, se esta for requerida.

SECÇÃO VI
Taxas

Artigo 126.º
Taxas

O requerente da nomeação de médico pelos serviços da segurança social ou da intervenção da comissão de reavaliação está sujeito a taxa, a fixar por portaria conjunta dos ministros responsáveis pelas áreas das finanças e laboral.

CAPÍTULO XI
Faltas para assistência à família

Artigo 127.º
Âmbito

O presente capítulo regula a alínea *e*) do n.º 2 do artigo 185.º do Regime.

Artigo 128.º
Faltas para assistência a membros do agregado familiar

1 – O trabalhador tem direito a faltar ao trabalho até 15 dias por ano para prestar assistência inadiável e imprescindível em caso de doença ou acidente ao cônjuge, parente ou afim na linha recta ascendente ou no 2.º grau da linha colateral, filho, adoptado ou enteado com mais de 10 anos de idade.

2 – Aos 15 dias previstos no número anterior acresce um dia por cada filho, adoptado ou enteado além do primeiro.

3 – O disposto nos números anteriores é aplicável aos trabalhadores a quem tenha sido deferida a tutela de outra pessoa ou confiada a guarda de menor com mais de 10 anos, por decisão judicial ou administrativa.

4 – Para justificação de faltas, a entidade empregadora pública pode exigir ao trabalhador:

   a) Prova do carácter inadiável e imprescindível da assistência
   b) Declaração de que os outros membros do agregado familiar, caso exerçam actividade profissional, não faltaram pelo mesmo motivo ou estão impossibilitados de prestar a assistência.

Artigo 129.º
Efeitos

As faltas previstas no artigo anterior não determinam a perda de quaisquer direitos e são consideradas, salvo quanto à remuneração, como prestação efectiva de serviço.

CAPÍTULO XII
Fiscalização de doença

Artigo 130.º
Âmbito

O presente capítulo regula o n.º 7 do artigo 190.º do Regime.

Artigo 131.º
Regime

1 – Aplica-se ao presente capítulo o regime previsto nos artigos 116.º a 126.º, sem prejuízo do disposto no número seguinte.

2 – A entidade que proceder à convocação do trabalhador para o exame médico deve informá-lo de que a sua não comparência ao exame médico, sem motivo atendível, tem como consequência a não justificação das faltas dadas por doença, bem como que deve apresentar, aquando da sua observação, informação clínica e os elementos auxiliares de diagnóstico de que disponha, comprovativos da sua incapacidade.

CAPÍTULO XIII
Segurança, higiene e saúde no trabalho

SECÇÃO I
Âmbito

Artigo 132.º
Âmbito

O presente capítulo regula o artigo 229.º do Regime.

SECÇÃO II
Disposições gerais

Artigo 133.º
Conceitos

1 – Para efeitos do disposto nos artigos 221.º a 227.º do Regime, bem como no presente capítulo, entende-se por:

a) «Representante dos trabalhadores» – o trabalhador eleito para exercer funções de representação dos trabalhadores nos domínios da segurança, higiene e saúde no trabalho;

404 — Regime do Contrato de Trabalho em Funções Públicas

b) «Componentes materiais do trabalho» – o local de trabalho, o ambiente de trabalho, as ferramentas, as máquinas e materiais, as substâncias e agentes químicos, físicos e biológicos, os processos de trabalho e a organização do trabalho;

c) «Prevenção» – conjunto de actividades ou medidas adoptadas ou previstas em todas as fases de actividade do órgão ou serviço, com o fim de evitar, eliminar ou diminuir os riscos profissionais.

2 – Consideram-se de risco elevado:

a) Trabalhos em obras de construção, escavação, movimentação de terras, túneis, com riscos de quedas de altura ou de soterramento, demolições e intervenção em ferrovias e rodovias sem interrupção de tráfego;

b) Trabalhos em indústrias extractivas;

c) Trabalho hiperbárico;

d) Trabalhos que envolvam a utilização ou armazenagem de quantidades significativas de produtos químicos perigosos susceptíveis de provocar acidentes graves;

e) Fabrico, transporte e utilização de explosivos e pirotecnia;

f) Trabalhos em indústria siderúrgica e construção naval;

g) Trabalhos que envolvam contacto com correntes eléctricas de média e alta tensão;

h) Produção e transporte de gases comprimidos, liquefeitos ou dissolvidos, ou a utilização significativa dos mesmos;

i) Trabalhos que impliquem a exposição a radiações ionizantes;

j) Trabalhos que impliquem a exposição a agentes cancerígenos, mutagénicos ou tóxicos para a reprodução;

l) Trabalhos que impliquem a exposição a agentes biológicos do grupo 3 ou 4;

m) Trabalhos que envolvam risco de silicose.

Artigo 134.º
Consulta e participação

Na promoção e avaliação, a nível nacional, das medidas de política sobre segurança, higiene e saúde no trabalho deve assegurar-se a consulta e a participação das organizações mais representativas dos trabalhadores.

Artigo 135.º
Comissões de segurança, higiene e saúde no trabalho

1 – Por instrumento de regulamentação colectiva de trabalho negocial, podem ser criadas comissões de segurança, higiene e saúde no trabalho, de composição paritária.

2 – A comissão de segurança, higiene e saúde no trabalho criada nos termos do número anterior é constituída pelos representantes dos trabalhadores para a segurança, higiene e saúde no trabalho, de acordo com a proporcionalidade dos resultados da eleição prevista nos artigos 181.º a 195.º

Artigo 136.º
Formação dos representantes dos trabalhadores

1 – A entidade empregadora pública deve proporcionar condições para que os representantes dos trabalhadores para a segurança, higiene e saúde no trabalho recebam formação adequada, concedendo, se necessário, licença com remuneração ou sem remuneração nos casos em que outra entidade atribua aos trabalhadores um subsídio específico.

2 – Para efeitos do disposto no número anterior, a entidade empregadora pública pode solicitar o apoio dos serviços públicos competentes quando careça dos meios e condições necessários à realização da formação, bem como as estruturas de representação colectiva dos trabalhadores no que se refere à formação dos respectivos representantes.

Artigo 137.º
Formação dos trabalhadores

1 – Sem prejuízo do disposto no artigo 227.º do Regime, a entidade empregadora pública deve formar, em número suficiente, tendo em conta a dimensão do órgão ou serviço e os riscos existentes, os trabalhadores responsáveis pela aplicação das medidas de primeiros socorros, de combate a incêndios e de evacuação de trabalhadores, bem como facultar-lhes material adequado.

2 – Para efeitos da formação dos trabalhadores, é aplicável o disposto na primeira parte do n.º 2 do artigo anterior.

SECÇÃO III
Serviços de segurança, higiene e saúde no trabalho

SUBSECÇÃO I
Disposições gerais

ARTIGO 138.º
Âmbito

A presente secção regula o artigo 225.º do Regime.

SUBSECÇÃO II
Organização dos serviços

DIVISÃO I
Disposições gerais

ARTIGO 139.º
Modalidades

1 – Na organização dos serviços de segurança, higiene e saúde no trabalho, a entidade empregadora pública pode adoptar, sem prejuízo do disposto no número seguinte, uma das seguintes modalidades:

a) Serviços internos;
b) Serviços partilhados;
c) Serviços externos.

2 – As actividades integradas no funcionamento dos serviços de segurança, higiene e saúde no trabalho podem ainda ser asseguradas, no todo ou em parte, por um ou mais trabalhadores designados para o efeito que tenham formação adequada nos termos do artigo 142.º e disponham do tempo e dos meios necessários.

3 – O exercício das actividades previsto no número anterior depende de autorização concedida pelo organismo do ministério responsável pela

área laboral competente em matéria de prevenção da segurança, higiene e saúde no trabalho.

4 – Os trabalhadores designados nos termos do n.° 2 não devem ser prejudicados por causa do exercício das actividades.

5 – A autorização referida no n.° 3 é revogada se o órgão ou serviço apresentar, por mais de uma vez num período de cinco anos, taxas de incidência e de gravidade de acidentes de trabalho superiores à média do respectivo sector.

6 – No caso referido no número anterior, a entidade empregadora pública deve adoptar outra modalidade de organização dos serviços de segurança e higiene no trabalho no prazo de três meses.

7 – A entidade empregadora pública pode adoptar diferentes modalidades de organização em cada estabelecimento periférico ou unidade orgânica desconcentrada.

8 – As actividades de saúde podem ser organizadas separadamente das de segurança e higiene, observando-se, relativamente a cada uma, o disposto no número anterior.

9 – Os serviços organizados em qualquer das modalidades referidas no n.° 1 devem ter capacidade para exercer as actividades principais de segurança, higiene e saúde no trabalho.

10 – A utilização de serviços partilhados ou de serviços externos não isenta a entidade empregadora pública das responsabilidades que lhe são atribuídas pela legislação sobre segurança, higiene e saúde no trabalho.

ARTIGO 140.°

**Primeiros socorros, combate a incêndios
e evacuação de trabalhadores**

O órgão ou serviço, qualquer que seja a organização dos serviços de segurança, higiene e saúde no trabalho, deve ter uma estrutura interna que assegure as actividades de primeiros socorros, de combate a incêndios e de evacuação de trabalhadores em situações de perigo grave e iminente, designando os trabalhadores responsáveis por essas actividades.

Artigo 141.º
Representante da entidade empregadora pública

Se forem adoptadas as modalidades de serviços partilhados ou de serviços externos, a entidade empregadora pública deve designar, em cada estabelecimento periférico ou unidade orgânica desconcentrada, um trabalhador com formação adequada que a represente para acompanhar e coadjuvar a adequada execução das actividades de prevenção.

Artigo 142.º
Formação adequada

Para efeitos do artigo anterior, considera-se formação adequada a que permita a aquisição de competências básicas em matéria de segurança e higiene no trabalho, saúde, ergonomia, ambiente e organização do trabalho, que seja validada pelo organismo do ministério responsável pela área laboral competente em matéria de segurança, higiene e saúde no trabalho, ou inserida no sistema educativo, ou promovida por departamentos da Administração Pública com responsabilidade no desenvolvimento de formação profissional.

DIVISÃO II
Serviços internos

Artigo 143.º
Serviços internos

1 – Os serviços internos são criados pela entidade empregadora pública e abrangem exclusivamente os trabalhadores que prestam serviço no órgão ou serviço.

2 – Os serviços internos fazem parte da estrutura do órgão ou serviço e dependem da entidade empregadora pública.

Lei n.º 59/2008, de 11 de Setembro   409

ARTIGO 144.º
Taxas de incidência e de gravidade de acidentes de trabalho

Para efeitos dos artigos anteriores, as taxas de incidência e de gravidade de acidentes de trabalho médias do sector são apuradas pelo serviço competente do ministério responsável pela área laboral.

DIVISÃO III
Serviços partilhados

ARTIGO 145.º
Serviços partilhados

Os serviços partilhados funcionam nos termos da lei.

DIVISÃO IV
Serviços externos

ARTIGO 146.º
Serviços externos

1 – Os serviços externos são contratados pelas entidades empregadoras públicas a outras entidades, públicas ou privadas.
2 – Os serviços externos têm as seguintes modalidades:

 a) Associativos – prestados por associações com personalidade jurídica sem fins lucrativos;
 b) Cooperativos – prestados por cooperativas cujo objecto estatutário compreenda, exclusivamente, a actividade de segurança, higiene e saúde no trabalho;
 c) Privados – prestados por sociedades de cujo pacto social conste o exercício de actividades de segurança, higiene e saúde no trabalho, ou por pessoa individual com habilitação e formação legais adequadas;
 d) Convencionados – prestados por qualquer entidade da Admi-

410 *Regime do Contrato de Trabalho em Funções Públicas*

nistração Pública central, regional ou local, instituto público ou instituição integrada no Serviço Nacional de Saúde.

3 – A entidade empregadora pública pode adoptar um modo de organização dos serviços externos diferente das modalidades previstas no número anterior, desde que seja previamente autorizada, nos termos dos artigos 147.º a 154.º

4 – O contrato entre a entidade empregadora pública e a entidade que assegura a prestação de serviços externos é celebrado por escrito e deve conter os seguintes elementos:

a) A identificação completa da entidade prestadora dos serviços;
b) O local ou locais da prestação dos serviços;
c) As datas do início e do termo da actividade;
d) A identificação do técnico responsável pelo serviço e, se for pessoa diferente, do médico do trabalho;
e) O número de trabalhadores potencialmente abrangidos;
f) O número de horas mensais de afectação de pessoal da entidade prestadora de serviços à entidade empregadora pública;
g) Os actos excluídos do âmbito do contrato.

DIVISÃO V
Autorização de serviços externos

ARTIGO 147.º
Autorização

1 – Os serviços externos, com excepção dos prestados por instituição integrada no Serviço Nacional de Saúde, carecem de autorização para o exercício da actividade de segurança, higiene e saúde no trabalho.

2 – A autorização pode ser concedida para actividades das áreas de segurança, higiene e saúde, de segurança e higiene ou de saúde, para todos ou alguns sectores de actividade, bem como para determinadas actividades de risco elevado.

3 – A autorização depende da satisfação dos seguintes requisitos:

a) Recursos humanos suficientes com as qualificações legalmente exigidas, no mínimo dois técnicos superiores de segurança e higiene no trabalho e um médico do trabalho, para autorização das actividades de segurança e higiene e de saúde, respectivamente;

b) Instalações devidamente equipadas, com condições adequadas ao exercício da actividade;

c) Equipamentos e utensílios de avaliação das condições de segurança, higiene e saúde no trabalho nos órgãos ou serviços e equipamentos de protecção individual a utilizar pelo pessoal técnico do requerente;

d) Qualidade técnica dos procedimentos;

e) Recurso a subcontratação de serviços apenas em relação a tarefas de elevada complexidade e pouco frequentes.

4 – A autorização para actividades de risco elevado depende de a qualificação dos recursos humanos, as instalações e os equipamentos serem adequados às mesmas.

5 – O serviço externo pode requerer que a autorização seja ampliada ou reduzida no que respeita a áreas de segurança, higiene e saúde no trabalho, a sectores de actividade e a actividades de risco elevado.

ARTIGO 148.º
Requerimento de autorização de serviços externos

1 – O requerimento de autorização de serviços externos deve ser apresentado pelo respectivo titular ao organismo do ministério responsável pela área laboral competente em matéria de prevenção da segurança, higiene e saúde no trabalho.

2 – O requerimento deve indicar a modalidade de serviço externo, as áreas de segurança, higiene e saúde, de segurança e saúde ou de saúde, os sectores de actividade, bem como, sendo caso disso, as actividades de risco elevado para que se pretende autorização, e conter os seguintes elementos:

a) A identificação do requerente através do nome, estado civil, profissão e residência ou, consoante os casos, do nome e número de identificação de pessoa colectiva, ou ainda da designação da entidade da Administração Pública central, regional ou local ou de instituto público;

412   *Regime do Contrato de Trabalho em Funções Públicas*

b) O objecto social, se o requerente for pessoa colectiva;
c) A localização da sede e dos seus estabelecimentos.

3 – O requerimento deve, ainda, ser acompanhado de:

a) Cópia autenticada da respectiva escritura pública e das alterações e indicação da publicação no *Diário da República,* no caso de pessoa colectiva;
b) Enumeração do pessoal técnico superior e técnico de segurança e higiene do trabalho, médico do trabalho e enfermeiro, consoante as actividades de segurança, higiene e saúde, de segurança e saúde ou de saúde para que se pretende autorização, com indicação da natureza dos respectivos vínculos e dos períodos normais de trabalho ou tempos mensais de afectação;
c) Enumeração de outros recursos humanos, com a indicação das qualificações, das funções, da natureza dos respectivos vínculos e dos períodos normais de trabalho ou tempos mensais de afectação;
d) Organograma funcional;
e) Área geográfica em que se propõe exercer a actividade;
f) Indicação do número de trabalhadores que pretende abranger om os serviços em estabelecimentos industriais e em estabelecimentos comerciais;
g) Indicação das actividades ou funções para as quais se prevê o recurso a subcontratação;
h) Memória descritiva e plantas das instalações;
i) Inventário dos equipamentos de trabalho a utilizar na sede e nos seus estabelecimentos;
j) Inventário dos utensílios e equipamentos a utilizar na avaliação das condições de segurança, higiene e saúde, de segurança e saúde ou de saúde no trabalho, com indicação das respectivas características técnicas, marcas e modelos;
l) Inventário dos equipamentos de protecção individual a utilizar m certas tarefas ou actividades que comportem risco específico para a segurança e saúde, com indicação das respectivas marcas e modelos e, quando se justifique, dos códigos de marcação;
m) Manual de procedimentos no âmbito da gestão do serviço, nomeadamente sobre a política de qualidade, o planeamento das

Lei n.° 59/2008, de 11 de Setembro 413

actividades e a política de subcontratação, bem como no âmbito dos procedimentos técnicos nas áreas de actividade para que se requer autorização, com referência aos diplomas aplicáveis, a guias de procedimentos de organismos internacionais reconhecidos, a códigos de boas práticas e a listas de verificação.

4 – Se for requerida autorização para determinadas actividades de risco elevado, o requerimento deve ser acompanhado de elementos comprovativos de que a qualificação dos recursos humanos e os utensílios e equipamentos são adequados às mesmas.

ARTIGO 149.°
Instrução e vistoria

1 – A direcção da instrução do procedimento de autorização de serviços externos compete ao organismo do ministério responsável pela área laboral competente em matéria de segurança, higiene e saúde no trabalho.

2 – O organismo que assegura a direcção da instrução remete à Direcção-Geral da Saúde cópia do requerimento e dos elementos que o acompanham, podendo esta solicitar àquele os elementos necessários à instrução do requerimento, bem como esclarecimentos ou informações complementares.

3 – O organismo que assegura a direcção da instrução pode solicitar ao requerente os elementos, esclarecimentos ou informações necessárias.

4 – Depois de verificada a conformidade dos requisitos susceptíveis de apreciação documental, o organismo que assegura a direcção da instrução notifica o requerente para que indique um prazo, não superior a 30 dias, após o qual a vistoria é realizada.

5 – Mediante pedido fundamentado, o organismo que assegura a direcção da instrução pode prorrogar por mais 10 dias o prazo referido no número anterior.

6 – As instalações, bem como os equipamentos e utensílios referidos nas alíneas *i*), *j*) e *l*) do n.° 3 do artigo anterior, são objecto de vistoria realizada pelas entidades seguintes:

a) A Direcção-Geral da Saúde e o serviço com competência inspectiva do ministério responsável pela área laboral, no que respeita às instalações, tendo em conta as condições de segurança, higiene e saúde no trabalho;

b) A Direcção-Geral da Saúde, no que respeita às condições de funcionamento do serviço na área da saúde no trabalho, em matéria de equipamentos de trabalho na sede e nos respectivos estabelecimentos e de equipamentos para avaliar as condições de saúde no trabalho;

c) O organismo que assegura a direcção da instrução, no que respeita a condições de funcionamento do serviço na área da segurança e higiene no trabalho, em matéria de equipamentos de trabalho a utilizar na sede e nos respectivos estabelecimentos, de utensílios e equipamentos para a avaliação da segurança e higiene no trabalho e de equipamentos de protecção individual.

7 – As entidades referidas no número anterior elaboram os relatórios das vistorias no prazo de 15 dias.

ARTIGO 150.°
Elementos de apreciação

1 – O requerimento de autorização é objecto de apreciação tendo em conta os elementos referidos no n.° 3 do artigo 147.°, bem como a natureza jurídica e o objecto social do requerente, se for pessoa colectiva.

2 – Constituem elementos de apreciação no domínio dos recursos humanos:

a) Técnicos com as qualificações legalmente exigidas, tendo em conta as actividades das áreas de segurança, higiene e saúde no trabalho para que se pede autorização;

b) A natureza dos vínculos e os períodos normais de trabalho ou tempos mensais de afectação do pessoal técnico superior e técnico de segurança e higiene do trabalho, do médico do trabalho e enfermeiro, consoante as áreas para que se pretende autorização.

3 – Constituem elementos de apreciação das condições de segurança, higiene e saúde no trabalho nas instalações do requerente:

a) Conformidade das instalações e dos equipamentos com as prescrições mínimas de segurança e saúde no trabalho;

Lei n.º 59/2008, de 11 de Setembro 415

b) Adequação dos equipamentos de trabalho às tarefas a desenvolver e ao número máximo de trabalhadores que, em simultâneo, deles possam necessitar.

4 – Constituem elementos de apreciação no domínio dos equipamentos e utensílios de avaliação das condições de segurança, higiene e saúde, de segurança e saúde ou de saúde no trabalho nos órgãos ou serviços, consoante o conteúdo do requerimento:

a) Características dos equipamentos e utensílios a utilizar na avaliação das condições de segurança, higiene e saúde no trabalho, tendo em conta os riscos potenciais dos sectores de actividade para que se pretende autorização;

b) Procedimentos no domínio da metrologia relativos aos equipamentos e utensílios referidos na alínea anterior.

5 – Constituem elementos de apreciação no domínio da qualidade técnica dos procedimentos as especificações do manual referido na alínea *m*) do n.º 3 do 148.º

ARTIGO 151.º
Alteração da autorização

1 – Ao requerimento de alteração da autorização, no que respeita a actividades de segurança, higiene e saúde, de segurança e saúde ou de saúde no trabalho, a sectores de actividade em que são exercidas, ou a actividades de risco elevado em que o serviço pode ser prestado, é aplicável o disposto nos artigos anteriores, tendo em consideração apenas os elementos que devam ser modificados por causa da alteração.

2 – Há lugar a uma nova vistoria se os elementos modificados por causa da alteração da autorização incluírem as instalações, bem como os equipamentos e os utensílios referidos nas alíneas *i*), *j*) e *l*) do n.º 3 do artigo 148.º

ARTIGO 152.º
Audiência do interessado

1 – Se os elementos constantes do procedimento conduzirem a uma decisão desfavorável ao requerente, o organismo que assegura a direcção

da instrução deve informá-lo, sendo caso disso, na audiência do interessado, da possibilidade de reduzir o pedido no que respeita a áreas de segurança, higiene e saúde no trabalho e a sectores de actividade potencialmente abrangidos.

2 – No caso de o pedido abranger a actividade de saúde no trabalho, a informação ao requerente referida no número anterior efectua-se de harmonia com parecer prévio emitido pela Direcção-Geral da Saúde.

3 – Considera-se favorável o parecer que não for emitido no prazo de 15 dias a contar da data da sua solicitação pelo organismo que assegura a direcção da instrução.

ARTIGO 153.º
Pagamento de taxas

1 – Depois de definido o prazo após o qual a vistoria pode ser realizada, de acordo com os n.ºs 4 ou 5 do artigo 149.º, o organismo que assegura a direcção da instrução notifica o requerente para o pagamento prévio da taxa referente à vistoria.

2 – Após a instrução do procedimento de autorização ou para alteração desta, o organismo que assegura a direcção da instrução notifica o requerente, antes de apresentar o relatório com a proposta de decisão, para pagar a taxa devida pela apreciação do requerimento.

ARTIGO 154.º
Decisão

1 – A autorização do serviço externo, a sua alteração e revogação são decididas por despacho conjunto dos ministros responsáveis pela área laboral e pelo sector da saúde.

2 – O procedimento relativo aos actos referidos no número anterior é regulado pelo Código do Procedimento Administrativo, considerando-se haver indeferimento tácito se o requerimento não tiver decisão final no prazo de 90 dias.

3 – A autorização deve especificar as áreas de segurança, higiene e saúde, os sectores de actividade e, se for caso disso, as actividades de risco elevado abrangidas.

DIVISÃO VI
Qualificação dos restantes serviços

ARTIGO 155.º
Qualificação

A organização dos serviços internos e dos serviços partilhados deve atender aos requisitos definidos nas alíneas *b*) a *e*) do n.º 3 do artigo 147.º, bem como, quanto aos recursos humanos, ao disposto nos artigos 159.º e 166.º

SUBSECÇÃO III
Funcionamento dos serviços de segurança, higiene e saúde no trabalho

DIVISÃO I
Princípios gerais

ARTIGO 156.º
Objectivos

A acção dos serviços de segurança, higiene e saúde no trabalho tem os seguintes objectivos:

a) Estabelecimento e manutenção de condições de trabalho que assegurem a integridade física e mental dos trabalhadores;
b) Desenvolvimento de condições técnicas que assegurem a aplicação das medidas de prevenção previstas no artigo 222.º do Regime;
c) Informação e formação dos trabalhadores no domínio da segurança, higiene e saúde no trabalho;
d) Informação e consulta dos representantes dos trabalhadores ou, na sua falta, dos próprios trabalhadores.

Artigo 157.º
Actividades principais

1 – Os serviços de segurança, higiene e saúde no trabalho devem tomar as medidas necessárias para prevenir os riscos profissionais e promover a segurança e a saúde dos trabalhadores.

2 – Os serviços de segurança, higiene e saúde no trabalho devem realizar, nomeadamente, as seguintes actividades:

a) Informação técnica, na fase de projecto e de execução, sobre as medidas de prevenção relativas às instalações, locais, equipamentos e processos de trabalho;

b) Identificação e avaliação dos riscos para a segurança e saúde no local de trabalho e controlo periódico da exposição a agentes químicos, físicos e biológicos;

c) Planeamento da prevenção, integrando, a todos os níveis e para o conjunto das actividades do órgão ou serviço, a avaliação dos riscos e as respectivas medidas de prevenção;

d) Elaboração de um programa de prevenção de riscos profissionais;

e) Promoção e vigilância da saúde, bem como a organização e manutenção dos registos clínicos e outros elementos informativos relativos a cada trabalhador;

f) Informação e formação sobre os riscos para a segurança e saúde, bem como sobre as medidas de prevenção e protecção;

g) Organização dos meios destinados à prevenção e protecção, colectiva e individual, e coordenação das medidas a adoptar em caso de perigo grave e iminente;

h) Afixação de sinalização de segurança nos locais de trabalho;

i) Análise dos acidentes de trabalho e das doenças profissionais;

j) Recolha e organização dos elementos estatísticos relativos à segurança e saúde no órgão ou serviço;

l) Coordenação de inspecções internas de segurança sobre o grau e controlo e sobre a observância das normas e medidas de prevenção nos locais de trabalho.

3 – Os serviços de segurança, higiene e saúde no trabalho devem, ainda, manter actualizados, para efeitos de consulta, os seguintes elementos:

a) Resultados das avaliações dos riscos relativas aos grupos de trabalhadores a eles expostos;

Lei n.º 59/2008, de 11 de Setembro 419

b) Lista de acidentes de trabalho que tenham ocasionado ausência por incapacidade para o trabalho;
c) Relatórios sobre acidentes de trabalho que tenham ocasionado ausência por incapacidade para o trabalho superior a três dias;
d) Lista das situações de baixa por doença e do número de dias de ausência ao trabalho, a ser remetidos pelo serviço de pessoal e, no caso de doenças profissionais, a respectiva identificação;
e) Lista das medidas, propostas ou recomendações formuladas pelos serviços de segurança e saúde no trabalho.

4 – Se as actividades referidas nos números anteriores implicarem a adopção de medidas cuja concretização dependa essencialmente de outros responsáveis do órgão ou serviço, os serviços de segurança, higiene e saúde no trabalho devem informá-los sobre as mesmas e cooperar na sua execução.

DIVISÃO II
Segurança e higiene no trabalho

ARTIGO 158.º
Actividades técnicas

1 – As actividades técnicas de segurança e higiene no trabalho são exercidas por técnicos superiores ou técnicos com formação especializada na área, certificados pelo organismo do ministério responsável pela área laboral competente em matéria de prevenção da segurança, higiene e saúde no trabalho, nos termos de legislação especial.

2 – Os profissionais referidos nos números anteriores exercem as respectivas actividades com autonomia técnica.

ARTIGO 159.º
Garantia mínima de funcionamento

1 – A actividade dos serviços de segurança e higiene deve ser assegurada regularmente no próprio órgão ou serviço, durante o tempo necessário.

420 *Regime do Contrato de Trabalho em Funções Públicas*

2 – A afectação dos técnicos às actividades de segurança e higiene no trabalho é estabelecida nos seguintes termos:

a) Em órgão ou serviço com um número igual ou inferior a 50 trabalhadores, 1 técnico;
b) Em órgão ou serviço com um número superior a 50 trabalhadores, 2 técnicos, por cada 3000 trabalhadores abrangidos ou fracção, sendo, pelo menos, um deles técnico superior.

3 – O organismo do ministério responsável pela área laboral competente em matéria de segurança, higiene e saúde no trabalho, mediante parecer das autoridades com competência fiscalizadora, pode determinar uma duração maior da actividade dos serviços de segurança e higiene em órgão ou serviço em que, independentemente do número de trabalhadores, a natureza ou a gravidade dos riscos profissionais, bem como os indicadores de sinistralidade, justifiquem uma acção mais eficaz.

Artigo 160.º
Informação técnica

1 – A entidade empregadora pública deve fornecer aos serviços de segurança e higiene no trabalho os elementos técnicos sobre os equipamentos e a composição dos produtos utilizados.

2 – Os serviços de segurança e higiene no trabalho devem ser informados sobre todas as alterações dos componentes materiais do trabalho e consultados, previamente, sobre todas as situações com possível repercussão na segurança e higiene dos trabalhadores.

3 – As informações referidas nos números anteriores ficam sujeitas a sigilo profissional, sem prejuízo de as informações pertinentes para a protecção da segurança e saúde deverem ser comunicadas aos trabalhadores envolvidos e aos representantes dos trabalhadores para a segurança, higiene e saúde no trabalho, sempre que tal se mostre necessário.

Lei n.º 59/2008, de 11 de Setembro   421

DIVISÃO III
Saúde no trabalho

ARTIGO 161.º
Vigilância da saúde

1 – A responsabilidade técnica da vigilância da saúde cabe ao médico do trabalho.

2 – Nos órgãos ou serviços com mais de 200 trabalhadores, a responsabilidade técnica da vigilância da saúde cabe ao médico e ao enfermeiro do trabalho.

ARTIGO 162.º
Exames de saúde

1 – A entidade empregadora pública deve promover a realização de exames de saúde, tendo em vista verificar a aptidão física e psíquica do trabalhador para o exercício da actividade, bem como a repercussão desta e das condições em que é prestada na saúde do mesmo.

2 – Sem prejuízo do disposto em legislação especial, devem ser realizados os seguintes exames de saúde:

a) Exames de admissão, antes do início da prestação de trabalho ou, se a urgência da admissão o justificar, nos 15 dias seguintes;

b) Exames periódicos, anuais para os trabalhadores com idade superior a 50 anos e de dois em dois anos para os restantes trabalhadores;

c) Exames ocasionais, sempre que haja alterações substanciais nos componentes materiais de trabalho que possam ter repercussão nociva na saúde do trabalhador, bem como no caso de regresso ao trabalho depois de uma ausência superior a 30 dias por motivo de doença ou acidente.

3 – Para completar a observação e formular uma opinião precisa sobre o estado de saúde do trabalhador, o médico do trabalho pode solicitar exames complementares ou pareceres médicos especializados.

4 – O médico do trabalho, face ao estado de saúde do trabalhador e aos resultados da prevenção dos riscos profissionais no órgão ou serviço, pode reduzir ou aumentar a periodicidade dos exames, devendo, contudo,

realizá-los dentro do período em que está estabelecida a obrigatoriedade de novo exame.

5 – O médico do trabalho deve ter em consideração o resultado de exames a que o trabalhador tenha sido submetido e que mantenham actualidade, devendo instituir-se a cooperação necessária com o médico assistente.

Artigo 163.º
Ficha clínica

1 – As observações clínicas relativas aos exames de saúde são anotadas na ficha clínica do trabalhador.

2 – A ficha clínica está sujeita ao segredo profissional, só podendo ser facultada às autoridades de saúde e aos médicos do serviço com competência inspectiva do ministério responsável pela área laboral.

3 – O médico responsável pela vigilância da saúde deve entregar ao trabalhador que deixar de prestar serviço no órgão ou serviço, a pedido deste, cópia da ficha clínica.

Artigo 164.º
Ficha de aptidão

1 – Face ao resultado do exame de admissão, periódico ou ocasional, o médico do trabalho deve preencher uma ficha de aptidão e remeter uma cópia ao responsável dos recursos humanos do órgão ou serviço.

2 – Se o resultado do exame de saúde revelar a inaptidão do trabalhador, o médico do trabalho deve indicar, sendo caso disso, outras funções que aquele possa desempenhar.

3 – A ficha de aptidão não pode conter elementos que envolvam segredo profissional.

4 – Sempre que a repercussão do trabalho e das condições em que o mesmo é prestado se revelar nociva para a saúde do trabalhador, o médico do trabalho deve, ainda, comunicar tal facto ao responsável pelos serviços de segurança, higiene e saúde no trabalho e, bem assim, se o estado de saúde o justificar, solicitar o seu acompanhamento pelo médico assistente do centro de saúde, ou outro médico indicado pelo trabalhador.

5 – O modelo da ficha de aptidão é fixado por portaria do ministro responsável pela área laboral.

Artigo 165.º
Informação técnica

O médico e o enfermeiro do trabalho têm acesso às informações referidas nos n.ᵒˢ 1 e 2 do artigo 160.º, sujeitas a sigilo profissional nos termos do n.º 3 do mesmo artigo.

Artigo 166.º
Garantia mínima de funcionamento

1 – O médico do trabalho deve prestar actividade durante o número de horas necessário à realização dos actos médicos, de rotina ou de emergência, e outros trabalhos que deva coordenar.

2 – O médico e o enfermeiro do trabalho devem conhecer os componentes materiais do trabalho com influência sobre a saúde dos trabalhadores desenvolvendo para este efeito a actividade no órgão ou serviço, pelo menos uma hora por mês por cada grupo de 20 trabalhadores ou fracção.

3 – Ao médico do trabalho é proibido assegurar a vigilância da saúde de um número de trabalhadores a que correspondam mais de cento e cinquenta horas de actividade por mês.

DIVISÃO IV
Acompanhamento e auditoria dos serviços externos

Artigo 167.º
Acompanhamento

Os serviços externos, com excepção dos serviços convencionados, devem comunicar ao organismo do ministério responsável pela área laboral competente em matéria de segurança, higiene e saúde no trabalho, no prazo de 30 dias após a ocorrência, a interrupção ou cessação do seu funcionamento, bem como quaisquer alterações que afectem a natureza jurídica e objecto social, localização da sede ou dos seus estabelecimentos, bem como os requisitos referidos no n.º 3 do artigo 147.º, designadamente as que se reportem a:

a) Diminuição do número ou da qualificação dos técnicos;

424 *Regime do Contrato de Trabalho em Funções Públicas*

b) Redução dos recursos técnicos necessários à avaliação das condições de segurança, higiene e saúde no trabalho;

c) Aumento do recurso a subcontratação de serviços.

ARTIGO 168.°
Auditoria

1 – A capacidade dos serviços externos autorizados é avaliada através de auditoria, que incide sobre os requisitos referidos no n.° 3 do artigo 147.°, concretizados nos termos dos n.ᵒˢ 2, 3, 4 e 5 do artigo 150.°

2 – A auditoria é realizada pelos serviços a seguir referidos, por sua iniciativa ou, sendo caso disso, na sequência das comunicações referidas no artigo anterior:

a) A Direcção-Geral da Saúde e o serviço com competência inspectiva do ministério responsável pela área laboral, no que respeita às instalações, tendo em conta as condições de segurança, higiene e saúde no trabalho;

b) A Direcção-Geral da Saúde, no que respeita às condições de funcionamento do serviço na área da saúde no trabalho, nomeadamente o efectivo de pessoal técnico, recurso a subcontratação, equipamentos de trabalho na sede e nos estabelecimentos e equipamentos para avaliar as condições de saúde;

c) O organismo do ministério responsável pela área laboral competente em matéria de segurança, higiene e saúde no trabalho, em relação às condições de funcionamento do serviço na área da segurança e higiene no trabalho, nomeadamente o efectivo de pessoal técnico, recurso a subcontratação, equipamentos de trabalho na sede e nos estabelecimentos, equipamentos para a avaliação da segurança e higiene no trabalho e equipamentos de protecção individual, sem prejuízo das competências atribuídas por lei ao serviço com competência inspectiva do ministério responsável pela área laboral.

3 – As entidades referidas no número anterior, no desempenho das competências aí previstas, podem recorrer à contratação externa de serviços de técnicos especializados, atendendo à complexidade ou especialização técnica das tarefas a realizar.

Lei n.º 59/2008, de 11 de Setembro 425

4 – Tendo em consideração as alterações comunicadas nos termos do artigo anterior ou verificadas através de auditoria, ou a falta de requisitos essenciais ao funcionamento dos serviços externos, o organismo do ministério responsável pela área laboral competente em matéria de segurança, higiene e saúde no trabalho promove a revogação da autorização ou a sua redução no que respeita a áreas de actividade de segurança, higiene e saúde no trabalho ou a sectores de actividade.

SUBSECÇÃO IV
Informação e consulta e deveres dos trabalhadores

ARTIGO 169.º
Informação e consulta

A entidade empregadora pública, se não acolher o parecer dos representantes dos trabalhadores para a segurança, higiene e saúde no trabalho ou, na sua falta, dos próprios trabalhadores, consultados nos termos das alíneas *e)*, *f)* e *g)* do n.º 3 do artigo 224.º do Regime, deve informá-los dos fundamentos:

a) Do recurso a técnicos qualificados para assegurar o desenvolvimento de todas ou parte das actividades de segurança, higiene e saúde no trabalho;

b) Da designação dos trabalhadores responsáveis pelas actividades de primeiros socorros, combate a incêndios e evacuação de trabalhadores;

c) Da designação do representante da entidade empregadora pública que acompanha a actividade dos serviços partilhados ou dos serviços externos;

d) Da designação dos trabalhadores que prestam actividades de segurança e higiene no trabalho;

e) Do recurso a serviços partilhados ou a serviços externos.

Artigo 170.º
Consulta

1 – Na consulta dos representantes dos trabalhadores ou, na sua falta, dos próprios trabalhadores, nos termos do n.º 3 do artigo 224.º do Regime, o respectivo parecer deve ser emitido no prazo de 15 dias ou em prazo superior fixado pela entidade empregadora pública atendendo à extensão ou complexidade da matéria.

2 – Decorrido o prazo referido no número anterior sem que o parecer tenha sido entregue à entidade empregadora pública, considera-se satisfeita a exigência da consulta.

Artigo 171.º
Deveres dos trabalhadores

1 – Os trabalhadores devem cooperar para que seja assegurada a segurança, higiene e saúde no trabalho e, em especial:

   a) Tomar conhecimento da informação prestada pela entidade empregadora pública sobre segurança, higiene e saúde no trabalho;
   b) Comparecer às consultas e exames médicos determinados pelo médico do trabalho.

2 – Os titulares de cargos dirigentes e os chefes de equipas multidisciplinares devem cooperar, de modo especial, em relação aos serviços sob o seu enquadramento hierárquico e técnico, com os serviços de segurança, higiene e saúde no trabalho na execução das medidas de prevenção e de vigilância da saúde.

SUBSECÇÃO V
Disposições finais

Artigo 172.º
Médico do trabalho

1 – Considera-se médico do trabalho o licenciado em Medicina com especialidade de medicina do trabalho reconhecida pela Ordem dos Médicos.

2 – Considera-se, ainda, médico do trabalho aquele a quem for reconhecida idoneidade técnica para o exercício das respectivas funções, nos termos de legislação especial.

3 – No caso de insuficiência comprovada de médicos do trabalho qualificados nos termos referidos nos números anteriores, a Direcção-Geral da Saúde pode autorizar outros licenciados em medicina a exercer as respectivas funções, os quais, no prazo de três anos a contar da respectiva autorização, devem apresentar prova da obtenção de especialidade em medicina do trabalho, sob pena de lhes ser vedada a continuação do exercício das referidas funções.

ARTIGO 173.º
**Comunicação ao serviço com competência inspectiva
do ministério responsável pela área laboral**

1 – Sem prejuízo de outras notificações previstas em legislação especial, a entidade empregadora pública deve comunicar ao serviço com competência inspectiva do ministério responsável pela área laboral os acidentes mortais ou que evidenciem uma situação particularmente grave, nas vinte e quatro horas seguintes à ocorrência.

2 – A comunicação prevista no número anterior deve ser acompanhada de informação, e respectivos registos, sobre todos os tempos de trabalho prestado pelo trabalhador nos 30 dias que antecederam o acidente.

ARTIGO 174.º
Notificações

1 – A entidade empregadora pública deve notificar o organismo do ministério responsável pela área laboral competente em matéria de segurança, higiene e saúde no trabalho da modalidade adoptada para a organização dos serviços de segurança, higiene e saúde, bem como da sua alteração, nos 30 dias seguintes à verificação de qualquer dos factos.

2 – O modelo da notificação é fixado por portaria do ministro responsável pela área laboral.

3 – O organismo do ministério responsável pela área laboral competente em matéria de prevenção da segurança, higiene e saúde no trabalho remete à Direcção-Geral da Saúde a notificação prevista no n.º 1.

428   *Regime do Contrato de Trabalho em Funções Públicas*

4 – A entidade empregadora pública deve comunicar ao organismo do ministério responsável pela área laboral competente em matéria de prevenção da segurança, higiene e saúde no trabalho e à Direcção-Geral da Saúde, no prazo de 30 dias a contar do início da actividade dos serviços externos, os seguintes elementos:

a) Identificação completa da entidade prestadora dos serviços externos;
b) O local ou locais da prestação do serviço;
c) Data de início da actividade;
d) Termo da actividade, quando tenha sido fixado;
e) Identificação do técnico responsável pelo serviço e, se for pessoa diferente, do médico do trabalho;
f) Número de trabalhadores potencialmente abrangidos;
g) Número de horas mensais de afectação de pessoal ao órgão ou serviço;
h) Actos excluídos do âmbito do contrato.

5 – A entidade empregadora pública deve comunicar ao organismo do ministério responsável pela área laboral competente em matéria de prevenção da segurança, higiene e saúde no trabalho e à Direcção-Geral da Saúde, no prazo de 30 dias a contar do início da actividade dos serviços partilhados, os elementos referidos no número anterior.

6 – As alterações aos elementos referidos nos n.ᵒˢ 4 e 5 devem er comunicadas nos 30 dias subsequentes.

Artigo 175.º
Relatório de actividades

1 – A entidade empregadora pública deve elaborar, para cada um dos estabelecimentos periféricos ou unidades orgânicas desconcentradas, um relatório anual da actividade dos serviços de segurança, higiene e saúde no trabalho.

2 – O modelo do relatório é fixado por portaria do ministro responsável pela área laboral.

3 – O relatório deve ser apresentado, no mês de Abril do ano seguinte àquele a que respeita, ao delegado concelhio de saúde e ao organismo do

Lei n.º 59/2008, de 11 de Setembro 429

ministério responsável pela área laboral competente em matéria de segurança, higiene e saúde no trabalho da área de localização do estabelecimento periférico ou unidade orgânica desconcentrada ou, se estes mudarem de localização durante o ano a que o relatório respeita, da área da sede da entidade empregadora pública.

4 – Se a entidade empregadora pública tiver mais de 10 trabalhadores, o relatório deve ser apresentado por meio informático.

5 – A entidade empregadora pública com até 10 trabalhadores pode apresentar o relatório por meio informático, nomeadamente em suporte digital ou correio electrónico, ou em suporte de papel.

6 – Os elementos auxiliares necessários ao preenchimento do relatório são fornecidos pelo serviço competente do ministério responsável pela área laboral, em endereço electrónico adequadamente publicitado.

7 – O modelo de suporte de papel do relatório anual é impresso e distribuído pela Imprensa Nacional-Casa da Moeda, S. A.

8 – O organismo do ministério responsável pela área laboral competente em matéria de segurança, higiene e saúde no trabalho deve remeter cópias dos relatórios anuais ao serviço referido no n.º 6, para efeitos estatísticos.

ARTIGO 176.º
Documentação

A entidade empregadora pública deve manter à disposição das entidades com competência fiscalizadora a documentação relativa à realização das actividades a que se refere o artigo 157.º, durante cinco anos.

ARTIGO 177.º
Encargos

A entidade empregadora pública suporta os encargos com a organização e funcionamento dos serviços de segurança, higiene e saúde no trabalho, incluindo exames, avaliações de exposições, testes e demais acções realizadas para a prevenção dos riscos profissionais e a vigilância da saúde.

Artigo 178.°
Taxas

1 – Estão sujeitos a taxas os seguintes actos relativos à autorização ou avaliação da capacidade de serviços externos:

a) Apreciação de requerimento de autorização ou alteração desta;
b) Vistoria prévia à decisão do requerimento de autorização ou alteração desta;
c) Auditoria de avaliação da capacidade do serviço externo realizada na sequência da comunicação referida no artigo 167.° ou por iniciativa dos serviços competentes se a autorização for reduzida ou revogada.

2 – As taxas referidas no número anterior são estabelecidas em portaria conjunta dos ministros responsáveis de actos, as áreas de segurança, higiene e saúde no trabalho a que os mesmos respeitam e as actividades de risco elevado integradas nos sectores de actividade a que a autorização se refere.

Artigo 179.°
Produto das taxas

O produto das taxas referidas no artigo anterior reverte para o organismo do ministério responsável pela área laboral competente em matéria de segurança, higiene e saúde no trabalho e para a Direcção-Geral da Saúde, na seguinte proporção:

a) 70 % para o organismo do ministério responsável pela área laboral competente em matéria de segurança, higiene e saúde no trabalho e 30 % para a Direcção-Geral da Saúde, no caso de vistoria ou apreciação de requerimento para autorização ou alteração desta, referente a serviços de segurança, higiene e saúde no trabalho, ou saúde no trabalho;
b) 100 % para o organismo do ministério responsável pela área laboral competente em matéria de segurança, higiene e saúde no trabalho, no caso de vistoria ou apreciação de requerimento para autorização ou alteração desta, referente a serviços de segurança e higiene no trabalho.

SECÇÃO IV
Representantes dos trabalhadores para a segurança, higiene e saúde no trabalho

SUBSECÇÃO I
Disposição geral

ARTIGO 180.º
Âmbito

A presente secção regula o artigo 226.º do Regime.

SUBSECÇÃO II
Eleição dos representantes dos trabalhadores para a segurança, higiene e saúde no trabalho

ARTIGO 181.º
Capacidade eleitoral

Nenhum trabalhador do órgão ou serviço pode ser prejudicado nos seus direitos de eleger e ser eleito, nomeadamente por motivo de idade ou função.

ARTIGO 182.º
Promoção da eleição

1 – Os trabalhadores ou o sindicato que tenha trabalhadores representados no órgão ou serviço promovem a eleição dos representantes dos trabalhadores para a segurança, higiene e saúde no trabalho.

2 – No caso do acto eleitoral ser promovido pelos trabalhadores, a convocatória deve ser subscrita, no mínimo, por 100 ou 20 % dos trabalhadores do órgão ou serviço.

3 – Os trabalhadores ou o sindicato que promovem a eleição comunicam aos serviços competentes do ministério responsável pela área

432 *Regime do Contrato de Trabalho em Funções Públicas*

laboral e à entidade empregadora pública, com a antecedência mínima de 90 dias, a data do acto eleitoral.

ARTIGO 183.º
Publicidade

Após a recepção da comunicação prevista no artigo anterior:

a) Os serviços competentes do ministério responsável pela área laboral procedem de imediato à publicação da comunicação no *Boletim do Trabalho e Emprego;*

b) A entidade empregadora pública deve afixá-la de imediato em local apropriado no órgão ou serviço, devendo juntar uma referência à obrigatoriedade de publicação no *Boletim do Trabalho e Emprego.*

ARTIGO 184.º
Comissão eleitoral

1 – A comissão eleitoral é constituída por:

a) Um presidente: trabalhador com mais antiguidade no órgão ou serviço e, em caso de igualdade, o que tiver mais idade e, mantendo-se a igualdade, o que tiver mais habilitações;

b) Um secretário: trabalhador com menos antiguidade no órgão ou serviço, desde que superior a dois anos e, em caso de igualdade, o que tiver mais idade e, mantendo-se a igualdade, o que tiver mais habilitações;

c) Dois trabalhadores escolhidos de acordo com os critérios fixados nas alíneas anteriores, salvo tratando-se de órgão ou serviço com menos de 50 trabalhadores;

d) Um representante de cada lista.

2 – Em caso de recusa de participação na comissão eleitoral, procede-se a nova escolha de acordo com os critérios previstos no número anterior.

Lei n.º 59/2008, de 11 de Setembro		433

3 – O presidente, o secretário e os trabalhadores escolhidos de acordo com a alínea *c*) do n.º 1 são investidos nas funções, após declaração de aceitação, no prazo de cinco dias a contar da publicação da convocatória do acto eleitoral no *Boletim do Trabalho e Emprego.*

4 – Os representantes das listas integram a comissão eleitoral, pós declaração de aceitação, no dia subsequente à decisão de admissão das listas.

5 – A composição da comissão eleitoral deve ser comunicada à entidade empregadora pública no prazo de quarenta e oito horas, a contar da declaração de aceitação dos membros referidos no n.º 1.

ARTIGO 185.º
Competência e funcionamento da comissão eleitoral

1 – Compete ao presidente da comissão eleitoral afixar as datas de início e termo do período para apresentação de listas, em local apropriado no órgão ou serviço, o qual não pode ser inferior a cinco nem superior a 15 dias, bem como dirigir a actividade da comissão.

2 – Compete à comissão eleitoral dirigir o procedimento da eleição, nomeadamente:

a) Receber as listas de candidaturas;
b) Verificar a regularidade das listas, em especial no que respeita aos proponentes, número de candidatos e a sua qualidade de trabalhadores do órgão ou serviço;
c) Afixar as listas no órgão ou serviço
d) Fixar o período durante o qual as listas candidatas podem afixar comunicados nos locais apropriados no órgão ou serviço;
e) Fixar o número e a localização das secções de voto;
f) Realizar o apuramento global do acto eleitoral;
g) Proclamar os resultados;
h) Comunicar os resultados da eleição aos serviços competentes do ministério responsável pela área laboral;
i) Resolver dúvidas e omissões do procedimento da eleição.

3 – A comissão eleitoral delibera por maioria, tendo o presidente voto de qualidade.

Artigo 186.º
Caderno eleitoral

1 – A entidade empregadora pública deve entregar à comissão eleitoral, no prazo de quarenta e oito horas após a recepção da comunicação que identifica o presidente e o secretário, o caderno eleitoral, procedendo aquela à imediata afixação no órgão ou serviço, estabelecimento periférico ou unidade orgânica desconcentrada.

2 – O caderno eleitoral deve conter o nome dos trabalhadores do órgão ou serviço e, sendo caso disso, identificados por estabelecimento periférico ou unidade orgânica desconcentrada, à data da marcação do acto eleitoral.

Artigo 187.º
Reclamações

1 – Os trabalhadores do órgão ou serviço podem reclamar, no prazo de cinco dias a contar da afixação prevista no n.º 1 do artigo anterior, para a comissão eleitoral de quaisquer erros ou omissões constantes do caderno eleitoral.

2 – A comissão eleitoral decide as reclamações apresentadas no prazo máximo de 10 dias, após o qual afixa as correcções do caderno eleitoral que se tenham verificado.

Artigo 188.º
Listas

1 – As listas de candidaturas devem ser entregues, acompanhadas de declaração de aceitação dos respectivos trabalhadores, ao presidente da comissão eleitoral.

2 – A comissão eleitoral decide sobre a admissão das listas apresentadas nos cinco dias seguintes ao termo do período de apresentação.

3 – Em caso de rejeição de admissibilidade de qualquer lista apresentada, os seus proponentes podem sanar os vícios existentes no prazo de quarenta e oito horas.

4 – Após a decisão da admissão de cada lista, o presidente da comissão eleitoral atribui-lhe uma letra do alfabeto de acordo com a ordem de apresentação.

Lei n.° 59/2008, de 11 de Setembro 435

5 – As listas devem ser imediatamente afixadas, em locais apropriados, no órgão ou serviço, estabelecimento periférico e unidade orgânica desconcentrada.

Artigo 189.°
Boletins de voto e urnas

1 – Os boletins de voto são elaborados pela comissão eleitoral nos 15 dias anteriores à data do acto eleitoral.

2 – Os boletins de voto devem conter por ordem alfabética de admissão as listas concorrentes.

3 – As urnas devem ser providenciadas pela comissão eleitoral, devendo assegurar a segurança dos boletins.

Artigo 190.°
Secções de voto

1 – Em cada estabelecimento periférico ou unidade orgânica desconcentrada com um mínimo de 10 trabalhadores deve existir, pelo menos, uma secção de voto.

2 – A cada secção de voto não podem corresponder mais de 500 eleitores.

3 – Cada mesa de voto é composta por um presidente, que dirige a respectiva votação, e um secretário, escolhidos pelo presidente da omissão eleitoral nos termos do artigo 184.°, e por um representante de cada lista, ficando, para esse efeito, dispensados da respectiva prestação de trabalho.

Artigo 191.°
Acto eleitoral

1 – As urnas de voto são colocadas nos locais de trabalho, de modo a permitir que todos os trabalhadores possam votar sem prejudicar o normal funcionamento do órgão ou serviço.

2 – A votação é efectuada no local e durante as horas de trabalho.

436 *Regime do Contrato de Trabalho em Funções Públicas*

3 – A votação deve ter a duração mínima de três horas e máxima de cinco, competindo à comissão eleitoral fixar o seu horário de funcionamento, cinco dias antes da data do acto eleitoral, não podendo o encerramento ocorrer depois das 21 horas.

4 – No caso de trabalho por turnos ou de horários diferenciados no órgão ou serviço, o acto eleitoral do turno da noite deve preceder o do turno de dia.

5 – Os trabalhadores podem votar durante o seu horário de trabalho, para o que cada um dispõe do tempo para tanto indispensável.

6 – Nos estabelecimentos periféricos ou unidades orgânicas desconcentradas, o acto eleitoral realiza-se em todos eles no mesmo dia, horário e nos mesmos termos.

7 – Quando, devido ao trabalho por turno ou outros motivos, não seja possível respeitar o disposto no número anterior, deve ser simultânea a abertura das urnas de voto para o respectivo apuramento em todos os estabelecimentos periféricos ou unidades orgânicas desconcentradas.

8 – Os votantes devem ser identificados e registados em documento próprio, com termo de abertura e encerramento, assinado e rubricado em todas as folhas pela mesa eleitoral.

ARTIGO 192.º
Apuramento do acto eleitoral

1 – O apuramento do acto eleitoral deve realizar-se imediatamente após o encerramento das urnas.

2 – O apuramento do resultado da votação na secção de voto é realizado pela respectiva mesa, competindo ao seu presidente comunicar de imediato os resultados à comissão eleitoral.

3 – O apuramento global do acto eleitoral é feito pela comissão eleitoral.

ARTIGO 193.º
Acta

1 – A acta deve conter as deliberações da comissão eleitoral e das mesas de voto, bem como tudo o que se passar no procedimento eleitoral,

nomeadamente quaisquer incidentes ocorridos e o apuramento do resultado.

2 – Os membros da comissão eleitoral e das mesas de voto aprovam, rubricam e assinam as respectivas actas.

3 – O documento previsto no n.° 8 do artigo 191.° deve ser anexo à acta da respectiva secção de voto.

ARTIGO 194.°
Publicidade do resultado da eleição

1 – A comissão eleitoral deve proceder à afixação dos elementos de identificação dos representantes eleitos, bem como da cópia da acta a respectiva eleição, durante 15 dias, a partir da data do apuramento, no local ou locais em que a eleição teve lugar e remetê-los, dentro do mesmo prazo, ao ministério responsável pela área laboral, bem como aos órgãos de direcção do órgão ou serviço.

2 – O ministério responsável pela área laboral regista o resultado da eleição e publica-o imediatamente no *Boletim do Trabalho e Emprego.*

ARTIGO 195.°
Início de actividades

Os representantes dos trabalhadores só podem iniciar o exercício das respectivas actividades depois da publicação da eleição no *Boletim do Trabalho e Emprego.*

SUBSECÇÃO III
**Protecção dos representantes dos trabalhadores
para a segurança, higiene e saúde no trabalho**

ARTIGO 196.°
Crédito de horas

1 – Cada representante dos trabalhadores para a segurança, higiene e saúde no trabalho dispõe, para o exercício das suas funções, de um crédito de cinco horas por mês.

2 – O crédito de horas é referido ao período normal de trabalho e conta como tempo de serviço efectivo.

3 – Sempre que pretenda exercer o direito ao gozo do crédito de horas, o representante dos trabalhadores para a segurança, higiene e saúde no trabalho deve avisar, por escrito, a entidade empregadora pública com a antecedência mínima de dois dias, salvo motivo atendível.

ARTIGO 197.º
Faltas

1 – As ausências dos representantes dos trabalhadores para a segurança, higiene e saúde no trabalho no desempenho das suas funções e que excedam o crédito de horas consideram-se faltas justificadas e contam, salvo para efeito de remuneração, como tempo de serviço efectivo.

2 – As ausências a que se refere o número anterior são comunicadas, por escrito, com um dia de antecedência, com referência às datas e ao número de dias de que os respectivos trabalhadores necessitam para o exercício das suas funções, ou, em caso de impossibilidade de previsão, nas quarenta e oito horas imediatas ao primeiro dia de ausência.

3 – A inobservância do disposto no número anterior torna as faltas injustificadas.

ARTIGO 198.º
**Protecção em caso
de procedimento disciplinar e despedimento**

1 – A suspensão preventiva de representante dos trabalhadores para a segurança, higiene e saúde no trabalho não obsta a que o mesmo possa ter acesso aos locais e actividades que se compreendam no exercício normal dessas funções.

2 – O despedimento de trabalhador candidato a representante dos trabalhadores para a segurança, higiene e saúde no trabalho, bem como do que exerça ou haja exercido essas funções há menos de três anos, presume-se feito sem justa causa ou motivo justificativo.

3 – No caso de representante dos trabalhadores para a segurança, higiene e saúde no trabalho ser despedido e ter sido interposta providência

Lei n.° 59/2008, de 11 de Setembro 439

cautelar de suspensão da eficácia do acto de despedimento, esta só não é decretada se o tribunal concluir pela existência de probabilidade séria de verificação da justa causa ou do motivo justificativo invocados.

4 – As acções administrativas que tenham por objecto litígios relativos ao despedimento de representantes dos trabalhadores para a segurança, higiene e saúde no trabalho têm natureza urgente.

5 – Sem prejuízo do disposto no número seguinte, não havendo justa causa ou motivo justificativo, o trabalhador despedido tem o direito de optar entre a reintegração no órgão ou serviço e uma indemnização calculada nos termos previstos no n.° 1 do artigo 278.° do Regime ou estabelecida em instrumento de regulamentação colectiva de trabalho, e nunca inferior à remuneração base correspondente a seis meses.

6 – No caso de despedimento decidido em procedimento disciplinar, a indemnização em substituição da reintegração a que se refere o número anterior é calculada nos termos previstos no Estatuto Disciplinar dos Trabalhadores que Exercem Funções Públicas.

ARTIGO 199.°
Protecção em caso de mudança de local de trabalho

Os representantes dos trabalhadores para a segurança, higiene e saúde no trabalho não podem ser mudados de local de trabalho sem o seu acordo, salvo quando a mudança de local de trabalho resultar da mudança de instalações do órgão ou serviço ou decorrer de normas legais aplicáveis a todo o pessoal.

SUBSECÇÃO IV
Direitos

ARTIGO 200.°
Apoio aos representantes dos trabalhadores

1 – Os órgãos de direcção dos órgãos ou serviços devem pôr à disposição dos representantes dos trabalhadores para a segurança, higiene e saúde no trabalho as instalações adequadas, bem como os meios materiais e técnicos necessários ao desempenho das suas funções.

440   *Regime do Contrato de Trabalho em Funções Públicas*

2 – Os representantes dos trabalhadores têm igualmente direito a distribuir informação relativa à segurança, higiene e saúde no trabalho, bem como à sua afixação em local adequado que for destinado para esse efeito.

ARTIGO 201.º
Reuniões com os órgãos de direcção do órgão ou serviço

1 – Os representantes dos trabalhadores para a segurança, higiene e saúde no trabalho têm o direito de reunir periodicamente com o órgão e direcção do órgão ou serviço para discussão e análise dos assuntos elacionados com a segurança, higiene e saúde no trabalho, devendo realizar-se, pelo menos, uma reunião em cada mês.

2 – Da reunião referida no número anterior é lavrada acta, que deve ser assinada por todos os presentes.

ARTIGO 202.º
Exercício abusivo

1 – O exercício dos direitos por parte dos representantes dos trabalhadores para a segurança, higiene e saúde no trabalho, quando considerado abusivo, é passível de responsabilidade disciplinar, civil ou criminal, nos termos gerais.

2 – Durante a tramitação do respectivo processo judicial, o membro visado mantém-se em funções, não podendo ser prejudicado, quer nas suas funções no órgão a que pertença, quer na sua actividade profissional.

SUBSECÇÃO V
Informação e consulta

ARTIGO 203.º
Deveres de informação e consulta

A entidade empregadora pública é obrigada a prestar informações e a proceder a consultas, nos termos da lei.

Artigo 204.°
Justificação e controlo

1 – A não prestação de informações ou a não realização de consultas a que se refere o artigo anterior devem ser justificadas por escrito, com base em critérios legais objectivamente aferíveis.

2 – A recusa de prestação de informações ou de realização de consultas podem ser objecto de apreciação administrativa e jurisdicional, nos termos da lei sobre acesso a informação administrativa e do Código de Processo nos Tribunais Administrativos.

CAPÍTULO XIV
Comissões de trabalhadores: constituição, estatutos e eleição

SECÇÃO I
Âmbito

Artigo 205.°
Âmbito

O presente capítulo regula o artigo 300.° do Regime.

SECÇÃO II
Constituição e estatutos da comissão de trabalhadores

Artigo 206.°
Constituição da comissão de trabalhadores
e aprovação dos estatutos

1 – Os trabalhadores deliberam a constituição e aprovam os estatutos da comissão de trabalhadores mediante votação.

2 – A votação é convocada com a antecedência mínima de 15 dias por, no mínimo, 100 ou 20 % dos trabalhadores do órgão ou serviço, com ampla publicidade e menção expressa do dia, local, horário e objecto, devendo ser remetida simultaneamente cópia da convocatória ao órgão de direcção do órgão ou serviço.

3 – Os projectos de estatutos submetidos a votação são propostos por, no mínimo, 100 ou 20 % dos trabalhadores do órgão ou serviço, devendo ser neste publicitados com a antecedência mínima de 10 dias.

ARTIGO 207.º
Estatutos

1 – A comissão de trabalhadores é regulada pelos seus estatutos, os quais devem prever, nomeadamente:

a) A composição, eleição, duração do mandato e regras de funciona-mento da comissão eleitoral, de que tem o direito de fazer parte um delegado designado por cada uma das listas concorrentes, à qual compete convocar e presidir ao acto eleitoral, bem como apurar o resultado do mesmo, na parte não prevista no Regime;

b) O número, regras da eleição, na parte não prevista neste capítulo, e duração do mandato dos membros da comissão de trabalha-dores, bem como o modo de preenchimento das vagas dos respec-tivos membros;

c) O funcionamento da comissão, resolvendo as questões relativas a empate de deliberações;

d) A articulação da comissão com as subcomissões de trabalhadores e a comissão coordenadora de que seja aderente;

e) A forma de vinculação, a qual deve exigir a assinatura da maioria dos seus membros, com um mínimo de duas assinaturas;

f) O modo de financiamento das actividades da comissão, o qual não pode, em caso algum, ser assegurado por uma entidade alheia ao conjunto dos trabalhadores do órgão ou serviço;

g) O processo de alteração de estatutos.

2 – Os estatutos podem prever a existência de subcomissões de trabalhadores em órgãos ou serviços com estabelecimentos periféricos ou unidades orgânicas desconcentradas.

Artigo 208.º
Capacidade

Nenhum trabalhador do órgão ou serviço pode ser prejudicado nos seus direitos, nomeadamente de participar na constituição da comissão de trabalhadores, na aprovação dos estatutos ou de eleger e ser eleito, designadamente por motivo de idade ou função.

Artigo 209.º
Regulamento

1 – Com a convocação da votação deve ser publicitado o respectivo regulamento.

2 – A elaboração do regulamento é da responsabilidade dos trabalhadores que procedam à convocação da votação.

Artigo 210.º
Caderno eleitoral

1 – A entidade empregadora pública deve entregar o caderno eleitoral aos trabalhadores que procedem à convocação da votação dos estatutos, no prazo de quarenta e oito horas após a recepção da cópia da convocatória, procedendo estes à sua imediata afixação no órgão ou serviço, estabelecimento periférico ou unidade orgânica desconcentrada.

2 – O caderno eleitoral deve conter o nome dos trabalhadores do órgão ou serviço e, sendo caso disso, agrupados por estabelecimentos periféricos ou unidades orgânicas desconcentradas, à data da convocação da votação.

Artigo 211.º
Secções de voto

1 – Em cada estabelecimento periférico ou unidade orgânica desconcentrada com um mínimo de 10 trabalhadores deve haver, pelo menos, uma secção de voto.

444   *Regime do Contrato de Trabalho em Funções Públicas*

2 – A cada mesa de voto não podem corresponder mais de 500 votantes.

3 – Cada secção de voto é composta por um presidente e dois vogais, que dirigem a respectiva votação, ficando, para esse efeito dispensados da respectiva prestação de trabalho.

4 – Cada grupo de trabalhadores proponente de um projecto de estatutos pode designar um representante em cada mesa, para acompanhar a votação.

ARTIGO 212.º
Votação

1 – A votação da constituição da comissão de trabalhadores e dos projectos de estatutos é simultânea, com votos distintos.

2 – As urnas de voto são colocadas nos locais de trabalho, de modo a permitir que todos os trabalhadores possam votar e a não prejudicar o normal funcionamento do órgão ou serviço.

3 – A votação é efectuada durante as horas de trabalho.

4 – A votação inicia-se, pelo menos, trinta minutos antes do começo e termina, pelo menos, sessenta minutos depois do termo do período de funcionamento do órgão ou serviço.

5 – Os trabalhadores podem votar durante o respectivo horário de trabalho, para o que cada um dispõe do tempo para tanto indispensável.

6 – Nos estabelecimentos periféricos ou unidades orgânicas desconcentradas, a votação realiza-se em todos eles no mesmo dia, horário e nos mesmos termos.

7 – Quando, devido ao trabalho por turno ou outros motivos, não seja possível respeitar o disposto no número anterior, a abertura das urnas de voto para o respectivo apuramento deve ser simultânea em todos os estabelecimentos periféricos ou unidades orgânicas desconcentradas.

ARTIGO 213.º
Acta

1 – De tudo o que se passar na votação é lavrada acta que, depois de lida e aprovada pelos membros da mesa de voto, é por estes assinada e rubricada.

2 – Os votantes devem ser identificados e registados em documento próprio, com termos de abertura e encerramento, assinado e rubricado em todas as folhas pelos membros da mesa, o qual constitui parte integrante da acta.

Artigo 214.º
Apuramento global

1 – O apuramento global da votação da constituição da comissão de trabalhadores e dos estatutos é feito por uma comissão eleitoral.

2 – De tudo o que se passar no apuramento global é lavrada acta que, depois de lida e aprovada pelos membros da comissão eleitoral, é por estes assinada e rubricada.

Artigo 215.º
Deliberação

1 – A deliberação de constituir a comissão de trabalhadores deve ser aprovada por maioria simples dos votantes.

2 – São aprovados os estatutos que recolherem o maior número de votos.

3 – A validade da aprovação dos estatutos depende da aprovação da deliberação de constituir a comissão de trabalhadores.

Artigo 216.º
Publicidade do resultado da votação

A comissão eleitoral deve, no prazo de 15 dias a contar da data do apuramento, proceder à afixação dos resultados da votação, bem como de cópia da respectiva acta no local ou locais em que a votação teve lugar e comunicá-los ao órgão de direcção do órgão ou serviço.

Artigo 217.º
Alteração dos estatutos

À alteração dos estatutos é aplicável o disposto nos artigos anteriores, com as necessárias adaptações.

SECÇÃO III
Eleição da comissão e das subcomissões de trabalhadores

ARTIGO 218.º
Regras gerais da eleição

1 – Os membros da comissão de trabalhadores e das subcomissões de trabalhadores são eleitos, de entre as listas apresentadas pelos trabalhadores do respectivo órgão ou serviço, estabelecimento periférico ou unidade orgânica desconcentrada, por voto directo e secreto, e segundo o princípio de representação proporcional.

2 – O acto eleitoral é convocado com a antecedência de 15 dias, salvo se os estatutos fixarem um prazo superior, pela comissão eleitoral constituída nos termos dos estatutos ou, na sua falta, por, no mínimo, 100 ou 20 % dos trabalhadores do órgão ou serviço, com ampla publicidade e menção expressa do dia, local, horário e objecto, devendo ser remetida simultaneamente cópia da convocatória ao órgão de direcção do órgão ou serviço.

3 – Só podem concorrer as listas que sejam subscritas por, no mínimo, 100 ou 20 % dos trabalhadores do órgão ou serviço ou, no caso de listas de subcomissões de trabalhadores, 10 % dos trabalhadores do estabelecimento periférico ou unidade orgânica desconcentrada, não podendo qualquer trabalhador subscrever ou fazer parte de mais de uma lista concorrente à mesma estrutura.

4 – A eleição dos membros da comissão de trabalhadores e das subcomissões de trabalhadores decorre em simultâneo, sendo aplicável o disposto nos artigos 210.º a 214.º, com as necessárias adaptações.

5 – Na falta da comissão eleitoral eleita nos termos dos estatutos, a mesma é constituída por um representante de cada uma das listas concorrentes e igual número de representantes dos trabalhadores que convocaram a eleição.

ARTIGO 219.º
Publicidade do resultado da eleição

À publicidade dos resultados da eleição é aplicável o disposto no artigo 216.º

Artigo 220.º
Início de actividades

A comissão de trabalhadores e as subcomissões de trabalhadores só podem iniciar as respectivas actividades depois da publicação dos estatutos da primeira e dos resultados da eleição na 2.ª série do *Diário da República*.

Artigo 221.º
Duração dos mandatos

O mandato dos membros da comissão de trabalhadores e das subcomissões de trabalhadores não pode exceder quatro anos, sendo permitida a reeleição para mandatos sucessivos.

SECÇÃO IV
Constituição e estatutos da comissão coordenadora

Artigo 222.º
Constituição e estatutos

1 – A comissão coordenadora é constituída com a aprovação dos seus estatutos pelas comissões de trabalhadores que ela se destina a coordenar.

2 – Os estatutos da comissão coordenadora estão sujeitos ao disposto no n.º 1 do artigo 207.º, com as necessárias adaptações.

3 – As comissões de trabalhadores aprovam os estatutos da comissão coordenadora, por voto secreto de cada um dos seus membros, em reunião de que deve ser elaborada acta assinada por todos os presentes, a que deve ficar anexo o documento de registo dos votantes.

4 – A reunião referida no número anterior deve ser convocada com a antecedência de 15 dias, por pelo menos duas comissões de trabalhadores que a comissão coordenadora se destina a coordenar.

ARTIGO 223.°
Número de membros

O número de membros da comissão coordenadora não pode exceder o número das comissões de trabalhadores que a mesma coordena, nem o máximo de 11 membros.

ARTIGO 224.°
Duração dos mandatos

À duração do mandato dos membros das comissões coordenadoras aplica-se o disposto no artigo 221.°

ARTIGO 225.°
Participação das comissões de trabalhadores

1 – Os trabalhadores do órgão ou serviço deliberam sobre a participação da respectiva comissão de trabalhadores na constituição da comissão coordenadora e a adesão à mesma, bem como a revogação da adesão, por iniciativa da comissão de trabalhadores ou de 100 ou 10 % dos trabalhadores do órgão ou serviço.

2 – As deliberações referidas no número anterior sãoadoptadas por votação realizada nos termos dos artigos 206.° e 208.° a 214.°, com as necessárias adaptações.

SECÇÃO V
Eleição da comissão coordenadora

ARTIGO 226.°
Eleição

1 – Os membros das comissões de trabalhadores aderentes elegem, de entre si, os membros da comissão coordenadora.

2 – A eleição deve ser convocada com a antecedência de 15 dias, por pelo menos duas comissões de trabalhadores aderentes.

Lei n.º 59/2008, de 11 de Setembro 449

3 – A eleição é feita por listas, por voto directo e secreto, e segundo o princípio da representação proporcional, em reunião de que deve ser elaborada acta assinada por todos os presentes, a que deve ficar anexo o documento de registo dos votantes.

4 – Cada lista concorrente deve ser subscrita por, no mínimo, 20 % dos membros das comissões de trabalhadores aderentes, sendo apresentada até cinco dias antes da votação.

ARTIGO 227.º
Início de funções

A comissão coordenadora só pode iniciar as respectivas actividades depois da publicação dos seus estatutos e dos resultados da eleição na 2.ª série do *Diário da República*.

SECÇÃO VI
Registo e publicação

ARTIGO 228.º
Registo

1 – A comissão eleitoral referida no n.º 1 do artigo 214.º deve, no prazo de 15 dias a contar da data do apuramento, requerer ao ministério responsável pela área da Administração Pública o registo da constituição da comissão de trabalhadores e da aprovação dos estatutos ou das suas alterações, juntando os estatutos aprovados ou alterados, bem como cópias certificadas das actas da comissão eleitoral e das mesas de voto, acompanhadas dos documentos de registo dos votantes.

2 – A comissão eleitoral referida nos n.ºs 2 ou 5 do artigo 218.º deve, no prazo de 15 dias a contar da data do apuramento, requerer ao ministério responsável pela área da Administração Pública o registo da eleição dos membros da comissão de trabalhadores e das subcomissões de trabalhadores, juntando cópias certificadas das listas concorrentes, bem como das actas da comissão eleitoral e das mesas de voto, acompanhadas dos documentos de registo dos votantes.

3 – As comissões de trabalhadores que participaram na constituição da comissão coordenadora devem, no prazo de 15 dias, requerer ao ministério responsável pela área da Administração Pública o registo da constituição da comissão coordenadora e da aprovação dos estatutos ou das suas alterações, juntando os estatutos aprovados ou alterados, bem como cópias certificadas da acta da reunião em que foi constituída a comissão e do documento de registo dos votantes.

4 – As comissões de trabalhadores que participaram na eleição da comissão coordenadora devem, no prazo de 15 dias, requerer ao ministério responsável pela área da Administração Pública o registo da eleição dos membros da comissão coordenadora, juntando cópias certificadas das listas concorrentes, bem como da acta da reunião e do documento de registo dos votantes.

5 – O ministério responsável pela área da Administração Pública regista, no prazo de 10 dias:

a) A constituição da comissão de trabalhadores e da comissão coordenadora, bem como a aprovação dos respectivos estatutos ou das suas alterações;

b) A eleição dos membros da comissão de trabalhadores, das subcomissões de trabalhadores e da comissão coordenadora e publica a respectiva composição.

ARTIGO 229.º
Publicação

O ministério responsável pela área da Administração Pública procede à publicação na 2.ª série do *Diário da República*:

a) Dos estatutos da comissão de trabalhadores e da comissão coordenadora, ou das suas alterações;

b) Da composição da comissão de trabalhadores, das subcomissões de trabalhadores e da comissão coordenadora.

Artigo 230.º
Controlo de legalidade da constituição e dos estatutos das comissões

1 – Após o registo da constituição da comissão de trabalhadores e da aprovação dos estatutos ou das suas alterações, o ministério responsável pela área da Administração Pública remete, dentro do prazo de oito dias a contar da publicação, cópias certificadas das actas da comissão eleitoral e das mesas de voto, dos documentos de registo dos votantes, dos estatutos aprovados ou alterados e do requerimento de registo, bem como a apre-ciação fundamentada sobre a legalidade da constituição da comissão de trabalhadores e dos estatutos ou das suas alterações, ao magistrado do Ministério Público da área da sede do respectivo órgão ou serviço.

2 – O disposto no número anterior é aplicável, com as necessárias adaptações, à constituição e aprovação dos estatutos da comissão coordenadora.

CAPÍTULO XV
Direitos das comissões e subcomissões de trabalhadores

SECÇÃO I
Âmbito

Artigo 231.º
Âmbito

O presente capítulo regula os n.ºs 1 e 2 do artigo 303.º do Regime.

SECÇÃO II
Direitos em geral

ARTIGO 232.º
Direitos das comissões e das subcomissões de trabalhadores

1 – Constituem direitos das comissões de trabalhadores, nomeadamente:

a) Receber todas as informações necessárias ao exercício da sua actividade;

b) Exercer o controlo de gestão nos respectivos órgãos ou serviços;

c) Participar nos procedimentos relativos aos trabalhadores no âmbito dos processos de reorganização de órgãos ou serviços;

d) Participar na elaboração da legislação do trabalho, directamente ou por intermédio das respectivas comissões coordenadoras.

2 – As subcomissões de trabalhadores podem:

a) Exercer os direitos previstos nas alíneas a), b) e c) do número anterior, que lhes sejam delegados pelas comissões de trabalhadores;

b) Informar a comissão de trabalhadores dos assuntos que entenderem de interesse para a normal actividade desta;

c) Fazer a ligação entre os trabalhadores dos estabelecimentos periféricos ou unidades orgânicas desconcentradas e as respectivas comissões de trabalhadores, ficando vinculadas à orientação geral por estas estabelecida.

3 – As comissões e as subcomissões de trabalhadores não podem, através do exercício dos seus direitos e do desempenho das suas funções, prejudicar o normal funcionamento do órgão ou serviço.

ARTIGO 233.º
Reuniões da comissão de trabalhadores com o dirigente máximo ou órgão de direcção do órgão ou serviço

1 – A comissão de trabalhadores tem o direito de reunir periodicamente com o dirigente máximo ou órgão de direcção do órgão ou serviço

Lei n.º 59/2008, de 11 de Setembro 453

para discussão e análise dos assuntos relacionados com o exercício dos seus direitos, devendo realizar-se, pelo menos, uma reunião em cada mês.

2 – Da reunião referida no número anterior é lavrada acta, elaborada pelo órgão ou serviço, que deve ser assinada por todos os presentes.

3 – O disposto nos números anteriores aplica-se igualmente às subcomissões de trabalhadores em relação aos dirigentes dos respectivos estabelecimentos periféricos ou unidades orgânicas desconcentradas.

SECÇÃO III
Informação e consulta

ARTIGO 234.º
Conteúdo do direito a informação

O direito a informação abrange as seguintes matérias:

a) Plano e relatório de actividades;
b) Orçamento;
c) Gestão dos recursos humanos, em função dos mapas de pessoal;
d) Prestação de contas, incluindo balancetes, contas de gerência e relatórios de gestão;
e) Projectos de reorganização do órgão ou serviço.

ARTIGO 235.º
Obrigatoriedade de parecer prévio

1 – Têm de ser obrigatoriamente precedidos de parecer escrito da comissão de trabalhadores os seguintes actos da entidade empregadora pública:

a) Regulação da utilização de equipamento tecnológico para vigilância a distância no local de trabalho;
b) Tratamento de dados biométricos;
c) Elaboração de regulamentos internos do órgão ou serviço;
d) Definição e organização dos horários de trabalho aplicáveis a todos ou a parte dos trabalhadores do órgão ou serviço;

454   *Regime do Contrato de Trabalho em Funções Públicas*

e) Elaboração do mapa de férias dos trabalhadores do órgão ou serviço;

f) Quaisquer medidas de que resulte uma diminuição substancial do número de trabalhadores do órgão ou serviço ou agravamento substancial das suas condições de trabalho e, ainda, as decisões susceptíveis de desencadear mudanças substanciais no plano da organização de trabalho ou dos contratos.

2 – O parecer referido no número anterior deve ser emitido no prazo máximo de 10 dias a contar da recepção do escrito em que for solicitado, se outro maior não for concedido em atenção da extensão ou complexidade da matéria.

3 – Nos casos a que se refere a alínea *c*) do n.° 1, o prazo de emissão de parecer é de cinco dias.

4 – Quando seja solicitada a prestação de informação sobre as matérias relativamente às quais seja requerida a emissão de parecer ou quando haja lugar à realização de reunião nos termos do n.° 1 do artigo 233.°, o prazo conta-se a partir da prestação das informações ou da realização da reunião.

5 – Decorridos os prazos referidos nos n.ᵒˢ 2 e 3 sem que o parecer tenha sido entregue à entidade que o tiver solicitado considera-se preenchida a exigência referida no n.° 1.

ARTIGO 236.°
Prestação de informações

1 – Os membros das comissões e subcomissões devem requerer, por escrito, respectivamente, ao dirigente máximo ou órgão de direcção do órgão ou serviço ou ao dirigente do estabelecimento periférico ou da unidade orgânica desconcentrada os elementos de informação respeitantes às matérias referidas nos artigos anteriores.

2 – As informações são-lhes prestadas, por escrito, no prazo de oito dias, salvo se, pela sua complexidade, se justificar prazo maior, que nunca deve ser superior a 15 dias.

3 – O disposto nos números anteriores não prejudica o direito à recepção de informações nas reuniões previstas no artigo 233.°

Lei n.º 59/2008, de 11 de Setembro 455

SECÇÃO IV
Exercício do controlo de gestão no órgão ou serviço

ARTIGO 237.º
Finalidade do controlo de gestão

O controlo de gestão visa promover o empenhamento responsável dos trabalhadores na vida do respectivo órgão ou serviço.

ARTIGO 238.º
Conteúdo do controlo de gestão

No exercício do direito do controlo de gestão, as comissões de trabalhadores podem:

a) Apreciar e emitir parecer sobre os orçamentos do órgão ou serviço e respectivas alterações, bem como acompanhar a respectiva execução;
b) Promover a adequada utilização dos recursos técnicos, humanos e financeiros;
c) Promover, junto dos órgãos de direcção e dos trabalhadores, medidas que contribuam para a melhoria da actividade do órgão ou serviço, designadamente nos domínios dos equipamentos técnicos e da simplificação administrativa;
d) Apresentar aos órgãos competentes do órgão ou serviço sugestões, recomendações ou críticas tendentes à qualificação inicial e à formação contínua dos trabalhadores e, em geral, à melhoria da qualidade de vida no trabalho e das condições de segurança, higiene e saúde;
e) Defender junto dos órgãos de direcção e fiscalização do órgão ou serviço e das autoridades competentes os legítimos interesses dos trabalhadores.

Artigo 239.º
Exclusões do controlo de gestão

1 – O controlo de gestão não pode ser exercido em relação às seguintes actividades:

a) Defesa nacional;
b) Representação externa do Estado;
c) Informações de segurança;
d) Investigação criminal;
e) Segurança pública, quer em meio livre quer em meio institucional;
f) Inspecção.

2 – Excluem-se igualmente do controlo de gestão as actividades que envolvam, por via directa ou delegada, competências dos órgãos de soberania, bem como das assembleias regionais e dos governos regionais.

CAPÍTULO XVI
Exercício da actividade sindical

SECÇÃO I
Actos eleitorais

Artigo 240.º
Âmbito

A presente secção regula o artigo 320.º do Regime.

Artigo 241.º
Participação nos processos eleitorais

1 – Para a realização de assembleias constituintes de associações

Lei n.º 59/2008, de 11 de Setembro 457

sindicais ou para efeitos de alteração dos estatutos ou eleição dos corpos gerentes, os trabalhadores gozam dos seguintes direitos:

a) Dispensa de serviço para os membros da assembleia geral eleitoral e da comissão fiscalizadora eleitoral, até ao limite de sete membros, pelo período máximo de 10 dias úteis, com possibilidade de utilização de meios dias;
b) Dispensa de serviço para os elementos efectivos e suplentes que integram as listas candidatas pelo período máximo de seis dias úteis, com possibilidade de utilização de meios dias;
c) Dispensa de serviço para os membros da mesa, até ao limite de três ou até ao limite do número de listas concorrentes, se o número destas for superior a três, por período não superior a um dia;
d) Dispensa de serviço aos trabalhadores com direito de voto, pelo tempo necessário para o exercício do respectivo direito;
e) Dispensa de serviço aos trabalhadores que participem em actividades de fiscalização do acto eleitoral durante o período de votação e contagem dos votos.

2 – A pedido das associações sindicais ou das comissões promotoras da respectiva constituição, é permitida a instalação e funcionamento de mesas de voto nos locais de trabalho durante as horas de serviço.

3 – As dispensas de serviço previstas no n.º 1 não são imputadas noutros créditos previstos na lei.

4 – As dispensas de serviço previstas no n.º 1 são equiparadas a serviço efectivo, para todos os efeitos legais.

5 – O exercício dos direitos previstos no presente artigo só pode ser impedido com fundamento, expresso e por escrito, em grave prejuízo para a realização do interesse público.

ARTIGO 242.º
Formalidades

1 – A comunicação para a instalação e funcionamento das mesas de voto deve ser, por meios idóneos e seguros, apresentada ao dirigente

máximo do órgão ou serviço com antecedência não inferior a 10 dias, e dela deve constar:

a) A identificação do acto eleitoral;
b) A indicação do local pretendido;
c) A identificação dos membros da mesa ou substitutos;
d) O período de funcionamento.

2 – A instalação e o funcionamento das mesas de voto consideram-se autorizados se nos três dias imediatos à apresentação da comunicação não for proferido despacho em contrário e notificado à associação sindical ou comissão promotora.

Artigo 243.º
Votação

1 – A votação decorre dentro do período normal de funcionamento do órgão ou serviço.

2 – O funcionamento das mesas não pode prejudicar o normal funcionamento dos órgãos e serviços.

Artigo 244.º
Votação em local diferente

Os trabalhadores que devam votar em local diferente daquele em que exerçam funções só nele podem permanecer pelo tempo indispensável ao exercício do seu direito de voto.

Artigo 245.º
Extensão

No caso de consultas eleitorais estatutariamente previstas ou de outras respeitantes a interesses colectivos dos trabalhadores, designadamente congressos ou outras de idêntica natureza, podem ser concedidas facilidades aos trabalhadores, em termos a definir, caso a caso, por despacho do membro do Governo responsável pela área da Administração Pública.

SECÇÃO II
Reuniões de trabalhadores

ARTIGO 246.º
Âmbito

A presente secção regula o n.º 3 do artigo 331.º do Regime.

ARTIGO 247.º
Convocação de reuniões de trabalhadores

1 – Para efeitos do n.º 2 do artigo 331.º do Regime, as reuniões podem ser convocadas:

a) Pela comissão sindical ou pela comissão intersindical;
b) Excepcionalmente, pelas associações sindicais ou os respectivos delegados.

2 – Cabe exclusivamente às associações sindicais reconhecer a existência das circunstâncias excepcionais que justificam a realização da reunião.

ARTIGO 248.º
Procedimento

1 – Os promotores das reuniões devem comunicar à entidade empregadora pública, com a antecedência mínima de vinte e quatro horas, a data, hora, número previsível de participantes e local em que pretendem que elas se efectuem, devendo afixar as respectivas convocatórias.

2 – No caso das reuniões a realizar durante o horário de trabalho, os promotores devem apresentar uma proposta que assegure o funcionamento dos serviços de natureza urgente e essencial.

3 – Após a recepção da comunicação referida no n.º 1 e, sendo caso disso, da proposta prevista no número anterior, a entidade empregadora pública deve pôr à disposição dos promotores das reuniões, desde que estes o requeiram e as condições físicas das instalações o permitam, um

460   *Regime do Contrato de Trabalho em Funções Públicas*

local apropriado à realização das mesmas, tendo em conta os elementos da comunicação e da proposta, bem como a necessidade de respeitar o disposto na parte final dos n.ºs 1 e 2 do artigo 331.° do Regime.

4 – Os membros da direcção das associações sindicais que não trabalhem no órgão ou serviço podem participar nas reuniões mediante comunicação dos promotores à entidade empregadora pública com a antecedência mínima de seis horas.

CAPÍTULO XVII
Associações sindicais

ARTIGO 249.°
Âmbito

O presente capítulo regula o n.° 2 do artigo 339.° do Regime.

ARTIGO 250.°
Crédito de horas dos membros da direcção

1 – Sem prejuízo do disposto em instrumento de regulamentação colectiva de trabalho, o número máximo de membros da direcção da associação sindical que beneficiam do crédito de horas é determinado da seguinte forma:

a) Associações sindicais com um número igual ou inferior a 200 associados – 1 membro;

b) Associações sindicais com mais de 200 associados – 1 membro por cada 200 associados ou fracção, até ao limite máximo de 50 membros.

2 – Nas associações sindicais cuja organização interna compreenda estruturas de direcção de base regional ou distrital beneficiam ainda do crédito de horas, numa das seguintes soluções:

a) Nas estruturas de base regional, até ao limite máximo de sete – 1 membro por cada 200 associados ou fracção correspondente a, pelo menos, 100 associados, até ao limite máximo de 20 membros da direcção de cada estrutura;

b) Nas estruturas de base distrital, até ao limite máximo de 18 – 1 membro por cada 200 associados ou fracção correspondente a, pelo menos, 100 associados, até ao limite máximo de 7 membros da direcção de cada estrutura.

3 – Da aplicação conjugada dos n.ºs 1 e 2 deve corrigir-se o resultado por forma a que não se verifique um número inferior a 1,5 do resultado da aplicação do disposto na alínea b) do n.° 1, considerando-se, para o efeito, que o limite máximo aí referido é de 100 membros.

4 – Quando as associações sindicais compreendam estruturas distritais no continente e estruturas nas regiões autónomas aplica-se-lhes o disposto na alínea b) do n.° 2 e o disposto na alínea a) do mesmo número até ao limite máximo de 2 estruturas.

5 – Em alternativa ao disposto nos números anteriores, sem prejuízo do disposto em instrumento de regulamentação colectiva de trabalho, o número máximo de membros da direcção de associações sindicais representativas de trabalhadores das autarquias locais que beneficiam do crédito de horas é determinado da seguinte forma:

a) Município em que exercem funções entre 25 e 50 trabalhadores sindicalizados – 1 membro;
b) Município em que exercem funções 50 a 99 trabalhadores sindicalizados – 2 membros;
c) Município em que exercem funções 100 a 199 trabalhadores sindicalizados – 3 membros;
d) Município em que exercem funções 200 a 499 trabalhadores sindicalizados – 4 membros;
e) Município em que exercem funções 500 a 999 trabalhadores sindicalizados – 6 membros;
f) Município em que exercem funções 1000 a 1999 tra balhadores sindicalizados – 7 membros;
g) Município em que exercem funções 2000 a 4999 trabalhadores sindicalizados – 8 membros;
h) Município em que exercem funções 5000 a 9999 trabalhadores sindicalizados – 10 membros;
i) Município em que exercem funções 10 000 ou mais trabalhadores sindicalizados – 12 membros.

6 – Para o exercício das suas funções, cada membro da direcção beneficia, nos termos dos números anteriores, do crédito de horas correspondente a quatro dias de trabalho por mês, que pode utilizar em períodos de meio dia, mantendo o direito à remuneração.

7 – A associação sindical deve comunicar a identificação dos membros que beneficiam do crédito de horas à Direcção-Geral da Administração e do Emprego Público e ao órgão ou serviço em que exercem funções, até 15 de Janeiro de cada ano civil e nos 15 dias posteriores a qualquer alteração da composição da respectiva direcção, salvo se especificidade do ciclo de actividade justificar calendário diverso.

8 – A associação sindical deve comunicar aos órgãos ou serviços onde exercem funções os membros da direcção referidos nos números anteriores as datas e o número de dias de que os mesmos necessitam para o exercício das respectivas funções com um dia de antecedência ou, em caso de impossibilidade, num dos dois dias úteis imediatos.

9 – O previsto nos números anteriores não prejudica a possibilidade de a direcção da associação sindical atribuir créditos de horas a outros membros da mesma, ainda que pertencentes a serviços diferentes, e independentemente de estes se integrarem na administração directa ou indirecta do Estado, na administração regional, na administração autárquica ou noutra pessoa colectiva pública, desde que, em cada ano civil, não ultrapasse o montante global do crédito de horas atribuído nos termos dos n.ᵒˢ 1 a 3 e comunique tal facto à Direcção-Geral da Administração e do Emprego Público e ao órgão ou serviço em que exercem funções com a antecedência mínima de 15 dias.

10 – Os membros da direcção de federação, união ou confederação não beneficiam de crédito de horas, aplicando-se-lhes o disposto no número seguinte.

11 – Os membros da direcção de federação, união ou confederação podem celebrar acordos de cedência de interesse público para o exercício de funções sindicais naquelas estruturas de representação colectiva, sendo as respectivas remunerações asseguradas pela entidade empregadora pública cedente até ao seguinte número máximo de membros da direcção:

a) 4 membros, no caso das confederações sindicais que representem pelo menos 5 % do universo dos trabalhadores que exercem funções públicas;

Lei n.º 59/2008, de 11 de Setembro   463

b) No caso de federações, 2 membros por cada 10 000 associados ou fracção correspondente, pelo menos, a 5000 associados, até ao limite máximo de 10 membros;

c) 1 membro quando se trate de união de âmbito distrital ou regional e represente pelo menos 5 % do universo dos trabalhadores que exerçam funções na respectiva área.

12 – Para os efeitos previstos na alínea b) do número anterior, deve atender-se ao número de trabalhadores filiados nas associações que fazem parte daquelas estruturas de representação colectiva de trabalhadores.

13 – A Direcção-Geral da Administração e do Emprego Público, bem como entidade em que esta em razão da especificidade das carreiras delegue essa função, mantém actualizado mecanismos de acompanhamento e controlo do sistema de créditos previstos nos números anteriores.

ARTIGO 251.º
Não cumulação de crédito de horas

Não pode haver lugar a cumulação do crédito de horas pelo facto de o trabalhador pertencer a mais de uma estrutura de representação colectiva dos trabalhadores.

ARTIGO 252.º
Faltas

1 – Os membros da direcção referidos nos n.ºs 6 e 9 do artigo 250.º cuja identificação é comunicada à Direcção-Geral da Administração e do Emprego Público e ao órgão ou serviço em que exercem funções, nos termos do n.ºs 7 e 9 do mesmo artigo, para além do crédito de horas, usufruem ainda do direito a faltas justificadas, que contam para todos os efeitos legais como serviço efectivo, salvo quanto à remuneração.

2 – Os demais membros da direcção usufruem do direito a faltas justificadas até ao limite de 33 faltas por ano, que contam para todos os efeitos legais como serviço efectivo, salvo quanto à remuneração.

ARTIGO 253.°
Suspensão do contrato

1 – Quando as faltas determinadas pelo exercício de actividade sindical, previstas no artigo anterior, se prolongarem para além de um mês aplica-se o regime de suspensão do contrato por facto respeitante ao trabalhador.

2 – O disposto no número anterior não é aplicável aos membros da direcção cuja ausência no local de trabalho, para além de um mês, seja determinada pela cumulação do crédito de horas.

CAPÍTULO XVIII
Arbitragem necessária

SECÇÃO I
Âmbito

ARTIGO 254.°
Âmbito

O presente capítulo regula o artigo 377.° do Regime.

SECÇÃO II
Designação de árbitros

ARTIGO 255.°
Escolha dos árbitros

1 – Para efeitos do n.° 4 do artigo 374.° do Regime, a Direcção-Geral da Administração e do Emprego Público comunica às partes a escolha por sorteio do árbitro em falta ou, em sua substituição, a nomeação do árbitro pela parte faltosa.

Lei n.° 59/2008, de 11 de Setembro 465

2 – A comunicação referida no número anterior deve ser feita decorridas quarenta e oito horas após o sorteio.

Artigo 256.°
Escolha do terceiro árbitro

Para efeitos do n.° 4 do artigo 374.° do Regime, os árbitros indi-cados comunicam a escolha do terceiro árbitro à Direcção-Geral da Administração e do Emprego Público e às partes, no prazo de vinte e quatro horas.

Artigo 257.°
Sorteio de árbitros

1 – Para efeitos dos n.ᵒˢ 4, 5 e 6 do artigo 374.° do Regime, cada uma das listas de árbitros dos trabalhadores, das entidades empregadoras públicas e presidentes é ordenada alfabeticamente.

2 – O sorteio do árbitro efectivo e do suplente deve ser feito através de tantas bolas numeradas quantos os árbitros que não estejam legalmente impedidos no caso concreto, correspondendo a cada número o nome de um árbitro.

3 – A Direcção-Geral da Administração e do Emprego Público notifica os representantes da parte trabalhadora e das entidades empregadoras públicas do dia e hora do sorteio, com a antecedência mínima de vinte e quatro horas.

4 – Se um ou ambos os representantes não estiverem presentes, a Direcção-Geral da Administração e do Emprego Público designa trabalhadores da direcção-geral, em igual número, para estarem presentes no sorteio.

5 – A Direcção-Geral da Administração e do Emprego Público elabora a acta do sorteio, que deve ser assinada pelos presentes e comunicada imediatamente às partes

6 – A Direcção-Geral da Administração e do Emprego Público comunica imediatamente o resultado do sorteio aos árbitros que constituem o tribunal arbitral, aos suplentes e às partes que não tenham estado representadas no sorteio.

7 – A ordenação alfabética a que se refere o n.º 1 serve igualmente para a fixação sequencial de uma lista anual de árbitros, para eventual constituição do colégio arbitral previsto no n.º 3 do artigo 400.º do Regime, correspondendo a cada mês do ano civil três árbitros, um dos trabalhadores, um das entidades empregadoras públicas e um presidente.

ARTIGO 258.º
Notificações e comunicações

As notificações e comunicações referidas nos artigos anteriores devem ser efectuadas por escrito e por meio célere, designadamente telegrama, telefax ou correio electrónico.

SECÇÃO III
Árbitros

ARTIGO 259.º
Listas de árbitros

1 – Para efeitos do artigo 375.º do Regime, os árbitros que fazem parte das listas de árbitros devem assinar, perante o presidente do Conselho Económico e Social, um termo de aceitação.

2 – Após a assinatura dos termos de aceitação, as listas de árbitros são comunicadas à Direcção-Geral da Administração e do Emprego Público e publicadas na 2.ª série do *Diário da República*.

ARTIGO 260.º
Constituição do tribunal arbitral

1 – O tribunal arbitral é declarado constituído pelo árbitro presidente depois de concluído o processo de nomeação dos árbitros, ao abrigo do artigo 374.º e, sendo o caso, do artigo 375.º do Regime, e após a assinatura por cada um deles do termo de aceitação.

2 – Após a aceitação prevista no número anterior, os árbitros não podem recusar o exercício das suas funções, salvo tratando-se de renúncia

mediante declaração dirigida ao presidente do Conselho Económico e Social, produzindo a renúncia efeitos 30 dias após a declaração.

3 – Se o prazo referido no número anterior terminar no decurso de uma arbitragem, a renúncia do árbitro que nela participe só produz efeitos a partir do termo da mesma.

Artigo 261.º
Substituição de árbitros na composição do tribunal arbitral

1 – Qualquer árbitro deve ser substituído na composição do tribunal arbitral em caso de morte ou incapacidade.

2 – No caso previsto no número anterior aplicam-se as regras rela-tivas à nomeação de árbitros.

Artigo 262.º
Substituição na lista de árbitros

1 – Qualquer árbitro deve ser substituído na respectiva lista em caso de morte, renúncia ou incapacidade permanente.

2 – O artigo anterior aplica-se aos casos de substituição de árbitros.

Artigo 263.º
Limitações de actividades

Os árbitros que tenham intervindo num processo de arbitragem ficam impedidos, nos dois anos subsequentes ao seu termo, de ser membros da direcção ou prestar actividade à associação sindical parte nesse processo ou de exercer funções em entidade empregadora pública que tenha inte-resse no processo de arbitragem.

Artigo 264.º
Sanção

A violação do disposto no número anterior determina a imediata substituição do árbitro na composição do tribunal arbitral e, sendo caso disso, na respectiva lista, bem como a impossibilidade de integrar tribunal arbitral ou qualquer lista de árbitros durante cinco anos e a devolução os honorários recebidos.

Artigo 265.º
Competência do presidente do Conselho Económico e Social

Compete ao presidente do Conselho Económico e Social decidir sobre a verificação de qualquer situação que implique a substituição de árbitro na composição do tribunal arbitral ou na lista de árbitros, bem como promover os actos necessários à respectiva substituição.

SECÇÃO IV
Do funcionamento da arbitragem

SUBSECÇÃO I
Disposições gerais

Artigo 266.º
Supletividade

1 – As partes podem acordar sobre as regras do processo da arbitragem, salvo no que se refere aos prazos previstos neste capítulo.

2 – O acordo referido no número anterior deve ser comunicado ao árbitro presidente até ao início da arbitragem.

3 – Na falta das regras previstas no n.º 1, aplicam-se os artigos 274.º a 280.º

Artigo 267.º
Presidente

1 – O processo arbitral é presidido pelo árbitro designado pelos árbitros nomeados pelas partes ou, na sua falta, pelo designado por sorteio de entre os árbitros constantes da lista de árbitros presidentes.

2 – Compte ao presidente do tribunal arbitral preparar o processo, dirigir a instrução e conduzir os trabalhos.

Artigo 268.º
Impedimento e suspeição

O requerimento de impedimento apresentado pelas partes, bem como o pedido de escusa é decidido pelo presidente do Conselho Económico e Social.

Artigo 269.º
Questões processuais

O tribunal arbitral decide todas as questões processuais.

Artigo 270.º
Contagem dos prazos

Os prazos previstos neste capítulo suspendem-se aos sábados, domingos e feriados.

Artigo 271.º
Língua

Em todos os actos da arbitragem é utilizada a língua portuguesa.

Artigo 272.º
Dever de sigilo

Todas as pessoas que, pelo exercício das suas funções, tenham contacto com o processo de arbitragem ficam sujeitas ao dever de sigilo.

470 *Regime do Contrato de Trabalho em Funções Públicas*

SUBSECÇÃO II
Audição das partes

ARTIGO 273.°
Início da arbitragem

A arbitragem tem início nas quarenta e oito horas subsequentes à designação do árbitro presidente.

ARTIGO 274.°
Audição das partes

1 – Nas quarenta e oito horas seguintes ao início da arbitragem, o tribunal arbitral notifica cada uma das partes para que apresentem, por escrito, a posição e respectivos documentos sobre cada uma das matérias objecto da arbitragem.

2 – As partes devem apresentar a posição e respectivos documentos no prazo de cinco dias a contar da notificação.

ARTIGO 275.°
Alegações escritas

1 – O tribunal arbitral deve enviar, no prazo de quarenta e oito horas, a cada uma das partes a posição escrita da contraparte e respectivos documentos, previstos no artigo anterior, fixando um prazo para que se pronuncie sobre estes.

2 – A posição de cada uma das partes deve ser acompanhada de todos os documentos probatórios.

3 – O prazo previsto no n.° 1 não pode ser inferior a cinco nem superior a 20 dias.

ARTIGO 276.°
Alegações orais

1 – O tribunal arbitral pode ainda decidir ouvir as partes, no prazo máximo de cinco dias a contar da recepção das alegações escritas.

Lei n.º 59/2008, de 11 de Setembro

2 – Para efeitos do disposto no número anterior, o tribunal arbitral deve convocar as partes com a antecedência de quarenta e oito horas.

SUBSECÇÃO III
Tentativa de acordo

Artigo 277.º
Tentativa de acordo

Decorridas as alegações, o tribunal arbitral deve convocar as partes para uma tentativa de acordo, total ou parcial, sobre o objecto da arbitragem.

Artigo 278.º
Redução ou extinção da arbitragem

1 – No caso de acordo parcial, a arbitragem prossegue em relação à parte restante do seu objecto.

2 – No caso de as partes chegarem a acordo sobre todo o objecto da arbitragem, esta considera-se extinta.

SUBSECÇÃO IV
Instrução

Artigo 279.º
Instrução

1 – A prova admitida pela lei do processo civil pode ser produzida perante o tribunal arbitral por sua iniciativa ou a requerimento de qualquer das partes, imediatamente após as alegações escritas.

2 – As partes podem assistir à produção de prova.

Artigo 280.º
Peritos

1 – O tribunal arbitral pode nomear um perito.

472 *Regime do Contrato de Trabalho em Funções Públicas*

2 – As partes são ouvidas sobre a nomeação do perito, podendo sugerir quem deve realizar a diligência.

SUBSECÇÃO V
Decisão

ARTIGO 281.º
Decisão

1 – A decisão é proferida no prazo máximo de 30 dias a contar do início da arbitragem, devendo dela constar, sendo caso disso, o acordo parcial a que se refere o artigo 277.º

2 – O prazo previsto no número anterior pode ser prorrogado, em caso de acordo entre o tribunal e as partes, por mais 15 dias.

3 – Caso não tenha sido possível formar a maioria de votos para a decisão, esta é tomada unicamente pelo presidente do tribunal arbitral.

SUBSECÇÃO VI
Apoio técnico e administrativo

ARTIGO 282.º
Apoio técnico

O tribunal arbitral pode requerer à Direcção-Geral da Administração e do Emprego Público, aos demais órgãos e serviços e às partes a informação necessária de que disponham.

ARTIGO 283.º
Apoio administrativo

A Direcção-Geral da Administração e do Emprego Público assegura o apoio administrativo ao funcionamento do tribunal arbitral.

Artigo 284.º
Local

1 – A arbitragem realiza-se em local indicado pelo presidente do Conselho Económico e Social, só sendo permitida a utilização de instalações de quaisquer das partes no caso de estas e os árbitros estarem de acordo.

2 – Compete ao ministério responsável pela área da Administração Pública a disponibilização de instalações para a realização da arbitragem sempre que se verifique indisponibilidade das instalações indicadas pelo presidente do Conselho Económico e Social.

Artigo 285.º
Honorários dos árbitros e peritos

Os honorários dos árbitros e peritos são fixados por portaria do membro do Governo responsável pela área da Administração Pública, precedida de audição das confederações sindicais com assento na Comissão Permanente de Concertação Social.

Artigo 286.º
Encargos do processo

1 – Os encargos resultantes do recurso à arbitragem são suportados pelo Orçamento do Estado, através da Direcção-Geral da Administração e do Emprego Público.

2 – Constituem encargos do processo:

a) Os honorários, despesas de deslocação e estada dos árbitros;
b) Os honorários, despesas de deslocação e estada dos peritos.

3 – O disposto nos números anteriores e no artigo 285.º aplica-se, com as devidas adaptações, aos processos de conciliação, mediação e arbitragem voluntária sempre que o conciliador, o mediador ou o árbitro presidente sejam escolhidos de entre a lista de árbitros presidentes prevista no artigo 375.º do Regime.

474   *Regime do Contrato de Trabalho em Funções Públicas*

CAPÍTULO XIX
Arbitragem dos serviços mínimos

SECÇÃO I
Âmbito

ARTIGO 287.º
Âmbito

O presente capítulo regula o n.º 3 do artigo 400.º do Regime.

SECÇÃO II
Designação de árbitros

ARTIGO 288.º
Constituição do colégio arbitral

1 – No 4.º dia posterior ao aviso prévio de greve o membro do Governo responsável pela área da Administração Pública declara constituído o colégio arbitral nos termos do n.º 3 do artigo 400.º do Regime, de tal notificando as partes e os árbitros.

2 – Para eventual constituição do colégio arbitral previsto no número anterior, cada uma das listas de árbitros dos trabalhadores, das entidades empregadoras públicas e presidentes é ordenada alfabeticamente.

3 – O sorteio do árbitro efectivo e do suplente deve ser feito através de tantas bolas numeradas quantos os árbitros que não estejam legalmente impedidos no caso concreto, correspondendo a cada número o nome de um árbitro.

4 – A Direcção-Geral da Administração e do Emprego Público notifica os representantes da parte trabalhadora e das entidades empregadoras públicas do dia e hora do sorteio, com a antecedência mínima de vinte e quatro horas.

5 – Se um ou ambos os representantes não estiverem presentes, a Direcção-Geral da Administração e do Emprego Público designa traba-

Lei n.º 59/2008, de 11 de Setembro 475

lhadores dessa direcção-geral, em igual número, para estarem presentes no sorteio.

6 – A Direcção-Geral da Administração e do Emprego Público elabora a acta do sorteio, que deve ser assinada pelos presentes e comunicada imediatamente às partes.

7 – A Direcção-Geral da Administração e do Emprego Público comunica imediatamente o resultado do sorteio aos árbitros que constituem o tribunal arbitral, aos suplentes e às partes que não tenham estado representadas no sorteio.

SECÇÃO III
Do funcionamento da arbitragem

SUBSECÇÃO I
Disposições gerais

ARTIGO 289.º
Impedimento e suspeição

1 – Sendo caso disso, as partes e os árbitros devem apresentar imediatamente após a comunicação prevista no artigo anterior o requerimento de impedimento e o pedido de escusa, respectivamente.

2 – A decisão do requerimento e do pedido previstos no número anterior compete ao presidente do Conselho Económico e Social.

SUBSECÇÃO II
Audição das partes

ARTIGO 290.º
Início e desenvolvimento da arbitragem

A arbitragem tem imediatamente início após a notificação dos árbitros sorteados, podendo desenvolver-se em qualquer dia do calendário.

Artigo 291.º
Audição das partes

1 – O colégio arbitral notifica cada uma das partes para que apresentem, por escrito, a posição e respectivos documentos quanto à defi-nição dos serviços mínimos e quanto aos meios necessários para os assegurar.

2 – As partes devem apresentar a posição e respectivos documentos no prazo fixado pelo colégio arbitral.

Artigo 292.º
Redução da arbitragem

No caso de acordo parcial, incidindo este sobre a definição dos serviços mínimos, a arbitragem prossegue em relação aos meios necessários para os assegurar.

Artigo 293.º
Peritos

O colégio arbitral pode ser assistido por peritos.

SUBSECÇÃO III
Decisão

Artigo 294.º
Decisão

1 – A notificação da decisão é efectuada até quarenta e oito horas antes do início do período da greve.

2 – No caso de o aviso prévio ser de cinco dias úteis, a notificação da decisão é efectuada até vinte e quatro horas antes do início do período da greve.

Artigo 295.º
Designação dos trabalhadores

Na situação referida no n.º 2 do artigo anterior, os representantes dos trabalhadores a que se refere o artigo 394.º do Regime devem designar os trabalhadores que ficam adstritos à prestação dos serviços mínimos até doze horas antes do início do período de greve e, se não o fizerem, deve a entidade empregadora pública proceder a essa designação.

Artigo 296.º
Subsidiariedade

O regime geral previsto nos artigos 254.º a 286.º é subsidiariamente aplicável, com excepção do disposto nos artigos 266.º, 273.º, 274.º, 275.º, 276.º, 277.º e 279.º

CAPÍTULO XX
Disposições finais e transitórias

Artigo 297.º
Atribuições

A Comissão para a Igualdade no Trabalho e no Emprego é a entidade que tem por objectivo promover a igualdade e não discriminação entre homens e mulheres no trabalho, no emprego e na formação profissional, a protecção da maternidade e da paternidade e a conciliação da actividade profissional com a vida familiar, no sector privado e no sector público.

Artigo 298.º
Composição

A Comissão para a Igualdade no Trabalho e no Emprego tem a seguinte composição:

a) Dois representantes do ministério responsável pela área laboral, um dos quais preside;
b) Um representante do ministro responsável pela área da Administração Pública;
c) Um representante do ministro responsável pela área da administração local;
d) Um representante da Comissão para a Cidadania e Igualdade de Género;
e) Dois representantes das associações sindicais;
f) Dois representantes das associações de empregadores.

Artigo 299.º
Competências

1 – Compete à Comissão para a Igualdade no Trabalho e no Emprego:

a) Emitir pareceres, em matéria de igualdade no trabalho e no emprego, sempre que solicitados pelo serviço com competência inspectiva do ministério responsável pela área laboral, pelo tribunal, pelos ministérios, pelas associações sindicais e de empregadores, ou por qualquer interessado;
b) Emitir o parecer prévio ao despedimento de trabalhadoras grávidas, puérperas e lactantes;
c) Emitir parecer prévio no caso de intenção de recusa, pelo empregador, de autorização para trabalho a tempo parcial ou com flexibilidade de horário a trabalhadores com filhos menores de 12 anos;
d) Comunicar de imediato, ao serviço com competência inspectiva do ministério responsável pela área laboral, os pareceres da Comissão que confirmem ou indiciem a existência de prática laboral discriminatória para acção inspectiva, a qual pode ser acompanhada por técnicos desta Comissão;

e) Determinar a realização de visitas aos locais de trabalho ou soli-citá-las ao serviço com competência inspectiva do ministério responsável pela área laboral, com a finalidade de comprovar quaisquer práticas discriminatórias;

f) Organizar o registo das decisões judiciais que lhe sejam enviadas pelos tribunais em matéria de igualdade e não discriminação entre homens e mulheres no trabalho, no emprego e na formação profissional e informar sobre o registo de qualquer decisão já transitada em julgado;

g) Analisar as comunicações dos empregadores sobre a não renovação de contrato de trabalho a termo sempre que estiver em causa uma trabalhadora grávida, puérpera ou lactante.

2 – No exercício da sua competência a Comissão para a Igualdade no Trabalho e no Emprego pode solicitar informações e pareceres a qualquer entidade pública ou privada, bem como a colaboração de assessores de que careça.

3 – As informações e os pareceres referidos no número anterior devem ser fornecidos com a maior brevidade e de forma tão completa quanto possível.

Artigo 300.º
Deliberação

1 – A Comissão para a Igualdade no Trabalho e no Emprego só pode deliberar validamente com a presença da maioria dos seus membros.

2 – As deliberações são tomadas por maioria dos votos dos membros presentes.

3 – O presidente tem voto de qualidade.

Artigo 301.º
Recursos humanos e financeiros

1 – O apoio administrativo é facultado à Comissão para a Igualdade no Trabalho e no Emprego pelo Instituto do Emprego e da Formação Profissional, I. P. (IEFP, I. P.)

2 – Os encargos com o pessoal e o funcionamento da Comissão para a Igualdade no Trabalho e no Emprego são suportados pelo orçamento do IEFP, I. P.

ARTIGO 302.º
Regulamento de funcionamento

O regulamento de funcionamento da Comissão para Igualdade no Trabalho e no Emprego é aprovado por despacho conjunto dos ministros responsáveis pelas áreas das finanças e laboral.

II

DIPLOMAS COMPLEMENTARES

LEI N.° 2/2004, DE 15 DE JANEIRO

Aprova o estatuto do pessoal dirigente dos serviços e organismos da administração central, regional e local do Estado

CAPÍTULO I
Princípios gerais

SECÇÃO I
Objecto e âmbito de aplicação

ARTIGO 1.°
Objecto e âmbito

1 – A presente lei estabelece o estatuto do pessoal dirigente dos serviços e organismos da administração central, local e regional do Estado.

2 – A presente lei é aplicável aos institutos públicos, salvo no que respeita às matérias específicas reguladas pela respectiva lei quadro.

3 – A aplicação do regime previsto na presente lei nas Regiões Autónomas dos Açores e da Madeira não prejudica a publicação de diploma legislativo regional que o adapte às especificidades orgânicas do pessoal dirigente da respectiva administração regional.

4 – A presente lei será aplicada, com as necessárias adaptações, à administração local mediante decreto-lei.

484 *Regime do Contrato de Trabalho em Funções Públicas*

5 – A presente lei não se aplica aos cargos dirigentes:[1]

a) Dos órgãos e serviços de apoio ao Presidente da República, à Assembleia da República e aos tribunais;

b) Das Forças Armadas e das forças de segurança, tal como estas são definidas na Lei de Segurança Interna, bem como do Sistema de Informações da República Portuguesa;

c) Dos órgãos de gestão dos estabelecimentos de ensino;

d) Dos órgãos de gestão dos estabelecimentos do sector público administrativo de saúde;

e) Do Ministério dos Negócios Estrangeiros que, por força de disposição legal própria, tenham de ser providos por pessoal da carreira diplomática;

f) Integrados em carreiras.

ARTIGO 2.º
Cargos dirigentes

1 – São cargos dirigentes os cargos de direcção, gestão, coordenação e controlo dos serviços e organismos públicos abrangidos pela presente lei.

2 – Os cargos dirigentes qualificam-se em cargos de direcção superior e cargos de direcção intermédia e, em função do nível hierárquico e das competências e responsabilidades que lhes estão cometidas, subdividem-se, os primeiros, em dois graus, e os segundos, em tantos graus quantos os que a organização interna exija[2].

3 – São, designadamente, cargos de direcção superior de 1.º grau os de director-geral, secretário-geral, inspector-geral e presidente e de 2.º grau os de subdirector-geral, secretário-geral-adjunto, subinspector-geral e vice-presidente[3].

4 – São, designadamente, cargos de direcção intermédia de 1.º grau os de director de serviços e de 2.º grau os de chefe de divisão[4].

---

[1] Redacção dada pela Lei n.º 51/2005, de 30 de Agosto.
[2] Redacção dada pela Lei n.º 64-A/2008, de 31 de Dezembro.
[3] Redacção dada pela Lei n.º 64-A/2008, de 31 de Dezembro.
[4] Redacção dada pela Lei n.º 64-A/2008, de 31 de Dezembro.

Lei n.º 2/2004, de 15 de Janeiro 485

5 – *(Revogado)*[5].

6 – Os diplomas orgânicos ou estatutários dos serviços e organismos públicos abrangidos pela presente lei estabelecem, expressamente, a qualificação e grau dos respectivos cargos dirigentes, nos termos do n.º 2, a respectiva designação, bem como, tratando-se de cargos de direcção intermédia de 3.º grau ou inferior, as correspondentes competências[6].

SECÇÃO II
Princípios de actuação

Artigo 3.º
Missão

É missão do pessoal dirigente garantir a prossecução das atribuições cometidas ao respectivo serviço, assegurando o seu bom desempenho através da optimização dos recursos humanos, financeiros e materiais e promovendo a satisfação dos destinatários da sua actividade, de acordo com a lei, as orientações contidas no Programa do Governo e as determinações recebidas do respectivo membro do Governo.

Artigo 4.º
Princípios gerais de ética

Os titulares dos cargos dirigentes estão exclusivamente ao serviço do interesse público, devendo observar, no desempenho das suas funções, os valores fundamentais e princípios da actividade administrativa consagrados na Constituição e na lei, designadamente os da legalidade, justiça e imparcialidade, competência, responsabilidade, proporcionalidade, transparência e boa fé, por forma a assegurar o respeito e confiança dos funcionários e da sociedade na Administração Pública.

---

[5] Revogado pela Lei n.º 51/2005, de 30 de Agosto.
[6] Redacção dada pela Lei n.º 64-A/2008, de 31 de Dezembro.

Artigo 5.º
Princípios de gestão

1 – Os titulares dos cargos dirigentes devem promover uma gestão orientada para resultados, de acordo com os objectivos anuais a atingir, definindo os recursos a utilizar e os programas a desenvolver, aplicando de forma sistemática mecanismos de controlo e avaliação dos resultados.

2 – A actuação dos titulares de cargos dirigentes deve ser orientada por critérios de qualidade, eficácia e eficiência, simplificação de procedimentos, cooperação, comunicação eficaz e aproximação ao cidadão.

3 – Na sua actuação, o pessoal dirigente deve liderar, motivar e empenhar os seus funcionários para o esforço conjunto de melhorar e assegurar o bom desempenho e imagem do serviço.

4 – Os titulares dos cargos dirigentes devem adoptar uma política de formação que contribua para a valorização profissional dos funcionários e para o reforço da eficiência no exercício das competências dos serviços no quadro das suas atribuições.

SECÇÃO III
Competências do pessoal dirigente

Artigo 6.º
Competências

1 – O pessoal dirigente exerce as suas competências no âmbito da unidade orgânica em que se integra e desenvolve a sua actividade de harmonia com os princípios enunciados na presente lei, sem prejuízo dos casos em que as respectivas leis orgânicas lhe atribuam competência hierárquica sobre outros serviços ou organismos.

2 – O pessoal dirigente exerce ainda todas as competências específicas que lhe forem conferidas por lei, respectivas leis orgânicas ou estatutos, assim como as que lhe forem delegadas e subdelegadas pelo membro do Governo ou superior hierárquico respectivo.

Artigo 7.º
Competências dos titulares dos cargos de direcção superior

1 – Compete aos titulares dos cargos de direcção superior do 1.º grau, no âmbito da gestão geral do respectivo serviço ou organismo:

a) Elaborar os planos anuais e plurianuais de actividades, com identificação dos objectivos a atingir pelos serviços, os quais devem contemplar medidas de desburocratização, qualidade e inovação;

b) Assegurar, controlar e avaliar a execução dos planos de actividades e a concretização dos objectivos propostos;

c) Elaborar os relatórios de actividades com indicação dos resultados atingidos face aos objectivos definidos, bem como o balanço social, nos termos da lei aplicável;

d) Praticar todos os actos necessários ao normal funcionamento dos serviços e organismos no âmbito da gestão dos recursos humanos, financeiros, materiais e patrimoniais, designadamente os mencionados no anexo I, que é parte integrante da presente lei, tendo em conta os limites previstos nos respectivos regimes legais, desde que tal competência não se encontre expressamente cometida a outra entidade e sem prejuízo dos poderes de direcção, superintendência ou tutela do membro do Governo respectivo[7];

e) Propor ao membro do Governo competente a prática dos actos de gestão do serviço ou organismo para os quais não tenha competência própria ou delegada, assim como as medidas que considere mais aconselháveis para se atingirem os objectivos e metas consagrados na lei e no Programa do Governo;

f) Organizar a estrutura interna do serviço ou organismo, designadamente através da criação, modificação ou extinção de unidades orgânicas flexíveis, e definir as regras necessárias ao seu funcionamento, articulação e, quando existam, formas de partilha de funções comuns;

g) Garantir a efectiva participação dos funcionários na preparação dos planos e relatórios de actividades e proceder à sua divulgação e publicitação;

---

[7] Redacção dada pela Lei n.º 51/2005, de 30 de Agosto.

488 Regime do Contrato de Trabalho em Funções Públicas

h) Proceder à difusão interna das missões e objectivos do serviço, das competências das unidades orgânicas e das formas de articulação entre elas, desenvolvendo formas de coordenação e comunicação entre as unidades orgânicas e respectivos funcionários;

i) Acompanhar e avaliar sistematicamente a actividade do serviço, responsabilizando os diferentes sectores pela utilização dos meios postos à sua disposição e pelos resultados atingidos, nomeadamente em termos de impacte da actividade e da qualidade dos serviços prestados;

j) Elaborar planos de acção que visem o aperfeiçoamento e a qualidade dos serviços, nomeadamente através de cartas de qualidade, definindo metodologias de melhores práticas de gestão e de sistemas de garantia de conformidade face aos objectivos exigidos;

l) Propor a adequação de disposições legais ou regulamentares desactualizadas e a racionalização e simplificação de procedimentos;

m) Representar o serviço ou organismo que dirige, assim como estabelecer as ligações externas, ao seu nível, com outros serviços e organismos da Administração Pública e com outras entidades congéneres, nacionais, internacionais e estrangeiras.

2 – No âmbito da gestão dos recursos humanos, compete aos titulares dos cargos de direcção superior do 1.º grau, designadamente:

a) Dinamizar e acompanhar o processo de avaliação do mérito dos funcionários, garantindo a aplicação uniforme do regime de avaliação no âmbito do respectivo serviço ou organismo;

b) Garantir a elaboração e actualização do diagnóstico de necessidades de formação do serviço ou organismo e, com base neste, a elaboração do respectivo plano de formação, individual ou em grupo, bem como efectuar a avaliação dos efeitos da formação ministrada ao nível da eficácia do serviço e do impacte do investimento efectuado;

c) Adoptar os horários de trabalho mais adequados ao funcionamento dos serviços, observados os condicionalismos legais, bem como estabelecer os instrumentos e práticas que garantam o controlo efectivo da assiduidade;

Lei n.º 2/2004, de 15 de Janeiro 489

d) Autorizar a acumulação de actividades ou funções, públicas ou privadas, nos termos da lei[8];

e) Exercer a competência em matéria disciplinar prevista na lei.

3 – No âmbito da gestão orçamental e realização de despesas, compete aos titulares dos cargos de direcção superior do 1.º grau, designadamente:

a) Elaborar os projectos de orçamento de funcionamento e de investimento, tendo em conta os planos de actividades e os programas aprovados;

b) Executar o orçamento de acordo com uma rigorosa gestão dos recursos disponíveis, adoptando as medidas necessárias à correcção de eventuais desvios ou propondo as que ultrapassem a sua competência;

c) Elaborar e aprovar a conta de gerência;

d) Assegurar as condições necessárias ao exercício do controlo financeiro e orçamental pelas entidades legalmente competentes;

e) Autorizar a realização de despesas públicas com obras e aquisição de bens e serviços, dentro dos limites estabelecidos por lei;

f) Autorizar a prestação de serviços e a venda de produtos próprios, fixando os respectivos preços.

4 – No âmbito da gestão de instalações e equipamentos, compete aos titulares dos cargos de direcção superior do 1.º grau, designadamente:

a) Superintender na utilização racional das instalações afectas ao respectivo serviço ou organismo, bem como na sua manutenção e conservação e beneficiação;

b) Promover a melhoria de equipamentos que constituam infra-estruturas ao atendimento;

c) Velar pela existência de condições de saúde, higiene e segurança no trabalho, garantindo, designadamente, a avaliação e registo actualizado dos factores de risco, planificação e orçamentação das acções conducentes ao seu efectivo controlo;

---

[8] Redacção dada pela Lei n.º 51/2005, de 30 de Agosto.

490 Regime do Contrato de Trabalho em Funções Públicas

d) Gerir de forma eficaz e eficiente a utilização, manutenção e conservação dos equipamentos afectos ao respectivo serviço ou organismo.

5 – As competências dos titulares dos cargos de direcção superior do 1.° grau em matéria de gestão de recursos humanos não prejudicam as competências dos dirigentes dos serviços e organismos responsáveis pela gestão centralizada de recursos humanos de cada ministério[9].

ARTIGO 8.°
Competência dos titulares dos cargos de direcção intermédia

1 – Compete aos titulares de cargos de direcção intermédia do 1.° grau:

a) Definir os objectivos de actuação da unidade orgânica que dirigem, tendo em conta os objectivos gerais estabelecidos;

b) Orientar, controlar e avaliar o desempenho e a eficiência dos serviços dependentes, com vista à execução dos planos de actividades e à prossecução dos resultados obtidos e a alcançar;

c) Garantir a coordenação das actividades e a qualidade técnica da prestação dos serviços na sua dependência;

d) Gerir com rigor e eficiência os recursos humanos, patrimoniais e tecnológicos afectos à sua unidade orgânica, optimizando os meios e adoptando medidas que permitam simplificar e acelerar procedimentos e promover a aproximação à sociedade e a outros serviços públicos;

e) Praticar os actos previstos no anexo II, que é parte integrante da presente lei[10].

2 – Compete aos titulares dos cargos de direcção intermédia do 2.° grau:

a) Assegurar a qualidade técnica do trabalho produzido na sua unidade orgânica e garantir o cumprimento dos prazos adequados

---

[9] Anteriormente era o n.° 6, passa a n.° 5 com a Lei n.° 51/2005, de 30 de Agosto.
[10] Redacção dada pela Lei n.° 51/2005, de 30 de Agosto.

Lei n.º 2/2004, de 15 de Janeiro 491

à eficaz prestação do serviço, tendo em conta a satisfação do interesse dos destinatários;

b) Efectuar o acompanhamento profissional no local de trabalho, apoiando e motivando os funcionários e proporcionando-lhes os adequados conhecimentos e aptidões profissionais necessários ao exercício do respectivo posto de trabalho, bem como os procedimentos mais adequados ao incremento da qualidade do serviço a prestar;

c) Divulgar junto dos funcionários os documentos internos e as normas de procedimento a adoptar pelo serviço, bem como debater e esclarecer as acções a desenvolver para cumprimento dos objectivos do serviço, de forma a garantir o empenho e a assunção de responsabilidades por parte dos funcionários;

d) Proceder de forma objectiva à avaliação do mérito dos funcionários, em função dos resultados individuais e de grupo e à forma como cada um se empenha na prossecução dos objectivos e no espírito de equipa;

e) Identificar as necessidades de formação específica dos funcionários da sua unidade orgânica e propor a frequência das acções de formação consideradas adequadas ao suprimento das referidas necessidades, sem prejuízo do direito à autoformação;

f) Proceder ao controlo efectivo da assiduidade, pontualidade e cumprimento do período normal de trabalho por parte dos funcionários da sua unidade orgânica;

g) Autorizar a passagem de certidões de documentos arquivados na respectiva unidade orgânica, excepto quando contenham matéria confidencial ou reservada, bem como a restituição de documentos aos interessados;

h) Praticar os actos previstos no anexo II, que é parte integrante da presente lei, quando não se encontrem directamente dependentes dos titulares dos cargos dirigentes referidos no n.º 1[11].

Artigo 9.º
Delegação de competências

1 – Os membros do Governo podem delegar nos titulares dos cargos

---

[11] Redacção dada pela Lei n.º 51/2005, de 30 de Agosto.

492   *Regime do Contrato de Trabalho em Funções Públicas*

de direcção superior do 1.° grau as competências relativas às atribuições dos respectivos serviços e organismos[12].

2 – Os titulares dos cargos de direcção superior do 1.° grau podem delegar em todos os níveis e graus de pessoal dirigente as suas competências próprias[13].

3 – A delegação de assinatura da correspondência ou de expediente necessário à mera instrução dos processos é possível em qualquer funcionário. (anterior n.° 4)[14]

4 – A delegação e a subdelegação de competências constituem instrumentos privilegiados de gestão, cabendo aos titulares dos cargos de direcção superior do 1.° grau a promoção da sua adopção, enquanto meios que propiciam a redução de circuitos de decisão e uma gestão mais célere e desburocratizada. (anterior n.° 5)[15]

ARTIGO 10.°
Delegação de competências no substituto

(Revogado.)[16]

SECÇÃO IV
Qualificação e formação

ARTIGO 11.°
Qualificação e formação

1 – O exercício da função dirigente está dependente da posse de perfil, experiência e conhecimentos adequados para o desempenho do respectivo cargo, bem como da formação profissional específica definida na presente lei.

---

[12] Redacção dada pela Lei n.° 51/2005, de 30 de Agosto.
[13] Redacção dada pela Lei n.° 51/2005, de 30 de Agosto.
[14] Numeração da Lei n.° 51/2005, de 30 de Agosto.
[15] Numeração da Lei n.° 51/2005, de 30 de Agosto.
[16] Revogado pela Lei n.° 51/2005, de 30 de Agosto.

Lei n.° 2/2004, de 15 de Janeiro 493

2 – A permanente actualização no domínio das técnicas de gestão e desenvolvimento das competências do pessoal dirigente é garantida através do sistema de formação profissional.

3 – Para além das acções decorrentes do disposto no número anterior, a formação dos dirigentes pode ser actualizada pela participação em congressos, seminários, colóquios e palestras.

ARTIGO 12.°
Formação profissional específica

1 – O exercício de funções dirigentes implica o aproveitamento em cursos específicos para alta direcção em Administração Pública, diferenciados, se necessário, em função do nível, grau e conteúdo funcional dos cargos dirigentes[17].

2 – A formação profissional específica incluirá necessariamente as seguintes áreas de competências:

a) Organização e actividade administrativa;
b) Gestão de pessoas e liderança;
c) Gestão de recursos humanos, orçamentais, materiais e tecnológicos;
d) Informação e conhecimento;
e) Qualidade, inovação e modernização;
f) Internacionalização e assuntos comunitários.

3 – Os cursos adequados à formação profissional específica a que se refere o presente artigo, qualquer que seja a sua designação e duração, são assegurados, no âmbito da Administração Pública, pelo Instituto Nacional de Administração (INA), devendo os respectivos regulamentos e condições de acesso ser objecto de portaria do membro do Governo responsável pela área da Administração Pública[18].

4 – A formação específica acima referida pode igualmente ser garantida por instituições de ensino superior, em termos fixados em diploma

---

[17] Redacção dada pela Lei n.° 51/2005, de 30 de Agosto.
[18] Redacção dada pela Lei n.° 51/2005, de 30 de Agosto.

regulamentar que consagre a intervenção no procedimento respectivo de um júri constituído por personalidades independentes[19].

5 – Os titulares dos cargos dirigentes frequentam um dos cursos a que se refere o n.º 1 durante os dois primeiros anos de exercício de funções ou, em caso de impossibilidade por causa que não lhes seja imputável, no mais breve prazo[20].

SECÇÃO V
Exercício de funções

ARTIGO 13.º
Horário de trabalho

O pessoal dirigente está isento de horário de trabalho, não lhe sendo, por isso, devida qualquer remuneração por trabalho prestado fora do período normal de trabalho.

ARTIGO 14.º[21]
Avaliação

(Revogado).

ARTIGO 15.º
Responsabilidade

No exercício das suas funções, os titulares de cargos dirigentes são responsáveis civil, criminal, disciplinar e financeiramente, nos termos da lei.

---

[19] Redacção dada pela Lei n.º 51/2005, de 30 de Agosto.
[20] Redacção dada pela Lei n.º 51/2005, de 30 de Agosto.
[21] Revogado pela Lei n.º 64-A/2008, de 31 de Dezembro.

Artigo 16.º
Exclusividade e acumulação de funções

1 – O exercício de cargos dirigentes é feito em regime de exclusividade.

2 – O regime de exclusividade implica a renúncia ao exercício de quaisquer outras actividades ou funções de natureza profissional, públicas ou privadas, exercidas com carácter regular ou não, e independentemente da respectiva remuneração, sem prejuízo do disposto nos números seguintes[22].

3 – São cumuláveis com o exercício de cargos dirigentes[23]:

a) As actividades exercidas por inerência, bem como as resultantes de representação de departamentos ministeriais ou de serviços públicos;

b) A participação em comissões ou grupos de trabalho;

c) A participação em conselhos consultivos, comissões de fiscalização ou outros organismos colegiais, quando previstos na lei ou no exercício de fiscalização ou controlo de dinheiros públicos;

d) As actividades de docência no ensino superior, bem como as actividades de investigação, não podendo o horário em tempo parcial ultrapassar o limite a fixar por despacho conjunto dos membros do Governo responsáveis pelas áreas da Administração Pública, da ciência e do ensino superior;

e) A actividade de criação artística e literária, bem como quaisquer outras de que resulte a percepção de remunerações provenientes de direitos de autor;

f) A realização de conferências, palestras, acções de formação de curta duração e outras actividades de idêntica natureza;

g) As actividades ao abrigo do artigo 32.º do Decreto-Lei n.º 73/90, de 6 de Março, do artigo 1.º do Decreto Regulamentar n.º 18/94, de 2 de Agosto, e do Decreto-Lei n.º 206/2003, de 12 de Setembro.

---

[22] Redacção dada pela Lei n.º 51/2005, de 30 de Agosto.
[23] Redacção dada pela Lei n.º 51/2005, de 30 de Agosto.

496 *Regime do Contrato de Trabalho em Funções Públicas*

4 – Os titulares dos cargos de direcção intermédia podem ainda exercer outras actividades privadas, nos termos da lei[24].

5 – Pode haver acumulação de cargos dirigentes do mesmo nível e grau, sem direito a acumulação das remunerações base[25].

6 – O pessoal dirigente está sujeito ao regime de autorização para acumulação de actividades ou funções previsto no Decreto-Lei n.º 413/93, de 23 de Dezembro[26].

7 – A violação do disposto no presente artigo constitui fundamento para dar por finda a comissão de serviço[27].

Artigo 17.º[28]
Incompatibilidades, impedimentos e inibições

1 – A participação dos titulares dos cargos de direcção superior em órgãos sociais de pessoas colectivas só é permitida, nos termos da lei, quando se trate de funções não executivas ou de pessoas colectivas sem fins lucrativos.

2 – O pessoal dirigente está sujeito ao regime de incompatibilidades, impedimentos e inibições previstos nas disposições reguladoras de conflitos de interesses resultantes do exercício de funções públicas, designadamente nas constantes do Decreto-Lei n.º 413/93, de 23 de Dezembro, e nas dos artigos 44.º a 51.º do Código do Procedimento Administrativo.

3 – Aos titulares dos cargos de direcção superior são ainda aplicáveis, com as necessárias adaptações, os artigos 5.º, 9.º, 9.º-A, 11.º, 12.º e 14.º e o n.º 4 do artigo 13.º da Lei n.º 64/93, de 26 de Agosto.

4 – Os titulares de cargos de direcção superior da Administração Pública e os membros dos gabinetes governamentais não podem desempenhar, pelo período de três anos contados da cessação dos respectivos cargos, as funções de inspector-geral e subinspector-geral, ou a estas

---

[24] Redacção dada pela Lei n.º 51/2005, de 30 de Agosto.
[25] Redacção dada pela Lei n.º 51/2005, de 30 de Agosto.
[26] Redacção dada pela Lei n.º 51/2005, de 30 de Agosto.
[27] Redacção dada pela Lei n.º 51/2005, de 30 de Agosto.
[28] Redacção dada pela Lei n.º 51/2005, de 30 de Agosto.

Lei n.º 2/2004, de 15 de Janeiro 497

expressamente equiparadas, no sector específico em que exerceram actividade dirigente ou prestaram funções de assessoria.

5 – Exceptua-se do disposto no número anterior o regresso à actividade exercida à data da investidura no cargo, sem prejuízo da aplicação das disposições relativas a impedimentos constantes dos artigos 44.º a 51.º do Código do Procedimento Administrativo.

6 – A violação do disposto no presente artigo constitui fundamento para dar por finda a comissão de serviço.

CAPÍTULO II
Recrutamento, provimento e cessação de funções

SECÇÃO I
Recrutamento e provimento dos cargos de direcção superior

Artigo 18.º
Recrutamento para os cargos de direcção superior

1 – Os titulares dos cargos de direcção superior são recrutados, por escolha, de entre indivíduos licenciados, vinculados ou não à Administração Pública, que possuam competência técnica, aptidão, experiência profissional e formação adequadas ao exercício das respectivas funções.

2 – No caso das secretarias-gerais ou dos serviços e organismos equiparados nos respectivos diplomas orgânicos ou estatutários, os titulares dos cargos de direcção superior são recrutados de entre:

a) Trabalhadores integrados na carreira geral de técnico superior, posicionados na 7.ª posição remuneratória ou em outra mais elevada[29];

---

[29] Redacção dada pela Lei n.º 64-A/2008, de 31 de Dezembro.

498   *Regime do Contrato de Trabalho em Funções Públicas*

    b) Titulares das categorias de topo das restantes carreiras da Administração Pública para cujo ingresso seja legalmente exigida uma licenciatura; ou[30]

    c) De entre quem seja titular de adequado curso específico a que se refere o n.° 1 do artigo 12.°[31]

3 – Os diplomas orgânicos ou estatutários dos serviços e organismos que usem da faculdade prevista no n.° 4 do artigo 25.° fixam a área de recrutamento específica para os respectivos titulares dos cargos de direcção superior.[32]

4 – Quando as leis orgânicas expressamente o prevejam, o recrutamento para os cargos de direcção superior pode também ser feito de entre os funcionários integrados em carreiras específicas dos respectivos serviços ou organismos, ainda que não possuidores de licenciatura.[33]

ARTIGO 19.°
Provimento nos cargos de direcção superior

1 – Os cargos de direcção superior do 1.° grau são providos por despacho conjunto do Primeiro-Ministro e do membro do Governo competente, em regime de comissão de serviço, por períodos de três anos.[34]

2 – A duração da comissão de serviço e das respectivas renovações não pode exceder, na globalidade, 12 anos consecutivos, não podendo o dirigente ser provido no mesmo cargo do respectivo serviço antes de decorridos 3 anos.[35]

3 – Os cargos de direcção superior do 2.° grau são providos por despacho do membro do Governo competente, em regime de comissão de serviço, por um período de três anos, renovável por iguais períodos.

---

[30] Redacção dada pela Lei n.° 51/2005, de 30 de Agosto.

[31] Redacção dada pela Lei n.° 51/2005, de 30 de Agosto.

[32] Redacção dada pela Lei n.° 51/2005, de 30 de Agosto.

[33] Redacção dada pela Lei n.° 51/2005, de 30 de Agosto.

[34] Redacção dada pela Lei n.° 51/2005, de 30 de Agosto.

[35] Redacção dada pela Lei n.° 51/2005, de 30 de Agosto.

Lei n.º 2/2004, de 15 de Janeiro 499

4 – O provimento nos cargos de direcção superior produz efeitos à data do despacho de nomeação, salvo se outra data for expressamente fixada.[36]

5 – O despacho de nomeação, devidamente fundamentado, é publicado no Diário da República, juntamente com uma nota relativa ao currículo académico e profissional do nomeado, no prazo máximo de 30 dias após a respectiva data, sob pena de nulidade e de impossibilidade da sua repetição.[37]

6 – São nulos os despachos de nomeação para cargos de direcção superior proferidos entre a convocação de eleições para a Assembleia da República e a investidura parlamentar do Governo recém-nomeado.[38]

7 – Em caso de antecipação de eleições para a Assembleia da República, são nulos os despachos de nomeação para cargos de direcção superior proferidos entre a demissão do Governo ou a convocação das eleições e a investidura parlamentar do Governo recém-nomeado.[39]

8 – Exceptuam-se do disposto nos n.ºs 6 e 7 as nomeações em regime de substituição, nos termos do artigo 27.º da presente lei.[40]

ARTIGO 19.º-A[41]
Carta de missão

1 – No momento do provimento, o membro do Governo competente e o titular do cargo de direcção superior do 1.º grau assinam uma carta de missão, que constitui um compromisso de gestão onde, de forma explícita, são definidos os objectivos, devidamente quantificados e calendarizados, a atingir no decurso do exercício de funções.

2 – A carta de missão pode ainda prever, em termos a regulamentar, a atribuição de prémios de gestão para o serviço ou organismo e ou para o

---

[36] Redacção dada pela Lei n.º 51/2005, de 30 de Agosto.
[37] Redacção dada pela Lei n.º 51/2005, de 30 de Agosto.
[38] Redacção dada pela Lei n.º 51/2005, de 30 de Agosto.
[39] Redacção dada pela Lei n.º 51/2005, de 30 de Agosto.
[40] Redacção dada pela Lei n.º 51/2005, de 30 de Agosto.
[41] Aditado pela Lei n.º 51/2005, de 30 de Agosto.

SECÇÃO II
Recrutamento, selecção e provimento
dos cargos de direcção intermédia

ARTIGO 20.º
Área de recrutamento dos cargos de direcção intermédia

titular do cargo, em função do progressivo cumprimento dos objectivos definidos.

1 – Os titulares dos cargos de direcção intermédia são recrutados, por procedimento concursal, nos termos do artigo 21.º, de entre funcionários licenciados dotados de competência técnica e aptidão para o exercício de funções de direcção, coordenação e controlo que reúnam seis ou quatro anos de experiência profissional em funções, cargos, carreiras ou categorias para cujo exercício ou provimento seja exigível uma licenciatura, consoante se trate de cargos de direcção intermédia do 1.º ou do 2.º grau, respectivamente.[42]

2 – Os diplomas orgânicos ou estatutários dos serviços e organismos públicos abrangidos pela presente lei estabelecem, expressamente, a área e os requisitos de recrutamento dos titulares dos cargos de direcção intermédia de 3.º grau ou inferior.[43]

3 – Sem prejuízo do disposto no número anterior, a área de recrutamento para os cargos de direcção intermédia de unidades orgânicas cujas competências sejam essencialmente asseguradas por pessoal integrado em carreiras ou categorias de grau 3 de complexidade funcional a que corresponda uma actividade específica é alargada a trabalhadores integrados nessas carreiras titulares de curso superior que não confira grau de licenciatura[44].

4 – Quando as leis orgânicas expressamente o prevejam, o recrutamento para os cargos de direcção intermédia pode também ser feito de

---

[42] Redacção dada pela Lei n.º 51/2005, de 30 de Agosto.
[43] Redacção dada pela Lei n.º 64-A/2008, de 31 de Dezembro.
[44] Redacção dada pela Lei n.º 64-A/2008, de 31 de Dezembro.

Lei n.º 2/2004, de 15 de Janeiro 501

entre funcionários integrados em carreiras específicas dos respectivos serviços ou organismos, ainda que não possuidores de curso superior.

5 – Nos casos em que o procedimento concursal fique deserto ou em que nenhum dos candidatos reúna condições para ser nomeado, nos termos do n.º 6 do artigo 21.º, os titulares dos cargos de direcção intermédia podem igualmente ser recrutados, em subsequente procedimento concursal, de entre indivíduos licenciados sem vínculo à Administração Pública que reúnam os requisitos previstos no n.º 1 e desde que:

a) O serviço ou organismo interessado o tenha solicitado, em proposta fundamentada, ao Ministro das Finanças;
b) O recrutamento caiba dentro da quota anualmente fixada para o efeito por aquele Ministro;
c) O Ministro das Finanças o tenha autorizado.

ARTIGO 21.º
Selecção e provimento dos cargos de direcção intermédia

1 – O procedimento concursal é publicitado na bolsa de emprego público durante 10 dias, com a indicação dos requisitos formais de provimento, do perfil exigido, tal qual se encontra caracterizado no mapa de pessoal e no regulamento interno, da composição do júri e dos métodos de selecção, que incluem, necessariamente, a realização de uma fase final de entrevistas públicas[45].

2 – A publicitação referida no número anterior é precedida de aviso a publicar em órgão de imprensa de expansão nacional e na 2.ª série do Diário da República, em local especialmente dedicado a concursos para cargos dirigentes, com a indicação do cargo a prover e do dia daquela publicitação.

3 – O júri é constituído:

a) Pelo titular do cargo de direcção superior do 1.º grau do serviço ou organismo em cujo quadro se encontre o cargo a prover ou por quem ele designe, que preside;

---

[45] Redacção dada pela Lei n.º 64-A/2008, de 30 de Dezembro.

b) Por dirigente de nível e grau igual ou superior ao do cargo a prover em exercício de funções em diferente serviço ou organismo, designado pelo respectivo dirigente máximo; e

c) Por indivíduo de reconhecida competência na área funcional respectiva, designado por estabelecimento de ensino de nível superior ou por associação pública representativa de profissão correspondente.

4 – Ao elemento do júri referido na alínea c) do número anterior que não seja vinculado à Administração Pública é devida remuneração nos termos fixados pelo Ministro das Finanças e pelo membro do Governo que tenha a seu cargo a Administração Pública.

5 – O júri, findo o procedimento concursal, elabora a proposta de nomeação, com a indicação das razões por que a escolha recaiu no candidato proposto, abstendo-se de ordenar os restantes candidatos.

6 – O júri pode considerar que nenhum dos candidatos reúne condições para ser nomeado.

7 – A pedido do serviço ou organismo interessado, o procedimento concursal é assegurado por entidade pública competente, integrada em diferente ministério, com dispensa de constituição de júri mas com intervenção do indivíduo previsto na alínea c) do n.º 3, sendo, nesse caso, aplicável, com as devidas adaptações, o disposto nos n.ºs 1, 2, 4, 5 e 6.

8 – Os titulares dos cargos de direcção intermédia são providos por despacho do dirigente máximo do serviço ou organismo, em comissão de serviço, pelo período de três anos, renovável por iguais períodos de tempo.

9 – O provimento nos cargos de direcção intermédia produz efeitos à data do despacho de nomeação, salvo se outra data for expressamente fixada.

10 – O despacho de nomeação, devidamente fundamentado, é publicado no Diário da República juntamente com uma nota relativa ao currículo académico e profissional do nomeado.

11 – O procedimento concursal é urgente e de interesse público, não havendo lugar a audiência de interessados.

12 – Não há efeito suspensivo do recurso administrativo interposto do despacho de nomeação ou de qualquer outro acto praticado no decurso do procedimento.

Lei n.º 2/2004, de 15 de Janeiro 503

13 – A propositura de providência cautelar de suspensão da eficácia de um acto administrativo praticado no procedimento não tem por efeito a proibição da execução desse acto.

14 – Em caso de suspensão judicial da eficácia do despacho de nomeação, é aplicável o disposto no artigo 27.º

SECÇÃO III
Renovação da comissão de serviço

Artigo 22.º
Renovação da comissão de serviço dos titulares dos cargos de direcção superior

1 – Para efeitos de eventual renovação da comissão de serviço, os titulares dos cargos de direcção superior darão conhecimento do termo da respectiva comissão de serviço ao membro do Governo competente, com a antecedência mínima de 90 dias.

2 – A comunicação referida no número anterior será acompanhada de relatório dos resultados obtidos durante o exercício do cargo, tendo como referência, quando seja o caso, a carta de missão e os planos e relatórios de actividades, bem como de uma síntese da aplicação do sistema de avaliação do respectivo serviço[46].

3 – A renovação da comissão de serviço depende dos resultados evidenciados no respectivo exercício.

Artigo 23.º
Renovação da comissão de serviço dos titulares dos cargos de direcção intermédia

1 – Para efeitos de eventual renovação da comissão de serviço, os titulares dos cargos de direcção intermédia darão conhecimento do termo

---

[46] Redacção dada pela Lei n.º 51/2005, de 30 de Agosto.

504 *Regime do Contrato de Trabalho em Funções Públicas*

da respectiva comissão de serviço ao dirigente máximo do serviço, com a antecedência mínima de 90 dias.

2 – A renovação da comissão de serviço dependerá da análise circunstanciada do respectivo desempenho e dos resultados obtidos, a qual terá como referência o processo de avaliação do dirigente cessante, assim como de relatório de demonstração das actividades prosseguidas e dos resultados obtidos.

3 – No caso de renovação da comissão de serviço de titulares de cargos de direcção intermédia de 2.° grau ou inferior, a informação a apresentar é confirmada pelo respectivo superior hierárquico[47].

ARTIGO 24.°
Procedimento

1 – A decisão sobre a renovação da comissão de serviço a que se referem os artigos anteriores é comunicada por escrito aos interessados até 60 dias antes do seu termo, sendo acompanhada de determinação para abertura do correspondente procedimento concursal quando aquela não tenha sido renovada relativamente a cargos de direcção intermédia1[48].

2 – A renovação da comissão de serviço dos titulares dos cargos de direcção superior que cesse automaticamente pela mudança de Governo, nos termos da alínea h) do n.° 1 do artigo 25.°, tem lugar, por confirmação, no prazo máximo de 45 dias após a posse do membro do Governo competente e faz-se pelo período de tempo que faltar para o cumprimento do triénio que se encontre a decorrer[49].

3 – Em caso de não renovação da comissão de serviço, as funções são asseguradas em regime de gestão corrente até à nomeação de novo titular.

4 – O exercício de funções em regime de gestão corrente não poderá exceder o prazo máximo de 90 dias[50].

---

[47] Redacção dada pela Lei n.° 64-A/2008, de 31 de Dezembro.
[48] Redacção dada pela Lei n.° 51/2005, de 30 de Agosto.
[49] Numeração da Lei n.° 51/2005, de 30 de Agosto.
[50] Numeração da Lei n.° 51/2005, de 30 de Agosto.

Lei n.º 2/2004, de 15 de Janeiro 505

SECÇÃO IV
Cessação da comissão de serviço

ARTIGO 25.º[51]
Cessação

1 – A comissão de serviço dos titulares dos cargos dirigentes cessa:

a) Pelo seu termo, nos casos do n.º 1 do artigo anterior;

b) Pela tomada de posse seguida de exercício, a qualquer título, de outro cargo ou função, salvo nos casos e durante o tempo em que haja lugar a suspensão ou em que seja permitida a acumulação nos termos da presente lei;

c) Por extinção ou reorganização da unidade orgânica, salvo se for expressamente mantida a comissão de serviço no cargo dirigente do mesmo nível que lhe suceda;

d) Nos casos do n.º 7 do artigo 16.º e do n.º 6 do artigo 17.º da presente lei e do n.º 6 do artigo 7.º e do n.º 4 do artigo 11.º do Decreto-Lei n.º 413/93, de 23 de Dezembro;

e) Por despacho fundamentado numa das seguintes situações:

  i) Não realização dos objectivos previstos, designadamente dos constantes da carta de missão;

  ii) Falta de prestação de informações ou prestação deficiente das mesmas, quando consideradas essenciais para o cumprimento da política global do Governo;

  iii) Não comprovação superveniente da capacidade adequada a garantir a observação das orientações superiormente fixadas;

  iv) Necessidade de imprimir nova orientação à gestão dos serviços;

f) Na sequência de procedimento disciplinar em que se tenha concluído pela aplicação de sanção disciplinar;

g) Pela não frequência, por causa que lhes seja imputável, ou pelo não aproveitamento em curso a que se refere o n.º 1 do artigo 12.º;

---

[51] Redacção dada pela Lei n.º 51/2005, de 30 de Agosto.

506   *Regime do Contrato de Trabalho em Funções Públicas*

h) Pela mudança de Governo;

i) A requerimento do interessado, apresentado nos serviços com a antecedência mínima de 60 dias, e que se considerará deferido se no prazo de 30 dias a contar da data da sua entrada sobre ele não recair despacho de indeferimento.

2 – A cessação da comissão de serviço com fundamento na alínea e) do número anterior pressupõe a prévia audição do dirigente sobre as razões invocadas, independentemente da organização de qualquer processo.

3 – A cessação da comissão de serviço com fundamento na alínea h) do n.° 1 não é aplicável a qualquer titular de cargo de direcção intermédia, bem como aos titulares dos cargos de direcção superior em secretarias-gerais ou inspecções-gerais ou em serviços e organismos equiparados nos respectivos diplomas orgânicos ou estatutários.

4 – A cessação da comissão de serviço com fundamento na alínea h) do n.° 1 pode não ser aplicável aos titulares dos cargos de direcção superior em outros serviços e organismos cujas atribuições sejam predominantemente técnicas, desde que assim seja determinado no respectivo diploma orgânico ou estatutário.

ARTIGO 26.°
Indemnização

1 – Quando a cessação da comissão de serviço se fundamente na extinção ou reorganização da unidade orgânica ou na necessidade de imprimir nova orientação à gestão dos serviços, os dirigentes têm direito a uma indemnização desde que contem, pelo menos, 12 meses seguidos de exercício de funções.[52]

2 – A indemnização referida no número anterior será calculada em função do tempo que faltar para o termo da comissão de serviço e no montante que resultar da diferença entre a remuneração base do cargo dirigente cessante e a remuneração da respectiva categoria de origem.

---

[52] Redacção dada pela Lei n.° 51/2005, de 30 de Agosto.

Lei n.º 2/2004, de 15 de Janeiro 507

3 – O montante da indemnização tem como limite máximo o valor correspondente à diferença anual das remunerações, nelas se incluindo os subsídios de férias e de Natal.

4 – O direito à indemnização prevista nos números anteriores só é reconhecido nos casos em que à cessação da comissão de serviço não se siga imediatamente novo exercício de funções dirigentes em cargo de nível igual ou superior ou o exercício de outro cargo público com nível remuneratório igual ou superior.

5 – O exercício das funções referidas no número anterior, no período a que se reporta a indemnização, determina a obrigatoriedade da reposição da importância correspondente à diferença entre o número de meses a que respeite a indemnização percebida e o número de meses que mediar até à nova nomeação.

6 – Para efeitos do disposto no número anterior, a nova nomeação será acompanhada de declaração escrita do interessado de que não recebeu ou de que irá proceder à reposição da indemnização recebida, a qual será comunicada aos serviços processadores.

ARTIGO 26.º-A[53]
Suspensão

1 – A comissão de serviço dos titulares dos cargos de direcção superior do 2.º grau e de direcção intermédia suspende-se quando sejam nomeados para cargos dirigentes cuja comissão de serviço possa cessar pela mudança de Governo, para gabinetes de membros do Governo ou equiparados ou em regime de substituição.

2 – A comissão de serviço suspende-se por quatro anos ou enquanto durar o exercício do cargo ou função, se este tiver duração inferior, sendo as funções de origem asseguradas em regime de substituição.

3 – O período de suspensão conta, para todos os efeitos legais, como tempo de serviço prestado no cargo de origem.

---

[53] Aditado pela Lei n.º 51/2005, de 30 de Agosto.

508 Regime do Contrato de Trabalho em Funções Públicas

SECÇÃO V
Substituição

ARTIGO 27.º
Nomeação em substituição

1 – Os cargos dirigentes podem ser exercidos em regime de substituição nos casos de ausência ou impedimento do respectivo titular quando se preveja que estes condicionalismos persistam por mais de 60 dias ou em caso de vacatura do lugar.

2 – A nomeação em regime de substituição é feita pela entidade competente, devendo ser observados todos os requisitos legais exigidos para o provimento do cargo.[54]

3 – A substituição cessa na data em que o titular retome funções ou passados 60 dias sobre a data da vacatura do lugar, salvo se estiver em curso procedimento tendente à nomeação de novo titular.

4 – A substituição pode ainda cessar, a qualquer momento, por decisão da entidade competente ou a pedido do substituto, logo que deferido.

5 – O período de substituição conta, para todos os efeitos legais, como tempo de serviço prestado no cargo anteriormente ocupado, bem como no lugar de origem.

6 – O substituto tem direito à totalidade das remunerações e demais abonos e regalias atribuídos pelo exercício do cargo do substituído, independentemente da libertação das respectivas verbas por este, sendo os encargos suportados pelas correspondentes dotações orçamentais.

---

[54] Redacção dada pela Lei n.º 51/2005, de 30 de Agosto.

CAPÍTULO III
Direitos e deveres

SECÇÃO I
Direitos

ARTIGO 28.°
Salvaguarda de direitos

1 – Os titulares de cargos dirigentes gozam, independentemente do seu vínculo de origem, dos direitos gerais reconhecidos aos funcionários do serviço ou organismo em que exerçam funções.

2 – O pessoal dirigente conserva o direito ao lugar de origem e ao regime de segurança social por que está abrangido, não podendo ser prejudicado na sua carreira profissional por causa do exercício daquelas funções, relevando para todos os efeitos no lugar de origem o tempo de serviço prestado naquele cargo.

ARTIGO 29.°[54]
Direito à alteração de posicionamento remuneratório
na categoria de origem

1 – O exercício continuado de cargos dirigentes por períodos de três anos, em comissão de serviço, em substituição ou em gestão corrente, confere ao respectivo titular o direito à alteração para a ou as posições remuneratórias imediatamente seguintes da respectiva categoria de origem, correspondendo uma alteração a cada período.

2 – A aplicação do disposto no número anterior a dirigentes integrados em carreiras especiais depende da verificação de outros requisitos, fixados na lei especial que estruture a respectiva carreira, que não sejam relacionados com o tempo de permanência nas posições remuneratórias e ou com a avaliação do desempenho correspondente.

---

[55] Redacção dada pela Lei n.° 64-A/2008, de 31 de Dezembro.

510   *Regime do Contrato de Trabalho em Funções Públicas*

3 – Quando, no decurso do exercício do cargo dirigente, ocorra uma alteração do posicionamento remuneratório na categoria de origem em função da reunião dos requisitos previstos para o efeito na lei geral, ou alteração de categoria ou de carreira, para efeitos de cômputo dos períodos referidos no n.º 1, releva apenas, sem prejuízo do disposto no número seguinte, o tempo de exercício subsequente a tais alterações.

4 – Quando a alteração de categoria ou de carreira pressuponha a reunião de requisito relativo a tempo de serviço, no cômputo dos períodos referidos no n.º 1, só não releva o tempo de exercício de cargos dirigentes que tenha sido tomado em consideração no procedimento que gerou aquela alteração.

5 – O direito à alteração de posicionamento remuneratório é reconhecido, a requerimento do interessado, por despacho do dirigente máximo do órgão ou do serviço de origem, precedido de confirmação dos respectivos pressupostos pela secretaria-geral ou pelo departamento ministerial competente em matéria de recursos humanos.

6 – A remuneração pelo novo posicionamento remuneratório tem lugar desde a data da cessação do exercício do cargo dirigente.

ARTIGO 30.º[56]
Efectivação do direito de acesso na carreira

(Revogado).

ARTIGO 31.º
Estatuto remuneratório

1 – A remuneração do pessoal dirigente é estabelecida em diploma próprio, o qual poderá determinar níveis diferenciados de remuneração em função do tipo de serviço ou organismo em que exerce funções.

2 – Ao pessoal dirigente são abonadas despesas de representação de montante fixado em despacho conjunto do Primeiro-Ministro, do Ministro

---

[56] Revogado pela Lei n.º 64-A/2008, de 31 de Dezembro.

Lei n.º 2/2004, de 15 de Janeiro 511

das Finanças e do membro do Governo que tenha a seu cargo a Administração Pública.[57]

3 – O pessoal dirigente pode, mediante autorização expressa no despacho de nomeação, optar pelo vencimento ou retribuição base da sua função, cargo ou categoria de origem, não podendo, todavia, exceder, em caso algum, o vencimento base do Primeiro-Ministro.[578]

4 – Os titulares dos cargos de direcção intermédia que não tenham vínculo à Administração Pública não podem optar pelo vencimento ou retribuição base da sua função, cargo ou categoria de origem.[59]

5 – Para efeitos do disposto no n.º 3, é adoptado como referência o vencimento ou retribuição base médio efectivamente percebido durante o ano anterior à data do despacho de nomeação.[60]

6 – A identificação dos níveis remuneratórios correspondentes às remunerações base dos cargos de direcção intermédia de 3.º grau ou inferior é efectuada no diploma orgânico ou estatutário que os preveja.[61]

7 – Aos titulares de cargos de direcção superior são atribuídos prémios de gestão em termos definidos em decreto regulamentar.[62]

8 – Aos titulares de cargos de direcção intermédia são atribuídos prémios de desempenho nos termos previstos, com as necessárias adaptações, para os trabalhadores que exercem funções públicas.[63]

ARTIGO 32.º[64]
Regime de direito privado

(Revogado).

---

[57] Redacção dada pela Lei n.º 51/2005, de 30 de Agosto.
[58] Redacção dada pela Lei n.º 51/2005, de 30 de Agosto.
[59] Redacção dada pela Lei n.º 51/2005, de 30 de Agosto.
[60] Redacção dada pela Lei n.º 51/2005, de 30 de Agosto.
[61] Redacção dada pela Lei n.º 64-A/2008, de 31 de Dezembro.
[62] Redacção dada pela Lei n.º 64-A/2008, de 31 de Dezembro.
[63] Redacção dada pela Lei n.º 64-A/2008, de 31 de Dezembro.
[64] Revogado pela Lei n.º 64-A/2008, de 31 de Dezembro.

Artigo 33.°[65]
Apoio

1 – Aos titulares dos cargos dirigentes são aplicáveis os regimes de patrocínio judiciário e isenção de custas previstos nos Decretos-Leis n.os 148/2000, de 19 de Julho, e 34/2008, de 26 de Fevereiro.

2 – Os titulares dos cargos de direcção superior de 1.° grau podem ser apoiados por trabalhadores, que exerçam funções de secretariado, em número não superior a dois.

3 – Os trabalhadores que exerçam funções de secretariado são designados, com o seu acordo, por despacho do titular do cargo, afixado no órgão ou no serviço e inserido na respectiva página electrónica, e, sem prejuízo do disposto no número seguinte, cessam aquelas funções, sem quaisquer formalidades, na data da cessação ou da suspensão de funções de quem os designou.

4 – As funções de secretariado cessam, a todo o tempo, por iniciativa do titular do cargo ou do trabalhador.

5 – Os trabalhadores que exerçam funções de secretariado têm direito a um suplemento remuneratório cujo montante pecuniário é fixado na portaria referida no n.° 2 do artigo 68.° da Lei n.° 12-A/2008, de 27 de Fevereiro.

6 – Sem prejuízo do disposto no número anterior, o trabalho prestado fora do período e dos dias normais de trabalho dos trabalhadores que exerçam funções de secretariado não é remunerado.

SECÇÃO II
Deveres

Artigo 34.°
Deveres específicos

Para além dos deveres gerais dos funcionários do serviço e orga-

---

[65] Redacção dada pela Lei n.° 64-A/2008, de 31 de Dezembro.

Lei n.º 2/2004, de 15 de Janeiro   513

nismo em que exercem funções, o pessoal dirigente está sujeito aos seguintes deveres específicos:

a) Dever de manter informado o Governo, através da via hierárquica competente, sobre todas as questões relevantes referentes aos serviços;
b) Dever de assegurar a conformidade dos actos praticados pelo pessoal do respectivo serviço com o estatuído na lei e com os legítimos interesses dos cidadãos;
c) Dever geral de assiduidade e cumprimento do período normal de trabalho, assim como o dever de a qualquer momento comparecer ao serviço quando chamado.

ARTIGO 35.º
Formação específica e dupletiva
(Revogado).[66]

CAPÍTULO IV
Disposições finais e transitórias

ARTIGO 36.º
Prevalência

1 – A presente lei prevalece sobre quaisquer disposições gerais ou especiais relativas aos diversos serviços ou organismos.
2 – *(Revogado).*[67]

ARTIGO 37.º
Normas transitórias

1 – A entrada em vigor da presente lei não prejudica as nomeações do pessoal dirigente existentes àquela data nem a contagem dos respectivos prazos.

---

[66] Revogado pela Lei n.º 64-A/2008, de 31 de Dezembro.
[67] Revogado pela Lei n.º 64-A/2008, de 31 de Dezembro.

2 – A suspensão das comissões de serviço ao abrigo do disposto no artigo 19.º da Lei n.º 49/99, de 22 de Junho, mantém-se até ao termo dos mandatos que lhes deram origem.

3 – As equiparações dos cargos dirigentes feitas antes da entrada em vigor da presente lei consideram-se eficazes para efeitos do disposto nos n.ºs 3 e 4 do artigo 2.º da mesma.

4 – Mantêm-se válidos os concursos cujos avisos de abertura se encontrem publicados à data de entrada em vigor da presente lei, os quais deverão prosseguir os seus termos ao abrigo da legislação em vigor à data da sua abertura.

5 – Mantém-se em vigor o disposto no artigo 3.º do Decreto-Lei n.º 34/93, de 13 de Fevereiro.

6 – O disposto no artigo 33.º da Lei n.º 49/99, de 22 de Junho, aplica--se aos dirigentes que se encontrem em funções à data da entrada em vigor da presente lei e que preencham os requisitos nele previstos até à cessação da respectiva comissão de serviço.

Artigo 38.º
Norma revogatória

São revogadas as Leis n.ºs 12/96, de 18 de Abril, e 49/99, de 22 de Junho.

Artigo 39.º
Entrada em vigor

A presente lei entra em vigor no dia 1 do mês seguinte ao da sua publicação.

Aprovada em 27 de Novembro de 2003.

O presidente da Assembleia da República, *João Bosco Mota Amaral.*

Promulgada em 30 de Dezembro de 2003.

Publique-se.

O Presidente da República, Jorge Sampaio.

Referendada em 30 de Dezembro de 2003.

O Primeiro-Ministro, *José Manuel Durão Barroso.*

ANEXO I

Autorizar a abertura de concursos e praticar todos os actos subsequentes, nomear e exonerar o pessoal do quadro e determinar a conversão da nomeação provisória em definitiva, bem como autorizar destacamentos, requisições, transferências, permutas e comissões de serviço.

Celebrar, renovar e rescindir contratos de pessoal.

Autorizar a prestação de trabalho extraordinário, nocturno, em dias de descanso e em feriados.

Assinar os termos de aceitação e conferir a posse ao pessoal.

Autorizar a aceitação ou posse em local diferente daquele em que o pessoal foi colocado, prorrogar o respectivo prazo, solicitar que aquelas sejam autorizadas ou conferidas pela autoridade administrativa ou por agente diplomático ou consular e conceder ao pessoal dos serviços externos o direito ao vencimento a partir da data da aceitação ou da posse, independentemente da entrada em exercício das novas funções.

Autorizar a atribuição dos abonos e regalias a que os funcionários ou agentes tenham direito, nos termos da lei.

Autorizar a inscrição e participação do pessoal em congressos, reuniões, seminários, colóquios, cursos de formação ou outras iniciativas semelhantes que decorram em território nacional quando importem custos para o serviço, bem como a inscrição e participação em estágios.

Praticar todos os actos relativos à aposentação do pessoal, salvo no caso de aposentação compulsiva, e, em geral, todos os actos respeitantes ao regime de segurança social, incluindo os referentes a acidentes em serviço. Praticar os actos da competência dos titulares dos cargos de direcção intermédia relativamente a dirigentes e a pessoal que se encontrem na sua dependência.

Autorizar, dentro dos limites estabelecidos pelo respectivo orçamento anual, transferências de verbas subordinadas à mesma classificação orgânica e a antecipação até dois duodécimos por rubrica, com limites anualmente fixados pelo Ministério das Finanças.

Autorizar a constituição de fundos permanentes das dotações do respectivo orçamento, com excepção das rubricas referentes a pessoal, até ao limite de um duodécimo.

Celebrar contratos de seguro e de arrendamento e autorizar a respectiva actualização, sempre que resulte de imposição legal.

Autorizar deslocações em serviço, qualquer que seja o meio de transporte, bem como o processamento dos correspondentes abonos ou despesas com a aquisição de bilhetes ou títulos de transporte e de ajudas de custo, antecipadas ou não.

Autorizar as despesas resultantes de indemnizações a terceiros ou da recuperação de bens afectos ao serviço danificados por acidentes com intervenção de terceiros.

Autorizar despesas eventuais de representação dos serviços, bem como as de carácter excepcional.

Qualificar como acidente em serviço os sofridos pelo pessoal e autorizar o processamento das respectivas despesas.

Autorizar o processamento de despesas cujas facturas, por motivo justificado, dêem entrada nos serviços para além do prazo regulamentar.

ANEXO II

Autorizar o exercício de funções a tempo parcial.

Justificar ou injustificar faltas.

Conceder licenças e autorizar o regresso à actividade, com excepção da licença sem vencimento por um ano por motivo de interesse público e da licença de longa duração.

Autorizar o gozo e a acumulação de férias e aprovar o respectivo plano anual. Autorizar o abono do vencimento de exercício perdido por motivo de doença. Autorizar a inscrição e participação do pessoal em congressos, reuniões, seminários, colóquios, cursos de formação em regime de autoformação ou outras iniciativas semelhantes que decorram em território nacional quando não importem custos para o serviço.

Autorizar o pessoal a comparecer em juízo quando requisitado nos termos da lei de processo.

LEI 64-A/2008, DE 31 DE DEZEMBRO

(Disposição transitória aplicável ao pessoal dirigente da Administração Pública)

ARTIGO 29.º
Alteração à Lei n.º 2/2004, de 15 de Janeiro

1 – (Inserido no articulado da Lei n.º 2/2004, de 15 de Janeiro).

2 – (Inserido no articulado da Lei n.º 2/2004, de 15 de Janeiro).

3 – O disposto na anterior redacção dos artigos 29.º e 30.º da Lei n.º 2/2004, de 15 de Janeiro, alterada pela Lei n.º 51/2005, de 30 de Agosto, é tomado em consideração para efeitos do reposicionamento remuneratório do dirigente na categoria, nos termos do artigo 104.º da Lei n.º 12-A/2008, de 27 de Fevereiro, quando ainda não fosse titular da categoria superior da respectiva carreira.

4 – O tempo de exercício de cargo dirigente que não possa ser tomado em consideração, nos termos do número anterior, por razão diferente da de o dirigente ser titular da categoria superior da respectiva carreira, é contado para efeitos do disposto no artigo 29.º da Lei n.º 2/2004, de 15 de Janeiro, alterada pela presente lei.

5 – Para vigorarem até ao cumprimento do disposto no n.º 6 do artigo 2.º, no n.º 2 do artigo 20.º e no n.º 6 do artigo 31.º da Lei n.º 2/2004, de 15 de Janeiro, com a redacção dada pela presente lei, são aprovados despachos conjuntos pelos membros do Governo competentes e pelos membros responsáveis pelas áreas das finanças e da Administração Pública, dando execução, na parte dela carecida, ao previsto naquelas disposições legais.

518 *Regime do Contrato de Trabalho em Funções Públicas*

6 – Até à publicação dos despachos referidos no número anterior, os cargos dirigentes em causa não podem ser ocupados.

7 – Encontrando-se ocupados os cargos referidos no número anterior, cessa a comissão de serviço dos seus actuais titulares quando os despachos ali referidos não sejam publicados no prazo de um ano contado do início de vigência da presente lei.

8 – O despacho conjunto que, nos termos do n.º 5, dê execução ao disposto no n.º 6 do artigo 31.º da Lei n.º 2/2004, de 15 de Janeiro, é aplicável aos actuais titulares dos cargos dirigentes em causa.

9 – Sem prejuízo do disposto nos n.ºs 7 e 8, as alterações ora efectuadas às normas estatutárias do pessoal dirigente não se aplicam às comissões de serviço que se encontrem em curso, as quais se mantêm nos seus precisos termos, designadamente no que respeita à remuneração.

10 – O disposto no presente artigo prevalece sobre quaisquer leis especiais.

LEI N.º 23/2004, DE 22 DE JUNHO[1]

Aprova o regime jurídico do contrato individual de trabalho da Administração Pública

(Artigos 16.º a 18.º)

ARTIGO 16.º
Sucessão nas atribuições

1 – Os contratos de trabalho celebrados por pessoas colectivas públicas transmitem-se aos sujeitos que venham a prosseguir as respectivas atribuições, nos termos previstos no Código do Trabalho para a transmissão de empresa ou de estabelecimento.

2 – O disposto no número anterior aplica-se, nomeadamente, nos casos em que haja transferência da responsabilidade pela gestão do serviço público para entidades privadas sob qualquer forma.

3 – No caso de transferência ou delegação de parte das atribuições da pessoa colectiva pública para outras entidades apenas se transmitem os contratos de trabalho afectos às actividades respectivas.

4 – Pode haver acordo entre a pessoa colectiva pública de origem e o trabalhador no sentido de este continuar ao serviço daquela.

---

[1] A Lei n.º 23/2004, de 22 de Junho, foi revogada pela Lei n.º 59/2008, de 11 de Setembro, com excepção dos artigos 16.º a 18.º

A redacção dos artigos 16.º e 17.º foi dada pela Lei n.º 53/2006, de 7 de Dezembro e a do artigo 18.º pelo Decreto-Lei n.º 200/2006, de 25 de Outubro.

Artigo 17.º
Extinção da pessoa colectiva pública

A extinção da pessoa colectiva pública a que o trabalhador pertence determina a caducidade dos contratos de trabalho.

Artigo 18.º
Despedimento por redução de actividade

Para além dos casos previstos no Código do Trabalho, as pessoas colectivas públicas podem promover o despedimento colectivo ou a extinção de postos de trabalho por razões de economia, eficácia e eficiência na prossecução das respectivas atribuições, nos termos do mesmo Código, com um dos seguintes fundamentos:

a) Cessação parcial da actividade da pessoa colectiva pública determinada nos termos da lei;
b) Extinção, fusão ou reestruturação de serviços ou de uma unidade orgânica ou estrutura equivalente que determine a redução de efectivos.

DECRETO-LEI N.º 200/2006, DE 25 DE OUTUBRO

O quadro jurídico em que devem desenvolver-se as operações de extinção, fusão e reestruturação de serviços, especialmente no que respeita à reafectação dos respectivos recursos, não está estabelecido de forma genérica, subordinando-se aquelas, em regra, ao que é previsto nos diplomas legais que as determinam.

De facto, estabelece o n.º 3 do artigo 25.º da Lei n.º 4/2004, de 15 de Janeiro, que os diplomas que determinam as extinções, fusões e reestruturações dos serviços da administração directa do Estado devem estabelecer as regras de sucessão de direitos e obrigações e determinar a reafectação dos correspondentes recursos e o n.º 1 do artigo 16.º da Lei n.º 3/2004, de 15 de Janeiro, determina igualmente que os diplomas que procedam à extinção de institutos públicos regularão os termos da liquidação e o destino do seu pessoal, acrescentando o n.º 7 do artigo 36.º que o respectivo património e os bens dominiais a eles afectos revertem para o Estado.

Entende o Governo que é útil estabelecer um regime geral que, de forma sistematizada, enquadre os processos de extinção, fusão e reestruturação de serviços, sem prejuízo de disposições que em concreto venham a adoptar-se face à especificidade de certas reorganizações administrativas.

De igual modo, o Governo entende ser necessário estabelecer um regime geral para o processo de racionalização de efectivos para as situações em que, não se justificando proceder a extinção, fusão ou reestruturação de serviços, se reco-nhece que os recursos humanos que lhes estão afectos são desajustados face às suas necessidades permanentes ou à prossecução dos seus objectivos.

Assim:

Nos termos da alínea *a*) do n.º 1 do artigo 198.º da Constituição, o Governo decreta o seguinte:

CAPÍTULO I
Objecto, âmbito e modalidades de reorganização

ARTIGO 1.º
Objecto

O presente decreto-lei estabelece o enquadramento procedimental relativo à extinção, fusão e reestruturação de serviços da Administração Pública e à racionalização de efectivos.

ARTIGO 2.º
Âmbito de aplicação

1 – O presente decreto-lei aplica-se a todos os serviços da administração directa e indirecta do Estado, com excepção das entidades públicas empresariais e dos serviços periféricos externos do Estado.

2 – A aplicação e adaptação do presente decreto-lei aos serviços da administração regional e autárquica, com excepção das respectivas entidades públicas empresariais, faz-se por diplomas próprios.

ARTIGO 3.º
**Extinção, fusão e reestruturação de serviços
e racionalização de efectivos**

1 – A extinção de serviços ocorre quando, por determinação de diploma próprio, o serviço cessa todas as suas actividades sem qualquer transferência das suas atribuições ou competências para outro serviço.

2 – A fusão de serviços ocorre quando, por determinação de diploma próprio, se procede à transferência total das atribuições e competências de um ou mais serviços, que se extinguem, para um ou mais serviços existentes ou a criar.

3 – A reestruturação de serviços ocorre quando, por acto próprio, se procede à reorganização de serviços, que se mantêm, tendo por objecto a alteração da sua natureza jurídica ou das respectivas atribuições, competências ou estrutura orgânica interna.

Decreto Lei n.º 200/2006, de 25 de Outubro 523

4 – A racionalização de efectivos ocorre quando, por decisão do dirigente máximo do serviço ou do membro do Governo de que dependa, se procede a alterações no seu número ou nas carreiras ou áreas funcionais dos recursos humanos necessários ao adequado funcionamento de um serviço, após reconhecimento, em acto fundamentado, na sequência de processo de avaliação, de que o pessoal que lhe está afecto é desajustado face às suas necessidades permanentes ou à prossecução de objectivos.

5 – As modalidades de reorganização referidas nos números anteriores podem também ter como objecto subunidades orgânicas que se integrem em serviço ou que dele dependam, estabelecimentos públicos periféricos sem personalidade jurídica e, no caso de racionalização de efectivos, os recursos humanos integrados no mesmo grupo de pessoal, na mesma carreira ou na mesma área funcional.

6 – Os actos que determinem a extinção, a fusão ou a reestruturação de serviços e a racionalização de efectivos estabelecem em qual destas modalidades se insere a operação de reorganização.

7 – Para efeitos do presente decreto-lei, considera-se serviço integrador aquele que integre atribuições ou competências transferidas de outro serviço ou pessoal que, por mobilidade, lhe é reafecto.

8 – A referência a carreira constante do presente decreto-lei é substituída por referência a categoria quando a cada uma das categorias da carreira corresponda, legalmente, um número determinado de efectivos.

CAPÍTULO II
**Processos de extinção, fusão e reestruturação
de serviços e de racionalização de efectivos**

ARTIGO 4.º
Processo de extinção

1 – Oprocesso de extinção compreende todas as operações e decisões necessárias à cessação das actividades do serviço, à mobilidade geral ou à colocação em situação de mobilidade especial do respectivo pessoal e à reafectação de todos os seus demais recursos.

2 – O processo de extinção decorre, após a entrada em vigor do

524 *Regime do Contrato de Trabalho em Funções Públicas*

diploma que a determina, sob a responsabilidade do dirigente máximo do serviço.

3 – Os dirigentes dos serviços extintos são responsáveis pela execução orçamental até ao termo do processo de extinção.

4 – Com vista a preparar e concluir o processo de extinção, pode ser proferido despacho pelo membro do Governo sob cuja dependência se encontra o serviço, por proposta do respectivo dirigente máximo, devidamente publicitado em local próprio do serviço:

a) Indicando as actividades que devam ser asseguradas até à extinção;

b) Estabelecendo os critérios de selecção do pessoal necessário para execução de tais actividades, designadamente em função da sua experiência e conhecimentos profissionais necessários para aquela execução;

c) Estabelecendo as responsabilidades de coordenação pela condução e conclusão do processo.

5 – Por despacho do dirigente máximo do serviço, é aprovada a lista do pessoal seleccionado segundo os critérios referidos na alínea *b)* do número anterior, designadamente do dirigente e do afecto aos serviços de pessoal e de finanças e de património, ao funcionamento dos sistemas de informação e documentação ou a actividades anteriormente essenciais ao funcionamento do serviço, o qual continua em funções sem alteração dos seus direitos e deveres até ao termo do processo de extinção.

6 – Concluído o processo, o membro do Governo fixa, por despacho publicado no *Diário da República,* a data em que tal ocorreu.

ARTIGO 5.º
Processo de fusão

1 – O processo de fusão compreende todas as operações e decisões necessárias à transferência total das atribuições e competências do serviço, à reafectação e eventual colocação em situação de mobilidade especial do respectivo pessoal e à reafectação de todos os seus demais recursos.

2 – O processo de fusão decorre, após a entrada em vigor do diploma orgânico do serviço integrador, sob a responsabilidade do dirigente

Decreto Lei n.º 200/2006, de 25 de Outubro 525

máximo deste serviço, com a colaboração dos titulares de idênticos cargos dos serviços extintos.

3 – Verificando-se pluralidade de serviços integradores, é designado, por despacho dos respectivos membros do Governo, o dirigente máximo responsável pela coordenação do processo.

4 – Ao processo de fusão é aplicável, com as necessárias adaptações, o disposto no n.º 3 do artigo anterior.

ARTIGO 6.º
Processo de reestruturação

1 – O processo de reestruturação compreende todas as operações e decisões necessárias à concretização das alterações introduzidas na natureza jurídica ou nas atribuições, competências ou estrutura orgânica interna do serviço, à reafectação dos seus recursos e à eventual colocação de pessoal em situação de mobilidade especial.

2 – O processo de reestruturação decorre, após a entrada em vigor do acto que a ela procede, sob a responsabilidade do dirigente máximo do serviço.

3 – No caso de reestruturação com transferência de atribuições ou competências para serviços diferentes, é aplicável, com as necessárias adaptações, o disposto nos n.os 2 e 3 do artigo anterior.

ARTIGO 7.º
Processo de racionalização de efectivos

1 – O processo de racionalização de efectivos compreende todas as operações e decisões necessárias à avaliação dos recursos humanos do serviço para efeitos de eventual decisão sobre o reconhecimento do seu desajustamento face a objectivos, atribuições, actividades e necessidades de funcionamento e sobre a sua colocação em situação de mobilidade especial.

2 – O processo de racionalização de efectivos decorre, após decisão do dirigente máximo do serviço ou do membro do Governo de que dependa, sob a responsabilidade daquele.

3 – A decisão referida no número anterior pode ser fundamentada em conclusões e recomendações de relatórios de auditoria ou de estudos

de avaliação organizacional ou em resultados de acções de racionalização e simplificação administrativas.

ARTIGO 8.º
Prazos

1 – No caso de extinção, sem prejuízo de prazo mais curto fixado pelo diploma que a determina, o processo decorre durante o prazo de 40 dias úteis.

2 – No caso de fusão e de reestruturação com transferência de atribuições ou competências para serviços diferentes, sem prejuízo de outro prazo legalmente fixado, o processo decorre durante o prazo de 60 dias úteis.

3 – Se, findos os prazos fixados nos termos dos números anteriores, não estiverem ainda concluídas todas as operações ou tomadas todas as decisões necessárias à extinção, fusão ou reestruturação, o processo passa a decorrer, sem prejuízo de eventual responsabilidade disciplinar, nos seguintes termos:

a) No caso de extinção, sob a responsabilidade da secretaria-geral do respectivo ministério, cabendo ao secretário-geral o exercício das competências atribuídas ao dirigente máximo do serviço extinto;

b) No caso de fusão ou de reestruturação, sob a responsabilidade exclusiva do serviço integrador ou, sendo vários, daquele em que exerce funções o responsável pela coordenação do processo, cabendo ao seu dirigente máximo o exercício das competências atribuídas ao dirigente máximo do serviço extinto ou reestruturado.

ARTIGO 9.º
Regimes específicos de reorganização

A aplicação das modalidades e processos de reorganização previstos no presente decreto-lei aos estabelecimentos públicos periféricos sem personalidade jurídica faz-se sem prejuízo dos regimes específicos que lhes sejam aplicáveis.

CAPÍTULO III
Procedimentos relativos a pessoal

ARTIGO 10.º
Procedimentos relativos a pessoal

Os procedimentos relativos ao pessoal dos serviços que sejam objecto de extinção, fusão e reestruturação ou de racionalização de efectivos são os previstos em lei própria ou, sendo o caso, nas disposições adequadas do Regime Jurídico do Contrato Individual de Trabalho na Administração Pública.

CAPÍTULO IV
Procedimentos relativos a outros recursos

ARTIGO 11.º
Recursos financeiros relativos a pessoal

1 – Os recursos financeiros relativos a remunerações certas e permanentes e a outras despesas com o pessoal reafectado são transferidos para o orçamento do serviço integrador.

2 – Os recursos financeiros relativos a remunerações certas e permanentes e a outras despesas com o pessoal colocado em situação de mobilidade especial são transferidos, nos exactos montantes em que se preveja venham a ser dispendidos, para os orçamentos das entidades às quais o pessoal seja afecto.

3 – A diferença entre os montantes orçamentados e os efectivamente dispendidos com o pessoal colocado em situação de mobilidade especial é distribuída nos seguintes termos:

a) 40% a favor do orçamento do ministério onde se procedeu a extinção do serviço, nos termos de proposta do respectivo ministro, dirigida ao membro do Governo responsável pelas finanças, e 60% a favor do Estado;

528   *Regime do Contrato de Trabalho em Funções Públicas*

b) 40% a favor do orçamento do serviço onde se procedeu a reestruturação ou a racionalização de efectivos e 60% a favor do Estado.

Artigo 12.º
Outros recursos financeiros

1 – Os demais recursos financeiros do serviço objecto de extinção, fusão, reestruturação ou racionalização de efectivos são reafectos nos seguintes termos:

a) No caso de extinção, 60% dos recursos financeiros são afectos a serviços do ministério, nos termos de proposta do respectivo ministro, dirigida ao membro do Governo responsável pelas finanças, e 40% revertem a favor do Estado;

b) No caso de fusão, por decisão conjunta do ministro de que dependa o serviço integrador e do membro do Governo responsável pelas finanças, são determinados e reafectos os recursos necessários à prossecução das atribuições e ao exercício das competências transferidas, sendo o remanescente objecto de reafectação nos termos da alínea anterior;

c) No caso de reestruturação e de racionalização de efectivos de que resulte economia de recursos financeiros, 60% dos recursos economizados mantêm-se no serviço reestruturado ou cujos efectivos foram racionalizados e 40% revertem a favor do Estado.

2 – Nos casos de fusão que envolvam mais de um ministério, os recursos financeiros que excedam os necessários à prossecução das atribuições e ao exercício das competências transferidas são objecto de reafectação nos termos da alínea *a)* do número anterior, sendo os 60% ali referidos redistribuídos pelos diferentes ministérios envolvidos na fusão, nos termos de proposta dos respectivos ministros, dirigida ao membro do Governo responsável pelas finanças.

Artigo 13.º
Bens imóveis do domínio privado do Estado

1 – No caso de extinção, os bens imóveis do domínio privado do

Decreto Lei n.º 200/2006, de 25 de Outubro 529

Estado são afectos à entidade do Ministério das Finanças e da Administração Pública competente em matéria de gestão do património do Estado.

2 – No caso de fusão, os bens imóveis são reafectos nos seguintes termos:

a) Aos serviços que passam a prosseguir as atribuições ou a exercer as competências, se para tal forem necessários;

b) À entidade referida no número anterior, no caso contrário.

3 – No caso de reestruturação ou de racionalização de efectivos que envolva o fim da utilização de bens imóveis é aplicável, com as necessárias adaptações, o disposto no número anterior.

4 – Para cumprimento do disposto nos números anteriores, é elaborada lista dos bens imóveis, com indicação das reafectações e respectivas fundamentações, a remeter, para parecer, ao serviço referido no n.º 1 e, posteriormente, para aprovação do membro do Governo responsável pelas finanças.

5 – Nas situações previstas no n.º 1, na alínea b) do n.º 2 e, sendo o caso, no n.º 3, se os bens imóveis forem objecto de alienação por parte do Estado, 25% do produto dessa alienação, se outra percentagem superior não estiver legalmente fixada, reverte a favor dos seguintes orçamentos:

a) Do ministério onde se procedeu à extinção do serviço, nos termos de proposta do respectivo ministro, dirigida ao membro do Governo responsável pelas finanças, nos casos previstos no n.º 1 e na alínea b) do n.º 2;

b) Do serviço onde se deu por finda a sua utilização, no caso previsto no n.º 3.

6 – As decisões sobre a alienação referida no número anterior são comunicadas ao ministério e ao serviço a que estava afecto o bem imóvel.

7 – Quando não houver reestruturação de um serviço ou racionalização de efectivos mas ocorrer fim da utilização de bens imóveis do domínio privado do Estado, é aplicável o disposto nos n.ºs 3 a 6.

ARTIGO 14.º
Bens imóveis do domínio público do Estado

Sem prejuízo do disposto no respectivo regime geral, aos bens imóveis do domínio público do Estado é aplicável, com as necessárias adaptações, o disposto no artigo anterior.

Artigo 15.º
Bens imóveis arrendados

1 – No caso de extinção, os bens imóveis arrendados pelo Estado afectos ao serviço extinto são reafectos à secretaria-geral do respectivo ministério, que elabora proposta:

a) De reafectação a outro serviço do mesmo ministério, para decisão do respectivo ministro;
b) De denúncia do contrato, a remeter à entidade do Ministério das Finanças e da Administração Pública competente em matéria de gestão do património do Estado, à qual compete tomar a decisão final de denúncia ou de reafectação a serviço de outro ministério.

2 – No caso de fusão, aos bens imóveis arrendados é dado o destino previsto na alínea a) do n.º 2 do artigo 13.º ou, se a condição nela indicada não se verificar, o previsto no número anterior.

3 – No caso de reestruturação ou de racionalização de efectivos que envolvam o fim da utilização de bens imóveis arrendados, é aplicável, com as necessárias adaptações, o disposto no número anterior.

4 – Nos casos de aplicação aos bens imóveis arrendados do previsto na alínea a) do n.º 2 do artigo 13.º e na alínea a) do n.º 1, é dado conhecimento à entidade do Ministério das Finanças e da Administração Pública competente em matéria de gestão do património do Estado.

5 – No caso de denúncia do contrato, os recursos financeiros economizados revertem a favor dos orçamentos do Ministério, em caso de extinção, ou dos serviços integrador, reestruturado ou objecto de racionalização de efectivos, nos demais casos.

6 – Às decisões sobre a denúncia do contrato previstas na alínea b) do n.º 1 é aplicável, com as necessárias adaptações, o disposto no n.º 6 do artigo 13.º

7 – Quando não houver reestruturação de um serviço ou racionalização de efectivos mas ocorrer fim da utilização de bens imóveis arrendados, é aplicável o disposto nos n.ºs 3 a 6.

Artigo 16.°
Bens móveis

1 – Os bens móveis dos serviços que sejam objecto de extinção são afectos à secretaria-geral do respectivo ministério, à qual compete proceder à aplicação do disposto no artigo 6.° do Decreto-Lei n.° 307/94, de 21 de Dezembro, e na Portaria n.° 1152-A/94, de 27 de Dezembro.

2 – No caso de fusão, aos bens móveis é dado o destino previsto na alínea *a*) do n.° 2 do artigo 13.° ou, se a condição nela indicada não se verificar, o previsto no número anterior.

3 – No caso de reestruturação que envolva o fim da utilização de bens móveis, é aplicável, com as necessárias adaptações, o disposto no número anterior.

Artigo 17.°
Veículos

1 – No caso de extinção, os veículos afectos ao serviço extinto são reafectos à secretaria-geral do respectivo ministério para utilização, nos termos do artigo 6.° do Decreto-Lei n.° 50/78, de 28 de Março.

2 – No caso de fusão, aos veículos é dado o destino previsto na alínea *a*) do n.° 2 do artigo 13.° ou, se a condição nela indicada não se verificar, o previsto no número anterior.

3 – No caso de reestruturação ou de racionalização de efectivos que envolvam o fim da utilização de veículos, é aplicável, com as necessárias adaptações, o disposto no número anterior.

4 – As reafectações referidas nos números anteriores são comunicadas à competente entidade do Ministério das Finanças e da Administração Pública.

Artigo 18.°
Bibliotecas, centros de documentação e arquivos

1 – As bibliotecas, centros de documentação e arquivos existentes em serviços extintos têm o destino que lhes seja fixado pelo secretário-geral do respectivo ministério, atenta a sua natureza e tendo em conta as

condições oferecidas para a sua conservação e utilização, sem prejuízo do respeito pela legislação aplicável.

2 – No caso de fusão, às bibliotecas, centros de documentação e arquivos é dado o destino previsto na alínea

a) do n.º 2 do artigo 13.º ou, se a condição nela indicada não se verificar, o previsto no número anterior.

3 – No caso de reestruturação que envolva o fim da utilização de bibliotecas, centros de documentação ou arquivos, é aplicável, com as necessárias adaptações, o disposto no número anterior.

4 – Em qualquer caso, os processos individuais dos trabalhadores são remetidos aos serviços a que sejam afectos.

5 – No caso de transferência de arquivos para cuja consulta seja necessário equipamento adequado existente no serviço extinto, tal equipamento é juntamente transferido.

ARTIGO 19.º
Fim da reafectação de recursos financeiros

A reafectação de recursos financeiros aos orçamentos de serviços e de ministérios prevista no presente capítulo deve prioritariamente destinar--se a investimento ou ao suporte de mecanismos que traduzam o reconhecimento pelos resultados obtidos na prossecução dos objectivos fixados aos serviços ou aos respectivos trabalhadores.

CAPÍTULO V
Disposições finais e transitórias

ARTIGO 20.º
Outras reafectações

Os diplomas que determinem a extinção, fusão ou reestruturação de serviços podem consagrar, quando necessário, outras regras de sucessão de direitos e obrigações e de reafectação de recursos que não estejam previstas no presente decreto-lei.

ARTIGO 21.º
Alteração à Lei n.º 3/2004, de 15 de Janeiro

O artigo 16.º da Lei n.º 3/2004, de 15 de Janeiro, passa a ter a seguinte redacção:

«Artigo 16.º
[...]
1 – A reestruturação, a fusão e a extinção de institutos públicos são objecto de diploma de valor igual ou superior ao da sua criação.
2 – . . . .»

ARTIGO 22.º
Norma revogatória

São revogados:

a) Os artigos 4.º e 5.º do Decreto-Lei n.º 193/2002, de 25 de Setembro;
b) O n.º 7 do artigo 36.º da Lei n.º 3/2004, de 15 de Janeiro;
c) A alínea *b)* do n.º 1 do artigo 24.º e o n.º 3 do artigo 25.º da Lei n.º 4/2004, de 15 de Janeiro;
d) O n.º 2 do artigo 18.º da Lei n.º 23/2004, de 22 de Junho.

ARTIGO 23.º
Entrada em vigor

1 – Sem prejuízo do disposto no número seguinte, o presente decreto-lei entra em vigor no dia seguinte ao da sua publicação.
2 – O n.º 3 do artigo 11.º entra em vigor em 1 de Janeiro de 2007.

Visto e aprovado em Conselho de Ministros de 29 de Junho de 2006. – *José Sócrates Carvalho Pinto de Sousa – Fernando Teixeira dos Santos.*

Promulgado em 3 de Outubro de 2006.

Publique-se.

O Presidente da República, ANÍBAL CAVACO SILVA.

Referendado em 6 de Outubro de 2006.

O Primeiro-Ministro, *José Sócrates Carvalho Pinto de Sousa.*

LEI N.º 53/2006, DE 7 DE DEZEMBRO

Estabelece o regime comum de mobilidade entre serviços dos funcionários e agentes da Administração Pública visando o seu aproveitamento racional

A Assembleia da República decreta, nos termos da alínea c) do artigo 161.º da Constituição, o seguinte:

CAPÍTULO I
Objecto, âmbito e instrumentos de mobilidade

ARTIGO 1.º
Objecto

1 – A presente lei estabelece o regime comum de mobilidade entre serviços dos funcionários e agentes da Administração, visando o seu aproveitamento racional.

2 – O disposto no número anterior não prejudica a vigência dos instrumentos e normativos específicos de mobilidade aplicáveis a corpos especiais, a carreiras de regime especial e a pessoal que exerça funções nos serviços periféricos externos do Estado.

ARTIGO 2.º
Âmbito de aplicação

1 – A presente lei aplica-se a todos os serviços da administração directa e indirecta do Estado, com excepção das entidades públicas empresariais.

2 – Aos serviços periféricos externos do Estado são apenas aplicáveis as disposições da presente lei relativas a instrumentos de mobilidade geral.

3 – A presente lei aplica-se aos serviços da administração regional e autárquica, com excepção das respectivas entidades públicas empresariais, directa e imediatamente no que respeita ao reinício de funções em serviço de pessoal colocado em situação de mobilidade especial e mediante adaptação por diplomas próprios nas restantes matérias.

ARTIGO 3.º
Instrumentos de mobilidade

(Revogado)[1].

CAPÍTULO II
Mobilidade geral

ARTIGO 4.º
Transferência

(Revogado)[2].

---

[1] Revogado pelo n.º 4 do artigo 32.º da Lei n.º 64-A/2008, de 31 de Dezembro.
[2] Revogado pelo n.º 4 do artigo 32.º da Lei n.º 64-A/2008, de 31 de Dezembro.

Lei n.º 53/2006, de 7 de Dezembro

Artigo 5.º
Permuta

(Revogado)[3].

Artigo 6.º
Requisição e destacamento

(Revogado)[4].

Artigo 7.º
Recusa de transferência ou requisição

(Revogado)[5].

Artigo 8.º
Afectação específica

(Revogado)[6].

Artigo 9.º
Cedência especial

(Revogado)[7].

---

[3] Revogado pelo n.º 4 do artigo 32.º da Lei n.º 64-A/2008, de 31 de Dezembro.
[4] Revogado pelo n.º 4 do artigo 32.º da Lei n.º 64-A/2008, de 31 de Dezembro.
[5] Revogado pelo n.º 4 do artigo 32.º da Lei n.º 64-A/2008, de 31 de Dezembro.
[6] Revogado pelo n.º 4 do artigo 32.º da Lei n.º 64-A/2008, de 31 de Dezembro.
[7] Revogado pelo n.º 4 do artigo 32.º da Lei n.º 64-A/2008, de 31 de Dezembro.

538   *Regime do Contrato de Trabalho em Funções Públicas*

ARTIGO 10.º
Extensão do âmbito da cedência especial

(Revogado)[8].

CAPÍTULO III
Mobilidade especial

SECÇÃO I
Procedimentos geradores dos instrumentos de mobilidade especial

ARTIGO 11.º
Enumeração

1 – O pessoal que tenha a qualidade de funcionário ou agente dos serviços que sejam objecto de extinção, fusão e reestruturação ou de racionalização de efectivos pode ser mantido no respectivo serviço, sujeito a instrumentos de mobilidade ou colocado em situação de mobilidade especial, de acordo com os seguintes procedimentos:

a) Em caso de extinção;
b) Em caso de fusão;
c) Em caso de reestruturação;
d) Em caso de racionalização de efectivos.

2 – O disposto no número anterior é igualmente aplicável quando o objecto das modalidades de reorganização de serviços sejam subunidades orgânicas que se integrem em serviço ou dele dependam, estabelecimentos públicos periféricos sem personalidade jurídica e, no caso de racionalização de efectivos, os recursos humanos integrados no mesmo grupo de pessoal, na mesma carreira ou na mesma área funcional.

---

[8] Revogado pelo n.º 4 do artigo 32.º da Lei n.º 64-A/2008, de 31 de Dezembro.

Lei n.º 53/2006, de 7 de Dezembro 539

3 – Para efeitos do presente capítulo, considera-se «serviço integrador» aquele que integre atribuições ou competências transferidas de outro serviço ou pessoal que, por mobilidade especial, lhe é reafecto.

4 – Nos casos previstos nos n.ᵒˢ 1 e 2 e durante o decurso dos respectivos processos, o regime da colocação em situação de mobilidade especial constante da presente secção não impede a opção voluntária por essa situação desde que obtida a anuência do dirigente máximo do serviço.

5 – Fora dos casos previstos nos n.ᵒˢ 1 e 2 pode ser proferido despacho pelos membros do Governo responsáveis pelas finanças e pela Administração Pública, publicado no Diário da República, definindo, por períodos temporais, os grupos de pessoal, carreiras ou categorias e escalões etários do pessoal que pode solicitar colocação em situação de mobilidade especial.

ARTIGO 12.º
Procedimento em caso de extinção

1 – O procedimento regulado no presente artigo aplica-se aos casos de extinção de serviços.

2 – No decurso do processo de extinção decorre igualmente o período de mobilidade voluntária do pessoal, durante o qual não podem ser recusados os pedidos de mobilidade geral formulados por outros serviços.

3 – Para apoio à mobilidade voluntária referida no número anterior a lista do pessoal do serviço extinto é publicada, por determinação do seu dirigente máximo, na bolsa de emprego público (BEP) até cinco dias úteis após o início do processo.

4 – A mobilidade voluntária relativamente ao pessoal seleccionado para execução das actividades do serviço extinto que devam ser asseguradas até à extinção produz efeitos na data em que se conclua o respectivo processo.

5 – Sem prejuízo do disposto nos números anteriores, o pessoal que exerça funções no serviço extinto em regime de comissão de serviço, comissão de serviço extraordinária, requisição, destacamento ou de outro instrumento de mobilidade geral, a título transitório, regressa ao serviço de origem ou cessa funções, conforme o caso, na data da conclusão do processo.

6 – O pessoal do serviço extinto que exerça funções noutro serviço num dos regimes referidos no número anterior mantém-se no exercício dessas funções, excepto se também este serviço tiver sido extinto ou nele

540 *Regime do Contrato de Trabalho em Funções Públicas*

tiver sido sujeito a instrumento de mobilidade ou colocado em situação de mobilidade especial.

7 – O pessoal do serviço extinto que se encontre em qualquer situação de licença sem vencimento mantém-se nessa situação, aplicando-se-lhe o respectivo regime e sendo colocado em situação de mobilidade especial quando cessar a licença.

8 – Concluído o processo de extinção, o membro do Governo aprova, por despacho publicado no Diário da República, a lista nominativa do pessoal que, não tendo obtido colocação nos termos do n.º 2 nem se encontrando nas situações previstas nos n.ᵒˢ 5 e 6, é colocado em situação de mobilidade especial, a qual produz efeitos, sem prejuízo do disposto no número anterior, à data daquela conclusão.

9 – O exercício de funções, nos termos do n.º 6, que se tenha iniciado antes da publicação do diploma que tenha determinado a extinção do serviço de origem implica o provimento automático, por opção do interessado, em lugar vago ou a criar e a extinguir quando vagar do quadro de pessoal do serviço onde exerce funções, com a natureza do vínculo e na carreira, categoria, escalão e índice que o funcionário ou agente detinha no serviço extinto, excepto quando, entretanto, tenha sido integrado por tempo indeterminado em outro serviço.[9]

10 – Em caso de impossibilidade legal de aplicação do disposto no número anterior, pode o interessado optar pelo seu provimento automático em idênticas condições às ali previstas no quadro de pessoal da secretaria-geral ou departamento governamental de recursos humanos do ministério em que o serviço extinto se integrava.

11 – O disposto nos n.ᵒˢ 9 e 10 é apenas aplicável quando o quadro de pessoal do serviço preveja a carreira e a categoria que o funcionário ou agente detinha no serviço extinto.

12 – Em caso contrário, por opção do interessado, o provimento automático opera-se em lugar vago ou a criar e a extinguir quando vagar de carreira prevista no quadro de pessoal do serviço compatível com as habilitações literárias e profissionais do funcionário ou agente, sendo este posicionado na categoria, escalão e índice determinados nos termos da lei geral.

13 – Sem prejuízo do disposto na alínea b) do n.º 8 do artigo 6.º, quando não seja exercida qualquer das opções previstas nos números ante-

---

[9] Redacção dada pela Lei n.º 11/2008, de 20 de Fevereiro.

Lei n.º 53/2006, de 7 de Dezembro 541

riores, bem como quando o exercício de funções nos termos do n.º 6 se tenha iniciado após a publicação do diploma que tenha determinado a extinção do serviço de origem, o funcionário ou agente é colocado, no termo do exercício transitório de funções, em situação de mobilidade especial.[10]

14 – Sem prejuízo da aplicação do disposto nos n.ºs 9 a 12 do artigo anterior, o pessoal do serviço extinto que se manteve em exercício de funções em comissão de serviço ou através de outro instrumento de mobilidade, ao abrigo da Lei n.º 2/2004, de 15 de Janeiro, alterada pela Lei n.º 51/2005, de 30 de Agosto, ou do Decreto-Lei n.º 262/88, de 23 de Julho, e que cesse essa mesma comissão de serviço ou esse outro instrumento de mobilidade deve ser reafecto ao serviço integrador, para o qual foram transferidas as atribuições a que o funcionário esteve por último afecto[11].

ARTIGO 13.º
Procedimento em caso de fusão

1 – O procedimento regulado no presente artigo aplica-se aos casos de fusão de serviços.

2 – O diploma que determina ou concretiza a fusão fixa os critérios gerais e abstractos de selecção do pessoal necessário à prossecução das atribuições ou ao exercício das competências transferidas e que deve ser reafecto ao serviço integrador.

3 – Com a entrada em vigor do diploma orgânico do serviço integrador inicia-se o procedimento de reafectação de pessoal, devendo o dirigente máximo do serviço integrador, ouvido o dirigente máximo do serviço extinto, elaborar:

a) Lista de actividades e procedimentos que devem ser assegurados para a prossecução e o exercício das atribuições e competências a transferir e para a realização de objectivos, em conformidade com as disponibilidades orçamentais existentes;

b) Lista dos postos de trabalho necessários para assegurar as actividades e procedimentos referidos na alínea anterior, por subunidade orgânica ou estabelecimento público periférico sem

---

[10] Redacção dada pela Lei n.º 11/2008, de 20 de Fevereiro.
[11] Redacção dada pela Lei n.º 64-A/2008, de 31 de Dezembro.

personalidade jurídica, quando se justifique, identificando a carreira e as áreas funcional, habilitacional e geográfica, quando necessárias, com a respectiva fundamentação e em conformidade com as disponibilidades orçamentais existentes;

c) Mapa comparativo entre o número de efectivos existentes no serviço extinto, o número dos efectivos anteriormente afectos à prossecução das atribuições ou ao exercício das competências transferidas e o número de postos de trabalho referido na alínea anterior.

4 – As listas e o mapa referidos no número anterior são apresentados, para aprovação, ao membro do Governo de que dependa o serviço integrador, bem como aos membros do Governo responsáveis pelas finanças e pela Administração Pública.

5 – As listas referidas nos números anteriores, após aprovação, são publicitadas em locais próprios do serviço que se extingue, após o que se iniciam as operações de selecção do pessoal a reafectar quando o número de postos de trabalho seja inferior ao número dos efectivos anteriormente afectos à prossecução das atribuições ou ao exercício das competências transferidas.

6 – Para selecção do pessoal a reafectar aplicam-se os métodos referidos nos artigos 16.º a 18.º

7 – O pessoal a reafectar, seleccionado, quando necessário, pelas operações e métodos referidos nos números anteriores, é reafecto ao serviço integrador com efeitos à data que seja fixada no despacho do dirigente máximo desse serviço que proceda à reafectação.

8 – O pessoal que exerça funções no serviço extinto, em regime de comissão de serviço, comissão de serviço extraordinária, requisição, destacamento ou de outro instrumento de mobilidade geral, a título transitório, quando não seja reafecto nos termos do número anterior regressa ao serviço de origem ou cessa funções, conforme o caso, na data fixada naquele número.

9 – O pessoal do serviço extinto que exerça funções noutro serviço num dos regimes referidos no número anterior mantém-se no exercício dessas funções, excepto se também este serviço tiver sido extinto ou nele tiver sido sujeito a instrumento de mobilidade ou colocado em situação de mobilidade especial.

10 – O pessoal do serviço extinto que se encontre em qualquer situação de licença sem vencimento mantém-se nessa situação, aplicando-se-

Lei n.° 53/2006, de 7 de Dezembro 543

-lhe o respectivo regime e sendo colocado em situação de mobilidade especial quando cessar a licença.

11 – O pessoal do serviço extinto que, cumulativamente, não seja reafecto nos termos do n.° 7 e não se inclua no disposto nos n.ᵒˢ 8 e 9 é colocado em situação de mobilidade especial, por lista nominativa aprovada pelo dirigente referido no n.° 7 ou pelo dirigente máximo responsável pela coordenação do processo, conforme os casos, a publicar no Diário da República, a qual produz efeitos, sem prejuízo do disposto no número anterior, à data da reafectação do restante pessoal ao serviço integrador.

12 – Após a reafectação referida no n.° 7, o procedimento referido no artigo 15.° pode ser aplicado ao restante pessoal do serviço integrador.

13 – É correspondentemente aplicável o disposto nos n.ᵒˢ 9 a 13 do artigo anterior.

ARTIGO 14.°
Procedimento em caso de reestruturação

1 – O procedimento regulado nos n.ᵒˢ 2 a 6 aplica-se aos casos de reestruturação de serviços sem transferência de atribuições ou competências.

2 – Com a entrada em vigor do acto que procede à reestruturação o dirigente máximo do serviço elabora:

a) Lista de actividades e procedimentos que devem ser assegurados para a prossecução e o exercício das atribuições e competências e para a realização de objectivos, em conformidade com as disponibilidades orçamentais existentes;

b) Lista dos postos de trabalho necessários para assegurar as actividades e procedimentos referidos na alínea anterior, por subunidade orgânica ou estabelecimento público periférico sem personalidade jurídica, quando se justifique, identificando a carreira e as áreas funcional, habilitacional e geográfica, quando necessárias, com a respectiva fundamentação e em conformidade com as disponibilidades orçamentais existentes;

c) Mapa comparativo entre o número de efectivos existentes no serviço e o número de postos de trabalho referido na alínea anterior.

544   *Regime do Contrato de Trabalho em Funções Públicas*

3 – As listas e o mapa referidos no número anterior são apresentados, para aprovação, ao membro do Governo de que dependa o serviço, bem como aos membros do Governo responsáveis pelas finanças e pela Administração Pública.

4 – Quando o número de postos de trabalho seja inferior ao número de efectivos existentes no serviço há lugar à colocação de pessoal em situação de mobilidade especial.

5 – Para efeitos do número anterior, inclui-se nos efectivos existentes no serviço o pessoal que aí exerça funções a qualquer dos títulos referidos no n.º 8 do artigo anterior, deles se excluindo o pessoal mencionado nos n.ᵒˢ 9 e 10 do mesmo artigo.

6 – Para selecção do pessoal a colocar em situação de mobilidade especial aplicam-se os métodos referidos nos artigos 16.º a 18.º

7 – O procedimento regulado nos números seguintes aplica-se aos casos de reestruturação de serviços com transferência de atribuições ou competências para serviços diferentes.

8 – O diploma que determina ou concretiza a reestruturação fixa os critérios gerais e abstractos de selecção do pessoal necessário à prossecução das atribuições ou ao exercício das competências transferidas e que deve ser reafecto ao serviço integrador.

9 – Com a entrada em vigor do diploma orgânico do serviço integrador inicia-se o procedimento de reafectação de pessoal, devendo o dirigente máximo do serviço integrador, ouvido o dirigente máximo do serviço reestruturado, elaborar:

a) Lista de actividades e procedimentos que devem ser assegurados para a prossecução e o exercício das atribuições e competências a transferir e para a realização de objectivos, em conformidade com as disponibilidades orçamentais existentes;

b) Lista dos postos de trabalho necessários para assegurar as actividades e procedimentos referidos na alínea anterior, por subunidade orgânica ou estabelecimento público periférico sem personalidade jurídica, quando se justifique, identificando a carreira e as áreas funcional, habilitacional e geográfica, quando necessárias, com a respectiva fundamentação e em conformidade com as disponibilidades orçamentais existentes;

c) Mapa comparativo entre o número de efectivos existentes no serviço reestruturado, o número dos efectivos anteriormente

Lei n.º 53/2006, de 7 de Dezembro 545

afectos à prossecução das atribuições ou ao exercício das competências transferidas e o número de postos de trabalho referido na alínea anterior.

10 – As listas e o mapa referidos no número anterior são apresentados, para aprovação, ao membro do Governo de que dependa o serviço integrador, bem como aos membros do Governo responsáveis pelas finanças e pela Administração Pública.

11 – As listas referidas nos números anteriores, após aprovação, são publicitadas em locais próprios do serviço reestruturado, após o que se iniciam as operações de selecção do pessoal a reafectar quando o número de postos de trabalho seja inferior ao número dos efectivos anteriormente afectos à prossecução das atribuições ou ao exercício das competências transferidas.

12 – Para selecção do pessoal a reafectar aplicam-se os métodos referidos nos artigos 16.º a 18.º

13 – O pessoal a reafectar, seleccionado, quando necessário, pelas operações e métodos referidos nos números anteriores, é reafecto ao serviço integrador com efeitos à data que seja fixada no despacho conjunto dos dirigentes máximos dos serviços integrador e reestruturado que proceda à reafectação.

14 – Após a reafectação, o procedimento referido no artigo seguinte pode ser aplicado ao restante pessoal do serviço reestruturado, bem como ao do serviço integrador.

Artigo 15.º
Procedimento em caso de racionalização de efectivos

1 – O procedimento regulado no presente artigo aplica-se aos casos de racionalização de efectivos.

2 – Com a entrada em vigor da decisão que determina a racionalização de efectivos, o dirigente máximo do serviço elabora:

a) Lista de actividades e procedimentos que devem ser assegurados para a prossecução e o exercício das atribuições e competências e para a realização de objectivos, em conformidade com as disponibilidades orçamentais existentes;

546   *Regime do Contrato de Trabalho em Funções Públicas*

b) Lista dos postos de trabalho necessários para assegurar as actividades e procedimentos referidos na alínea anterior, por subunidade orgânica ou estabelecimento público periférico sem personalidade jurídica, quando se justifique, identificando a carreira e as áreas funcional, habilitacional e geográfica, quando necessárias, com a respectiva fundamentação e em conformidade com as disponibilidades orçamentais existentes;

c) Mapa comparativo entre o número de efectivos existentes no serviço e o número de postos de trabalho referido na alínea anterior.

3 – As listas e o mapa referidos no número anterior são apresentados, para aprovação, ao membro do Governo de que dependa o serviço, bem como aos membros do Governo responsáveis pelas finanças e pela Administração Pública.

4 – Quando o número de postos de trabalho seja inferior ao número de efectivos existentes no serviço, há lugar à colocação de pessoal em situação de mobilidade especial.

5 – Para efeitos do número anterior, inclui-se nos efectivos existentes no serviço o pessoal que aí exerça funções a qualquer um dos títulos referidos no n.º 8 do artigo 13.º, deles se excluindo o pessoal mencionado nos n.ºs 9 e 10 do mesmo artigo.

6 – No caso referido no n.º 4, a aprovação dos membros do Governo referida no n.º 3 equivale ao acto de reconhecimento de que o pessoal que está afecto ao serviço é desajustado face às suas necessidades permanentes ou à prossecução de objectivos.

7 – Para selecção do pessoal a colocar em situação de mobilidade especial aplicam-se os métodos referidos nos artigos 16.º a 18.º

ARTIGO 16.º
Métodos de selecção

1 – Para selecção do pessoal a reafectar ou a colocar em situação de mobilidade especial, aplica-se um dos seguintes métodos:

a) Avaliação do desempenho;

b) Avaliação profissional.

Lei n.º 53/2006, de 7 de Dezembro 547

2 – A aplicação de um dos métodos referidos no número anterior é feita de acordo com os seguintes critérios:

a) Quando o pessoal da mesma carreira tenha sido objecto de avaliação, no último ano em que esta tenha tido lugar, através do mesmo sistema de avaliação do desempenho, aplica-se o método referido na alínea a) do número anterior;
b) Quando o pessoal da mesma carreira tenha sido objecto de avaliação, no último ano em que esta tenha tido lugar, através de diferentes sistemas de avaliação do desempenho, aplica-se o método referido na alínea b) do número anterior.

3 – O procedimento de selecção é aberto por despacho do dirigente responsável pelo processo de reorganização, o qual fixa o universo de pessoal a ser abrangido e o seu âmbito de aplicação por carreira e por áreas funcional, habilitacional e geográfica, bem como os prazos para a sua condução e conclusão, sendo publicitado em locais próprios do serviço onde o pessoal exerça funções.

4 – Fixados os resultados finais da aplicação dos métodos referidos no n.º 1, são elaboradas listas nominativas, por ordem decrescente de resultados.

5 – Em caso de empate, o pessoal é ordenado em função da antiguidade, sucessivamente, na carreira e na função pública, da maior para a menor antiguidade.

6 – A identificação e ordenação do pessoal são feitas em função do âmbito fixado nos termos do n.º 3, distinguindo as situações de funcionário e de agente.

7 – O resultado final de cada funcionário e agente e o seu posicionamento na respectiva lista são-lhes dados a conhecer por documento escrito.

8 – A reafectação de pessoal segue a ordem constante das listas, começando-se pelas relativas aos funcionários e, esgotadas estas, recorrendo-se às dos agentes, por forma que o número de efectivos que sejam reafectos corresponda ao número de postos de trabalho identificados.

9 – A colocação de pessoal em situação de mobilidade especial segue a ordem inversa à constante das listas, começando-se pelas relativas aos agentes e, esgotadas estas, recorrendo-se às dos funcionários, por forma que o número de efectivos que se mantêm em exercício de funções corresponda ao número de postos de trabalho identificados.

Artigo 17.º
Aplicação do método de avaliação do desempenho

A aplicação do método de avaliação do desempenho é feita, independentemente da categoria do pessoal, nos seguintes termos:

a) Recorrendo à última classificação qualitativa atribuída e, em caso de igualdade, à classificação quantitativa;
b) Em caso de empate, recorrendo, sucessivamente, à classificação atribuída nos anos anteriores, incluindo, se necessário, a obtida em diferente categoria ou carreira ou através de diferente sistema de avaliação do desempenho, operando-se, neste caso, as equivalências necessárias, nos termos da legislação geral sobre avaliação do desempenho.

Artigo 18.º
Aplicação do método de avaliação profissional

1 – A aplicação do método de avaliação profissional é feita, independentemente da categoria do pessoal, com o objectivo de determinar o nível de adequação das suas características e qualificações profissionais às exigências inerentes à prossecução das atribuições e ao exercício das competências do serviço, bem como aos correspondentes postos de trabalho.

2 – O nível de adequação referido no número anterior é determinado pela avaliação, numa escala de 0 a 10 valores, dos seguintes factores:

a) Nível de conhecimentos profissionais relevantes para os postos de trabalho em causa;
b) Nível de experiência profissional relevante para os postos de trabalho em causa.

3 – A avaliação dos factores referidos no número anterior tem por base a audição do funcionário ou agente e a análise do seu currículo e do respectivo desempenho profissional efectuadas pelos dois superiores hierárquicos imediatos anteriores ao início do procedimento.

4 – O despacho referido no n.º 3 do artigo 16.º pode determinar que a avaliação dos factores referidos no n.º 2 se realize, conjuntamente

Lei n.º 53/2006, de 7 de Dezembro   549

ou não, através da prestação de provas, podendo ainda fixar escalas de valores e formas de cálculo da pontuação final diferentes das previstas nos n.ºˢ 2 e 7.

5 – No caso previsto na primeira parte do número anterior não é aplicável o disposto no n.º3.

6 – Pode ainda integrar a avaliação referida no n.º 2 o nível de adaptação aos postos de trabalho em causa, demonstrada através da realização de provas adequadas ao conteúdo funcional da carreira.

7 – O nível de adequação exprime-se numa pontuação final que resulta da média aritmética simples dos valores atribuídos aos factores indicados nos n.ºˢ 2 e 6.

8 – A pontuação final está sujeita a aprovação pelo dirigente responsável pelo processo de reorganização ou pelo titular de cargo de direcção superior de 2.º grau em quem delegue.

ARTIGO 19.º
Forma de colocação em situação de mobilidade especial

1 – Sem prejuízo do disposto nos n.ºˢ 7, 8 e 13 do artigo 12.º e nos n.ºˢ 10, 11 e 13 do artigo 13.º, a colocação em situação de mobilidade especial faz-se por lista nominativa que indique o vínculo, carreira, categoria, escalão e índice dos funcionários ou agentes, aprovada por despacho do dirigente responsável pelo processo de reorganização, a publicar no Diário da República.

2 – Sem prejuízo das disposições legais ressalvadas no número anterior, a lista nominativa produz efeitos no dia seguinte ao da sua publicação.

ARTIGO 20.º
Relevância da categoria

A referência a carreira constante da presente secção é substituída por referência a categoria quando a cada uma das categorias da carreira corresponda, legalmente, um número determinado de efectivos.

SECÇÃO II
Reafectação

Artigo 21.º
Regime

1 – A reafectação consiste na integração de funcionário ou agente em outro serviço, a título transitório ou por tempo indeterminado, neste caso em lugar vago ou a criar e a extinguir quando vagar, nos termos previstos nos artigos 13.º e 14.º

2 – A reafectação é feita sem alteração de vínculo e, sendo o caso, de instrumento de mobilidade ao abrigo do qual o funcionário ou agente exercia transitoriamente funções, operando-se para a mesma carreira, categoria e escalão.

SECÇÃO III
Enquadramento do pessoal em situação de mobilidade especial

Artigo 22.º
Processo

O pessoal colocado em situação de mobilidade especial enquadra-se num processo que compreende as seguintes fases:

a) Fase de transição;
b) Fase de requalificação;
c) Fase de compensação.

Artigo 23.º
Fase de transição

1 – A fase de transição decorre durante o prazo de 60 dias, seguidos ou interpolados, após a colocação do funcionário ou agente em situação de mobilidade especial.

Lei n.° 53/2006, de 7 de Dezembro 551

2 – A fase de transição destina-se a permitir que o funcionário ou agente reinicie funções, nos termos da presente lei, sem necessidade de proceder à frequência de acções de formação profissional que o habilitem a esse reinício.

3 – Durante a fase de transição o funcionário ou agente mantém a remuneração base mensal correspondente à categoria, escalão e índice detidos no serviço de origem.

4 – O disposto no n.° 2 não impede que, por sua iniciativa, por indicação da entidade gestora da mobilidade ou no âmbito de procedimento de selecção para reinício de funções, o funcionário ou agente frequente acções de formação profissional.

5 – A frequência de acções de formação profissional por iniciativa da Administração Pública constitui encargo desta.

ARTIGO 24.°
Fase de requalificação

1 – A fase de requalificação decorre durante o prazo de 10 meses, seguidos ou interpolados, após terminada a fase de transição.

2 – A fase de requalificação destina-se a reforçar as capacidades profissionais do funcionário ou agente, criando melhores condições de empregabilidade e de reinício de funções e podendo envolver, ouvido o interessado, a identificação das suas capacidades, motivações e vocações, a orientação profissional, a elaboração e execução de um plano de requalificação, incluindo acções de formação profissional, a avaliação dos resultados obtidos e o apoio ao reinício de funções.

3 – Sem prejuízo do disposto no n.° 5, durante a fase de requalificação o funcionário ou agente aufere remuneração no valor de cinco sextos da remuneração base mensal correspondente à categoria, escalão e índice detidos no serviço de origem.

4 – A frequência de acções de formação profissional deve corresponder a necessidades identificadas por serviços e, preferencialmente, inserir-se em procedimentos concretos de selecção para reinício de funções em serviço.

5 – A frequência de acções de formação profissional, após selecção e como condição para reinício de funções, confere direito, durante o seu decurso, à remuneração base mensal correspondente à categoria,

escalão e índice detidos no serviço de origem, acrescida de subsídio de refeição.

6 – É correspondentemente aplicável o disposto no n.º 5 do artigo anterior.

ARTIGO 25.º
Fase de compensação

1 – A fase de compensação decorre por tempo indeterminado, após terminada a fase de requalificação.

2 – A fase de compensação destina-se a apoiar o funcionário ou agente cujo reinício de funções não tenha ocorrido em fases anteriores, podendo envolver a frequência de acções de formação profissional, em especial se inseridas em procedimentos concretos de selecção para reinício de funções em serviço.

3 – Durante a fase de compensação o funcionário ou agente aufere remuneração no valor de quatro sextos da remuneração base mensal correspondente à categoria, escalão e índice detidos no serviço de origem.

4 – É correspondentemente aplicável o disposto no n.º 5 do artigo 23.º e no n.º 5 do artigo anterior.

ARTIGO 26.º
Cessação e suspensão do processo

1 – O processo previsto na presente secção cessa relativamente a cada funcionário ou agente colocado em situação de mobilidade especial quando:

a) Reinicie o exercício de funções em qualquer serviço por tempo indeterminado;
b) Se aposente;
c) Se desvincule voluntariamente da Administração Pública;
d) Sofra uma pena disciplinar expulsiva da Administração Pública.

2 – O processo previsto na presente secção suspende-se relativa-

mente a cada funcionário ou agente colocado em situação de mobilidade especial quando:

a) Reinicie o exercício de funções a título transitório em qualquer das modalidades previstas na secção VI;
b) Reinicie o exercício de funções em cargo ou função que, legalmente, só possam ser exercidos transitoriamente;
c) Passe a qualquer situação de licença sem vencimento.

3 – Quando cesse qualquer das situações previstas no número anterior, o funcionário ou agente é recolocado na fase e no momento do processo em que se encontrava quando a iniciou, excepto quando, entretanto, tenha sido integrado em serviço.

SECÇÃO IV
Complexo jurídico-funcional do pessoal em situação de mobilidade especial

Artigo 27.º
Princípios

1 – O pessoal em situação de mobilidade especial mantém, sem prejuízo de ulteriores alterações, a natureza do vínculo, carreira, categoria, escalão e índice detidos, no serviço de origem, à data da colocação naquela situação.

2 – Para efeitos do disposto no número anterior, não são considerados os cargos, categorias ou funções exercidos a título transitório, designadamente em regimes de comissão de serviço, de requisição, de afectação específica e de estágio de ingresso em carreira, bem como em comissão de serviço extraordinária em serviços em regime de instalação e em substituição.

3 – O pessoal em situação de mobilidade especial não perde essa qualidade quando exerça funções a título transitório, designadamente através dos instrumentos aplicáveis de mobilidade geral, em qualquer das modalidades previstas na secção VI ou em cargo ou função que, legalmente, só possam ser exercidos transitoriamente.

Artigo 28.º
Direitos do pessoal nas fases de transição e de requalificação

1 – Nas fases de transição e de requalificação, o pessoal em situação de mobilidade especial que não se encontre no exercício de funções goza dos direitos previstos nos números seguintes.

2 – O pessoal referido no número anterior tem direito:

a) À remuneração mensal fixada nos termos da secção anterior e do artigo 31.º;

b) Aos subsídios de Natal e de férias calculados com base na remuneração a que tiver direito;

c) Às prestações familiares, nos termos legais aplicáveis;

d) A férias e licenças, nos termos legais aplicáveis;

e) À protecção social, nela se incluindo as regalias concedidas pelos serviços sociais na Administração Pública e os benefícios da ADSE ou de outros subsistemas de saúde, nos termos legais aplicáveis;

f) De apresentação a concurso para provimento em cargo, categoria ou carreira para que reúna os requisitos legalmente fixados;

g) À frequência de cursos de formação profissional;

h) A apoio para futuro encaminhamento profissional para o mercado de trabalho privado.

3 – O tempo de permanência em situação de mobilidade especial, para além de considerado para efeitos de aposentação, é-o para efeitos de antiguidade na função pública, na carreira e na categoria.

4 – Para efeitos de desconto de quota para a Caixa Geral de Aposentações e de cálculo da pensão de aposentação ou de sobrevivência, considera-se a remuneração auferida pelo funcionário ou agente nos termos da alínea a) do n.º 2, excepto se optar pelo desconto e cálculo relativos à remuneração, relevante para aqueles efeitos, que auferiria se se encontrasse no exercício de funções.

5 – O pessoal referido no n.º 1 tem direito a requerer, a qualquer momento, a sua passagem a qualquer das fases seguintes.

6 – O pessoal em situação de mobilidade especial que se encontre a exercer funções a título transitório goza dos direitos conferidos ao pessoal

Lei n.º 53/2006, de 7 de Dezembro 555

com idênticas funções da entidade para a qual presta serviço, bem como, sendo o caso, dos previstos nas alíneas e) a h) do n.º 2 e nos n.ᵒˢ 3 e 5.

ARTIGO 29.º
**Deveres do pessoal nas fases de transição
e de requalificação**

1 – Nas fases de transição e de requalificação, o pessoal em situação de mobilidade especial que não se encontre no exercício de funções está sujeito aos deveres previstos nos números seguintes.

2 – O pessoal referido no número anterior mantém os deveres inerentes ao funcionalismo público, com excepção dos que se relacionem directamente com o exercício de funções.

3 – Ao referido pessoal é vedado o exercício de qualquer actividade profissional remunerada, excepto nas modalidades e condições previstas na secção VI ou quando tenha sido previamente autorizado, nos termos legais aplicáveis.

4 – A violação do disposto no número anterior constitui infracção disciplinar grave, punível com pena de demissão, a aplicar mediante procedimento disciplinar.

5 – O pessoal tem o dever de ser opositor ao procedimento concursal[12] e dele não desistir injustificadamente, desde que se verifiquem cumulativamente as seguintes condições:

a) Seja aberto para categoria não inferior à que detenha no momento da candidatura;
b) Se trate de serviço situado:
 i) No concelho do seu anterior local de trabalho ou da sua residência;
 ii) Em qualquer concelho confinante com os concelhos de Lisboa e do Porto, no caso de neles residir ou de aí se situar o seu anterior local de trabalho; ou
 iii) Em concelho relativamente ao qual se observem as condições previstas no n.º 6 do artigo 4.º, sem prejuízo do disposto no seu n.º 7.

---

[12] Redacção dada pela Lei n.º 64-A/2008, de 31 de Dezembro.

556 *Regime do Contrato de Trabalho em Funções Públicas*

6 – O mesmo pessoal tem igualmente o dever de comparecer à aplicação dos métodos de selecção para reinício de funções para que for convocado, bem como o de frequentar as acções de formação profissional para que for indicado.

7 – Aquele pessoal tem ainda o dever de aceitar o reinício de funções, a qualquer título e em qualquer das modalidades previstas na secção VI, verificadas as condições referidas no n.° 5.

8 – A desistência injustificada do procedimento de selecção ao qual aquele pessoal é opositor obrigatório e a recusa não fundamentada de reinício de funções em serviço determinam, precedendo procedimento simplificado:

a) A redução em 25 pontos percentuais da percentagem aplicada para determinação da remuneração auferida, à data da primeira desistência ou recusa;

b) A passagem à situação de licença sem vencimento de longa duração, à data da segunda desistência ou recusa.

9 – As faltas à aplicação de métodos de selecção para reinício de funções nos termos dos artigos 35.° e 36.° que não sejam justificadas com base no regime de faltas dos funcionários e agentes, as recusas não fundamentadas de reinício de funções em entidades diferentes de serviços ou de frequência de acções de formação profissional, bem como a desistência não fundamentada no decurso destas, determinam, precedendo procedimento simplificado:

a) A redução em 10% da remuneração auferida, à data da primeira falta, recusa ou desistência;

b) A redução em 20% da remuneração auferida, à data da segunda falta, recusa ou desistência;

c) A redução em 30% da remuneração auferida, à data da terceira falta, recusa ou desistência;

d) A passagem à situação de licença sem vencimento de longa duração, à data da quarta falta, recusa ou desistência.

10 – As reduções referidas nos números anteriores produzem efeitos a partir do 1.° dia do mês seguinte àquele em que foram determinadas.

11 – O referido pessoal tem o dever de comunicar ao serviço a que se encontra afecto qualquer alteração relevante da sua situação, desig-

nadamente no que se refere à obtenção de novas habilitações académicas ou qualificações profissionais ou à alteração do seu local de residência permanente.

12 – O pessoal em situação de mobilidade especial que se encontre a exercer funções a título transitório está sujeito aos deveres do pessoal com idênticas funções da entidade para a qual presta serviço, bem como aos previstos nos n.ºs 5 e seguintes, quando sejam susceptíveis de fazer cessar a situação de mobilidade especial.

ARTIGO 30.º
Direitos e deveres do pessoal na fase de compensação

1 – Na fase de compensação, o pessoal em situação de mobilidade especial goza, com as necessárias adaptações, dos direitos previstos no artigo 28.º

2 – Sem prejuízo do disposto nos números seguintes, o referido pessoal está sujeito aos deveres previstos no artigo anterior.

3 – Aquele pessoal pode exercer qualquer actividade profissional remunerada mesmo fora das modalidades e condições previstas na secção VI.

4 – O pessoal está eximido do dever de comparecer à aplicação de métodos de selecção para reinício de funções nos termos dos artigos 35.º e 36.º, bem como do correspectivo dever de aceitar tal reinício.

ARTIGO 31.º
Alteração e garantia da remuneração

1 – A remuneração base mensal considerada para efeitos do cálculo da remuneração prevista nos artigos 23.º a 25.º está sujeita a actualização nos termos em que o seja a remuneração do pessoal em efectividade de serviço.

2 – A remuneração prevista nos artigos 23.º e 24.º, reduzida por aplicação do disposto nos n.ºs 8 e 9 do artigo 29.º, substitui, para efeitos de cálculo da remuneração nas fases seguintes do processo, a remuneração base mensal correspondente à categoria, escalão e índice detidos no serviço de origem.

3 – Em qualquer caso, a remuneração não pode ser inferior ao salário mínimo nacional.

SECÇÃO V
Licença extraordinária

Artigo 32.º
Regime

1 – O pessoal em situação de mobilidade especial que se encontre nas fases de requalificação ou de compensação pode requerer licença extraordinária nos termos dos números seguintes.

2 – A duração da licença é fixada caso a caso, em conformidade com o requerido, não podendo ser inferior a um ano.

3 – Independentemente da sua duração, o funcionário ou agente pode fazer cessar a situação de licença passado o primeiro ano, sendo, nesse caso, colocado na fase de compensação.

4 – Sem prejuízo do disposto nos números seguintes, na situação de licença o pessoal não goza dos direitos e não está sujeito aos deveres previstos, respectivamente, nos artigos 28.º e 29.º

5 – No decurso da licença, o funcionário ou agente tem direito a uma subvenção mensal, abonada 12 vezes por ano, de valor correspondente às seguintes percentagens da remuneração ilíquida que auferiria durante o processo em situação de mobilidade especial se não tivesse requerido a licença:

a) 70% durante os primeiros cinco anos;
b) 60% do 6.º ao 7.º ano;
c) 50% a partir do 11.º ano.

6 – Para efeitos de contagem dos períodos de tempo referidos no número anterior adiciona-se a duração de todas as licenças extraordinárias que o funcionário ou agente tenha gozado.

7 – Se, no momento em que requerer a licença, a remuneração estiver reduzida por aplicação do disposto nos n.ºs 8 a 10 do artigo 29.º, é tomada em conta, apenas durante o período de um ano, para base de cálculo da subvenção mensal.

8 – Na situação de licença, o funcionário ou agente apenas pode exercer qualquer actividade profissional remunerada fora das modalidades previstas nos artigos 33.º a 35.º

Lei n.º 53/2006, de 7 de Dezembro 559

9 – O exercício de qualquer actividade profissional remunerada nas modalidades previstas nos artigos 33.º a 35.º constitui infracção disciplinar grave, punível com pena de demissão, a aplicar mediante procedimento disciplinar.

10 – O exercício de actividade a que se refere o número anterior faz incorrer quem o autorizou em responsabilidade civil e, sendo o caso, disciplinar, constituindo infracção disciplinar grave, punível com pena de demissão ou de cessação da comissão de serviço, ou equiparadas, a aplicar mediante procedimento disciplinar.

11 – Ao pessoal em situação de licença extraordinária é aplicável, para efeitos de protecção social, designadamente de aposentação e de benefícios da ADSE ou de outros subsistemas de saúde, o regime do pessoal em situação de licença sem vencimento de longa duração, podendo, porém, fazer a opção a que se refere a excepção prevista no n.º 4 do artigo 28.º

12 – Ao pessoal que opte voluntariamente pela colocação em situação de mobilidade especial nos termos dos n.ᵒˢ 4 e 5 do artigo 11.º é aplicável o disposto nos números anteriores, com as seguintes alterações:

a) A licença pode ser requerida na fase de transição;

b) Cessada a licença, o funcionário ou agente é colocado na fase e no momento do processo em que se encontrava quando a iniciou;

c) O valor da subvenção mensal corresponde às seguintes percentagens da remuneração ilíquida que o funcionário ou agente auferia à data da licença:

i) 75 % durante os primeiros cinco anos;

ii) 65 % do 6.º ao 10.º anos;

iii) 55 % a partir do 11.º ano;

d) A remuneração ilíquida referida na alínea anterior está sujeita a actualização nos termos em que o seja a remuneração do pessoal em efectividade de serviço;

e) Para base de cálculo da subvenção mensal não é tomada em conta qualquer redução da remuneração ilíquida por aplicação do disposto nos n.ᵒˢ 8 a 10 do artigo 29.º[13]

13 – A concessão da licença extraordinária compete aos membros do Governo responsáveis pelas finanças e pela Administração Pública.

---

[13] Redacção dada pela Lei n.º 11/2008, de 20 de Fevereiro.

560 *Regime do Contrato de Trabalho em Funções Públicas*

SECÇÃO VI
Reinício de funções do pessoal em situação de mobilidade especial

ARTIGO 33.º
Reinício de funções em serviço

1 – O pessoal em situação de mobilidade especial pode reiniciar funções em qualquer serviço, a título transitório ou por tempo indeterminado, desde que reúna os requisitos legalmente fixados para o efeito.

2 – Quando não se trate de cargo ou função que, legalmente, só possam ser exercidos transitoriamente, o exercício de funções a título transitório pelo prazo de um ano determina, por opção do interessado, a sua conversão automática em exercício por tempo indeterminado, em lugar vago, ou a criar e a extinguir quando vagar, do quadro de pessoal do serviço onde exerce funções, com a natureza do vínculo e na carreira, categoria, escalão e índice que o funcionário ou agente detinha na origem.

ARTIGO 34.º
Selecção para reinício de funções em serviço

(Revogado).[14]

ARTIGO 35.º
Reinício de funções em outras pessoas colectivas de direito público

1 – O pessoal em situação de mobilidade especial pode reiniciar funções em associações públicas ou entidades públicas empresariais.

2 – Nas situações previstas no número anterior, o funcionário ou agente tem direito à remuneração correspondente à categoria, escalão e índice detidos, no serviço de origem, à data da colocação em situação de mobilidade especial, competindo ao serviço a que esteja afecto assegurar

---

[14] Revogado pelo n.º 4 do artigo 32.º da Lei n.º 64-A/2008, de 31 de Dezembro.

Lei n.º 53/2006, de 7 de Dezembro 561

70% dessa remuneração e à pessoa colectiva de direito público o montante remanescente.

3 – Naquelas situações, compete às pessoas colectivas de direito público assegurar o pagamento da diferença, caso a haja, entre a remuneração a que o funcionário ou agente tem direito e a remuneração auferida pelo respectivo pessoal com idênticas funções, acrescida dos correspondentes subsídio de refeição e demais prestações sociais.

4 – A retenção na fonte para efeitos de imposto sobre o rendimento das pessoas singulares e os descontos para efeitos de aposentação e da pensão de sobrevivência, bem como para os subsistemas de saúde, são efectuados pelo serviço a que esteja afecto com base na remuneração total auferida pelo funcionário ou agente.

5 – O exercício de funções nos termos do n.º 1 tem duração não superior a dois anos, findos os quais o funcionário ou agente passa a qualquer situação de licença, desvincula-se voluntariamente da Administração Pública ou cessa funções, sendo, neste caso, aplicado o disposto no n.º 3 do artigo 26.º

6 – O reinício de funções nos termos do n.º 1 tem lugar por iniciativa do funcionário ou agente, da pessoa colectiva interessada, do serviço a que aquele esteja afecto ou da entidade gestora da mobilidade.

ARTIGO 36.º
**Reinício de funções em instituições particulares
de solidariedade social**

O pessoal em situação de mobilidade especial pode reiniciar funções, nos termos do artigo anterior, em instituições particulares de solidariedade social que celebrem protocolo para o efeito com a entidade gestora da mobilidade.

ARTIGO 37.º
Decisão de reinício de funções

Compete à entidade gestora da mobilidade, ouvido o funcionário ou agente, tomar a decisão final de reinício de funções em qualquer das modalidades previstas nos artigos 35.º e 36.º

SECÇÃO VII
Gestão do pessoal em situação de mobilidade especial

ARTIGO 38.º
Afectação

1 – O pessoal em situação de mobilidade especial é afecto à secretaria-geral ou departamento governamental de recursos humanos do ministério em que se integrava o serviço onde, por último, exerceu funções.

2 – Compete à secretaria-geral ou departamento referidos no número anterior:

   a) Proceder ao pagamento das remunerações e subvenções;
   b) Praticar os demais actos de administração relativos àquele pessoal.

ARTIGO 39.º
Entidade gestora da mobilidade

1 – A entidade gestora da mobilidade é definida em diploma próprio, que regulamenta, designadamente, as respectivas atribuições e competências, bem como os deveres de colaboração que impendem sobre os restantes serviços.

2 – À entidade gestora da mobilidade compete, designadamente:

   a) Promover ou acompanhar estudos de avaliação das necessidades de recursos humanos da Administração Pública;
   b) Acompanhar e dinamizar o processo relativo ao pessoal em situação de mobilidade especial, seguindo e zelando pela aplicação de critérios de isenção e transparência e procurando que o seu reinício de funções tenha lugar nas fases mais precoces daquele processo, designadamente:
      i) Informando-o quanto aos procedimentos concursais abertos[15];

---

[15] Redacção dada pela Lei n.º 64-A/2008, de 31 de Dezembro.

Lei n.° 53/2006, de 7 de Dezembro 563

ii) Promovendo oficiosamente a sua candidatura aos procedimentos concursais quando se verifiquem as condições previstas no n.° 5 do artigo 29.°, independentemente do cumprimento do correspondente dever que sobre ele recai[16];

iii) Promovendo a sua requalificação nos termos do artigo 24.°;

c) *(Revogada)*[17];

d) *(Revogada)*[18];

e) Praticar, quando necessário nos termos da presente lei, os actos relativos ao reinício de funções e à cessação de funções exercidas a título transitório, bem como os de autorização de passagem antecipada a fase posterior do processo;

f) Informar as secretarias-gerais ou departamentos governamentais de recursos humanos da prática dos actos referidos na alínea anterior relativamente ao pessoal que lhes esteja afecto.

ARTIGO 40.°
Transmissão de informação

1 – Os dados relativos ao pessoal em situação de mobilidade especial são inseridos, pelas secretarias-gerais ou departamentos governamentais de recursos humanos, na base de dados de recursos humanos da Administração Pública (BDAP), sempre que ocorra carregamento ou actualização de dados, e na BEP, no prazo de oito dias úteis a contar da publicação da lista nominativa que coloque o pessoal naquela situação.

2 – As secretarias-gerais ou departamentos governamentais de recursos humanos informam o funcionário ou agente sobre o carregamento ou actualização referidos no número anterior.

3 – O serviço do Ministério das Finanças e da Administração Pública competente em matéria de tecnologias de informação e comunicação assegura os suportes tecnológicos necessários à gestão daquele pessoal, bem como as comunicações entre os serviços, as secretarias-gerais ou departamentos governamentais de recursos humanos e a entidade gestora da mobilidade.

---

[16] Redacção dada pela Lei n.° 64-A/2008, de 31 de Dezembro.

[17] Revogada pelo n.° 4 do artigo 32.° da Lei n.° 34-A/2008, de 31 de Dezembro.

[18] Revogada pelo n.° 4 do artigo 32.° da Lei n.° 34-A/2008, de 31 de Dezembro.

564 *Regime do Contrato de Trabalho em Funções Públicas*

CAPÍTULO IV
Disposições finais e transitórias

ARTIGO 41.º
Procedimento prévio de recrutamentos

(Revogada)[19].

ARTIGO 42.º
Desvinculação voluntária

Nos termos previstos em diploma próprio, podem ser consideradas propostas de desvinculação voluntária de pessoal em situação de mobilidade especial mediante justa compensação.

ARTIGO 43.º
Alteração à Lei n.º 23/2004, de 22 de Junho

(Redacção incluída no texto do diploma)

ARTIGO 44.º
Aplicação dos procedimentos ao pessoal contratado por tempo indeterminado

1 – Em caso de extinção, fusão, reestruturação ou racionalização de efectivos de um serviço onde exerça funções pessoal com as qualidades de funcionário ou agente e de trabalhador contratado por tempo indeterminado, que se encontre conjunta e indistintamente afecto à prossecução das mesmas atribuições ou ao exercício das mesmas competências, não pode ser estabelecida qualquer distinção não legalmente prevista que tenha subjacente a natureza jurídica do respectivo vínculo laboral.

2 – Nos casos do número anterior, a decisão sobre a relação jurídica laboral dos trabalhadores contratados por tempo indeterminado é tomada,

---

[19] Revogada pelo n.º 4 do artigo 32.º da Lei n.º 64-A/2008, de 31 de Dezembro.

Lei n.º 53/2006, de 7 de Dezembro

nos termos da legislação aplicável, após a aplicação dos procedimentos previstos no artigo 11.º

3 – Os procedimentos referidos no número anterior incidem conjunta e indistintamente sobre todo o pessoal previsto no n.º 1.

Artigo 45.º
Aplicação a pessoal de entidades públicas empresariais

O disposto na presente lei é aplicável, com as necessárias adaptações, ao pessoal que tenha a qualidade de funcionário ou agente, ainda que suspensa por força de acordo de cedência especial, e exerça funções, ou as tenha exercido no período imediatamente anterior à sua colocação em situação de mobilidade especial, em entidades públicas empresariais.

Artigo 46.º
Remunerações nas fases do processo

Para efeitos de aplicação da presente lei, a cinco sextos e a quatro sextos da remuneração base mensal correspondem, respectivamente, 83,3% e 66,7% desta remuneração.

Artigo 47.º
Reafectação de pessoal actualmente colocado em situações especiais de mobilidade

1 – São afectos à Secretaria-Geral do Ministério das Finanças e da Administração Pública os funcionários e agentes actualmente afectos aos quadros transitórios criados junto da Direcção-Geral da Administração Pública ao abrigo da Lei n.º 1/95, de 14 de Janeiro, e dos Decretos-Leis n.ºs 13/97, de 17 de Janeiro, 14/97, de 17 de Janeiro, 89-F/98, de 13 de Abril, 416/99, de 21 de Outubro, e 493/99, de 18 de Novembro.

2 – São afectos às correspondentes secretarias-gerais os funcionários e agentes actualmente afectos aos quadros transitórios de supranumerários criados junto das secretarias-gerais ao abrigo do Decreto-Lei n.º 193/2002, de 25 de Setembro.

3 – São afectos à Secretaria-Geral do Ministério da Ciência, Tecnologia e Ensino Superior os funcionários e agentes actualmente abrangidos pelos Decretos-Leis n.os 359/88, de 13 de Outubro, e 48/85, de 27 de Fevereiro.

4 – São afectos à Secretaria-Geral do Ministério da Educação os funcionários e agentes actualmente abrangidos pelo Decreto-Lei n.° 407/89, de 19 de Novembro.

5 – Aos funcionários e agentes referidos nos números anteriores aplica-se, para todos os efeitos, o regime aplicável ao pessoal em situação de mobilidade especial.

6 – A afectação prevista nos números anteriores é efectuada sem prejuízo da manutenção das situações vigentes de licença sem vencimento, aplicando-se ao pessoal nestas situações, com as necessárias adaptações, o disposto nos n.os 2 e 3 do artigo 26.° e operando-se a recolocação no início da fase de transição.

7 – Ao pessoal referido nos números anteriores que actualmente aufira remuneração igual ou superior à que decorreria da aplicação das adequadas disposições da secção III do capítulo III são aplicáveis estas disposições legais, iniciando-se a contagem dos prazos nelas previstos com o início de vigência da presente lei.

8 – O pessoal referido nos números anteriores que actualmente aufira remuneração inferior à que decorreria da aplicação das adequadas disposições da secção III do capítulo III são aplicáveis estas disposições legais a contar do momento em que passariam a auferir remuneração superior se mantivessem a remuneração actualmente auferida.

9 – Para efeitos do disposto no número anterior, a contagem dos prazos previstos nas disposições legais nele referidas inicia-se com o início de vigência da presente lei.

10 – Para efeitos do disposto nos números anteriores são efectuadas as transferências orçamentais que se justifiquem.

ARTIGO 48.°
Revisão

A presente lei é objecto de revisão na sequência da publicação de um novo regime de vinculação, carreiras e remunerações da Administração Pública.

Artigo 49.º
Norma revogatória

São revogados:

a) A Lei n.º 1/95, de 14 de Janeiro, e os Decretos-Leis n.ºˢ 13/97, de 17 de Janeiro, 14/97, de 17 de Janeiro, 89-F/98, de 13 de Abril, 416/99, de 21 de Outubro, e 493/99, de 18 de Novembro, todos no que se refere ao quadro de afectação e ao regime aplicável ao respectivo pessoal;

b) Os artigos 25.º, 26.º, 27.º e 27.º-A do Decreto-Lei n.º 427/89, de 7 de Dezembro, com a redacção resultante dos Decretos-Leis n.ºˢ 175/95, de 21 de Julho, e 218/98, de 17 de Julho, e da Lei n.º 60-A/2005, de 30 de Dezembro;

c) Os artigos 23.º e 24.º da Lei n.º 23/2004, de 22 de Junho;

d) As disposições ainda vigentes do Decreto-Lei n.º 193/2002, de 25 de Setembro.

Artigo 50.º
Entrada em vigor

A presente lei entra em vigor no dia seguinte ao da sua publicação.

Aprovada em 19 de Outubro de 2006.

O Presidente da Assembleia da República, *Jaime Gama.*

Promulgada em 22 de Novembro de 2006.

Publique-se.

O Presidente da República, ANÍBAL CAVACO SILVA.

Referendada em 23 de Novembro de 2006.

O Primeiro-Ministro, *José Sócrates Carvalho Pinto de Sousa.*

LEI N.º 66-B/2007, DE 28 DE DEZEMBRO

Estabelece o sistema integrado de gestão e avaliação do desempenho na Administração Pública

A Assembleia da República decreta, nos termos da alínea c) do artigo 161.º da Constituição, o seguinte:

TÍTULO I
Disposições gerais e comuns

CAPÍTULO I
Objecto e âmbito

ARTIGO 1.º
Objecto

1 – A presente lei estabelece o sistema integrado de gestão e avaliação do desempenho na Administração Pública, adiante designado por SIADAP.

2 – O SIADAP visa contribuir para a melhoria do desempenho e qualidade de serviço da Administração Pública, para a coerência e harmonia da acção dos serviços, dirigentes e demais trabalhadores e para a promoção da sua motivação profissional e desenvolvimento de competências.

570   *Regime do Contrato de Trabalho em Funções Públicas*

ARTIGO 2.º
Âmbito de aplicação

1 – A presente lei aplica-se aos serviços da administração directa e indirecta do Estado, bem como, com as necessárias adaptações, designadamente no que respeita às competências dos correspondentes órgãos, aos serviços da administração regional autónoma e à administração autárquica.

2 – A presente lei é também aplicável, com as adaptações impostas pela observância das correspondentes competências, aos órgãos e serviços de apoio do Presidente da República, da Assembleia da República, dos tribunais e do Ministério Público e respectivos órgãos de gestão e de outros órgãos independentes.

3 – Sem prejuízo do disposto no artigo 83.º, a presente lei não se aplica às entidades públicas empresariais nem aos gabinetes de apoio quer dos titulares dos órgãos referidos nos números anteriores quer dos membros do Governo.

4 – A presente lei aplica-se ao desempenho:

a) Dos serviços;

b) Dos dirigentes;

c) Dos trabalhadores da Administração Pública, independentemente da modalidade de constituição da relação jurídica de emprego público.

ARTIGO 3.º
Adaptações

1 – O SIADAP concretiza-se nos princípios, objectivos e regras definidos na presente lei.

2 – Podem ser aprovados sistemas alternativos ao SIADAP adaptados às especificidades das administrações regional e autárquica, através de decreto legislativo regional e decreto regulamentar, respectivamente.

3 – Por portaria conjunta dos membros do Governo da tutela e responsáveis pelas áreas das finanças e da Administração Pública, podem ser realizadas adaptações ao regime previsto na presente lei em razão das atribuições e organização dos serviços, das carreiras do seu pessoal ou das necessidades da sua gestão.

Lei n.º 66-B/2007, de 28 de Dezembro 571

4 – No caso dos institutos públicos, a adaptação referida no número anterior é aprovada em regulamento interno homologado pelos membros do Governo referidos no número anterior.

5 – Em caso de relações jurídicas de emprego público constituídas por contrato, a adaptação ao regime previsto na presente lei pode constar de instrumento de regulamentação colectiva de trabalho[1].

6 – As adaptações ao SIADAP previstas nos números anteriores são feitas respeitando o disposto na presente lei em matéria de:

a) Princípios, objectivos e subsistemas do SIADAP;
b) Avaliação do desempenho baseada na confrontação entre objectivos fixados e resultados obtidos e, no caso de dirigentes e trabalhadores, também as competências demonstradas e a desenvolver;
c) Diferenciação de desempenhos, respeitando o número mínimo de menções de avaliação e o valor das percentagens máximas previstos na presente lei.

CAPÍTULO II
Definições, princípios e objectivos

ARTIGO 4.º
Definições

Para os efeitos do disposto na presente lei, entende-se por:

a) «Competências» o parâmetro de avaliação que traduz o conjunto de conhecimentos, capacidades de acção e comportamentos necessários para o desempenho eficiente e eficaz, adequado ao exercício de funções por dirigente ou trabalhador;
b) «Dirigentes máximos do serviço» os titulares de cargos de direcção superior do 1.º grau ou legalmente equiparado, outros dirigentes responsáveis pelo serviço dependente de membro do Governo ou os presidentes de órgão de direcção colegial sob sua tutela ou superintendência;

---

[1] Redacção dada pelo artigo 34.º da Lei n.º 64-A/2008, de 31 de Dezembro.

c) «Dirigentes superiores» os dirigentes máximos dos serviços, os titulares de cargo de direcção superior do 2.º grau ou legalmente equiparados e os vice-presidentes ou vogais de órgão de direcção colegial;

d) «Dirigentes intermédios» os titulares de cargos de direcção intermédia dos 1.º e 2.º graus ou legalmente equiparados, o pessoal integrado em carreira, enquanto se encontre em exercício de funções de direcção ou equiparadas inerentes ao conteúdo funcional da carreira, os chefes de equipas multidisciplinares cujo exercício se prolongue por prazo superior a seis meses no ano em avaliação e outros cargos e chefias de unidades orgânicas;

e) «Objectivos» o parâmetro de avaliação que traduz a previsão dos resultados que se pretendem alcançar no tempo, em regra quantificáveis;

f) «Serviço efectivo» o trabalho realmente prestado pelo trabalhador nos serviços;

g) «Serviços» os serviços da administração directa e indirecta do Estado, da administração regional autónoma e da administração autárquica, incluindo os respectivos serviços desconcentrados ou periféricos e estabelecimentos públicos, com excepção das entidades públicas empresariais;

h) «Trabalhadores» os trabalhadores da Administração Pública que não exerçam cargos dirigentes ou equiparados, independentemente do título jurídico da relação de trabalho, desde que a respectiva vinculação seja por prazo igual ou superior a seis meses, incluindo pessoal integrado em carreira que não se encontre em serviço de funções de direcção ou equiparadas inerentes ao conteúdo funcional dessa carreira;

i) «Unidades homogéneas» os serviços desconcentrados ou periféricos da administração directa e indirecta do Estado que desenvolvem o mesmo tipo de actividades ou fornecem o mesmo tipo de bens e ou prestam o mesmo tipo de serviços;

j) «Unidades orgânicas» os elementos estruturais da organização interna de um serviço quer obedeçam ao modelo de estrutura hierarquizada, matricial ou mista;

l) «Utilizadores externos» os cidadãos, as empresas e a sociedade civil;

m) «Utilizadores internos» os órgãos e serviços da administração directa e indirecta do Estado e das administrações regional e autárquica, com excepção das entidades públicas empresariais.

Artigo 5.º
Princípios

O SIADAP subordina-se aos seguintes princípios:

a) Coerência e integração, alinhando a acção dos serviços, dirigentes e trabalhadores na prossecução dos objectivos e na execução das políticas públicas;

b) Responsabilização e desenvolvimento, reforçando o sentido de responsabilidade de dirigentes e trabalhadores pelos resultados dos serviços, articulando melhorias dos sistemas organizacionais e processos de trabalho e o desenvolvimento das competências dos dirigentes e dos trabalhadores;

c) Universalidade e flexibilidade, visando a aplicação dos sistemas de gestão do desempenho a todos os serviços, dirigentes e trabalhadores, mas prevendo a sua adaptação a situações específicas;

d) Transparência e imparcialidade, assegurando a utilização de critérios objectivos e públicos na gestão do desempenho dos serviços, dirigentes e trabalhadores, assente em indicadores de desempenho;

e) Eficácia, orientando a gestão e a acção dos serviços, dos dirigentes e dos trabalhadores para a obtenção dos resultados previstos;

f) Eficiência, relacionando os bens produzidos e os serviços prestados com a melhor utilização de recursos;

g) Orientação para a qualidade nos serviços públicos;

h) Comparabilidade dos desempenhos dos serviços, através da utilização de indicadores que permitam o confronto com padrões nacionais e internacionais, sempre que possível;

i) Publicidade dos resultados da avaliação dos serviços, promovendo a visibilidade da sua actuação perante os utilizadores;

j) Publicidade na avaliação dos dirigentes e dos trabalhadores, nos termos previstos na presente lei;

l) Participação dos dirigentes e dos trabalhadores na fixação dos objectivos dos serviços, na gestão do desempenho, na melhoria dos processos de trabalho e na avaliação dos serviços;

m) Participação dos utilizadores na avaliação dos serviços.

Artigo 6.º
Objectivos

Constituem objectivos globais do SIADAP:

a) Contribuir para a melhoria da gestão da Administração Pública em razão das necessidades dos utilizadores e alinhar a actividade dos serviços com os objectivos das políticas públicas;

b) Desenvolver e consolidar práticas de avaliação e auto-regulação da Administração Pública;

c) Identificar as necessidades de formação e desenvolvimento profissional adequadas à melhoria do desempenho dos serviços, dos dirigentes e dos trabalhadores;

d) Promover a motivação e o desenvolvimento das competências e qualificações dos dirigentes e trabalhadores, favorecendo a formação ao longo da vida;

e) Reconhecer e distinguir serviços, dirigentes e trabalhadores pelo seu desempenho e pelos resultados obtidos e estimulando o desenvolvimento de uma cultura de excelência e qualidade;

f) Melhorar a arquitectura de processos, gerando valor acrescentado para os utilizadores, numa óptica de tempo, custo e qualidade;

g) Melhorar a prestação de informação e a transparência da acção dos serviços da Administração Pública;

h) Apoiar o processo de decisões estratégicas através de informação relativa a resultados e custos, designadamente em matéria de pertinência da existência de serviços, das suas atribuições, organização e actividades.

CAPÍTULO III
Enquadramento e subsistemas do SIADAP

ARTIGO 7.º
Sistema de planeamento

1 – O SIADAP articula-se com o sistema de planeamento de cada ministério, constituindo um instrumento de avaliação do cumprimento dos objectivos estratégicos plurianuais determinados superiormente e dos objectivos anuais e planos de actividades, baseado em indicadores de medida dos resultados a obter pelos serviços.

2 – A articulação com o sistema de planeamento pressupõe a coordenação permanente entre todos os serviços e aquele que, em cada ministério, exerce atribuições em matéria de planeamento, estratégia e avaliação.

ARTIGO 8.º
Ciclo de gestão

1 – O SIADAP articula-se com o ciclo de gestão de cada serviço da Administração Pública que integra as seguintes fases:

a) Fixação dos objectivos do serviço para o ano seguinte, tendo em conta a sua missão, as suas atribuições, os objectivos estratégicos plurianuais determinados superiormente, os compromissos assumidos na carta de missão pelo dirigente máximo, os resultados da avaliação do desempenho e as disponibilidades orçamentais;

b) Aprovação do orçamento e aprovação, manutenção ou alteração do mapa do respectivo pessoal, nos termos da legislação aplicável;

c) Elaboração e aprovação do plano de actividades do serviço para o ano seguinte, incluindo os objectivos, actividades, indicadores de desempenho do serviço e de cada unidade orgânica;

d) Monitorização e eventual revisão dos objectivos do serviço e de cada unidade orgânica, em função de contingências não previsíveis ao nível político ou administrativo;

e) Elaboração do relatório de actividades, com demonstração qualitativa e quantitativa dos resultados alcançados, nele integrando o balanço social e o relatório de auto-avaliação previsto na presente lei.

2 – Compete, em cada ministério, ao serviço com atribuições em matéria de planeamento, estratégia e avaliação assegurar a coerência, coordenação e acompanhamento do ciclo de gestão dos serviços com os objectivos globais do ministério e sua articulação com o SIADAP.

ARTIGO 9.º
Subsistemas do SIADAP

1 – O SIADAP integra os seguintes subsistemas:

a) O Subsistema de Avaliação do Desempenho dos Serviços da Administração Pública, abreviadamente designado por SIADAP 1;
b) O Subsistema de Avaliação do Desempenho dos Dirigentes da Administração Pública, abreviadamente designado por SIADAP 2;
c) O Subsistema de Avaliação do Desempenho dos Trabalhadores da Administração Pública, abreviadamente designado por SIADAP 3.

2 – Os Subsistemas referidos no número anterior funcionam de forma integrada pela coerência entre objectivos fixados no âmbito do sistema de planeamento, objectivos do ciclo de gestão do serviço, objectivos fixados na carta de missão dos dirigentes superiores e objectivos fixados aos demais dirigentes e trabalhadores.

TÍTULO II
Subsistema de Avaliação do Desempenho dos Serviços da Administração Pública (SIADAP 1)

CAPÍTULO I
Disposições gerais

ARTIGO 10.º
Quadro de avaliação e responsabilização

1 – A avaliação de desempenho de cada serviço assenta num quadro de avaliação e responsabilização (QUAR), sujeito a avaliação permanente e actualizado a partir dos sistemas de informação do serviço, onde se evidenciam:

a) A missão do serviço;
b) Os objectivos estratégicos plurianuais determinados superiormente;
c) Os objectivos anualmente fixados e, em regra, hierarquizados;
d) Os indicadores de desempenho e respectivas fontes de verificação;
e) Os meios disponíveis, sinteticamente referidos;
f) O grau de realização de resultados obtidos na prossecução de objectivos;
g) A identificação dos desvios e, sinteticamente, as respectivas causas;
h) A avaliação final do desempenho do serviço.

2 – O QUAR relaciona-se com o ciclo de gestão do serviço e é fixado e mantido actualizado em articulação com o serviço competente em matéria de planeamento, estratégia e avaliação de cada ministério.

3 – Os documentos previsionais e de prestação de contas legalmente previstos devem ser totalmente coerentes com o QUAR.

4 – A dinâmica de actualização do QUAR deve sustentar-se na análise da envolvência externa, na identificação das capacidades insta-

578   *Regime do Contrato de Trabalho em Funções Públicas*

ladas e nas oportunidades de desenvolvimento do serviço, bem como do grau de satisfação dos utilizadores.

5 – O QUAR é objecto de publicação na página electrónica do serviço.

6 – Os serviços devem recorrer a metodologias e instrumentos de avaliação já consagrados, no plano nacional ou internacional, que permitam operacionalizar o disposto no presente título.

ARTIGO 11.º
Parâmetros de avaliação

1 – A avaliação do desempenho dos serviços realiza-se com base nos seguintes parâmetros:

a) «Objectivos de eficácia», entendida como medida em que um serviço atinge os seus objectivos e obtém ou ultrapassa os resultados esperados;
b) «Objectivos de eficiência», enquanto relação entre os bens produzidos e serviços prestados e os recursos utilizados;
c) «Objectivos de qualidade», traduzida como o conjunto de propriedades e características de bens ou serviços, que lhes conferem aptidão para satisfazer necessidades explícitas ou implícitas dos utilizadores.

2 – Os objectivos são propostos pelo serviço ao membro do Governo de que dependa ou sob cuja superintendência se encontre e são por este aprovados.

3 – Para avaliação dos resultados obtidos em cada objectivo são estabelecidos os seguintes níveis de graduação:

a) Superou o objectivo;
b) Atingiu o objectivo;
c) Não atingiu o objectivo.

4 – Em cada serviço são definidos:

a) Os indicadores de desempenho para cada objectivo e respectivas fontes de verificação;

Lei n.º 66-B/2007, de 28 de Dezembro 579

b) Os mecanismos de operacionalização que sustentam os níveis de graduação indicados no número anterior, podendo ser fixadas ponderações diversas a cada parâmetro e objectivo, de acordo com a natureza dos serviços.

ARTIGO 12.º
Indicadores de desempenho

1 – Os indicadores de desempenho a estabelecer no QUAR devem obedecer aos seguintes princípios:

a) Pertinência face aos objectivos que pretendem medir;
b) Credibilidade;
c) Facilidade de recolha;
d) Clareza;
e) Comparabilidade.

2 – Os indicadores devem permitir a mensurabilidade dos desempenhos.
3 – Na definição dos indicadores de desempenho deve ser assegurada a participação das várias unidades orgânicas do serviço.

ARTIGO 13.º
Acompanhamento dos QUAR

Compete ao serviço com atribuições em matéria de planeamento, estratégia e avaliação, em cada ministério:

a) Apoiar a identificação dos indicadores de desempenho e os mecanismos de operacionalização dos parâmetros de avaliação referidos no artigo 11.º;
b) Apoiar os serviços, designadamente através de guiões de orientação e de instrumentos de divulgação de boas práticas;
c) Validar os indicadores de desempenho e os mecanismos de operacionalização referidos no artigo 11.º;
d) Monitorizar os sistemas de informação e de indicadores de desempenho e, em especial, os QUAR quanto à fiabilidade e integridade dos dados;

580   *Regime do Contrato de Trabalho em Funções Públicas*

e) Promover a criação de indicadores de resultado e de impacte ao nível dos programas e projectos desenvolvidos por um ou mais serviços de modo a viabilizar comparações nacionais e internacionais.

CAPÍTULO II
Modalidades, procedimentos e órgãos de avaliação

ARTIGO 14.º
Modalidades e periodicidade

1 – A avaliação dos serviços efectua-se através de auto-avaliação e de hetero-avaliação.

2 – A auto-avaliação dos serviços é realizada anualmente, em articulação com o ciclo de gestão.

3 – A periodicidade referida no número anterior não prejudica a realização de avaliação plurianual se o orçamento comportar essa dimensão temporal e para fundamentação de decisões relativas à pertinência da existência do serviço, das suas atribuições, organização e actividades.

ARTIGO 15.º
Auto-avaliação

1 – A auto-avaliação tem carácter obrigatório e deve evidenciar os resultados alcançados e os desvios verificados de acordo com o QUAR do serviço, em particular face aos objectivos anualmente fixados.

2 – A auto-avaliação é parte integrante do relatório de actividades anual e deve ser acompanhada de informação relativa:

a) À apreciação, por parte dos utilizadores, da quantidade e qualidade dos serviços prestados, com especial relevo quando se trate de unidades prestadoras de serviços a utilizadores externos;

b) À avaliação do sistema de controlo interno;

Lei n.º 66-B/2007, de 28 de Dezembro 581

c) Às causas de incumprimento de acções ou projectos não executados ou com resultados insuficientes;
d) Às medidas que devem ser tomadas para um reforço positivo do seu desempenho, evidenciando as condicionantes que afectem os resultados a atingir;
e) À comparação com o desempenho de serviços idênticos, no plano nacional e internacional, que possam constituir padrão de comparação;
f) À audição de dirigentes intermédios e dos demais trabalhadores na auto-avaliação do serviço.

ARTIGO 16.º
Comparação de unidades homogéneas

1 – No caso de o serviço integrar unidades homogéneas sobre as quais detenha o poder de direcção, compete ao dirigente máximo assegurar a concepção e monitorização de um sistema de indicadores de desempenho que permita a sua comparabilidade.

2 – O sistema de indicadores referido no número anterior deve reflectir o conjunto das actividades prosseguidas e viabilizar a ordenação destas unidades numa óptica de eficiência relativa, para cada grupo homogéneo, em cada serviço.

3 – A qualidade desta monitorização é obrigatoriamente considerada na avaliação do serviço no parâmetro previsto na alínea c) do n.º 1 do artigo 11.º

4 – A cada unidade homogénea deve ser atribuída uma avaliação final de desempenho nos termos do artigo 18.º ou, em alternativa, deve ser elaborada lista hierarquizada das unidades homogéneas por ordem de avaliação.

5 – O disposto nos números anteriores é igualmente aplicável, com as devidas adaptações, a serviços centrais que desenvolvem o mesmo tipo de actividades, fornecem o mesmo tipo de bens ou prestam o mesmo tipo de serviços dos que são assegurados por unidades homogéneas.

6 – No caso de as unidades homogéneas constituírem serviços periféricos de ministério, compete ao serviço com atribuições em matéria de planeamento, estratégia e avaliação assegurar o cumprimento do disposto no presente artigo.

582   *Regime do Contrato de Trabalho em Funções Públicas*

ARTIGO 17.°
Análise crítica da auto-avaliação

1 – Em cada ministério compete ao serviço com atribuições em matéria de planeamento, estratégia e avaliação emitir parecer com análise crítica das auto-avaliações constantes dos relatórios de actividades elaborados pelos demais serviços.

2 – O resultado desta análise é comunicado a cada um dos serviços e ao respectivo membro do Governo.

3 – Os serviços referidos no n.° 1 devem ainda efectuar uma análise comparada de todos os serviços do ministério com vista a:

a) Identificar, anualmente, os serviços que se distinguiram positivamente ao nível do seu desempenho e propor ao respectivo membro do Governo a lista dos merecedores da distinção de mérito, mediante justificação circunstanciada;

b) Identificar, anualmente, os serviços com maiores desvios, não justificados, entre objectivos e resultados ou que, por outras razões consideradas pertinentes, devam ser objecto de hetero-avaliação e disso dar conhecimento ao Conselho Coordenador do Sistema de Controlo Interno da Administração Financeira do Estado (SCI) para os efeitos previstos na presente lei.

ARTIGO 18.°
Expressão qualitativa da avaliação

1 – A avaliação final do desempenho dos serviços é expressa qualitativamente pelas seguintes menções:

a) Desempenho bom, atingiu todos os objectivos, superando alguns;

b) Desempenho satisfatório, atingiu todos os objectivos ou os mais relevantes;

c) Desempenho insuficiente, não atingiu os objectivos mais relevantes.

2 – Em cada ministério pode ainda ser atribuída aos serviços com avaliação de Desempenho bom uma distinção de mérito reconhecendo Desempenho excelente, a qual significa superação global dos objectivos.

Lei n.º 66-B/2007, de 28 de Dezembro   583

3 – As menções previstas no n.º 1 são propostas pelo dirigente máximo do serviço como resultado da auto-avaliação e, após o parecer previsto no n.º 1 do artigo anterior, homologadas ou alteradas pelo respectivo membro do Governo.

ARTIGO 19.º
Distinção de mérito

1 – Em cada ministério podem ser seleccionados os serviços que mais se distinguiram no seu desempenho para atribuição da distinção de mérito, reconhecendo o Desempenho excelente até 20 % dos serviços que o integram ou estão sob sua superintendência.

2 – A atribuição da distinção de mérito assenta em justificação circunstanciada, designadamente, por motivos relacionados com:

a) Evolução positiva e significativa nos resultados obtidos pelo serviço em comparação com anos anteriores;
b) Excelência de resultados obtidos, demonstrada designadamente por comparação com padrões nacionais ou internacionais, tendo em conta igualmente melhorias de eficiência;
c) Manutenção do nível de excelência antes atingido, se possível com a demonstração referida na alínea anterior.

3 – Compete, em cada ministério, ao respectivo ministro seleccionar os serviços e atribuir a distinção de mérito, observado o disposto na alínea a) do n.º 3 do artigo 17.º e no número anterior.

ARTIGO 20.º
Hetero-avaliação

1 – A hetero-avaliação visa obter um conhecimento aprofundado das causas dos desvios evidenciados na auto-avaliação ou de outra forma detectados e apresentar propostas para a melhoria dos processos e resultados futuros.

2 – A hetero-avaliação é da responsabilidade do Conselho Coordenador do SCI, podendo ser realizada por operadores internos, designada-

584 *Regime do Contrato de Trabalho em Funções Públicas*

mente inspecções-gerais, ou externos, nomeadamente associações de consumidores ou outros utilizadores externos, desde que garantida a independência funcional face às entidades a avaliar.

3 – A hetero-avaliação dos serviços com atribuições em matéria de planeamento, estratégia e avaliação é proposta pelo respectivo ministro.

4 – Na hetero-avaliação referida nos números anteriores não há lugar à atribuição de menção prevista no artigo 1 8.º

5 – A hetero-avaliação pode igualmente ser solicitada pelo serviço, em alternativa à auto-avaliação, mediante proposta apresentada ao Conselho Coordenador do SCI, no início do ano a que diz respeito o desempenho a avaliar.

Artigo 21.º
Secção especializada do Conselho Coordenador do SCI

1 – É criada, no âmbito do Conselho Coordenador do SCI, uma secção especializada com a função de dinamizar e coordenar as hetero-avaliações.

2 – Compete à secção especializada referida no número anterior propor ao Governo a política de hetero-avaliações, definir os termos de referência das avaliações e validar a qualidade do trabalho realizado pelos diversos operadores.

Artigo 22.º
Programa anual de hetero-avaliações

1 – O Conselho Coordenador do SCI propõe anualmente ao Governo, através dos membros do Governo responsáveis pelas áreas das finanças e da Administração Pública, um programa anual de hetero-avaliações.

2 – O programa anual tem em conta as propostas efectuadas nos termos da alínea b) do n.º 3 do artigo 17.º, bem como outras situações que indiciem maior insatisfação por parte dos utilizadores externos e ainda as propostas feitas nos termos do n.º 3 do artigo 20.º que se revelarem pertinentes.

Lei n.º 66-B/2007, de 28 de Dezembro   585

3 – O programa anual deve conter os seguintes elementos:

a) Identificação dos serviços a avaliar no ano e respectiva justificação;
b) Indicação dos motivos que presidem à selecção dos operadores externos se for este o caso;
c) Prazo para a sua realização;
d) Critérios de selecção, no caso de a avaliação ser efectuada por operadores externos, e previsão de custos.

4 – Caso a proposta efectuada nos termos do n.º 1 seja aprovada por deliberação do Conselho de Ministros, cabe ao Conselho Coordenador do SCI promover a sua execução, designadamente através de apoio técnico ao processo de selecção dos operadores externos.

ARTIGO 23.º
Contratação de operadores externos

1 – O processo de selecção e contratação de operadores externos para avaliação de serviços é desenvolvido pela secretaria-geral do ministério em que o serviço a avaliar se integre.

2 – Os encargos administrativos e financeiros inerentes à hetero--avaliação são suportados pela secretaria-geral prevista no número anterior, excepto nos casos previstos no n.º 3 do artigo 20.º, em que são suportados pelo serviço.

ARTIGO 24.º
Apresentação de resultados

1 – Aos serviços avaliados é dado conhecimento do projecto de relatório da hetero-avaliação para que se possam pronunciar.

2 – O relatório da hetero-avaliação deve também ser entregue às organizações sindicais ou comissões de trabalhadores representativas do pessoal do serviço que o solicitem.

3 – O Conselho Coordenador do SCI emite parecer num prazo não superior a 30 dias após pronúncia do serviço avaliado sobre a qualidade

586   *Regime do Contrato de Trabalho em Funções Públicas*

dos relatórios de hetero-avaliação e efectua as recomendações que entender pertinentes, salientando os pontos positivos e os susceptíveis de melhoria.

4 – O Conselho Coordenador do SCI procede ao envio do parecer referido no número anterior aos membros do Governo responsáveis pelas áreas das finanças e da Administração Pública e ao ministro sob cuja direcção ou superintendência se encontre o serviço avaliado.

CAPÍTULO III
Resultados da avaliação

ARTIGO 25.º
Divulgação

1 – Cada serviço procede à divulgação, na sua página electrónica, da auto-avaliação com indicação dos respectivos parâmetros.

2 – No caso de o parecer elaborado nos termos do n.º 1 do artigo 17.º concluir pela discordância relativamente à valoração efectuada pelo serviço em sede de auto-avaliação, ou pela falta de fiabilidade do sistema de indicadores de desempenho, deve o mesmo ser obrigatoriamente divulgado juntamente com os elementos referidos no número anterior.

3 – Cada ministério procede à divulgação, na sua página electrónica, dos serviços aos quais foi atribuída uma distinção de mérito nos termos do artigo 19.º, especificando os principais fundamentos.

ARTIGO 26.º
Efeitos da avaliação

1 – Os resultados da avaliação dos serviços devem produzir efeitos sobre:

a) As opções de natureza orçamental com impacte no serviço;
b) As opções e prioridades do ciclo de gestão seguinte;
c) A avaliação realizada ao desempenho dos dirigentes superiores.

Lei n.º 66-B/2007, de 28 de Dezembro 587

2 – Sem prejuízo do disposto no número anterior, a atribuição da menção Desempenho insuficiente no processo de auto-avaliação é considerada pelo membro do Governo responsável, para efeitos da aplicação de um conjunto de medidas que podem incluir a celebração de nova carta de missão, na qual expressamente seja consagrado o plano de recuperação ou correcção dos desvios detectados.

3 – Os resultados da hetero-avaliação, realizada com os fundamentos previstos no n.º 1 do artigo 20.º, produzem os efeitos referidos no número anterior.

4 – A atribuição consecutiva de menções de Desempenho insuficiente ou a não superação de desvios evidenciados e analisados em sede de hetero-avaliação podem fundamentar as decisões relativas à pertinência da existência do serviço, da sua missão, atribuições, organização e actividades, sem prejuízo do apuramento de eventuais responsabilidades.

ARTIGO 27.º
Efeitos da distinção de mérito

A atribuição da distinção de mérito determina, por um ano, os seguintes efeitos:

a) O aumento para 35 % e 10 % das percentagens máximas previstas no n.º 5 do artigo 37.º para os dirigentes intermédios no SIADAP 2 e no n.º 1 do artigo 75.º para os demais trabalhadores no SIADAP 3, visando a diferenciação de Desempenho relevante e Desempenho excelente;

b) A atribuição pelo membro do Governo competente do reforço de dotações orçamentais visando a mudança de posições remuneratórias dos trabalhadores ou a atribuição de prémios;

c) A possibilidade de consagração de reforços orçamentais visando o suporte e dinamização de novos projectos de melhoria do serviço.

588 *Regime do Contrato de Trabalho em Funções Públicas*

CAPÍTULO IV
Coordenação dos sistemas de avaliação

Artigo 28.º
Conselho Coordenador da Avaliação de Serviços

1 – Com o objectivo de assegurar a coordenação e dinamizar a cooperação entre os vários serviços com competências em matéria de planeamento, estratégia e avaliação e de promover a troca de experiências e a divulgação de boas práticas nos domínios da avaliação é criado o Conselho Coordenador da Avaliação de Serviços, a seguir designado abreviadamente por Conselho.

2 – O Conselho é presidido pelo membro do Governo que tem a seu cargo a área da Administração Pública e constituído pelos directores-gerais dos serviços com competência em matéria de planeamento, estratégia e avaliação, pelo inspector-geral de Finanças, pelo director-geral da Administração e do Emprego Público e pelo presidente do conselho directivo da Agência para a Modernização Administrativa.

3 – Compete ao Conselho:

a) Acompanhar o processo de apoio técnico referido no artigo 13.º;

b) Propor iniciativas no sentido da melhoria da actuação dos serviços referidos no número anterior em matéria de avaliação dos serviços;

c) Assegurar a coerência e a qualidade das metodologias utilizadas em todos os ministérios;

d) Fomentar a investigação e formação dos serviços em matéria de avaliação de desempenho;

e) Promover a difusão de experiências avaliativas, nacionais ou internacionais, e de sistemas de avaliação em toda a Administração Pública;

f) Estimular a melhoria da qualidade dos sistemas de indicadores de desempenho e dos processos de auto-avaliação;

g) Promover a articulação entre os serviços com competência em matéria de planeamento, estratégia e avaliação e o Conselho Coordenador do SCI;

Lei n.º 66-B/2007, de 28 de Dezembro 589

h) Pronunciar-se sobre questões que lhe sejam submetidas pelo membro do Governo responsável pela área da Administração Pública, designadamente do âmbito de outros subsistemas do SIADAP.

4 – O Conselho pode criar, na sua dependência, grupos de trabalho constituídos por recursos afectos pelos serviços cujos dirigentes máximos nele participam visando o desenvolvimento de projectos ou o acompanhamento da dinâmica de avaliação dos serviços.

5 – A Direcção-Geral da Administração e do Emprego Público presta o apoio técnico e administrativo necessário ao funcionamento do Conselho.

6 – O regulamento de funcionamento do Conselho, incluindo as regras de participação de outras estruturas ou entidades, é aprovado por despacho do membro do Governo previsto no n.º 2.

7 – O regulamento referido no número anterior deve prever as regras relativas à participação de representantes de organizações sindicais quando, nas reuniões do Conselho, são abordadas questões relativas ao SIADAP 1 que tenham impacte na avaliação do desempenho dos trabalhadores ou, nos termos da alínea h) do n.º 3, questões relativas a outros subsistemas.

TÍTULO III
Subsistema de Avaliação do Desempenho dos Dirigentes da Administração Pública (SIADAP 2)

CAPÍTULO I
Disposições gerais

Artigo 29.º
Periodicidade

1 – A avaliação global do desempenho dos dirigentes superiores e intermédios é feita no termo das respectivas comissões de serviço,

590   *Regime do Contrato de Trabalho em Funções Públicas*

conforme o respectivo estatuto, ou no fim do prazo para que foram nomeados.

2 – Sem prejuízo do disposto no número anterior, o desempenho dos dirigentes superiores e intermédios é objecto de avaliação intercalar, efectuada anualmente nos termos da presente lei.

3 – O período de avaliação intercalar corresponde ao ano civil, pressupondo o desempenho como dirigente por um período não inferior a seis meses, seguidos ou interpolados.

4 – A avaliação do desempenho dos dirigentes superiores e intermédios realizada nos termos do presente título não produz quaisquer efeitos na respectiva carreira de origem.

5 – A avaliação do desempenho, com efeitos na carreira de origem, dos trabalhadores que exercem cargos dirigentes é realizada anualmente nos termos dos n.ᵒˢ 5 a 7 do artigo 42.º e do artigo 43.º

6 – A avaliação do desempenho do pessoal integrado em carreira que se encontre em exercício de funções de direcção ou equiparadas inerentes ao conteúdo funcional da carreira, quando tal exercício não for titulado em comissão de serviço, é feita anualmente, nos termos do presente título, não sendo aplicável o disposto nos n.ᵒˢ 4 e 5.

CAPÍTULO II
Avaliação do desempenho dos dirigentes superiores

ARTIGO 30.º
Parâmetros de avaliação

1 – A avaliação do desempenho dos dirigentes superiores integra-se no ciclo de gestão do serviço e efectua-se com base nos seguintes parâmetros:

a) «Grau de cumprimento dos compromissos» constantes das respectivas cartas de missão, tendo por base os indicadores de medida fixados para a avaliação dos resultados obtidos em objectivos de eficácia, eficiência e qualidade nelas assumidos e na gestão dos recursos humanos, financeiros e materiais afectos ao serviço;

b) «Competências» de liderança, de visão estratégica, de representação externa e de gestão demonstradas.

2 – Para efeitos do disposto na alínea a) do número anterior, os dirigentes superiores do 2.º grau, no início da sua comissão de serviço e no quadro das suas competências legais, delegadas ou subdelegadas, assinam com o dirigente máximo uma carta de missão, a qual constitui um compromisso de gestão onde, de forma explícita, são definidos os objectivos, se possível quantificados e calendarizados, a atingir no decurso do exercício de funções, bem como os indicadores de desempenho aplicáveis à avaliação dos resultados.

3 – A avaliação de desempenho dos membros dos conselhos directivos dos institutos públicos sujeitos ao Estatuto do Gestor Público segue o regime neste estabelecido.

ARTIGO 31.º
Avaliação intercalar

1 – Para efeitos da avaliação intercalar prevista no n.º 2 do artigo 29.º, deve o dirigente máximo do serviço remeter ao respectivo membro do Governo, até 15 de Abril de cada ano, os seguintes elementos:

a) Relatório de actividades que integre a auto-avaliação do serviço nos termos previstos no n.º 2 do artigo 15.º;

b) Relatório sintético explicitando a evolução dos resultados de eficácia, eficiência e qualidade obtidos face aos compromissos fixados na carta de missão do dirigente para o ano em apreço em relação a anos anteriores e os resultados obtidos na gestão de recursos humanos, financeiros e materiais.

2 – O relatório sintético referido na alínea b) do número anterior deve incluir as principais opções seguidas em matéria de gestão e qualificação dos recursos humanos, de gestão dos recursos financeiros e o resultado global da aplicação do SIADAP 2 e do SIADAP 3, incluindo expressamente a distribuição equitativa das menções qualitativas atribuídas, no total e por carreira.

3 – Os dirigentes superiores do 2.º grau devem apresentar ao dirigente máximo do serviço um relatório sintético explicitando os resultados

592 *Regime do Contrato de Trabalho em Funções Públicas*

obtidos face aos compromissos assumidos na carta de missão e sua evolução relativamente aos anos anteriores.

4 – Por despacho do dirigente máximo do serviço podem ainda concorrer como elementos informadores da avaliação de cada dirigente superior as avaliações sobre ele efectuadas pelos dirigentes que dele dependam.

5 – A avaliação prevista no número anterior obedece às seguintes regras:

a) É facultativa;
b) Não é identificada;
c) Tem carácter de informação qualitativa e é orientada por questionário padronizado, ponderando 6 pontos de escala em cada valoração.

6 – É obrigatória a justificação sumária para cada valoração escolhida da escala prevista na alínea c) do número anterior, excepto para os pontos médios 3 e 4.

7 – As cartas de missão dos dirigentes superiores e o relatório previsto na alínea b) do n.º 1 podem obedecer a modelo aprovado por despacho do membro do Governo responsável pela área da Administração Pública.

Artigo 32.º
Expressão da avaliação

1 – A avaliação intercalar do desempenho dos dirigentes superiores afere-se pelos níveis de sucesso obtidos nos parâmetros de avaliação, traduzindo-se na verificação do sucesso global com superação do desempenho previsto em alguns domínios, face às exigências do exercício do cargo traduzidas naqueles parâmetros, no cumprimento de tais exigências ou no seu incumprimento.

2 – Pode ser atribuída aos dirigentes superiores a menção qualitativa de Desempenho excelente, a qual significa reconhecimento de mérito, com a superação global do desempenho previsto.

3 – O reconhecimento de mérito previsto no número anterior e os resultados da avaliação que fundamentam a atribuição de prémios de

Lei n.º 66-B/2007, de 28 de Dezembro

gestão são objecto de publicitação no ministério, pelos meios considerados mais adequados.

4 – A diferenciação de desempenhos dos dirigentes superiores é garantida pela fixação da percentagem máxima de 5 % do total de dirigentes superiores para atribuição de distinção de mérito com reconhecimento de Desempenho excelente.

5 – A percentagem prevista no número anterior incide sobre o número de dirigentes superiores do ministério sujeitos ao regime de avaliação previsto no presente capítulo.

6 – Em cada ministério, compete ao respectivo ministro assegurar a harmonização dos processos de avaliação, visando garantir o respeito pela percentagem fixada no n.º 4.

ARTIGO 33.º
Avaliadores

1 – O dirigente máximo do serviço é avaliado pelo membro do Governo que outorgou a carta de missão.

2 – Os dirigentes superiores do 2.º grau são avaliados pelo dirigente máximo que outorgou a carta de missão.

3 – A avaliação dos dirigentes superiores do 2.º grau é homologada pelo competente membro do Governo.

ARTIGO 34.º
Efeitos

1 – A avaliação do desempenho dos dirigentes superiores tem os efeitos previstos no respectivo estatuto, designadamente em matéria de atribuição de prémios de gestão e de renovação ou de cessação da respectiva comissão de serviço.

2 – A não aplicação do SIADAP por razões imputáveis aos dirigentes máximos dos serviços, incluindo os membros dos conselhos directivos de institutos públicos, determina a cessação das respectivas funções.

CAPÍTULO III
Avaliação do desempenho dos dirigentes intermédios

Artigo 35.º
Parâmetros de avaliação

A avaliação do desempenho dos dirigentes intermédios integra-se no ciclo de gestão do serviço e efectua-se com base nos seguintes parâmetros:

a) «Resultados» obtidos nos objectivos da unidade orgânica que dirige;

b) «Competências», integrando a capacidade de liderança e competências técnicas e comportamentais adequadas ao exercício do cargo.

Artigo 36.º
Avaliação intercalar

1 – A avaliação anual intercalar prevista no n.º 2 do artigo 29.º fundamenta-se na avaliação dos parâmetros referidos no artigo anterior, através de indicadores de medida previamente estabelecidos.

2 – O parâmetro relativo a «Resultados» assenta nos objectivos, em número não inferior a três, anualmente negociados com o dirigente, prevalecendo, em caso de discordância, a posição do superior hierárquico.

3 – Os resultados obtidos em cada objectivo são valorados através de uma escala de três níveis nos seguintes termos:

a) «Objectivo superado», a que corresponde uma pontuação de 5;

b) «Objectivo atingido», a que corresponde uma pontuação de 3;

c) «Objectivo não atingido», a que corresponde uma pontuação de 1.

4 – A pontuação final a atribuir ao parâmetro «Resultados» é a média aritmética das pontuações atribuídas aos resultados obtidos em todos os objectivos.

5 – O parâmetro relativo a «Competências» assenta em competências previamente escolhidas, para cada dirigente, em número não inferior a cinco.

Lei n.º 66-B/2007, de 28 de Dezembro 595

6 – As competências referidas no número anterior são escolhidas, mediante acordo entre avaliador e avaliado, prevalecendo a escolha do superior hierárquico se não existir acordo, de entre as constantes em lista aprovada por portaria do membro do Governo responsável pela área da Administração Pública.

7 – O dirigente máximo do serviço, ouvido o Conselho Coordenador da Avaliação, pode estabelecer por despacho as competências a que se subordina a avaliação dos dirigentes intermédios, escolhidas de entre as constantes na lista referida no número anterior.

8 – Cada competência é valorada através de uma escala de três níveis nos seguintes termos:

a) «Competência demonstrada a um nível elevado», a que corresponde uma pontuação de 5;
b) «Competência demonstrada», a que corresponde uma pontuação de 3;
c) «Competência não demonstrada ou inexistente», a que corresponde uma pontuação de 1.

9 – A pontuação final a atribuir no parâmetro «Competências» é a média aritmética das pontuações atribuídas.

10 – Para a fixação da classificação final são atribuídas ao parâmetro «Resultados» uma ponderação mínima de 75 % e ao parâmetro «Competências» uma ponderação máxima de 25 %.

11 – A classificação final é o resultado da média ponderada das pontuações obtidas nos dois parâmetros de avaliação.

12 – As pontuações finais dos parâmetros e a avaliação final são expressas até às centésimas e, quando possível, milésimas.

13 – Por despacho do membro do Governo responsável pela Administração Pública, devidamente fundamentado, podem ser fixadas ponderações diferentes das previstas no n.º 10 em função das especificidades dos cargos ou das atribuições dos serviços.

Artigo 37.º
Expressão da avaliação final

1 – A avaliação final é expressa em menções qualitativas em função das pontuações finais em cada parâmetro, nos seguintes termos:

a) Desempenho relevante, correspondendo a uma avaliação final de 4 a 5;
b) Desempenho adequado, correspondendo a uma avaliação final de desempenho positivo de 2 a 3,999;
c) Desempenho inadequado, correspondendo a uma avaliação final de 1 a 1,999.

2 – A atribuição da menção qualitativa de Desempenho relevante é, por iniciativa do avaliado ou do avaliador, objecto de apreciação pelo Conselho Coordenador da Avaliação para efeitos de eventual reconhecimento de mérito, significando Desempenho excelente.

3 – A iniciativa e o reconhecimento referidos no número anterior devem fundamentar-se, em regra, nos seguintes pressupostos:

a) O dirigente atingiu e ultrapassou todos os objectivos;
b) O dirigente demonstrou em permanência capacidades de liderança, de gestão e compromisso com o serviço público que podem constituir exemplo para os trabalhadores.

4 – O reconhecimento de mérito previsto nos n.ºs 2 e 3 e a menção qualitativa e respectiva quantificação de avaliação que fundamenta a atribuição de prémio de desempenho são objecto de publicitação no serviço pelos meios considerados mais adequados.

5 – A diferenciação de desempenhos é garantida pela fixação da percentagem máxima de 25 % para as menções de Desempenho relevante e, de entre estas, 5 % do total de dirigentes intermédios do serviço para o reconhecimento do Desempenho excelente, podendo haver pelo menos um dirigente com tal reconhecimento no caso de a aplicação da referida percentagem resultar em número inferior à unidade.

Artigo 38.º
Avaliadores

1 – Os dirigentes intermédios do 1.º grau são avaliados pelo dirigente superior de quem directamente dependam.

2 – Os dirigentes intermédios do 2.º grau são avaliados pelo dirigente superior ou intermédio do 1.º grau de quem directamente dependam.

3 – Sempre que o número de unidades homogéneas dependentes do mesmo dirigente superior o justifique, este pode delegar a avaliação dos respectivos dirigentes intermédios em avaliadores para o efeito designados de categoria ou posição funcional superior aos avaliados.

4 – Por despacho do dirigente máximo do serviço podem ainda concorrer como elementos informadores da avaliação referida nos números anteriores:

a) A avaliação efectuada pelos restantes dirigentes intermédios do mesmo grau e, sendo do 2.º grau, os que exercem funções na mesma unidade orgânica;

b) A avaliação efectuada pelos dirigentes e trabalhadores subordinados directamente ao dirigente.

5 – A avaliação prevista nos números anteriores obedece ao disposto nos n.ᵒˢ 5 e 6 do artigo 31.º

Artigo 39.º
Efeitos

1 – A avaliação do desempenho dos dirigentes intermédios tem os efeitos previstos no respectivo estatuto, designadamente em matéria de prémios de desempenho e de renovação, de não renovação ou de cessação da respectiva comissão de serviço.

2 – O reconhecimento de Desempenho excelente em três anos consecutivos confere ao dirigente intermédio, alternativamente, o direito a:

a) Período sabático com a duração máxima de três meses para realização de estudo sobre temática a acordar com o respectivo dirigente máximo do serviço, cujo texto final deve ser objecto de publicitação;

598 Regime do Contrato de Trabalho em Funções Públicas

b) Estágio em organismo da Administração Pública estrangeira ou em organização internacional, devendo apresentar relatório do mesmo ao dirigente máximo;

c) Estágio em outro serviço público, organização não governamental ou entidade empresarial com actividade e métodos de gestão relevantes para a Administração Pública, devendo apresentar relatório do mesmo ao dirigente máximo do serviço.

3 – O período sabático e os estágios a que se refere o número anterior consideram-se, para todos os efeitos legais, como serviço efectivo.

4 – O reconhecimento de Desempenho excelente em três anos consecutivos confere ainda ao dirigente intermédio o direito a cinco dias de férias, no ano seguinte, ou, por opção do dirigente, à correspondente remuneração.

5 – O reconhecimento de Desempenho relevante em três anos consecutivos confere ao dirigente intermédio o direito a três dias de férias, no ano seguinte, ou, por opção do dirigente, à correspondente remuneração.

6 – A atribuição da menção de Desempenho inadequado constitui fundamento para a cessação da respectiva comissão de serviço.

7 – Sem prejuízo do disposto no n.º 11, a atribuição da menção de Desempenho inadequado em dois anos consecutivos ou a não aplicação do SIADAP 3 aos trabalhadores dependentes do dirigente intermédio faz cessar a comissão de serviço ou impede a sua renovação.

8 – Os anos em que o dirigente receba prémio de desempenho não relevam para os efeitos previstos nos n.ᵒˢ 3 e 4.

9 – Sem prejuízo do disposto nos n.ᵒˢ 2 a 4, os direitos neles previstos são conferidos ao dirigente quando este tenha acumulado 10 pontos nas avaliações do seu desempenho contados nos seguintes termos:

a) 3 pontos por cada menção de Desempenho excelente;

b) 2 pontos por cada menção de Desempenho relevante.

10 – Por decreto regulamentar, o Governo pode estabelecer as condições de atribuição de incentivos para formação profissional ou académica como prémio de Desempenho relevante e de Desempenho excelente.

11 – Sem prejuízo do disposto no número seguinte, a não aplicação do SIADAP 3 por razão imputável ao dirigente intermédio determina a cessação da respectiva comissão de serviço e a não observância não fundamentada das orientações dadas pelo Conselho Coordenador da Ava-

Lei n.º 66-B/2007, de 28 de Dezembro 599

liação deve ser tida em conta na respectiva avaliação de desempenho, no parâmetro que for considerado mais adequado.

12 – A atribuição de nível de Desempenho inadequado ao pessoal integrado em carreira em exercício de funções de direcção ou equiparadas inerentes ao conteúdo funcional da carreira, quando tal exercício não for titulado em comissão de serviço, bem como a não aplicação do SIADAP 3 ao pessoal que lhe está directamente afecto, tem os efeitos previstos no artigo 53.º

ARTIGO 40.º
Processo de avaliação

No que não estiver previsto no presente título, ao processo de avaliação intercalar dos dirigentes intermédios aplica-se, com as necessárias adaptações, o disposto no título iv da presente lei.

TÍTULO IV
Subsistema de Avaliação do Desempenho dos Trabalhadores da Administração Pública (SIADAP 3)

CAPÍTULO I
Estrutura

SECÇÃO I
Periodicidade e requisitos para avaliação

ARTIGO 41.º
Periodicidade

1 – A avaliação do desempenho dos trabalhadores é de carácter anual, sem prejuízo do disposto na presente lei para a avaliação a efectuar em modelos adaptados do SIADAP.

2 – A avaliação respeita ao desempenho do ano civil anterior.

Artigo 42.º
Requisitos funcionais para avaliação

1 – No caso de trabalhador que, no ano civil anterior, tenha constituído relação jurídica de emprego público há menos de seis meses, o desempenho relativo a este período é objecto de avaliação conjunta com o do ano seguinte.

2 – No caso de trabalhador que, no ano civil anterior, tenha relação jurídica de emprego público com, pelo menos, seis meses e o correspondente serviço efectivo, independentemente do serviço onde o tenha prestado, o desempenho é objecto de avaliação nos termos do presente título.

3 – O serviço efectivo deve ser prestado em contacto funcional com o respectivo avaliador ou em situação funcional que, apesar de não ter permitido contacto directo pelo período temporal referido no número anterior, admita, por decisão favorável do Conselho Coordenador da Avaliação, a realização de avaliação.

4 – No caso previsto no n.º 2, se no decorrer do ano civil anterior e ou período temporal de prestação de serviço efectivo se sucederem vários avaliadores, o que tiver competência para avaliar no momento da realização da avaliação deve recolher dos demais os contributos escritos adequados a uma efectiva e justa avaliação.

5 – No caso de quem, no ano civil anterior, tenha relação jurídica de emprego público com pelo menos seis meses mas não tenha o correspondente serviço efectivo conforme definido na presente lei ou estando na situação prevista no n.º 3 não tenha obtido decisão favorável do Conselho Coordenador da Avaliação, não é realizada avaliação nos termos do presente título.

6 – No caso previsto no número anterior releva, para efeitos da respectiva carreira, a última avaliação atribuída nos termos da presente lei ou das suas adaptações.

7 – Se no caso previsto no n.º 5 o titular da relação jurídica de emprego público não tiver avaliação que releve nos termos do número anterior ou se pretender a sua alteração, requer avaliação anual, feita pelo Conselho Coordenador da Avaliação, mediante proposta de avaliador especificamente nomeado pelo dirigente máximo do serviço.

Lei n.º 66-B/2007, de 28 de Dezembro 601

Artigo 43.º
Ponderação curricular

1 – A avaliação prevista no n.º 7 do artigo anterior traduz-se na ponderação do currículo do titular da relação jurídica de emprego público, em que são considerados, entre outros, os seguintes elementos:

a) As habilitações académicas e profissionais;
b) A experiência profissional e a valorização curricular;
c) O exercício de cargos dirigentes ou outros cargos ou funções de reconhecido interesse público ou relevante interesse social, designadamente actividade de dirigente sindical.

2 – Para efeitos de ponderação curricular, deve ser entregue documentação relevante que permita ao avaliador nomeado fundamentar a proposta de avaliação, podendo juntar-se declaração passada pela entidade onde são ou foram exercidas funções.

3 – A ponderação curricular é expressa através de uma valoração que respeite a escala de avaliação qualitativa e quantitativa e as regras relativas à diferenciação de desempenhos previstas na presente lei.

4 – A ponderação curricular e a respectiva valoração são determinadas segundo critérios previamente fixados pelo Conselho Coordenador da Avaliação, constantes em acta, que é tornada pública, que asseguram a ponderação equilibrada dos elementos curriculares previstos no n.º 1 e a consideração de reconhecido interesse público ou relevante interesse social do exercício dos cargos e funções nele referidas.

5 – Os critérios referidos no número anterior podem ser estabelecidos uniformemente para todos os serviços por despacho normativo do membro do Governo responsável pela Administração Pública.

Artigo 44.º
Publicidade

1 – As menções qualitativas e respectiva quantificação quando fundamentam, no ano em que são atribuídas, a mudança de posição remuneratória na carreira ou a atribuição de prémio de desempenho são objecto de publicitação, bem como as menções qualitativas anteriores que tenham sido atribuídas e que contribuam para tal fundamentação.

602   *Regime do Contrato de Trabalho em Funções Públicas*

2 – Sem prejuízo do disposto no número anterior e de outros casos de publicitação previstos na presente lei, os procedimentos relativos ao SIADAP 3 têm carácter confidencial, devendo os instrumentos de avaliação de cada trabalhador ser arquivados no respectivo processo individual.

3 – Com excepção do avaliado, todos os intervenientes no processo de avaliação bem como os que, em virtude do exercício das suas funções, tenham conhecimento do mesmo ficam sujeitos ao dever de sigilo.

4 – O acesso à documentação relativa ao SIADAP 3 subordina-se ao disposto no Código do Procedimento Administrativo e à legislação relativa ao acesso a documentos administrativos.

SECÇÃO II
Metodologia de avaliação

ARTIGO 45.º
Parâmetros de avaliação

A avaliação do desempenho dos trabalhadores integra-se no ciclo de gestão de cada serviço e incide sobre os seguintes parâmetros:

a) «Resultados» obtidos na prossecução de objectivos individuais em articulação com os objectivos da respectiva unidade orgânica;

b) «Competências» que visam avaliar os conhecimentos, capacidades técnicas e comportamentais adequadas ao exercício de uma função.

ARTIGO 46.º
Resultados

1 – O parâmetro «Resultados» decorre da verificação do grau de cumprimento dos objectivos previamente definidos que devem ser redigidos de forma clara e rigorosa, de acordo com os principais resultados a obter, tendo em conta os objectivos do serviço e da unidade orgânica, a proporcionalidade entre os resultados visados e os meios disponíveis e o tempo em que são prosseguidos.

Lei n.º 66-B/2007, de 28 de Dezembro 603

2 – Os objectivos são, designadamente:

a) De produção de bens e actos ou prestação de serviços, visando a eficácia na satisfação dos utilizadores;

b) De qualidade, orientada para a inovação, melhoria do serviço e satisfação das necessidades dos utilizadores;

c) De eficiência, no sentido da simplificação e racionalização de prazos e procedimentos de gestão processual e na diminuição de custos de funcionamento;

d) De aperfeiçoamento e desenvolvimento das competências individuais, técnicas e comportamentais do trabalhador.

3 – Podem ser fixados objectivos de responsabilidade partilhada sempre que impliquem o desenvolvimento de um trabalho em equipa ou esforço convergente para uma finalidade determinada.

4 – Anualmente são fixados pelo menos três objectivos para cada trabalhador que, em regra, se enquadrem em várias áreas das previstas no n.º 2 e tenham particularmente em conta o posto de trabalho do trabalhador.

5 – Para os resultados a obter em cada objectivo são previamente estabelecidos indicadores de medida do desempenho.

Artigo 47.º
Avaliação dos resultados atingidos

1 – Tendo presente a medição do grau de cumprimento de cada objectivo, de acordo com os respectivos indicadores previamente estabelecidos, a avaliação dos resultados obtidos em cada objectivo é expressa em três níveis:

a) «Objectivo superado», a que corresponde uma pontuação de 5;

b) «Objectivo atingido», a que corresponde uma pontuação de 3;

c) «Objectivo não atingido», a que corresponde uma pontuação de 1.

2 – A pontuação final a atribuir ao parâmetro «Resultados» é a média aritmética das pontuações atribuídas aos resultados obtidos em todos os objectivos.

3 – Embora com desempenho efectivo, sempre que se verifique a impossibilidade de prosseguir alguns objectivos previamente fixados,

devido a condicionantes estranhas ao controlo dos intervenientes, e não tenha sido possível renegociar novos objectivos, a avaliação deve decorrer relativamente a outros objectivos que não tenham sido prejudicados por aquelas condicionantes.

4 – A avaliação dos resultados obtidos em objectivos de responsabilidade partilhada previstos no n.º 3 do artigo anterior, em regra, é idêntica para todos os trabalhadores neles envolvidos, podendo, mediante opção fundamentada do avaliador, ser feita avaliação diferenciada consoante o contributo de cada trabalhador.

ARTIGO 48.º
Competências

1 – O parâmetro relativo a «Competências» assenta em competências previamente escolhidas para cada trabalhador em número não inferior a cinco.

2 – As competências referidas no número anterior são escolhidas nos termos dos n.ᵒˢ 6 e 7 do artigo 36.º

ARTIGO 49.º
Avaliação das competências

1 – A avaliação de cada competência é expressa em três níveis:

a) «Competência demonstrada a um nível elevado», a que corresponde uma pontuação de 5;

b) «Competência demonstrada», a que corresponde uma pontuação de 3;

c) «Competência não demonstrada ou inexistente», a que corresponde uma pontuação de 1.

2 – A pontuação final a atribuir ao parâmetro «Competências» é a média aritmética das pontuações atribuídas às competências escolhidas para cada trabalhador.

Artigo 50.º
Avaliação final

1 – A avaliação final é o resultado da média ponderada das pontuações obtidas nos dois parâmetros de avaliação.

2 – Para o parâmetro «Resultados» é atribuída uma ponderação mínima de 60 % e para o parâmetro «Competências» uma ponderação máxima de 40 %.

3 – Por despacho do membro do Governo responsável pela área da Administração Pública, podem ser estabelecidos limites diferentes dos fixados no número anterior em função de carreiras e, por despacho conjunto com o membro do Governo da tutela, podem igualmente ser fixados outros limites diferentes para carreiras especiais ou em função de especificidades das atribuições de serviços ou da sua gestão.

4 – A avaliação final é expressa em menções qualitativas em função das pontuações finais em cada parâmetro, nos seguintes termos:

a) Desempenho relevante, correspondendo a uma avaliação final de 4 a 5;

b) Desempenho adequado, correspondendo a uma avaliação final de desempenho positivo de 2 a 3,999;

c) Desempenho inadequado, correspondendo a uma avaliação final de 1 a 1,999.

5 – À avaliação final dos trabalhadores é aplicável o disposto no n.º 12 do artigo 36.º

Artigo 51.º
Reconhecimento de excelência

1 – A atribuição da menção qualitativa de Desempenho relevante é objecto de apreciação pelo Conselho Coordenador da Avaliação, para efeitos de eventual reconhecimento de mérito significando Desempenho excelente, por iniciativa do avaliado ou do avaliador.

2 – A iniciativa prevista no número anterior deve ser acompanhada de caracterização que especifique os respectivos fundamentos e analise o impacte do desempenho, evidenciando os contributos relevantes para o serviço.

606 *Regime do Contrato de Trabalho em Funções Públicas*

3 – O reconhecimento do mérito previsto no n.° 1 é objecto de publicitação no serviço pelos meios internos considerados mais adequados.

4 – Para efeitos de aplicação da legislação sobre carreiras e remunerações, a avaliação máxima nela prevista corresponde à menção qualitativa de Desempenho excelente.

SECÇÃO III
Efeitos da avaliação

ARTIGO 52.°
Efeitos

1 – A avaliação do desempenho individual tem, designadamente, os seguintes efeitos:

a) Identificação de potencialidades pessoais e profissionais do trabalhador que devam ser desenvolvidas;
b) Diagnóstico de necessidades de formação;
c) Identificação de competências e comportamentos profissionais merecedores de melhoria;
d) Melhoria do posto de trabalho e dos processos a ele associados;
e) Alteração de posicionamento remuneratório na carreira do trabalhador e atribuição de prémios de desempenho, nos termos da legislação aplicável.

2 – O reconhecimento de Desempenho excelente em três anos consecutivos confere ao trabalhador, alternativamente, o direito a:

a) Período sabático com a duração máxima de três meses para realização de estudo sobre temática a acordar com o respectivo dirigente máximo do serviço, cujo texto final deve ser objecto de publicitação;
b) Estágio em organismo de Administração Pública estrangeira ou em organização internacional, devendo apresentar relatório do mesmo ao dirigente máximo;
c) Estágio em outro serviço público, organização não governamental ou entidade empresarial com actividade e métodos de gestão

relevantes para a Administração Pública, devendo apresentar relatório do mesmo ao dirigente máximo do serviço;
d) Frequência de acções de formação adequada ao desenvolvimento de competências profissionais.

3 – O período sabático, os estágios e as acções de formação a que se refere o número anterior consideram-se, para todos os efeitos legais, como serviço efectivo.

4 – O reconhecimento de Desempenho excelente em três anos consecutivos confere ainda ao trabalhador, no ano seguinte, o direito a cinco dias de férias ou, por opção do trabalhador, à correspondente remuneração.

5 – O reconhecimento de Desempenho relevante em três anos consecutivos confere ao trabalhador, no ano seguinte, o direito a três dias de férias ou, por opção do trabalhador, à correspondente remuneração.

6 – Aos efeitos da avaliação de desempenho dos trabalhadores aplica-se igualmente o disposto nos n.ºˢ 7 a 9 do artigo 39.º

ARTIGO 53.º
Menção de inadequado

1 – A atribuição da menção qualitativa de Desempenho inadequado deve ser acompanhada de caracterização que especifique os respectivos fundamentos, por parâmetro, de modo a possibilitar decisões no sentido de:

a) Analisar os fundamentos de insuficiência no desempenho e identificar as necessidades de formação e o plano de desenvolvimento profissional adequados à melhoria do desempenho do trabalhador;
b) Fundamentar decisões de melhor aproveitamento das capacidades do trabalhador.

2 – As necessidades de formação identificadas devem traduzir-se em acções a incluir no plano de desenvolvimento profissional.

ARTIGO 54.º
Potencial de desenvolvimento dos trabalhadores

1 – O sistema de avaliação do desempenho deve permitir a identi-ficação do potencial de evolução e desenvolvimento dos trabalhadores e o diagnóstico das respectivas necessidades de formação, devendo estas ser consideradas no plano de formação anual de cada serviço.

2 – A identificação das necessidades de formação deve associar as necessidades prioritárias dos trabalhadores e a exigência do posto de trabalho que lhe está atribuído, tendo em conta os recursos disponíveis para esse efeito.

CAPÍTULO II
Intervenientes no processo de avaliação

ARTIGO 55.º
Sujeitos

1 – Intervêm no processo de avaliação do desempenho no âmbito de cada serviço:

a) O avaliador;
b) O avaliado;
c) O conselho coordenador da avaliação;
d) A comissão paritária;
e) O dirigente máximo do serviço.

2 – A ausência ou impedimento de avaliador directo não constitui fundamento para a falta de avaliação.

ARTIGO 56.º
Avaliador

1 – A avaliação é da competência do superior hierárquico imediato

ou, na sua ausência ou impedimento, do superior hierárquico de nível seguinte, cabendo ao avaliador:

a) Negociar os objectivos do avaliado, de acordo com os objectivos e resultados fixados para a sua unidade orgânica ou em execução das respectivas competências, e fixar os indicadores de medida do desempenho, designadamente os critérios de superação de objectivos, no quadro das orientações gerais fixadas pelo Conselho Coordenador da Avaliação;

b) Rever regularmente com o avaliado os objectivos anuais negociados, ajustá-los, se necessário, e reportar ao avaliado a evolução do seu desempenho e possibilidades de melhoria;

c) Negociar as competências que integram o segundo parâmetro de avaliação, nos termos da alínea b) do artigo 45.° e do artigo 48.°;

d) Avaliar anualmente os trabalhadores directamente subordinados, assegurando a correcta aplicação dos princípios integrantes da avaliação;

e) Ponderar as expectativas dos trabalhadores no processo de identificação das respectivas necessidades de desenvolvimento;

f) Fundamentar as avaliações de Desempenho relevante e Desempenho inadequado, para os efeitos previstos na presente lei.

2 – O superior hierárquico imediato deve recolher e registar os contributos que reputar adequados e necessários a uma efectiva e justa avaliação, designadamente quando existam trabalhadores com responsabilidade efectiva de coordenação e orientação sobre o trabalho desenvolvido pelos avaliados.

Artigo 57.°
Avaliado

1 – Em cumprimento dos princípios enunciados na presente lei, o avaliado tem direito:

a) A que lhe sejam garantidos os meios e condições necessários ao seu desempenho em harmonia com os objectivos e resultados que tenha contratualizado;

b) À avaliação do seu desempenho.

610 *Regime do Contrato de Trabalho em Funções Públicas*

2 – Constituem deveres do avaliado proceder à respectiva auto--avaliação como garantia de envolvimento activo e responsabilização no processo avaliativo e negociar com o avaliador na fixação dos objectivos e das competências que constituem parâmetros de avaliação e respectivos indicadores de medida.

3 – Os dirigentes dos serviços são responsáveis pela aplicação e divulgação aos avaliados, em tempo útil, do sistema de avaliação, garantindo o cumprimento dos seus princípios e a diferenciação do mérito.

4 – É garantida aos avaliados o conhecimento dos objectivos, fundamentos, conteúdo e funcionamento do sistema de avaliação.

5 – É garantido ao avaliado o direito de reclamação, de recurso e de impugnação jurisdicional.

ARTIGO 58.º
Conselho coordenador da avaliação

1 – Junto do dirigente máximo de cada serviço funciona um conselho coordenador da avaliação, ao qual compete:

a) Estabelecer directrizes para uma aplicação objectiva e harmónica do SIADAP 2 e do SIADAP 3, tendo em consideração os documentos que integram o ciclo de gestão referido no artigo 8.º;

b) Estabelecer orientações gerais em matéria de fixação de objectivos, de escolha de competências e de indicadores de medida, em especial os relativos à caracterização da situação de superação de objectivos;

c) Estabelecer o número de objectivos e de competências a que se deve subordinar a avaliação de desempenho, podendo fazê-lo para todos os trabalhadores do serviço ou, quando se justifique, por unidade orgânica ou por carreira;

d) Garantir o rigor e a diferenciação de desempenhos do SIADAP 2 e do SIADAP 3, cabendo-lhe validar as avaliações de Desempenho relevante e Desempenho inadequado bem como proceder ao reconhecimento do Desempenho excelente;

e) Emitir parecer sobre os pedidos de apreciação das propostas de avaliação dos dirigentes intermédios avaliados;

f) Exercer as demais competências que, por lei ou regulamento, lhe são cometidas.

Lei n.º 66-B/2007, de 28 de Dezembro 611

2 – O conselho coordenador da avaliação é presidido pelo dirigente máximo do serviço e integra, para além do responsável pela gestão de recursos humanos, três a cinco dirigentes por aquele designados.

3 – Nos serviços de grande dimensão, sem prejuízo da existência do conselho coordenador da avaliação nos termos dos números anteriores, para efeitos de operacionalização do seu funcionamento, podem ser criadas secções autónomas presididas pelo dirigente máximo do serviço, compostas por um número restrito de dirigentes, exercendo as competências previstas nas alíneas d) e e) do n.º 1.

4 – Nos serviços em que, pela sua natureza ou condicionantes de estrutura orgânica, não for possível a constituição do conselho coordenador da avaliação nos termos dos n.ºs 2 e 3, podem as suas competências legais ser confiadas a uma comissão de avaliação a constituir por despacho do dirigente máximo do serviço, composta por trabalhadores com responsabilidade funcional adequada.

5 – A presidência do conselho coordenador da avaliação ou das secções autónomas previstas no n.º 3 pode ser delegada nos termos da lei.

6 – O regulamento de funcionamento do conselho coordenador da avaliação deve ser elaborado por cada serviço tendo em conta a sua natureza e dimensão.

7 – O conselho coordenador da avaliação tem composição restrita a dirigentes superiores e ao responsável pela gestão de recursos humanos quando o exercício das suas competências incidir sobre o desempenho de dirigentes intermédios e, no caso de se tratar do exercício da competência referida na alínea e) do n.º 1, aplica-se, com as devidas adaptações, o disposto nos n.ºs 3 e seguintes do artigo 69.º

ARTIGO 59.º
Comissão paritária

1 – Junto do dirigente máximo de cada serviço funciona uma comissão paritária com competência consultiva para apreciar propostas de avaliação dadas a conhecer a trabalhadores avaliados, antes da homologação.

2 – A comissão paritária é composta por quatro vogais, sendo dois representantes da Administração, designados pelo dirigente máximo do serviço, sendo um membro do conselho coordenador da avaliação, e dois representantes dos trabalhadores por estes eleitos.

3 – Nos serviços de grande dimensão podem ser constituídas várias comissões paritárias, em que os representantes da Administração são designados de entre os membros das secções autónomas previstas no n.º 3 do artigo anterior e os representantes dos trabalhadores eleitos pelos universos de trabalhadores que correspondam à competência daquelas secções autónomas.

4 – Os vogais representantes da Administração são designados em número de quatro, pelo período de dois anos, sendo dois efectivos, um dos quais orienta os trabalhos da comissão, e dois suplentes.

5 – Os vogais representantes dos trabalhadores são eleitos, pelo período de dois anos, em número de seis, sendo dois efectivos e quatro suplentes, através de escrutínio secreto pelos trabalhadores que constituem o universo de trabalhadores de todo o serviço ou de parte dele, nos termos do n.º 3.

6 – O processo de eleição dos vogais representantes dos trabalhadores deve decorrer em Dezembro e é organizado nos termos de despacho do dirigente máximo do serviço que é publicitado na página electrónica do serviço, do qual devem constar, entre outros, os seguintes pontos:

a) Data limite para indicação, pelos trabalhadores, dos membros da mesa ou mesas de voto, referindo expressamente que, na ausência dessa indicação, os mesmos são designados pelo dirigente competente até quarenta e oito horas antes da realização do acto eleitoral;

b) Número de elementos da mesa ou mesas de voto, o qual não deve ser superior a cinco por cada mesa, incluindo os membros suplentes;

c) Data do acto eleitoral;

d) Período e local do funcionamento das mesas de voto;

e) Data limite da comunicação dos resultados ao dirigente respectivo;

f) Dispensa dos membros das mesas do exercício dos seus deveres funcionais no dia em que tem lugar a eleição, sendo igualmente concedidas facilidades aos restantes trabalhadores pelo período estritamente indispensável para o exercício do direito de voto.

7 – A não participação dos trabalhadores na eleição implica a não constituição da comissão paritária sem, contudo, obstar ao prosseguimento do processo de avaliação, entendendo-se como irrelevantes quaisquer pedidos de apreciação por esse órgão.

8 – Os vogais efectivos são substituídos pelos vogais suplentes quando tenham de interromper o respectivo mandato ou sempre que a

comissão seja chamada a pronunciar-se sobre processos em que aqueles tenham participado como avaliados ou avaliadores.

9 – Quando se verificar a interrupção do mandato de pelo menos metade do número de vogais efectivos e suplentes, representantes da Administração, por um lado, ou eleitos em representação dos avaliados, por outro, os procedimentos previstos nos n.ºs 4 e 5 podem ser repetidos, se necessário, por uma única vez e num prazo de cinco dias.

10 – Nos casos do número anterior, os vogais designados ou eleitos para preenchimento das vagas completam o mandato daqueles que substituem, passando a integrar a comissão até ao termo do período de funcionamento desta.

11 – Nas situações previstas no n.º 9, a impossibilidade comprovada de repetição dos procedimentos referidos não é impeditiva do prosseguimento do processo de avaliação, entendendo-se como irrelevantes quaisquer pedidos de apreciação pela comissão paritária.

ARTIGO 60.º
Dirigente máximo do serviço

1 – Compete ao dirigente máximo do serviço:
Garantir a adequação do sistema de avaliação do desempenho às realidades específicas do serviço;

a) Coordenar e controlar o processo de avaliação anual de acordo com os princípios e regras definidos na presente lei;
b) Fixar níveis de ponderação dos parâmetros de avaliação, nos termos da presente lei;
c) Assegurar o cumprimento no serviço das regras estabelecidas na presente lei em matéria de percentagens de diferenciação de desempenhos;
d) Homologar as avaliações anuais;
e) Decidir das reclamações dos avaliados;
f) Assegurar a elaboração do relatório anual da avaliação do desempenho, que integra o relatório de actividades do serviço;
g) Exercer as demais competências que lhe são cometidas pela presente lei.

2 – Quando o dirigente máximo não homologar as avaliações atribuídas pelos avaliadores ou pelo conselho coordenador da avaliação, no caso

614   *Regime do Contrato de Trabalho em Funções Públicas*

previsto no n.º 5 do artigo 69.º, atribui nova menção qualitativa e respectiva quantificação, com a respectiva fundamentação.

3 – A competência prevista na alínea e) do n.º 1 pode ser delegada nos demais dirigentes superiores do serviço.

CAPÍTULO III
Processo de avaliação

Artigo 61.º
Fases

O processo de avaliação dos trabalhadores compreende as seguintes fases:

a) Planeamento do processo de avaliação e definição de objectivos e resultados a atingir;

b) Realização da auto-avaliação e da avaliação;

c) Harmonização das propostas de avaliação;

d) Reunião entre avaliador e avaliado para avaliação de desempenho, contratualização dos objectivos e respectivos indicadores e fixação das competências;

e) Validação de avaliações e reconhecimento de Desempenhos excelentes;

f) Apreciação do processo de avaliação pela comissão paritária;

g) Homologação;

h) Reclamação e outras impugnações;

i) Monitorização e revisão dos objectivos.

Artigo 62.º
Planeamento

1 – O planeamento do processo de avaliação, definição de objectivos e fixação dos resultados a atingir obedece às seguintes regras:

a) O processo é da iniciativa e responsabilidade do dirigente máximo do serviço e deve decorrer das orientações fundamentais dos documentos que integram o ciclo de gestão, das competências de cada unidade orgânica e da gestão articulada de actividades, centrada na arquitectura transversal dos processos internos de produção;

b) A definição de objectivos e resultados a atingir pelas unidades orgânicas deve envolver os respectivos dirigentes e trabalhadores, assegurando a uniformização de prioridades e alinhamento interno da actividade do serviço com os resultados a obter, a identificação e satisfação do interesse público e das necessidades dos utilizadores;

c) A planificação em cascata, quando efectuada, deve evidenciar o contributo de cada unidade orgânica para os resultados finais pretendidos para o serviço;

d) A definição de orientações que permitam assegurar o cumprimento das percentagens relativas à diferenciação de desempenhos.

2 – O planeamento dos objectivos e resultados a atingir pelo serviço é considerado pelo conselho coordenador da avaliação no estabelecimento de orientações para uma aplicação objectiva e harmónica do sistema de avaliação do desempenho, para a fixação de indicadores, em particular os relativos à superação de objectivos, e para validar as avaliações de Desempenho relevante e Desempenho inadequado, bem como o reconhecimento de Desempenho excelente.

3 – Na fase de planeamento estabelecem-se as articulações necessárias na aplicação dos vários subsistemas que constituem o SIADAP, nomeadamente visando o alinhamento dos objectivos do serviço, dos dirigentes e demais trabalhadores.

4 – A fase de planeamento deve decorrer no último trimestre de cada ano civil.

Artigo 63.º
Auto-avaliação e avaliação

1 – A auto-avaliação tem como objectivo envolver o avaliado no processo de avaliação e identificar oportunidades de desenvolvimento profissional.

616   *Regime do Contrato de Trabalho em Funções Públicas*

2 – A auto-avaliação é obrigatória e concretiza-se através de preenchimento de ficha própria, a analisar pelo avaliador, se possível conjuntamente com o avaliado, com carácter preparatório à atribuição da avaliação, não constituindo componente vinculativa da avaliação de desempenho.

3 – A avaliação é efectuada pelo avaliador nos termos da presente lei, das orientações transmitidas pelo conselho coordenador da avaliação e em função dos parâmetros e respectivos indicadores de desempenho e é presente àquele conselho para efeitos de harmonização de propostas de atribuição de menções de Desempenho relevante ou Desempenho inadequado ou de reconhecimento de Desempenho excelente.

4 – A auto-avaliação e a avaliação devem, em regra, decorrer na 1.ª quinzena de Janeiro.

5 – A auto-avaliação é solicitada pelo avaliador ou entregue por iniciativa do avaliado.

ARTIGO 64.º
Harmonização de propostas de avaliação

Na 2.ª quinzena de Janeiro, em regra, realizam-se as reuniões do conselho coordenador da avaliação para proceder à análise das propostas de avaliação e à sua harmonização de forma a assegurar o cumprimento das percentagens relativas à diferenciação de desempenhos transmitindo, se for necessário, novas orientações aos avaliadores, na sequência das previstas na alínea d) do n.º 1 e no n.º 2 do artigo 62.º e iniciar o processo que conduz à validação dos Desempenhos relevantes e Desempenhos inadequados e de reconhecimento dos Desempenhos excelentes.

ARTIGO 65.º
Reunião de avaliação

1 – Durante o mês de Fevereiro e após a harmonização referida no artigo anterior, realizam-se as reuniões dos avaliadores com cada um dos respectivos avaliados, tendo como objectivo dar conhecimento da avaliação.

2 – No decurso da reunião, avaliador e avaliado devem analisar conjuntamente o perfil de evolução do trabalhador, identificar as suas expectativas de desenvolvimento bem como abordar os demais efeitos previstos no artigo 52.º

3 – Em articulação com o plano de actividades aprovado para o novo ciclo de gestão e considerando os objectivos fixados para a respectiva unidade orgânica, no decurso da reunião são contratualizados os parâmetros de avaliação nos termos dos artigos seguintes.

4 – A reunião de avaliação é marcada pelo avaliador ou requerida pelo avaliado.

5 – No caso de o requerimento acima referido não obter resposta nos prazos legais, traduzida em marcação de reunião, pode o avaliado requerer ao dirigente máximo a referida marcação.

6 – No caso de não ser marcada reunião nos termos do número anterior, o avaliado pode requerer ao membro do Governo competente que estabeleça as orientações necessárias ao atempado cumprimento do disposto na presente lei.

7 – A situação prevista nos números anteriores é considerada para efeitos de avaliação dos dirigentes envolvidos.

ARTIGO 66.º
Contratualização dos parâmetros

1 – No início de cada período anual de avaliação, no começo do exercício de um novo cargo ou função, bem como em todas as circunstâncias em que seja possível a fixação de objectivos a atingir, é efectuada reunião entre avaliador e avaliado destinada a fixar e registar na ficha de avaliação tais objectivos e as competências a demonstrar, bem como os respectivos indicadores de medida e critérios de superação.

2 – A reunião de negociação referida no número anterior deve ser precedida de reunião de análise do dirigente com todos os avaliados que integrem a respectiva unidade orgânica ou equipa, sendo a mesma obrigatória quando existirem objectivos partilhados decorrentes de documentos que integram o ciclo de gestão.

Artigo 67.º
Contratualização de objectivos

Sem prejuízo do disposto no artigo 46.º, a contratualização de objectivos a atingir efectua-se de acordo com as seguintes regras:

a) Os objectivos a atingir por cada trabalhador devem ser definidos pelo avaliador e avaliado no início do período da avaliação, prevalecendo, em caso de discordância, a posição do avaliador;

b) A identificação de resultados de aperfeiçoamento e desenvolvimento individual do trabalhador é obrigatória num dos objectivos, quando resulte de diagnóstico efectuado no âmbito de avaliação do desempenho classificado como Desempenho inadequado;

c) Os objectivos de aperfeiçoamento e desenvolvimento do trabalhador podem ser de âmbito relacional, de atitudes ou de aquisição de competências técnicas e de métodos de trabalho.

Artigo 68.º
Contratualização de competências

1 – Sem prejuízo do disposto no artigo 48.º, a fixação de competências a avaliar efectua-se de acordo com as seguintes regras:

a) As competências a desenvolver pelos trabalhadores são definidas e listadas em perfis específicos, decorrentes da análise e qualificação das funções correspondentes à respectiva carreira, categoria, área funcional ou posto de trabalho, e concretizam-se nos modelos específicos de adaptação do SIADAP 3;

b) A identificação das competências a demonstrar no desempenho anual de cada trabalhador é efectuada de entre as relacionadas com a respectiva carreira, categoria, área funcional ou posto de trabalho, preferencialmente por acordo entre os intervenientes na avaliação.

2 – A selecção das competências a avaliar é efectuada de entre as constantes da lista a que se refere o n.º 6 do artigo 36.º sempre que se não verifique o previsto na alínea a) do número anterior, traduzido nos instrumentos regulamentares de adaptação do SIADAP.

Artigo 69.º
Validações e reconhecimentos

1 – Na sequência das reuniões de avaliação, realizam-se as reuniões do conselho coordenador da avaliação tendo em vista:

a) A validação das propostas de avaliação com menções de Desempenho relevante e de Desempenho inadequado;
b) A análise do impacte do desempenho, designadamente para efeitos de reconhecimento de Desempenho excelente.

2 – O reconhecimento de Desempenho excelente implica declaração formal do conselho coordenador da avaliação.

3 – Em caso de não validação da proposta de avaliação, o conselho coordenador da avaliação devolve o processo ao avaliador acompanhado da fundamentação da não validação, para que aquele, no prazo que lhe for determinado, reformule a proposta de avaliação.

4 – No caso de o avaliador decidir manter a proposta anteriormente formulada deve apresentar fundamentação adequada perante o conselho coordenador da avaliação.

5 – No caso de o conselho coordenador da avaliação não acolher a proposta apresentada nos termos do número anterior, estabelece a proposta final de avaliação, que transmite ao avaliador para que este dê conhecimento ao avaliado e remeta, por via hierárquica, para homologação.

Artigo 70.º
Apreciação pela comissão paritária

1 – O trabalhador avaliado, após tomar conhecimento da proposta de avaliação que será sujeita a homologação, pode requerer ao dirigente máximo do serviço, no prazo de 10 dias úteis, que o seu processo seja submetido a apreciação da comissão paritária, apresentando a fundamentação necessária para tal apreciação.

2 – O requerimento deve ser acompanhado da documentação que suporte os fundamentos do pedido de apreciação.

3 – A audição da comissão paritária não pode, em caso algum, ser recusada.

620   *Regime do Contrato de Trabalho em Funções Públicas*

4 – A comissão paritária pode solicitar ao avaliador, ao avaliado ou, sendo o caso, ao conselho coordenador da avaliação os elementos que julgar convenientes para o seu melhor esclarecimento, bem como convidar avaliador ou avaliado a expor a sua posição, por uma única vez, em audição, cuja duração não poderá exceder trinta minutos.

5 – A apreciação da comissão paritária é feita no prazo de 10 dias úteis contado a partir da data em que tenha sido solicitada e expressa-se através de relatório fundamentado com proposta de avaliação.

6 – O relatório previsto no número anterior é subscrito por todos os vogais e, no caso de não se verificar consenso, deve conter as propostas alternativas apresentadas e respectiva fundamentação.

Artigo 71.º
Homologação das avaliações

A homologação das avaliações de desempenho é da competência do dirigente máximo do serviço, deve ser, em regra, efectuada até 30 de Março e dela deve ser dado conhecimento ao avaliado no prazo de cinco dias úteis.

Artigo 72.º
Reclamação

1 – O prazo para apresentação de reclamação do acto de homologação é de 5 dias úteis a contar da data do seu conhecimento, devendo a respectiva decisão ser proferida no prazo máximo de 15 dias úteis.

2 – Na decisão sobre reclamação, o dirigente máximo tem em conta os fundamentos apresentados pelo avaliado e pelo avaliador, bem como os relatórios da comissão paritária ou do conselho coordenador da avaliação sobre pedidos de apreciação anteriormente apresentados.

Artigo 73.º
Outras impugnações

1 – Do acto de homologação e da decisão sobre reclamação cabe impugnação administrativa, por recurso hierárquico ou tutelar, ou impugnação jurisdicional, nos termos gerais.

2 – A decisão administrativa ou jurisdicional favorável confere ao trabalhador o direito a ver revista a sua avaliação ou a ser-lhe atribuída nova avaliação.

3 – Sempre que não for possível a revisão da avaliação, designadamente por substituição superveniente do avaliador, é competente para o efeito o novo superior hierárquico ou o dirigente máximo do serviço, a quem cabe proceder a nova avaliação.

ARTIGO 74.º
Monitorização

1 – No decorrer do período de avaliação, são adoptados os meios adequados à monitorização dos desempenhos e efectuada a respectiva análise conjunta, entre avaliador e avaliado ou no seio da unidade orgânica, de modo a viabilizar:

a) A reformulação dos objectivos e dos resultados a atingir, nos casos de superveniência de condicionantes que impeçam o previsto desenrolar da actividade;

b) A clarificação de aspectos que se mostrem úteis ao futuro acto de avaliação;

c) A recolha participada de reflexões sobre o modo efectivo do desenvolvimento do desempenho, como acto de fundamentação da avaliação final.

2 – O disposto no número anterior é realizado por iniciativa do avaliador ou a requerimento do avaliado.

ARTIGO 75.º
Diferenciação de desempenhos

1 – Sem prejuízo do disposto na alínea a) do artigo 27.º, a diferenciação de desempenhos é garantida pela fixação da percentagem máxima de 25 % para as avaliações finais qualitativas de Desempenho relevante e, de entre estas, 5 % do total dos trabalhadores para o reconhecimento de Desempenho excelente.

622   *Regime do Contrato de Trabalho em Funções Públicas*

2 – As percentagens previstas no número anterior incidem sobre o número de trabalhadores previstos nos n.ᵒˢ 2 a 7 do artigo 42.°, com aproximação por excesso, quando necessário, e devem, em regra, ser distribuídas proporcionalmente por todas as carreiras.

3 – As percentagens referidas nos n.ᵒˢ 1 c 2 devem ser do conhecimento de todos os avaliados.

4 – A atribuição das percentagens é da exclusiva responsabilidade do dirigente máximo do serviço, cabendo-lhe ainda assegurar o seu estrito cumprimento.

5 – O número de objectivos e competências a fixar nos parâmetros de avaliação e respectivas ponderações devem ser previamente estabelecidos, nos termos da presente lei, designadamente nos termos previstos na alínea c) do n.° 1 do artigo 58.°, tendo em conta a necessidade de assegurar uma adequada diferenciação de desempenhos.

TÍTULO V
Sistema de informação de suporte à gestão de desempenho e acções decontrolo

ARTIGO 76.°
Gestão e acompanhamento do SIADAP 2 e do SIADAP 3

1 – O disposto na presente lei em matéria de processos de avaliação e respectivos instrumentos de suporte não impede o seu cumprimento em versão electrónica e, quando for o caso, com utilização de assinaturas digitais.

2 – Compete às secretarias-gerais de cada ministério elaborar relatórios síntese evidenciando a forma como o SIADAP 2 e o SIADAP 3 foram aplicados no âmbito dos respectivos serviços, nomeadamente quanto à fase de planeamento e quanto aos resultados de avaliação final.

3 – Compete à Direcção-Geral da Administração e do Emprego Pública (DGAEP):

a) Acompanhar e apoiar a aplicação da avaliação do desempenho, designadamente através da produção de instrumentos de orientação normativa;

Lei n.° 66-B/2007, de 28 de Dezembro 623

b) Elaborar relatório anual que evidencie a forma como o SIADAP foi aplicado na Administração Pública.

4 – Para efeitos do disposto no número anterior, a DGAEP recolhe informação junto dos serviços com competência em matéria de planeamento, estratégia e avaliação e das secretarias-gerais.

5 – Todos os processos de transmissão da informação no âmbito de cada ministério e de alimentação das bases de dados relevantes devem ter suporte electrónico, devendo o tratamento estatístico e ligação aos sistemas de processamento de salários efectuar-se progressivamente de forma automática.

6 – A estrutura e conteúdo dos relatórios referidos nos números anteriores são objecto de normalização através de despacho do membro do Governo responsável pela área da Administração Pública.

ARTIGO 77.°
Publicitação de resultados

1 – Anualmente é divulgado em cada serviço o resultado global da aplicação do SIADAP, contendo ainda o número das menções qualitativas atribuídas por carreira.

2 – Os resultados globais da aplicação do SIADAP são publicitados externamente pela DGAEP, nomeadamente na sua página electrónica.

ARTIGO 78.°
Acções de controlo

A Inspecção-Geral de Finanças realiza auditorias para avaliar a forma como os serviços procedem à aplicação dos subsistemas de avaliação do desempenho.

TÍTULO VI
Disposições transitórias e finais

CAPÍTULO I
Disposições transitórias

ARTIGO 79.º
Página electrónica

A informação relativa à aplicação do SIADAP é publicitada, nos termos da presente lei, na página electrónica do serviço e, caso não exista, os documentos com tal informação são publicitados por afixação em local adequado ou são objecto de livre acesso em local publicamente anunciado.

ARTIGO 80.º
Regime transitório

1 – Nos três anos civis após a entrada em vigor da presente lei, a avaliação dos desempenhos neles prestados pode seguir um regime transitório nos termos dos números seguintes, mediante decisão do dirigente máximo do serviço, ouvido o conselho coordenador da avaliação.

2 – O regime transitório pode ser utilizado na avaliação de trabalhadores desde que estejam cumulativamente reunidas as seguintes condições:

a) Se trate de trabalhadores a quem, no recrutamento para a respectiva carreira, é exigida habilitação literária ao nível da escolaridade obrigatória ou conferente de diploma do 12.º ano do ensino secundário;

b) Se trate de trabalhadores a desenvolver actividades ou tarefas caracterizadas maioritariamente como de rotina, com carácter de permanência, padronizadas, previamente determinadas e executivas.

Lei n.° 66-B/2007, de 28 de Dezembro 625

3 – O regime transitório assenta na avaliação das «Competências» do trabalhador, nos termos previstos na alínea b) do artigo 45.°

4 – As «Competências» são previamente escolhidas para cada trabalhador, em número não inferior a oito.

5 – Na escolha das «Competências» aplica-se o disposto nos n.ºs 6 e 7 do artigo 36.° e no artigo 68.°, sendo, contudo, obrigatória uma competência que sublinhe a capacidade de realização e orientação para resultados.

6 – Sempre que para o exercício das suas funções o trabalhador estiver em contacto profissional regular com outros trabalhadores ou utilizadores, o avaliador deve ter em conta a percepção por eles obtida sobre o desempenho, como contributo para a avaliação, devendo registá-la no processo de avaliação e reflecti-la na avaliação das «Competências».

7 – À avaliação de cada competência no regime transitório aplica-se o disposto no n.° 1 do artigo 49.°

8 – A cada competência pode ser atribuída ponderação diversa por forma a destacar a respectiva importância no exercício de funções e assegurar a diferenciação de desempenhos.

9 – A avaliação final é a média aritmética simples ou ponderada das pontuações atribuídas às competências escolhidas para cada trabalhador.

10 – No regime transitório aplica-se, com as necessárias adaptações, o disposto nos títulos iv e v.

ARTIGO 81.°
Estratégia de aplicação

1 – Até 30 de Novembro de cada ano, os serviços iniciam ou prosseguem a construção do QUAR previsto no artigo 10.° e, no quadro das orientações fixadas pelos respectivos membros do Governo, propõem os objectivos a prosseguir no ano seguinte e estabelecem os indicadores de desempenho e respectivas fontes de verificação.

2 – Os serviços que, nos diferentes ministérios, são competentes em matéria de planeamento, estratégia e avaliação acompanham e validam, nos termos da presente lei, o cumprimento do disposto no número anterior.

3 – Até 15 de Dezembro de cada ano, os membros do Governo referidos no n.° 1 aprovam os objectivos anuais de cada serviço.

626 Regime do Contrato de Trabalho em Funções Públicas

4 – A estratégia de aplicação do SIADAP relativa aos desempenhos prestados em 2008 obedece às seguintes regras:

a) As acções e decisões previstas nos n.ºs 1 e 3 são cumpridas e tomadas no prazo de 21 e 30 dias respectivamente após a data de entrada em vigor da presente lei;

b) As cartas de missão de dirigentes superiores que à data da entrada em vigor da presente lei ainda as não tenham recebido por não lhes ser aplicável a legislação em vigor são subscritas no prazo de 30 dias após aquela data.

Artigo 82.º
Sistemas específicos de avaliação

1 – A avaliação do desempenho referente a 2008 nos serviços e organismos, assim como nas carreiras de regime especial e corpos especiais que disponham de um sistema de avaliação de desempenho específico que ainda não tenha sido adaptado ao abrigo do n.º 3 do artigo 2.º ou do artigo 21.º da Lei n.º 10/2004, de 22 de Março, efectua-se de acordo com o respectivo sistema específico, até à sua adaptação nos termos do artigo 3.º e do n.º 2 do artigo 86.º

2 – No caso de os sistemas específicos referidos no número anterior não preverem percentagens de diferenciação de desempenhos consagrada no artigo 15.º da Lei n.º 10/2004, de 22 de Março, as menções e quantificações atribuídas são apresentadas ao membro do Governo respectivo para ratificação, visando a verificação do equilíbrio de distribuição das menções pelos vários níveis de avaliação.

CAPÍTULO II
Disposições finais

Artigo 83.º
Extensão do âmbito de aplicação

O disposto na presente lei em matéria de SIADAP 3, salvo se a lei ou regulamento de adaptação previsto no artigo 3.º dispuser em contrário,

Lei n.º 53/2006, de 7 de Dezembro 627

é também aplicável, com as necessárias adaptações, aos actuais traba-lhadores com a qualidade de funcionário ou agente de pessoas colectivas que se encontrem excluídas do seu âmbito de aplicação.

ARTIGO 84.º
Critérios de desempate

Quando, para os efeitos previstos na lei, for necessário proceder a desempate entre trabalhadores ou dirigentes que tenham a mesma classi-ficação final na avaliação de desempenho, releva consecutivamente a avaliação obtida no parâmetro de «Resultados», a última avaliação de desempenho anterior, o tempo de serviço relevante na carreira e no exer-cício de funções públicas.

ARTIGO 85.º
Avaliações anteriores e conversão de resultados

1 – Nas situações previstas na lei em que seja necessário ter em conta a avaliação de desempenho ou a classificação de serviço e, em concreto, devam ser tidos em conta os resultados da aplicação de diversos sistemas de avaliação, para conversão de valores quantitativos é usada a escala do SIADAP, devendo ser convertidas proporcionalmente para esta quais-quer outras escalas utilizadas, com aproximação por defeito, quando necessário.

2 – Nas situações previstas no número anterior em que só tenha havido atribuição de menção qualitativa ou atribuição de valores quan-titativos não sujeitos a percentagens de diferenciação de desempenhos, é realizada ponderação curricular, nos termos do artigo 43.º, por avaliador designado pelo dirigente máximo do serviço.

3 – No caso previsto nos n.ºˢ 5 e 6 do artigo 42.º releva ainda, para efeitos da respectiva carreira, a última avaliação atribuída nos termos:

a) Do SIADAP aprovado pela Lei n.º 10/2004, de 22 de Março;
b) Dos sistemas de avaliação aprovados ao abrigo do n.º 3 do ar-tigo 2.º e do artigo 21.º da lei referida na alínea anterior que esta-beleçam percentagens de diferenciação em observância do prin-

628   *Regime do Contrato de Trabalho em Funções Públicas*

cípio de diferenciação de desempenhos consagrado no artigo 15.°
do mesmo diploma legal;

c) Do n.° 3 do artigo 2.° da Lei n.° 15/2006, de 26 de Abril.

4 – No caso de quem não tenha avaliação do desempenho realizada
nos anos de 2004 a 2007 inclusive por motivo que não lhe seja imputável,
designadamente por não aplicação da legislação aplicável em matéria de
avaliação de desempenho face à sua situação funcional, pode ser requerida
ponderação curricular, nos termos do artigo 43.°, por avaliador designado
pelo dirigente máximo do serviço.

ARTIGO 86.°
Revisão de sistemas de avaliação

1 – Mantêm-se em vigor os sistemas de avaliação aprovados ao
abrigo do n.° 3 do artigo 2.° e do artigo 21.° da Lei n.° 10/2004, de 22 de
Março, até à sua revisão para adaptação ao disposto na presente lei, a qual
deve ocorrer até 31 de Dezembro de 2009, sob pena de caducidade.

2 – Os sistemas de avaliação específicos não abrangidos pelo disposto no número anterior mantêm-se em vigor até à sua revisão para adaptação ao disposto na presente lei, a qual deve ocorrer até 31 de Dezembro
de 2008, sob pena de caducidade, sendo a sua aplicação sujeita às regras
previstas no artigo 82.°

3 – O decurso dos períodos previstos nos n.°s 1 e 2 não prejudica a
aplicação do disposto na presente lei em matéria de SIADAP 1 e SIADAP 2
no que respeita aos dirigentes superiores e a aplicação do regime transitório referido no artigo 80.°

4 – Consideram-se adaptados ao correspondente subsistema do
SIADAP, sem prejuízo de eventual revisão, nos termos dos artigos 3.°,
5.° e 6.°:

a) O sistema de avaliação de desempenho da Assembleia da
República (SIADAR) regulado pela Resolução da Assembleia
da República n.° 83/2004, de 29 de Dezembro;

b) O sistema de avaliação dos estabelecimentos públicos de educação pré-escolar e dos ensinos básico e secundário, previsto na
Lei n.° 31/2002, de 20 de Dezembro;

Lei n.º 66-B/2007, de 28 de Dezembro 629

c) O sistema de avaliação do desempenho do pessoal docente previsto no Estatuto da Carreira dos Educadores de Infância e dos Professores do Ensino Básico e Secundário, aprovado pelo Decreto-Lei n.º 139-A/90, de 28 de Abril, e alterado pelos Decretos-Leis n.ᵒˢ 1/98, de 2 de Janeiro, e 15/2007, de 19 de Janeiro;

d) O sistema de avaliação de desempenho do pessoal não docente dos estabelecimentos públicos de educação pré-escolar e dos ensinos básico e secundário, aprovado pelo Decreto Regulamentar n.º 4/2006, de 7 de Março;

e) Outros sistemas de avaliação cuja adaptação seja reconhecida por portaria conjunta dos membros do Governo da tutela e responsáveis pelas áreas das finanças e da Administração Pública.

ARTIGO 87.º
Habilitação regulamentar

O Governo adopta, por portaria, os instrumentos necessários à aplicação da presente lei, designadamente os modelos de fichas de avaliação no âmbito do SIADAP 2, para dirigentes intermédios, e do SIADAP 3.

ARTIGO 88.º
Norma revogatória

1 – Sem prejuízo do disposto no número seguinte, são revogados:

a) A Lei n.º 10/2004, de 22 de Março;
b) A Lei n.º 15/2006, de 26 de Abril;
c) O Decreto Regulamentar n.º 19-A/2004, de 14 de Maio.

2 – O disposto nos diplomas referidos no número anterior é aplicável aos procedimentos de avaliação dos desempenhos prestados até 31 de Dezembro de 2007 e, nos termos dos n.ᵒˢ 1 e 2 do artigo 86.º, aos desempenhos prestados até 31 de Dezembro de 2009 e 31 de Dezembro de 2008, respectivamente.

Artigo 89.º
Entrada em vigor

A presente lei entra em vigor no dia seguinte ao da sua publicação.

Aprovada em 8 de Novembro de 2007.

O Presidente da Assembleia da República, Jaime Gama.

Promulgada em 10 de Dezembro de 2007. Publique-se.

O Presidente da República, Aníbal Cavaco Silva.

Referendada em 11 de Dezembro de 2007.

O Primeiro-Ministro, *José Sócrates Carvalho Pinto de Sousa.*

PORTARIA N.º 83-A/2009,
DE 22 DE JANEIRO

Com o início de vigência, no passado dia 1 de Janeiro, dos novos regimes de vinculação, de carreiras e de remunerações começou um novo ciclo de gestão dos recursos humanos na Administração Pública centrado, basicamente, no equilíbrio entre a necessidade de ocupação dos postos de trabalho essenciais à execução das actividades dos órgãos ou serviços e a remuneração, de forma perene ou isolada, do desempenho dos trabalhadores que neles já exercem as suas funções. O procedimento concursal para ocupação de postos de trabalho, constitucionalmente exigido, desempenha, por isso, um papel fulcral na gestão do pessoal que exerce funções públicas.

A presente portaria tem por objectivo regulamentar tal procedimento em toda a amplitude que lhe é permitida pela Lei n.º 12-A/2008, de 27 de Fevereiro, isto é, quer na vertente da ocupação imediata de postos de trabalho quer na de constituição de reservas de recrutamento, ora em cada órgão ou serviço, ora em entidade centralizada. Em qualquer delas, naturalmente, adoptam-se soluções que dão plena consagração aos princípios constitucionais e legais da liberdade de candidatura, da igualdade de condições e da igualdade de oportunidade para todos os candidatos, bem como ao da imparcialidade e isenção da composição do júri.

Foram ouvidos os órgãos de governo próprio das Regiões Autónomas, a Associação Nacional de Municípios e a Associação Nacional de Freguesias.

Foram observados os procedimentos decorrentes da Lei n.º 23/98, de 26 de Maio.

Assim:

Ao abrigo do disposto no n.° 2 do artigo 54.° da Lei n.° 12-A/2008, de 27 de Fevereiro:

Manda o Governo, pelo Ministro de Estado e das Finanças, o seguinte:

CAPÍTULO I
Objecto e definições

ARTIGO 1.°
Objecto

1 – A presente portaria regulamenta a tramitação do procedimento concursal nos termos do n.° 2 do artigo 54.° da Lei n.° 12-A/2008, de 27 de Fevereiro (LVCR).

2 – A presente portaria não é aplicável ao recrutamento para posto de trabalho que deva ser ocupado por trabalhador integrado em carreira especial, quando, nos termos do n.° 2 do artigo 54.° da LVCR, exista regulamentação própria para a tramitação do respectivo procedimento concursal.

3 – A presente portaria não é igualmente aplicável ao recrutamento para cargos dirigentes.

ARTIGO 2.°
Definições

Para os efeitos da presente portaria, entende-se por:

a) «Recrutamento» o conjunto de procedimentos que visa atrair candidatos potencialmente qualificados, capazes de satisfazer as necessidades de pessoal de uma entidade empregadora pública ou de constituir reservas para satisfação de necessidades futuras;

b) «Procedimento concursal» o conjunto de operações que visa a ocupação de postos de trabalho necessários ao desenvolvimento das actividades e à prossecução dos objectivos de órgãos ou serviços;

Portaria n.° 83-A/2009, de 22 de Janeiro 633

c) «Selecção de pessoal» o conjunto de operações, enquadrado no processo de recrutamento, que, mediante a utilização de métodos e técnicas adequadas, permite avaliar e classificar os candidatos de acordo com as competências indispensáveis à execução das actividades inerentes ao posto de trabalho a ocupar;

d) «Métodos de selecção» as técnicas específicas de avaliação da adequação dos candidatos às exigências de um determinado posto de trabalho, tendo como referência um perfil de competências previamente definido.

CAPÍTULO II
Disposições gerais e comuns

ARTIGO 3.°
Modalidades do procedimento concursal

O procedimento concursal pode revestir as seguintes modalidades:

a) Comum, sempre que se destine ao imediato recrutamento para ocupação de postos de trabalho previstos, e não ocupados, nos mapas de pessoal dos órgãos ou serviços;

b) Para constituição de reservas de recrutamento, sempre que se destine à constituição de reservas de pessoal para satisfação de necessidades futuras da entidade empregadora pública ou de um conjunto de entidades empregadoras públicas.

ARTIGO 4.°
Articulação dos procedimentos concursais

1 – Identificada a necessidade de recrutamento que não possa ser satisfeita por recurso à reserva constituída no próprio órgão ou serviço, o seu dirigente máximo consulta a entidade centralizada para constituição de reservas de recrutamento (ECCRC) no sentido de confirmar a existência ou não de candidatos, em reserva, que permita satisfazer as características dos postos de trabalho a ocupar, tal como definidas no mapa de pessoal.

634 *Regime do Contrato de Trabalho em Funções Públicas*

2 – Existindo candidatos em reserva, procede-se nos termos previstos no artigo 47.°

3 – A inexistência de candidatos em reserva permite ao dirigente máximo do órgão ou serviço a publicitação de procedimento concursal comum.

4 – A existência de candidatos em reserva, que seja subsequente à consulta referida no n.° 1 com vista à ocupação de determinados postos de trabalho, não prejudica a validade, a prossecução e a produção de efeitos de procedimentos concursais comuns ou para constituição de reservas de recrutamento em órgão ou serviço com vista à ocupação de postos de trabalho idênticos, que tenham sido publicitados com observância do disposto no número anterior e no n.° 5 do artigo 40.°, respectivamente.

ARTIGO 5.°
Âmbito do recrutamento

O âmbito do recrutamento é o definido nos n.ºs 3 a 7 do artigo 6.° da LVCR.

ARTIGO 6.°
Métodos de selecção obrigatórios

1 – Os métodos de selecção obrigatórios são os definidos nos n.ºs 1, 2 e 4 do artigo 53.° da LVCR, quando se trate da constituição de relações jurídicas de emprego público por tempo indeterminado, ou nos n.ºs 2 e 4 do mesmo artigo e diploma, nos restantes casos.

2 – Para efeitos do disposto no n.° 4 do artigo 53.° da LVCR, a publicitação do procedimento concursal identifica o requisito cuja verificação em concreto conduzirá à utilização de um único método de selecção obrigatório.

3 – A ponderação, para a valoração final, das provas de conhecimentos ou da avaliação curricular não pode ser inferior a 30 % e a da avaliação psicológica ou da entrevista de avaliação de competências não pode ser inferior a 25 %.

4 – No caso previsto no n.° 2, a ponderação do único método de selecção obrigatório não pode ser inferior a 55 %.

Artigo 7.º
Métodos de selecção facultativos ou complementares

1 – Para além dos métodos de selecção obrigatórios, a entidade responsável pela realização do procedimento pode, de acordo com o conjunto de tarefas e responsabilidades inerentes aos postos de trabalho a ocupar e o perfil de competências previamente definido, determinar a utilização de métodos de selecção facultativos ou complementares de entre os seguintes:

a) Entrevista profissional de selecção;
b) Avaliação de competências por *portfolio;*
c) Provas físicas;
d) Exame médico;
e) Curso de formação específica.

2 – A ponderação, para a valoração final, de cada método de selecção facultativo ou complementar não pode ser superior a 30 %.

Artigo 8.º
Utilização faseada dos métodos de selecção

1 – Quando, em procedimento concursal comum, estejam em causa razões de celeridade, designadamente quando o recrutamento seja urgente ou tenham sido admitidos candidatos em número igual ou superior a 100, o dirigente máximo do órgão ou serviço pode fasear a utilização dos métodos de selecção, da seguinte forma:

a) Aplicação, num primeiro momento, à totalidade dos candidatos, apenas do primeiro método obrigatório;
b) Aplicação do segundo método e dos métodos seguintes apenas a parte dos candidatos aprovados no método imediatamente anterior, a convocar por tranches sucessivas, por ordem decrescente de classificação, respeitando a prioridade legal da sua situação jurídico-funcional, até à satisfação das necessidades;
c) Dispensa de aplicação do segundo método ou dos métodos seguintes aos restantes candidatos, que se consideram excluídos,

quando os candidatos aprovados nos termos das alíneas anteriores satisfaçam as necessidades que deram origem à publicitação do procedimento concursal.

2 – A opção pela utilização faseada dos métodos de selecção pode ter lugar até ao início de tal utilização.

3 – A fundamentação da opção referida no número anterior, quando ocorra depois de publicitado o procedimento, é publicitada pelos meios em que o tenha sido o procedimento concursal.

ARTIGO 9.°
Provas de conhecimentos

1 – As provas de conhecimentos visam avaliar os conhecimentos académicos e, ou, profissionais e as competências técnicas dos candidatos necessárias ao exercício de determinada função.

2 – As competências técnicas traduzem-se na capacidade para aplicar os conhecimentos a situações concretas e à resolução de problemas, no âmbito da actividade profissional.

3 – As provas de conhecimentos incidem sobre conteúdos de natureza genérica e, ou, específica directamente relacionados com as exigências da função, nomeadamente o adequado conhecimento da língua portuguesa.

4 – As provas de conhecimentos podem assumir a forma escrita ou oral, revestindo natureza teórica, prática ou de simulação, são de realização individual ou colectiva e podem ser efectuadas em suporte de papel ou electrónico e comportar mais do que uma fase.

5 – As provas teóricas podem ser constituídas por questões de desenvolvimento, de resposta condicionada, de lacuna, de escolha múltipla e de pergunta directa.

6 – As provas práticas e de simulação devem considerar parâmetros de avaliação tais como percepção e compreensão da tarefa, qualidade de realização, celeridade na execução e grau de conhecimentos técnicos demonstrados.

7 – A bibliografia ou a legislação necessárias à preparação dos temas indicados na publicitação do procedimento é divulgada até 30 dias, contados continuamente, antes da realização da prova de conhecimentos.

Artigo 10.º
Avaliação psicológica

1 – A avaliação psicológica visa avaliar, através de técnicas de natureza psicológica, aptidões, características de personalidade e competências comportamentais dos candidatos e estabelecer um prognóstico de adaptação às exigências do posto de trabalho a ocupar, tendo como referência o perfil de competências previamente definido.

2 – A aplicação deste método de selecção é obrigatoriamente efectuada por entidade especializada pública ou, quando fundamentadamente se torne inviável, privada, conhecedora do contexto específico da Administração Pública.

3 – A avaliação psicológica pode comportar uma ou mais fases.

4 – Por cada candidato submetido a avaliação psicológica é elaborada uma ficha individual, contendo a indicação das aptidões e, ou, competências avaliadas, nível atingido em cada uma delas e o resultado final obtido.

5 – A ficha referida no número anterior deve garantir a privacidade da avaliação psicológica perante terceiros.

6 – A revelação ou transmissão de elementos relativos à avaliação psicológica, para além dos constantes da ficha referida no n.º 4, a outra pessoa que não o próprio candidato constitui quebra do dever de sigilo e responsabiliza disciplinarmente o seu autor pela infracção.

7 – O resultado da avaliação psicológica tem uma validade de 18 meses, contados da data da homologação da lista de ordenação final, podendo, durante esse período, o resultado ser aproveitado para outros procedimentos de recrutamento para postos de trabalho idênticos realizados pela mesma entidade avaliadora.

8 – O disposto no número anterior releva, apenas, para os candidatos a quem tenha sido aplicada a totalidade do método.

Artigo 11.º
Avaliação curricular

1 – A avaliação curricular visa analisar a qualificação dos candidatos, designadamente a habilitação académica ou profissional, percurso profissional, relevância da experiência adquirida e da formação realizada, tipo de funções exercidas e avaliação de desempenho obtida.

2 – Na avaliação curricular são considerados e ponderados os elementos de maior relevância para o posto de trabalho a ocupar, entre os quais obrigatoriamente os seguintes:

a) A habilitação académica ou nível de qualificação certificado pelas entidades competentes;
b) A formação profissional, considerando-se as áreas de formação e aperfeiçoamento profissional relacionadas com as exigências e as competências necessárias ao exercício da função;
c) A experiência profissional com incidência sobre a execução de actividades inerentes ao posto de trabalho e o grau de complexidade das mesmas;
d) A avaliação do desempenho relativa ao último perío do, não superior a três anos, em que o candidato cumpriu ou executou atribuição, competência ou actividade idênticas às do posto de trabalho a ocupar.

ARTIGO 12.º
Entrevista de avaliação de competências

1 – A entrevista de avaliação de competências visa obter, através de uma relação interpessoal, informações sobre comportamentos profissionais directamente relacionados com as competências consideradas essenciais para o exercício da função.

2 – O método deve permitir uma análise estruturada da experiência, qualificações e motivações profissionais,através de descrições comportamentais ocorridas em situações reais e vivenciadas pelo candidato.

3 – A entrevista de avaliação de competências é realizada por técnicos de gestão de recursos humanos, com formação adequada para o efeito, ou por outros técnicos, desde que previamente formados para a utilização desse método.

4 – A aplicação deste método baseia-se num guião de entrevista composto por um conjunto de questões directamente relacionadas com o perfil de competências previamente definido.

5 – O guião referido no número anterior deve estar associado a uma grelha de avaliação individual que traduza a presença ou a ausência dos comportamentos em análise.

Artigo 13.º
Entrevista profissional de selecção

1 – A entrevista profissional de selecção visa avaliar, de forma objectiva e sistemática, a experiência profissional e aspectos comportamentais evidenciados durante a interacção estabelecida entre o entrevistador e o entrevistado, nomeadamente os relacionados com a capacidade de comunicação e de relacionamento interpessoal.

2 – Por cada entrevista profissional de selecção é elaborada uma ficha individual contendo o resumo dos temas abordados, os parâmetros de avaliação e a classificação obtida em cada um deles, devidamente fundamentada.

3 – A entrevista profissional de selecção é realizada pelo júri, na presença de todos os seus elementos, ou por, pelo menos, dois técnicos devidamente credenciados de uma entidade especializada pública ou, quando fundamentadamente se torne inviável, privada.

4 – A entrevista profissional de selecção é pública, podendo a ela assistir todos os interessados, sendo o local, data e hora da sua realização atempadamente afixados em local visível e público das instalações da entidade empregadora pública e disponibilizados na sua página electrónica.

Artigo 14.º
Avaliação de competências por *portfolio*

1 – A avaliação de competências por *portfolio* visa confirmar a experiência e, ou, os conhecimentos do candidato em áreas técnicas específicas, designadamente de natureza artística, através da análise de uma colecção organizada de trabalhos que demonstrem as competências técnicas detidas directamente relacionadas com as funções a que se candidata.

2 – A aplicação do método é obrigatoriamente efectuada por um técnico com formação na actividade inerente ao posto de trabalho a ocupar.

3 – Quando o candidato esteja presente, é aplicável à avaliação de competências por *portfolio*, com as necessárias adaptações, o disposto no n.º 4 do artigo anterior.

640   *Regime do Contrato de Trabalho em Funções Públicas*

ARTIGO 15.º
Provas físicas

1 – As provas físicas destinam-se a avaliar as aptidões físicas dos candidatos necessárias à execução das actividades inerentes aos postos de trabalho a ocupar.

2 – As provas físicas podem comportar uma ou mais fases.

3 – As condições específicas de realização e os parâmetros de avaliação das provas constam obrigatoriamente da publicitação do procedimento concursal.

ARTIGO 16.º
Exame médico

1 – O exame médico visa avaliar as condições de saúde física e psíquica dos candidatos exigidas para o exercício da função.

2 – É aplicável o disposto no n.º 1 do artigo 10.º do Regime do Contrato de Trabalho em Funções Públicas, aprovado pela Lei n.º 59/2008, de 11 de Setembro.

3 – É garantida a privacidade do exame médico, sendo o resultado, nos termos do n.º 3 do artigo 10.º do Regime referido no número anterior, transmitido ao júri do procedimento sob a forma de apreciação global referente à aptidão do candidato para as funções a exercer.

4 – A revelação ou transmissão de elementos que fundamentam o resultado final do exame médico a outra pessoa que não o próprio candidato constitui quebra do dever de sigilo e responsabiliza disciplinarmente o seu autor pela infracção.

ARTIGO 17.º
Curso de formação específica

1 – O curso de formação específica visa promover o desenvolvimento de competências do candidato através da aprendizagem de conteúdos e temáticas direccionados para o exercício da função.

2 – Os conteúdos do curso, bem como o sistema de avaliação, constam de regulamento próprio do órgão ou serviço que é identificado na publicitação do procedimento concursal.

Artigo 18.º
Valoração dos métodos de selecção

1 – Na valoração dos métodos de selecção são adoptadas diferentes escalas de classificação, de acordo com a especificidade de cada método, sendo os resultados convertidos para a escala de 0 a 20 valores.

2 – Nas provas de conhecimentos é adoptada a escala de 0 a 20 valores, considerando-se a valoração até às centésimas.

3 – A avaliação psicológica é valorada da seguinte forma:

a) Em cada fase intermédia do método, através das menções classificativas de *Apto* e *Não apto;*

b) Na última fase do método, para os candidatos que o tenham completado, através dos níveis classificativos de *Elevado, Bom, Suficiente, Reduzido* e *Insuficiente,* aos quais correspondem, respectivamente, as classificações de 20, 16, 12, 8 e 4 valores.

4 – A avaliação curricular é expressa numa escala de 0 a 20 valores, com valoração até às centésimas, sendo a classificação obtida através da média aritmética simples ou ponderada das classificações dos elementos a avaliar.

5 – A entrevista de avaliação de competências é avaliada segundo os níveis classificativos de *Elevado, Bom, Suficiente, Reduzido* e *Insuficiente,* aos quais correspondem, respectivamente, as classificações de 20, 16, 12, 8 e 4 valores.

6 – A entrevista profissional de selecção é avaliada segundo os níveis classificativos de *Elevado, Bom, Suficiente, Reduzido* e *Insuficiente,* aos quais correspondem, respectivamente, as classificações de 20, 16, 12, 8 e 4 valores.

7 – Sempre que a entrevista profissional de selecção seja realizada pelo júri, a classificação a atribuir a cada parâmetro de avaliação resulta de votação nominal e por maioria, sendo o resultado final obtido através da média aritmética simples das classificações dos parâmetros a avaliar.

8 – A avaliação de competências por *portfolio* é expressa numa escala de 0 a 20 valores, com valoração até às centésimas.

9 – As provas físicas são avaliadas através das menções classificativas de *Apto* e *Não apto.*

642   *Regime do Contrato de Trabalho em Funções Públicas*

10 – O exame médico é avaliado através das menções classificativas de *Apto* e *Não apto*.

11 – O curso de formação específica é classificado de 0 a 20 valores, com valoração até às centésimas, de acordo com o aproveitamento obtido pelo candidato nas matérias ministradas e o nível de competências por ele alcançado.

12 – Cada um dos métodos de selecção, bem como cada uma das fases que comportem, é eliminatório pela ordem enunciada na lei, quanto aos obrigatórios, e pela ordem constante na publicitação, quanto aos facultativos.

13 – É excluído do procedimento o candidato que tenha obtido uma valoração inferior a 9,5 valores num dos métodos ou fases, não lhe sendo aplicado o método ou fase seguintes.

CAPÍTULO III
Procedimento concursal comum

SECÇÃO I
Publicitação do procedimento

Artigo 19.º
Publicitação do procedimento

1 – O procedimento concursal é publicitado, pela entidade responsável pela sua realização, pelos seguintes meios:

a) Na 2.ª série do *Diário da República,* por publicação integral;

b) Na bolsa de emprego público (www.bep.gov.pt), através do preenchimento de formulário próprio, devendo este estar disponível para consulta no 1.º dia útil seguinte à publicação referida na alínea anterior;

c) Na página electrónica da entidade, por extracto disponível para consulta a partir da data da publicação no *Diário da República;*

d) Em jornal de expansão nacional, por extracto, no prazo máximo de três dias úteis contados da data da publicação no *Diário da República.*

2 – A entidade responsável pela realização do procedimento pode ainda proceder à publicitação através de outros meios de divulgação.

3 – A publicação integral contém, designadamente, os seguintes elementos:

a) Identificação do acto que autoriza o procedimento e da entidade que o realiza;

b) Identificação do número de postos de trabalho a ocupar e da respectiva modalidade da relação jurídica de emprego público a constituir;

c) Identificação do local de trabalho onde as funções vão ser exercidas;

d) Caracterização dos postos de trabalho, em conformidade com o estabelecido no mapa de pessoal aprovado, tendo em conta a atribuição, competência ou actividade a cumprir ou a executar, a carreira e categoria e, sendo a nomeação a modalidade da relação jurídica de emprego público a constituir, a posição remuneratória correspondente;

e) Requisitos de admissão previstos no artigo 8.° da LVCR;

f) Indicação sobre a necessidade de se encontrar previamente estabelecida uma relação jurídica de emprego público e, em caso afirmativo, sobre a sua determinabilidade;

g) Identificação do parecer dos membros do Governo, quando possam ser recrutados trabalhadores com relação jurídica de emprego público por tempo determinado ou determinável ou sem relação jurídica de emprego público previamente estabelecida;

h) Nível habilitacional exigido e área de formação académica ou profissional, quando prevista no mapa de pessoal;

i) Indicação da possibilidade de substituição do nível habilitacional por formação ou experiência profissional, sempre que tal se pretenda e não exista impedimento legal;

j) Requisitos legais especialmente previstos para a titularidade da categoria;

l) Indicação de que não podem ser admitidos candidatos que, cumulativamente, se encontrem integrados na carreira, sejam titulares da categoria e, não se encontrando em mobilidade, ocupem postos de trabalho previstos no mapa de pessoal do órgão ou serviço idênticos aos postos de trabalho para cuja ocupação se publicita o procedimento;

644 *Regime do Contrato de Trabalho em Funções Públicas*

m) Forma e prazo de apresentação da candidatura;

n) Local e endereço postal ou electrónico onde deve ser apresentada a candidatura;

o) Métodos de selecção, incluindo a eventual identificação do requisito referido no n.º 2 do artigo 6.º, respectiva ponderação e sistema de valoração final, bem como as restantes indicações relativas aos métodos exigidas pela presente portaria;

p) Indicação da possibilidade de opção por métodos de selecção nos termos do n.º 2 do artigo 53.º da LVCR;

q) Sendo o caso, fundamentação da opção pela utilização dos métodos de selecção de forma faseada, nos termos do n.º 1 do artigo 8.º;

r) Tipo, forma e duração das provas de conhecimentos, bem como as respectivas temáticas;

s) Composição e identificação do júri;

t) Indicação de que as actas do júri, onde constam os parâmetros de avaliação e respectiva ponderação de cada um dos métodos de selecção a utilizar, a grelha classificativa e o sistema de valoração final do método, são facultadas aos candidatos sempre que solicitadas;

u) Identificação dos documentos exigidos para efeitos de admissão ou avaliação dos candidatos e indicação sobre a possibilidade da sua apresentação por via electrónica;

v) Forma de publicitação da lista unitária de ordenação final dos candidatos.

4 – A publicação por extracto deve mencionar a identificação da entidade que realiza o procedimento, o número e caracterização dos postos de trabalho a ocupar, identificando a carreira, categoria e área de formação académica ou profissional exigida, o prazo de candidatura, bem como a referência ao *Diário da República* onde se encontra a publicação integral.

SECÇÃO II
Júri

Artigo 20.°
Designação do júri

1 – A publicitação de procedimento concursal implica a designação e constituição de um júri.

2 – O júri é designado pelo dirigente máximo do órgão ou serviço.

3 – No mesmo acto são designados o membro do júri que substitui o presidente nas suas faltas e impedimentos, bem como os suplentes dos vogais efectivos.

Artigo 21.°
Composição do júri

1 – O júri é composto por um presidente e por dois vogais, trabalhadores da entidade que realiza o procedimento e, ou, de outro órgão ou serviço, sem prejuízo do disposto no n.° 5.

2 – O presidente e, pelo menos, um dos outros membros do júri devem possuir formação ou experiência na actividade inerente ao posto de trabalho a ocupar.

3 – Os membros do júri não podem estar integrados em carreira ou categoria com grau de complexidade funcional inferior ao correspondente ao posto de trabalho a que se refere a publicitação, excepto quando exerçam cargos de direcção superior.

4 – A composição do júri deve, sempre que possível, garantir que um dos seus membros exerça funções ou possua experiência na área de gestão de recursos humanos.

5 – Sempre que a área de formação caracterizadora do posto de trabalho revele fundamentadamente a sua conveniência, um dos membros do júri pode ser oriundo de entidade privada e deve dispor de reconhecida competência em tal área.

6 – Sempre que um dos membros do júri seja oriundo de entidade privada, tem direito a receber, por cada reunião em que efectivamente participe, uma senha de presença de valor a fixar por despacho dos membros

do Governo responsáveis pelas áreas das finanças e da Administração Pública.

7 – Sempre que sejam candidatos ao procedimento titulares de cargos de direcção superior de 1.º ou de 2.º graus do órgão ou serviço que realiza o procedimento, o júri é obrigatoriamente oriundo de fora desse órgão ou serviço.

8 – A composição do júri pode ser alterada por motivos de força maior, devidamente fundamentados, nomeadamente em caso de falta de quórum.

9 – No caso previsto no número anterior, a identificação do novo júri é publicitada pelos meios em que o tenha sido o procedimento concursal.

10 – O novo júri dá continuidade e assume integralmente todas as operações do procedimento já efectuadas.

ARTIGO 22.º
Competência do júri

1 – Compete ao júri assegurar a tramitação do procedimento concursal, desde a data da sua designação até à elaboração da lista de ordenação final, ainda que, por iniciativa ou decisão do dirigente máximo, o procedimento possa ser parcialmente realizado por entidade especializada pública ou, quando fundamentadamente se torne inviável, privada, designadamente no que se refere à aplicação de métodos de selecção.

2 – É da competência do júri a prática, designadamente, dos seguintes actos:

a) Decidir das fases que comportam os métodos de selecção, obrigatoriamente ouvidas as entidades que os vão aplicar;

b) Seleccionar os temas a abordar nas provas de conhecimentos;

c) Fixar os parâmetros de avaliação, a sua ponderação, a grelha classificativa e o sistema de valoração final de cada método de selecção;

d) Requerer ao órgão ou serviço onde o candidato tenha exercido ou exerça funções, ou ao próprio candidato, as informações profissionais e, ou, habilitacionais que considere relevantes para o procedimento;

e) Deliberar e fundamentar, por escrito, sobre a admissão dos candidatos que, não sendo titulares do nível habilitacional exigido,

Portaria n.° 83-A/2009, de 22 de Janeiro 647

apresentem a candidatura ao procedimento, bem como notificá-los, e aos restantes candidatos, dessa deliberação, nos termos dos n.ᵒˢ 2 a 5 do artigo 51.° da LVCR;

f) Admitir e excluir candidatos do procedimento, fundamentando por escrito as respectivas deliberações; *g)* Notificar por escrito os candidatos, sempre que tal seja exigido;

h) Solicitar ao dirigente máximo do órgão ou serviço que realiza o procedimento a colaboração de entidades especializadas públicas ou, quando fundamentadamente se torne inviável, privadas, quando necessário, para a realização de parte do procedimento;

i) Dirigir a tramitação do procedimento concursal, em articulação e cooperação com as entidades envolvidas, designadamente no que respeita à apreciação dos resultados dos métodos de selecção por elas aplicados;

j) Garantir aos candidatos o acesso às actas e aos documentos e a emissão de certidões ou reproduções autenticadas, no prazo de três dias úteis contados da data da entrada, por escrito, do pedido.

3 – Os elementos referidos na alínea *c)* do número anterior são definidos em momento anterior à publicitação do procedimento.

4 – A calendarização a que o júri se propõe obedecer para o cumprimento dos prazos estabelecidos na presente portaria é definida, obrigatoriamente, nos 10 dias úteis subsequentes à data limite de apresentação de candidaturas.

ARTIGO 23.°
Funcionamento do júri

1 – O júri delibera com a participação efectiva e presencial de todos os seus membros, devendo as respectivas deliberações ser tomadas por maioria e sempre por votação nominal.

2 – As deliberações do júri devem ser fundamentadas e registadas por escrito, podendo os candidatos ter acesso, nos termos da lei, às actas e aos documentos em que elas assentam.

3 – Em caso de impugnação, as deliberações escritas são facultadas à entidade que sobre ela tenha que decidir.

4 – O júri pode ser secretariado por pessoa a designar para esse efeito pelo dirigente máximo do órgão ou serviço.

648   *Regime do Contrato de Trabalho em Funções Públicas*

Artigo 24.º
Prevalência das funções de júri

1 – O procedimento concursal é urgente, devendo as funções próprias de júri prevalecer sobrc todas as outras.

2 – Os membros do júri incorrem em responsabilidade disciplinar quando, injustificadamente, não cumpram os prazos previstos na presente portaria e os que venham a calendarizar.

SECÇÃO III
Candidatura

Artigo 25.º
Requisitos de admissão

1 – Apenas podem ser admitidos ao procedimento os candidatos que reúnam os requisitos legalmente exigidos, fixados na respectiva publicitação.

2 – A verificação da reunião dos requisitos é efectuada em dois momentos:

a) Na admissão ao procedimento concursal, por deliberação do júri;
b) Na constituição da relação jurídica de emprego público, pela entidade empregadora pública.

3 – O candidato deve reunir os requisitos referidos no n.º 1 até à data limite de apresentação da candidatura.

Artigo 26.º
Prazo de candidatura

A entidade que autoriza o procedimento estabelece, no respectivo acto, um prazo de apresentação de candidaturas, entre um mínimo de 10 e um máximo de 15 dias úteis contados da data da publicação no *Diário da República.*

Portaria n.º 83-A/2009, de 22 de Janeiro 649

Artigo 27.º
Forma de apresentação da candidatura

1 – A apresentação da candidatura é efectuada em suporte de papel ou electrónico, designadamente através do preenchimento de formulário tipo, caso em que é de utilização obrigatória, e contém, entre outros, os seguintes elementos:

a) Identificação do procedimento concursal, com indicação da carreira, categoria e actividade caracterizadoras do posto de trabalho a ocupar;
b) Identificação da entidade que realiza o procedimento, quando não conste expressamente do documento que suporta a candidatura;
c) Identificação do candidato pelo nome, data de nascimento, sexo, nacionalidade, número de identificação fiscal e endereço postal e electrónico, caso exista;
d) Situação perante cada um dos requisitos de admissão exigidos, designadamente:
  i) Os previstos no artigo 8.º da LVCR;
  ii) A identificação da relação jurídica de emprego público previamente estabelecida, quando exista, bem como da carreira e categoria de que seja titular, da actividade que executa e do órgão ou serviço onde exerce funções;
  iii) Os relativos ao nível habilitacional e à área de formação académica ou profissional;
  iv) A formação ou experiência profissional que possa substituir o nível habilitacional, sendo o caso;
  v) Os que lei especial preveja para a titularidade da categoria correspondente;
e) Opção por métodos de selecção nos termos do n.º 2 do artigo 53.º da LVCR, quando aplicável;
f) Menção de que o candidato declara serem verdadeiros os factos constantes da candidatura.

2 – A apresentação da candidatura em suporte de papel é efectuada pessoalmente ou através de correio registado, com aviso de recepção, para o endereço postal do órgão ou serviço, até à data limite fixada na publicitação.

650 *Regime do Contrato de Trabalho em Funções Públicas*

3 – No acto de recepção da candidatura efectuada pessoalmente é obrigatória a passagem de recibo.

4 – Na apresentação da candidatura ou de documentos através de correio registado com aviso de recepção atende-se à data do respectivo registo.

5 – Quando estiver expressamente prevista na publicitação a possibilidade de apresentação da candidatura por via electrónica, a validação electrónica deve ser feita por submissão do formulário disponibilizado para esse efeito, acompanhado do respectivo currículo sempre que este seja exigido, devendo o candidato guardar o comprovativo.

ARTIGO 28.º
Apresentação de documentos

1 – A reunião dos requisitos legalmente exigidos para o recrutamento é comprovada através de documentos apresentados aquando da candidatura ou da constituição da relação jurídica de emprego público.

2 – A habilitação académica e profissional é comprovada pela fotocópia do respectivo certificado ou outro documento idóneo, legalmente reconhecido para o efeito.

3 – Sempre que haja lugar à utilização dos métodos de avaliação curricular e de entrevista de avaliação de competências, o candidato deve apresentar o currículo.

4 – Quando o método de avaliação curricular seja utilizado no procedimento, pode ser exigida aos candidatos a apresentação de documentos comprovativos de factos por eles referidos no currículo que possam relevar para a apreciação do seu mérito e que se encontrem deficientemente comprovados.

5 – Os órgãos ou serviços emitem a documentação solicitada, exigível para a candidatura, no prazo de três dias úteis contados da data do pedido.

6 – Sempre que um ou mais candidatos exerçam funções no órgão ou serviço que procedeu à publicitação do procedimento, os documentos exigidos são solicitados pelo júri ao respectivo serviço de pessoal e àquele entregues oficiosamente.

7 – Aos candidatos referidos no número anterior não é exigida a apresentação de outros documentos comprovativos dos factos indicados

no currículo desde que expressamente refiram que os mesmos se encontram arquivados no seu processo individual.

8 – Os documentos exigidos para efeitos de admissão ou avaliação dos candidatos são apresentados por via electrónica, quando expressamente previsto na publicitação, pessoalmente ou enviados por correio registado, com aviso de recepção, para o endereço postal do órgão ou serviço, até à data limite fixada na publicitação.

9 – A não apresentação dos documentos exigidos, nos termos da presente portaria, determina:

a) A exclusão do candidato do procedimento, quando, nos termos da publicitação, a falta desses documentos impossibilite a sua admissão ou avaliação;
b) A impossibilidade de constituição da relação jurídica de emprego público, nos restantes casos.

10 – O júri ou a entidade empregadora pública, conforme os casos, pode, por sua iniciativa ou a requerimento do candidato, conceder um prazo suplementar razoável para apresentação dos documentos exigidos quando seja de admitir que a sua não apresentação atempada se tenha devido a causas não imputáveis a dolo ou negligência do candidato.

11 – A concessão do prazo referido no número anterior é obrigatória quando se trate de trabalhador colocado em situação de mobilidade especial cuja candidatura tenha sido apresentada apenas pela entidade gestora da mobilidade.

12 – A apresentação de documento falso determina a participação à entidade competente para efeitos de procedimento disciplinar e, ou, penal.

ARTIGO 29.º
Apreciação das candidaturas

1 – Terminado o prazo para apresentação de candidaturas, o júri procede, nos 10 dias úteis seguintes, à verificação dos elementos apresentados pelos candidatos, designadamente a reunião dos requisitos exigidos e a apresentação dos documentos essenciais à admissão ou avaliação.

2 – Não havendo lugar à exclusão de qualquer candidato, nos cinco dias úteis seguintes à conclusão do procedimento previsto no número ante-

652   *Regime do Contrato de Trabalho em Funções Públicas*

rior convocam-se os candidatos nos termos do n.º 3 do artigo seguinte e do n.º 1 do artigo 32.º e iniciam-se os procedimentos relativos à utilização dos restantes métodos.

3 – Havendo lugar à exclusão de candidatos, aplica-se o disposto na secção seguinte.

SECÇÃO IV
Exclusão e notificação de candidatos

ARTIGO 30.º
Exclusão e notificação

1 – Nos cinco dias úteis seguintes à conclusão do procedimento previsto no n.º 1 do artigo anterior, os candidatos excluídos são notificados para a realização da audiência dos interessados nos termos do Código do Procedimento Administrativo.

2 – Os candidatos referidos no n.º 5 do artigo 51.º da LVCR são notificados em prazo idêntico.

3 – A notificação dos candidatos é efectuada por uma das seguintes formas:

a) *E-mail* com recibo de entrega da notificação;
b) Ofício registado;
c) Notificação pessoal;
d) Aviso publicado na 2.ª série do *Diário da República* informando da afixação em local visível e público das instalações da entidade empregadora pública e da disponibilização na sua página electrónica.

ARTIGO 31.º
Pronúncia dos interessados

1 – O prazo para os interessados se pronunciarem é contado:

a) Da data do recibo de entrega do *e-mail;*
b) Da data do registo do ofício, respeitada a dilação de três dias do correio;

Portaria n.º 83-A/2009, de 22 de Janeiro 653

c) Da data da notificação pessoal;
d) Da data da publicação do aviso na 2.ª série do *Diário da República.*

2 – Realizada a audiência dos interessados, o júri aprecia as questões suscitadas no prazo de 10 dias úteis.

3 – Quando os interessados ouvidos sejam em número superior a 100, o prazo referido no número anterior é de 20 dias úteis.

4 – Findo o prazo referido no número anterior sem que tenha sido proferida deliberação, o júri justifica, por escrito, a razão excepcional dessa omissão e tem-se por definitivamente adoptado o projecto de deliberação.

5 – As alegações a apresentar pelos candidatos e a deliberação a proferir sobre as mesmas podem ter por suporte um formulário tipo, caso em que é de utilização obrigatória.

6 – Os candidatos excluídos são notificados nos termos do n.º 3 do artigo anterior.

ARTIGO 32.º
Início da utilização dos métodos de selecção

1 – Os candidatos admitidos são convocados, no prazo de cinco dias úteis e pela forma prevista no n.º 3 do artigo 30.º, para a realização dos métodos de selecção, com indicação do local, data e horário em que os mesmos devam ter lugar.

2 – No mesmo prazo iniciam-se os procedimentos relativos à utilização dos métodos que não exijam a presença dos candidatos.

SECÇÃO V
**Resultados, ordenação final e recrutamento
dos candidatos**

ARTIGO 33.º
Publicitação dos resultados dos métodos de selecção

1 – A publicitação dos resultados obtidos em cada método de selecção intercalar é efectuada através de lista, ordenada alfabeticamente,

afixada em local visível e público das instalações da entidade empregadora pública e disponibilizada na sua página electrónica.

2 – Os candidatos aprovados em cada método são convocados para a realização do método seguinte pela forma prevista no n.º 3 do artigo 30.º

ARTIGO 34.º
Ordenação final dos candidatos

1 – A ordenação final dos candidatos que completem o procedimento é efectuada de acordo com a escala classificativa de 0 a 20 valores, em resultado da média aritmética ponderada das classificações quantitativas obtidas em cada método de selecção.

2 – A lista de ordenação final dos candidatos é unitária, ainda que, no mesmo procedimento, lhes tenham sido aplicados diferentes métodos de selecção.

3 – A lista de ordenação final é elaborada no prazo de 10 dias úteis após a realização do último método de selecção.

ARTIGO 35.º
Critérios de ordenação preferencial

1 – Em situações de igualdade de valoração, têm preferência na ordenação final os candidatos que:

a) Se encontrem na situação prevista no n.º 1 do artigo 99.º do Regime do Contrato de Trabalho em Funções Públicas, aprovado pela Lei n.º 59/2008, de 11 de Setembro;

b) Se encontrem em outras situações configuradas pela lei como preferenciais.

2 – A ordenação dos candidatos que se encontrem em igualdade de valoração e em situação não configurada pela lei como preferencial é efectuada, de forma decrescente:

a) Em função da valoração obtida no primeiro método utilizado;

b) Subsistindo o empate, pela valoração sucessivamente obtida nos métodos seguintes, quando outra forma de desempate não tenha sido fixada na publicitação do procedimento.

Portaria n.º 83-A/2009, de 22 de Janeiro

ARTIGO 36.º
Audiência dos interessados e homologação

1 – À lista unitária de ordenação final dos candidatos aprovados e às exclusões ocorridas no decurso da aplicação dos métodos de selecção é aplicável, com as necessárias adaptações, o disposto nos n.ºs 1 e 3 do artigo 30.º e nos n.ºs 1 a 5 do artigo 31.º

2 – No prazo de cinco dias úteis após a conclusão da audiência dos interessados, a lista unitária de ordenação final dos candidatos aprovados, acompanhada das restantes deliberações do júri, incluindo as relativas à admissão e exclusão de candidatos, ou da entidade responsável pela realização do procedimento, é submetida a homologação do dirigente máximo do órgão ou serviço que procedeu à sua publicitação.

3 – No caso previsto no n.º 7 do artigo 21.º, bem como quando o dirigente máximo seja membro do júri, a homologação da lista é da responsabilidade do membro do Governo que detém os poderes de direcção, superintendência ou tutela sobre o órgão ou serviço.

4 – Os candidatos, incluindo os que tenham sido excluídos no decurso da aplicação dos métodos de selecção, são notificados do acto de homologação da lista de ordenação final.

5 – A notificação referida no número anterior é efectuada pela forma prevista no n.º 3 do artigo 30.º

6 – A lista unitária de ordenação final, após homologação, é publicada na 2.ª série do *Diário da República,* afixada em local visível e público das instalações da entidade empregadora pública e disponibilizada na sua página electrónica.

ARTIGO 37.º
Recrutamento

1 – O recrutamento opera-se nos termos previstos na alínea *d*) do n.º 1 do artigo 54.º e no artigo 55.º da LVCR.

2 – Não podem ser recrutados candidatos que, apesar de aprovados e ordenados na lista unitária de ordenação final, se encontrem nas seguintes situações:

a) Recusem o recrutamento;

656 *Regime do Contrato de Trabalho em Funções Públicas*

b) Recusem o acordo ou a proposta de adesão a um determinado posicionamento remuneratório proposto pela entidade empregadora pública;

c) Apresentem documentos inadequados, falsos ou inválidos que não comprovem as condições necessárias para a constituição da relação jurídica de emprego público;

d) Apresentem os documentos obrigatoriamente exigidos fora do prazo que lhes seja fixado pela entidade empregadora pública;

e) Não compareçam à outorga do contrato ou à aceitação, no prazo legal, por motivos que lhes sejam imputáveis.

3 – Os candidatos que se encontrem nas situações referidas no número anterior são retirados da lista unitária de ordenação final.

ARTIGO 38.º
Cessação do procedimento concursal

1 – O procedimento concursal cessa com a ocupação dos postos de trabalho constantes da publicitação ou, quando os postos não possam ser totalmente ocupados, por:

a) Inexistência ou insuficiência de candidatos à prossecução do procedimento;

b) Falta de acordo na negociação do posicionamento remuneratório entre a entidade empregadora pública e os candidatos constantes da lista unitária de ordenação final.

2 – Excepcionalmente, o procedimento concursal pode, ainda, cessar por acto devidamente fundamentado da entidade responsável pela sua realização, homologado pelo respectivo membro do Governo, desde que não se tenha ainda procedido à ordenação final dos candidatos.

SECÇÃO VI
Garantias

ARTIGO 39.º
Impugnação administrativa

1 – Da exclusão do candidato do procedimento concursal pode ser interposto recurso hierárquico ou tutelar.

2 – Quando a decisão do recurso seja favorável ao recorrente, este mantém o direito a completar o procedimento.

3 – Da homologação da lista de ordenação final pode ser interposto recurso hierárquico ou tutelar.

CAPÍTULO IV
Procedimento concursal para constituição de reservas de recrutamento

SECÇÃO I
Em órgão ou serviço

ARTIGO 40.º
Reservas de recrutamento em órgão ou serviço

1 – Sempre que, em resultado de procedimento concursal comum, publicitado por um órgão ou serviço, a lista de ordenação final, devidamente homologada, contenha um número de candidatos aprovados superior ao dos postos de trabalho a ocupar, é sempre constituída uma reserva de recrutamento interna.

2 – A reserva de recrutamento é utilizada sempre que, no prazo máximo de 18 meses contados da data da homologação da lista de ordenação final, haja necessidade de ocupação de idênticos postos de trabalho, aplicando-se, com as necessárias adaptações, o disposto nos artigos 37.º e 38.º

658 *Regime do Contrato de Trabalho em Funções Públicas*

3 – No caso referido no n.° 1, o procedimento concursal cessa, o mais tardar, findo o prazo mencionado no número anterior.

4 – O órgão ou serviço pode igualmente publicitar procedimento concursal exclusivamente destinado à constituição de reservas de recrutamento, aplicando-se-lhe, com as necessárias adaptações, o disposto no capítulo III e nos n.ºˢ 2 e 3.

5 – A publicitação do procedimento concursal referido no número anterior depende da inexistência de candidatos em reserva constituída nos termos do n.° 1, bem como junto da ECCRC.

SECÇÃO II
Em entidade centralizada

ARTIGO 41.°
Âmbito

1 – Podem ser realizados procedimentos concursais para constituição de reservas de recrutamento em entidade centralizada sempre que se destinem a ocupar postos de trabalho previstos nos mapas de pessoal de mais do que um órgão ou serviço, qualquer que seja a carreira, geral ou especial, e, ou, categoria a que correspondam.

2 – A realização dos procedimentos concursais para constituição de reservas de recrutamento em entidade centralizada constitui atribuição de entidade especializada na área do recrutamento e selecção, designada por ECCRC.

3 – A ECCRC pode, ainda, aplicar métodos de selecção em outros procedimentos concursais, quando tal lhe for solicitado pelos órgãos ou serviços que os realizem.

4 – Para efeitos do disposto no número anterior, o membro do Governo responsável pela área da Administração Pública aprova a tabela referente ao valor a cobrar pela aplicação, pela ECCRC, dos métodos de selecção.

Artigo 42.º
Oportunidade da realização do procedimento

1 – Em função das previsíveis necessidades de pessoal e quando o entenda conveniente, o membro do Governo responsável pela área da Administração Pública determina que a ECCRC realize procedimento concursal para constituição de reservas de recrutamento com vista à ocupação de postos de trabalho que caracterizará.

2 – Por iniciativa, ou com o acordo, de mais do que um órgão ou serviço, e precedendo autorização do membro do Governo responsável pela área da Administração Pública, pode igualmente a ECCRC realizar procedimento para constituição de reservas de recrutamento com vista à ocupação de outros postos de trabalho.

3 – Ao procedimento referido nos números anteriores aplica-se, com as necessárias adaptações, e sem prejuízo das disposições da presente secção, o disposto no capítulo III.

Artigo 43.º
Publicitação do procedimento e candidaturas

1 – Para além da publicitação inicial do procedimento, que se deve manter activa na bolsa de emprego público e na página electrónica da ECCRC, esta entidade pública, mensalmente, aviso na 2.ª série do *Diário da República* e em jornal de expansão nacional dando conta daquela publicitação, tendo em vista o disposto no número seguinte.

2 – A candidatura ao procedimento tem lugar a todo o tempo, através de inscrição na página electrónica da ECCRC, utilizando-se formulário tipo disponível para o efeito.

3 – O acesso à Internet para efeitos de inscrição é, sempre que necessário, disponibilizado aos candidatos nas instalações da ECCRC ou de outro órgão ou serviço que seja solicitado para o efeito por esta entidade.

660 Regime do Contrato de Trabalho em Funções Públicas

Artigo 44.º
Apreciação das candidaturas e aplicação dos métodos de selecção

Em cada período de dois meses ou quando, entretanto, tenham sido recebidas, pelo menos, 50 candidaturas, o júri procede à apreciação das candidaturas, à exclusão e notificação de candidatos e à aplicação dos métodos de selecção.

Artigo 45.º
Actualização da ordenação final dos candidatos

1 – A aplicação do disposto no artigo anterior ao segundo período ou ao segundo conjunto de candidaturas, bem como aos seguintes, obriga à inclusão dos candidatos aprovados, de acordo com a valoração obtida, na lista unitária de ordenação final previamente existente.

2 – A lista unitária de ordenação final dos candidatos, actualizada, é publicitada nos termos previstos no n.º 6 do artigo 36.º

Artigo 46.º
Validade da ordenação final dos candidatos

A inclusão de um candidato na lista unitária de ordenação final é válida por um período de 18 meses contados da data da sua homologação.

Artigo 47.º
Ocupação de postos de trabalho pelas reservas constituídas

1 – Consultada a ECCRC, em cumprimento do disposto no n.º 1 do artigo 4.º, e existindo candidatos em reserva, é comunicada a lista unitária de ordenação final que se encontre actualizada no termo do mês em que se realiza a consulta.

2 – A comunicação referida no número anterior é publicitada pela ECCRC através de aviso afixado em local visível e público das suas instalações e disponibilizado na sua página electrónica.

Portaria n.º 83-A/2009, de 22 de Janeiro 661

3 – A entidade empregadora pública finaliza o procedimento com a realização de uma entrevista profissional de selecção assegurada por um júri designado para o efeito, ao qual é aplicável, com as necessárias adaptações, o disposto nos artigos 20.º a 24.º

4 – O dirigente máximo do órgão ou serviço, por razões de celeridade processual, pode determinar que o método referido no número anterior seja aplicado numa proporção de três candidatos para um posto de trabalho, com respeito pela sua ordenação, bem como pela prioridade legal da respectiva situação jurídico-funcional.

5 – A ponderação, para a valoração final, da entrevista profissional de selecção é de 20 %, reduzindo-se, proporcionalmente, a ponderação de cada um dos métodos de selecção anteriormente utilizados.

6 – É subsequentemente aplicável, com as necessárias adaptações, o disposto nos artigos 34.º a 39.º, com as seguintes alterações:

a) A lista unitária de ordenação final não é publicada na 2.ª série do *Diário da República*;
b) O disposto no n.º 3 do artigo 37.º não se repercute na lista unitária de ordenação final constituída junto da ECCRC.

7 – A entidade empregadora pública comunica à ECCRC o recrutamento efectuado.

ARTIGO 48.º
Cessação do procedimento

1 – Sem prejuízo do disposto no número seguinte, o procedimento concursal para constituição de reservas de recrutamento em entidade centralizada cessa apenas quando a entidade competente entenda fundamentadamente pôr termo às respectivas inscrições, publicitando tal acto pelos meios utilizados para a publicitação do procedimento.

2 – Relativamente a cada um dos candidatos incluídos na lista unitária de ordenação final constituída junto da ECCRC, o procedimento referido no número anterior cessa com sua desistência de inclusão na lista, com a ocupação de um posto de trabalho em entidade empregadora pública ou com o termo do período de validade da sua inclusão naquela lista, devendo dela ser suprimidos.

662 *Regime do Contrato de Trabalho em Funções Públicas*

CAPÍTULO V
Disposições finais e transitórias

ARTIGO 49.º
Restituição e destruição de documentos

1 – É destruída a documentação apresentada pelos candidatos quando a sua restituição não seja solicitada no prazo máximo de um ano após a cessação do respectivo procedimento concursal.

2 – A documentação apresentada pelos candidatos respeitante a procedimentos concursais que tenham sido objecto de impugnação jurisdicional só pode ser destruída ou restituída após a execução da decisão jurisdicional.

ARTIGO 50.º
Execução de decisão jurisdicional procedente

Para reconstituição da situação actual hipotética decorrente da procedência de impugnação jurisdicional de acto procedimental que tenha impedido a imediata constituição de uma relação jurídica de emprego público em órgão ou serviço responsável pela realização do procedimento, o impugnante tem o direito a ocupar idêntico posto de trabalho, não ocupado ou a criar no mapa de pessoal, nos termos da lei.

ARTIGO 51.º
Modelos de formulários

1 – São aprovados por despacho do membro do Governo responsável pela área da Administração Pública os modelos de formulário tipo a seguir mencionados:

a) Formulário de candidatura;
b) Formulário para o exercício do direito de participação dos interessados.

2 – Os formulários referidos do número anterior são de utilização obrigatória.

Artigo 52.º
Aplicação no tempo

A presente portaria aplica-se aos procedimentos concursais que sejam publicitados após a data da sua entrada em vigor.

Artigo 53.º
Norma revogatória

São revogados os programas de provas de conhecimentos gerais e específicos, sem prejuízo da sua aplicação aos procedimentos concursais que se encontrem e mantenham pendentes à data da entrada em vigor da presente portaria.

Artigo 54.º
Funcionamento transitório da ECCRC

Compete à Direcção-Geral da Administração e do Emprego Público (DGAEP) assegurar transitoriamente a realização do procedimento concursal para constituição de reservas de recrutamento em entidade centralizada.

Artigo 55.º
Entrada em vigor

A presente portaria entra em vigor no dia seguinte ao da sua publicação.

O Ministro de Estado e das Finanças, *Fernando Teixeira dos Santos,* em 21 de Janeiro de 2009.

DECRETO REGULAMENTAR N.° 14/2008,
DE 31 DE JULHO

A Lei n.° 12 -A/2008, de 27 de Fevereiro, que define e regula os regimes de vinculação, de carreiras e de remunerações dos trabalhadores que exercem funções públicas, criou, no seu artigo 49.°, as carreiras gerais de técnico superior, assistente técnico e assistente operacional, sendo a primeira uma carreira unicategorial e as demais pluricategoriais.

O mesmo diploma legal prevê, no n.° 1 do seu artigo 69.°, que, por decreto regulamentar, se identifiquem os níveis remuneratórios correspondentes às posições remuneratórias das categorias.

Ora, o objecto do presente decreto regulamentar é dar concretização àquela previsão legal no que às carreiras gerais respeita.

São, pois, identificados os níveis remuneratórios correspondentes às posições remuneratórias daquelas carreiras e respectivas categorias, em estreita conformidade com os princípios e regras estabelecidos na Lei n.° 12 -A/2008, de 27 de Fevereiro.

O presente decreto regulamentar cria, ainda, nas carreiras de assistente técnico e de assistente operacional posições remuneratórias complementares para os actuais trabalhadores.

Com essas posições complementares permite-se que os actuais trabalhadores mantenham e aumentem as expectativas criadas na legislação anterior aplicável às carreiras de regime geral comuns à administração central, regional e local. Assim, os actuais trabalhadores com relação jurídica de emprego público constituída por tempo indeterminado até à data da entrada em vigor do presente decreto regulamentar poderão mudar para as posições remuneratórias constantes do anexo IV, desde que verificados os requisitos legais. Refira-se, aliás, que a solução concretamente adoptada permite mesmo que aqueles que já atingiram ou pudessem atin-

666   *Regime do Contrato de Trabalho em Funções Públicas*

gir, no anterior sistema, o nível remuneratório máximo tenham agora uma nova perspectiva de evolução remuneratória.

Foram ouvidos os órgãos de governo próprio das Regiões Autónomas e a Associação Nacional dos Municípios Portugueses.

Foi promovida a audição à Associação Nacional de Freguesias.

Foram observados os procedimentos decorrentes da Lei n.º 23/98, de 26 de Maio.

Assim:

Nos termos do n.º 1 do artigo 69.º da Lei n.º 12-A/2008, de 27 de Fevereiro, e da alínea *c*) do artigo 199.º da Constituição, o Governo decreta o seguinte:

Artigo 1.º
Objecto

O presente decreto regulamentar identifica os níveis da tabela remuneratória única dos trabalhadores que exercem funções públicas correspondentes às posições remuneratórias das categorias das carreiras gerais de técnico superior, de assistente técnico e de assistente operacional.

Artigo 2.º
Níveis remuneratórios das categorias das carreiras gerais

Os níveis remuneratórios correspondentes às posições remuneratórias das categorias das carreiras de técnico superior, de assistente técnico e de assistente operacional constam dos anexos I, II e III ao presente decreto regulamentar, do qual fazem parte integrante.

Artigo 3.º
Posições remuneratórias complementares

1 – Nas categorias das carreiras de assistente técnico e de assistente operacional são criadas as posições remuneratórias complementares a que correspondem os níveis remuneratórios constantes do anexo IV ao presente decreto regulamentar, do qual faz parte integrante.

Dec. Regulamentar n.º 14/2008, de 31 de Julho 667

2 – As posições remuneratórias complementares referidas no número anterior são consideradas para efeitos de aplicação do disposto no artigo 104.º da Lei n.º 12-A/2008, de 27 de Fevereiro.

3 – Todos os trabalhadores que constem da lista nominativa referida no artigo 109.º da Lei n.º 12-A/2008, de 27 de Fevereiro, podem vir a ser posicionados, verificados os requisitos legais, nas posições remuneratórias complementares.

Artigo 4.º
Entrada em vigor

O presente decreto regulamentar entra em vigor na data de início de vigência do regime do contrato de trabalho em funções públicas, aprovado nos termos do artigo 87.º da Lei n.º 12 -A/2008, de 27 de Fevereiro.

Visto e aprovado em Conselho de Ministros de 29 de Maio de 2008. – *José Sócrates Carvalho Pinto de Sousa — Fernando Teixeira dos Santos.*

Promulgado em 14 de Julho de 2008.

Publique-se.

O Presidente da República, Aníbal Cavaco Silva.

Referendado em 15 de Julho de 2008.

O Primeiro -Ministro, *José Sócrates Carvalho Pinto de Sousa.*

ANEXO I

Carreira de técnico superior

Categoria de técnico superior

Posições remuneratórias ...	1.ª	2.ª	3.ª	4.ª	5.ª	6.ª	7.ª	8.ª	9.ª	10.ª	11.ª	12.ª	13.ª	14.ª
Níveis remuneratórios da tabela única	11	15	19	23	27	31	35	39	42	45	48	51	54	57

ANEXO II

Carreira de assistente técnico

Categoria de coordenador técnico

Posições remuneratórias	1.ª	2.ª	3.ª	4.ª
Níveis remuneratórios da tabela única	14	17	20	22

Categoria de assistente técnico

Posições remuneratórias	1.ª	2.ª	3.ª	4.ª	5.ª	6.ª	7.ª	8.ª	9.ª
Níveis remuneratórios da tabela única	5	7	8	9	10	11	12	13	14

ANEXO III

Carreira de assistente operacional

Categoria de encarregado geral operacional

Posições remuneratórias	1.ª	2.ª
Níveis remuneratórios da tabela única	12	14

Categoria de encarregado operacional

Posições remuneratórias	1.ª	2.ª	3.ª	4.ª	5.ª
Níveis remuneratórios da tabela única	8	9	10	11	12

Categoria de assistente operacional

Posições remuneratórias	1.ª	2.ª	3.ª	4.ª	5.ª	6.ª	7.ª	8.ª
Níveis remuneratórios da tabela única	1	2	3	4	5	6	7	8

Dec. Regulamentar n.º 14/2008, de 31 de Julho

ANEXO IV

Posições remuneratórias complementares

Carreira de assistente técnico

Categoria de coordenador técnico

Posições remuneratórias complementares	5.ª	6.ª
Níveis remuneratórios da tabela única	23	24

Categoria de assistente técnico

Posições remuneratórias complementares	10.ª	11.ª	12.ª
Níveis remuneratórios da tabela única	15	16	17

Carreira de assistente operacional

Categoria de encarregado geral operacional

Posições remuneratórias complementares	3.ª	4.ª
Níveis remuneratórios da tabela única	15	16

Categoria de encarregado operacional

Posições remuneratórias complementares	6.ª	7.ª
Níveis remuneratórios da tabela única	13	14

Categoria de assistente operacional

Posições remuneratórias complementares ...	9.ª	10.ª	11.ª	12.ª
Níveis remuneratórios da tabela única	9	10	11	12

III

LEGISLAÇÃO AVULSA DIRECTAMENTE APLICÁVEL AOS TRABALHADORES QUE EXERCEM FUNÇÕES PÚBLICAS

DECRETO-LEI N.º 4/89, DE 6 DE JANEIRO[1]

Estabelece condições de processamento uniforme de abono para falhas aos funcionário e agentes da Administração

A atribuição do abono para falhas na Administração Pública tem estado até ao presente regulamentada casuisticamente, motivando a consequente disparidade de condições do seu processamento as mais diversas e justas contestações.

Se relativamente aos funcionários integrados na carreira de tesoureiro não se levantam dúvidas sobre o direito ao abono, inerente ao seu conteúdo funcional, o mesmo não sucede quanto a outros funcionários ou agentes que, também situados nas áreas de tesouraria e cobrança, deverão igualmente ver acautelado o risco que o exercício das suas funções envolve.

Já para as tesourarias da Fazenda Pública, não abrangidas neste diploma, foi consagrada a atribuição deste abono em termos semelhantes aos presentemente estabelecidos.

Com efeito, a impossibilidade de determinar, em cada situação, o montante dos valores movimentados, sua natureza e espécie, motivou a opção pela uniformização do abono por referência ao vencimento da categoria base da carreira de tesoureiro.

O presente diploma visa, em suma, compensar os riscos inerentes ao exercício das funções referidas e uniformizar o montante atribuído a título de abono para falhas.

Foram ouvidas as associações sindicais, nos termos do Decreto-Lei n.º 45-A/84, de 3 de Fevereiro.

---

[1] Decreto-Lei n.º 4/89, de 6 de Janeiro, alterado pelo Decreto-Lei n.º 276/98, de 11 de Setembro, e pelo artigo 24.º da Lei n.º 64-A/2008, de 31 de Dezembro.

674   *Regime do Contrato de Trabalho em Funções Públicas*

Assim:

Nos termos da alínea a) do n.º 1 do artigo 201.º da Constituição, o Governo decreta o seguinte:

ARTIGO 1.º

O presente diploma é aplicável aos serviços da administração directa e indirecta do Estado, bem como, com as adaptações respeitantes às competências dos correspondentes órgãos das autarquias locais, aos serviços das administrações autárquicas.

ARTIGO 2.º

1 – Têm direito a um suplemento remuneratório designado "abono para falhas" os trabalhadores que manuseiem ou tenham à sua guarda, nas áreas de tesouraria ou cobrança, valores, numerário, títulos ou documentos, sendo por eles responsáveis.

2 – As carreiras e ou categorias, bem como os trabalhadores que, em cada departamento ministerial, têm direito a "abono para falhas", são determinadas por despacho conjunto do respectivo membro do Governo e dos responsáveis pelas áreas das finanças e da Administração Pública.

3 – O direito a "abono para falhas" pode ser reconhecido a mais de um trabalhador por cada órgão ou serviço, quando a actividade de manuseamento ou guarda referida no n.º 1 abranja diferentes postos de trabalho.

ARTIGO 2.º-A

As propostas do reconhecimento do direito ao abono para falhas

deverão ser sempre devidamente fundamentadas, designadamente por referência à ou às carreiras abrangidas, aos riscos efectivos e às responsabilidades que impendem sobre os *funcionários ou agentes*[2] para os quais é solicitado o abono e aos montantes anuais movimentados

---

[2] Deve ler-se "trabalhadores", por força do n.º 2 do artigo 24.º da Lei n.º 64-A/2008, de 31 de Dezembro.

Decreto-Lei n.º 4/89, de 6 de Janeiro 675

Artigo 3.º

1 – Sempre que se verifique impedimento temporário dos titulares do direito ao abono para falhas, será o mesmo atribuído aos *funcionários ou agentes*[3] que os substituam no exercício efectivo das suas funções.

2 – O processamento do abono aos substitutos será autorizado pelo director-geral ou equiparado do respectivo organismo.

Artigo 4.º

1 – O montante pecuniário do "abono para falhas" é fixado na portaria referida no n.º 2 do artigo 68.º da Lei n.º 12-A/2008, de 27 de Fevereiro.

2 – Os abonos para falhas que, à data da entrada em vigor do presente diploma, sejam de montante superior ao definido pelo modo descrito no número anterior só serão actualizados quando, por virtude de futuras alterações salariais e da aplicação da mesma regra, tal montante seja ultra-passado.

Artigo 5.º

1 – O abono para falhas é reversível diariamente a favor dos funcionários ou agentes que a ele tenham direito e distribuído na proporção do tempo de serviço prestado no exercício das funções.

2 – O valor diário do abono para falhas calcula-se por aplicação da fórmula

(Abono para falhas x 12)/(n x 52)

em que n é igual ao número de dias de trabalho por semana.

3 – Em casos excepcionais, a reversibilidade de área de abono para falhas pode ser fraccionada a favor dos *funcionários ou agentes*[4] que a ele

---

[3] Deve ler-se "trabalhadores", por força do n.º 2 do artigo 24.º da Lei n.º 64-A/2008, de 31 de Dezembro.

[4] Deve ler-se "trabalhadores", por força do n.º 2 do artigo 24.º da Lei n.º 64-A/2008, de 31 de Dezembro.

tenham direito e distribuída na proporção do tempo de serviço prestado no exercício das funções.»

ARTIGO 6.º

O disposto neste diploma não se aplica ao pessoal das tesourarias da Fazenda Pública.

ARTIGO 7.º

O disposto no presente diploma produz efeitos a partir do primeiro dia do mês seguinte ao da sua publicação.

Visto e aprovado em Conselho de Ministros de 10 de Novembro de 1988 – *Aníbal António Cavaco Silva – Miguel Ribeiro Cadilhe – Luís Francisco Valente de Oliveira – João Maria Leitão de Oliveira Martins.*

Promulgado em 22 de Dezembro de 1988.

Publique-se

O Presidente da República, MÁRIO SOARES.

Referendado em 27 de Dezembro de 1988.

O Primeiro-Ministro, *Aníbal Cavaco Silva.*

DECRETO-LEI N.º 100/99, DE 31 DE MARÇO[1]

Estabelece o regime de Férias Falta e Licenças dos Funcionários e Agentes da Administração Central, Regional e Local, incluindo os institutos públicos que revistam a natureza de serviços personalizados ou de fundos públicos

ARTIGO 51.º
Regime aplicável

1 – O trabalhador nomeado que for considerado, pela junta médica a que se refere o artigo 46.º, incapaz para o exercício das suas funções, mas apto para o desempenho de outras às quais não possa ser afecto através de mobilidade interna, tem o dever de se candidatar a todos os procedimentos concursais para ocupação de postos de trabalho previstos nos mapas de pessoal dos órgãos ou serviços, desde que reúna os requisitos exigidos e se encontre nas condições referidas nos n.os 2 e 3 do artigo 61.º da Lei n.º 12-A/2008, de 27 de Fevereiro, aplicáveis com as necessárias adaptações, bem como o direito de frequentar acções de formação para o efeito.

2 – *(Revogado).*

3 – *(Revogado).*

4 – *(Revogado).*

5 – Enquanto não haja reinício de funções nos termos do n.º 1, o trabalhador nomeado encontra-se em regime de faltas para reabilitação profissional.

6 – *(Revogado).*

7 – As faltas para reabilitação profissional produzem os efeitos das faltas por doença, salvo quanto à perda do vencimento de exercício.

8 – *(Revogado).*

---

[1] Por força do n.º 4 do artigo 26.º da Lei n.º 66-A/2008, de 31 de Dezembro, o regime do artigo 51.º do Decreto-Lei n.º 100/999, de 31 de Março é aplicável com as necessárias adaptações, aos trabalhadores contratados.

LEI N.º 64-A/2008, DE 31 DE DEZEMBRO

(Lei do Orçamento de 2009)

(...)

CAPÍTULO III
**Disposições relativas aos trabalhadores
que exercem funções públicas**

Artigo 14.º
Contratos de prestação de serviços

1 – A verificação, através de relatório de auditoria efectuada pela Inspecção-Geral de Finanças em articulação com a Direcção-Geral da Administração e do Emprego Público, da vigência de contratos de prestação de serviços para execução de trabalho subordinado equivale ao reconhecimento pelo órgão ou serviço da necessidade de ocupação de um posto de trabalho com recurso à constituição de uma relação jurídica de emprego público por tempo indeterminado ou por tempo determinado ou determinável, conforme caracterização resultante da auditoria, determinando:

a) A alteração do mapa de pessoal do órgão ou serviço, por forma a prever aquele posto de trabalho;

b) A publicitação de procedimento concursal para constituição da relação jurídica de emprego público nos termos previstos na Lei n.º 12-A/2008, de 27 de Fevereiro.

680 *Regime do Contrato de Trabalho em Funções Públicas*

2 – O procedimento concursal para recrutamento de trabalhadores com relação jurídica de emprego público por tempo determinado ou determinável, ou sem relação jurídica de emprego público previamente estabelecida, depende de parecer favorável dos membros do Governo responsáveis pelas áreas das finanças e da Administração Pública, nos termos previstos no n.º 6 do artigo 6.º da Lei n.º 12-A/2008, de 27 de Fevereiro.

Artigo 15.º
Responsabilidade disciplinar

A infracção ao disposto no artigo 35.º da Lei n.º 12-A/2008, de 27 de Fevereiro, determina a aplicação das penas previstas no Estatuto Disciplinar dos Trabalhadores Que Exercem Funções Públicas, aprovado pela Lei n.º 58/2008, de 9 de Setembro, nos termos naquele previstos.

(...)

ARTIGO 38.º
Recrutamento de candidatos licenciados na carreira geral de técnico superior

Quando, na sequência de procedimento concursal para recrutamento de trabalhadores necessários à ocupação de postos de trabalho caracterizados por corresponderem à carreira geral de técnico superior, se torne necessário determinar o posicionamento remuneratório do candidato na categoria, nos termos do artigo 55.º da Lei n.º 12-A/2008, de 27 de Fevereiro, a entidade empregadora pública não pode propor a primeira posição remuneratória quando o candidato seja titular de licenciatura ou de grau académico superior a ela.

ÍNDICE GERAL

Nota prévia 5

REGIME DO CONTRATO DE TRABALHO EM FUNÇÕES PÚBLICAS

I – DIPLOMAS ESTRUTURAIS

1. Lei n.º 12-A/2008, de 27 de Fevereiro – Lei dos Vínculos das Carreiras
e Remunerações 11

Título I – Objecto e âmbito de aplicação 11

Título II – Gestão dos recursos humanos 13

Título III – Regimes de vinculação 17
    Capítulo I – Constituição da relação jurídica de emprego público 17
        Secção I – Requisitos relativos ao trabalhador 17
        Secção II – Modalidades da relação jurídica de emprego público .. 18
        Secção III – Nomeação 18
        Secção IV – Contrato 23
        Secção V – Comissão de serviço 24
    Capítulo II – Garantias de imparcialidade 25
    Capítulo III – Cessação da relação jurídica de emprego público 29
    Capítulo IV – Contratos de prestação de serviços 32
    Capítulo V – Publicitação das modalidades de vinculação 33

Título IV – Regime de carreiras 35
    Capítulo I – Âmbito de aplicação do regime de carreiras 35
    Capítulo II – Carreiras 35
        Secção I – Organização das carreiras 35
        Secção II – Carreiras gerais 42

682 *Regime do Contrato de Trabalho em Funções Públicas*

Capítulo III – Recrutamento 43
Capítulo IV – Mobilidade geral 49

Título V – Regime de remunerações 56
Capítulo I – Remunerações 56
Secção I – Componentes da remuneração 56
Secção II – Remuneração base 57
Secção III – Suplementos remuneratórios 59
Secção IV – Prémios de desempenho 60
Capítulo II – Descontos 62

Título VI – Regime jurídico-funcional das modalidades de constituição
da relação jurídica de emprego público 63

Título VII – Disposições finais e transitórias 66

2. Lei n.º 58/2008, 9 de Setembro – Estatuto Disciplinar dos Trabalhadores
que exercem Funções Públicas 93

Anexo – Estatuto disciplinar dos trabalhadores que exercem funções públicas 97

Capítulo I – Âmbito de aplicação 97
Capítulo II – Princípios fundamentais 99
Capítulo III – Penas disciplinares e seus efeitos 103
Capítulo IV – Competência disciplinar 105
Capítulo V – Factos a que são aplicáveis as penas 106
Capítulo VI – Procedimento disciplinar 113
Secção I – Disposições gerais 113
Secção II – Procedimento disciplinar comum 117
Subsecção I – Disposição geral 117
Subsecção II – Fase de instrução do processo 118
Subsecção III – Fase de defesa do arguido 122
Subsecção IV – Fase de relatório final 125
Subsecção V – Fase de decisão disciplinar e sua execução 126
Subsecção VI – Impugnações 128
Secção III – Procedimento disciplinar especial 132
Subsecção I – Processos de inquérito e de sindicância 132
Subsecção II – Processo de averiguações 134
Subsecção III – Revisão do procedimento disciplinar 136
Secção IV – Reabilitação 138
Capítulo VII – Multas 139

Índice

3. Lei n.º 59/2008, de 11 de Setembro – Regime do Contrato de Trabalho em Funções Públicas 141

Anexo I – Regime 153

Título I – Fontes e aplicação do direito 153

Título II – Contrato 155
   Capítulo I – Disposições gerais1 55
     Secção I – Sujeitos 155
      Subsecção I – Direitos de personalidade 155
      Subsecção II – Igualdade e não discriminação 158
       Divisão I – Disposições gerais 158
       Divisão II – Igualdade e não discriminação em função do sexo 160
      Subsecção III – Protecção da maternidade e da paternidade 162
      Subsecção IV – Trabalhador com capacidade de trabalho reduzida 172
      Subsecção V – Trabalhador com deficiência ou doença crónica 173
      Subsecção VI – Trabalhador-estudante 175
      Subsecção VII – Trabalhador estrangeiro 177
     Secção II – Formação do contrato 178
      Subsecção I – Negociação 178
      Subsecção II – Contrato de adesão 178
      Subsecção III – Informação 179
      Subsecção IV – Forma 182
     Secção III – Período experimental 183
     Secção IV – Objecto 185
     Secção V – Invalidade do contrato 186
     Secção VI – Direitos, deveres e garantias das partes 187
      Subsecção I – Disposições gerais 187
      Subsecção II – Formação profissional 189
     Secção VII – Cláusulas acessórias 190
      Subsecção I – Termo 190
      Subsecção II – Termo resolutivo 191
       Divisão I – Disposições gerais 191
       Divisão II – Termo certo 195
       Divisão III – Termo incerto 196
      Subsecção III – Cláusulas de limitação da liberdade de trabalho 196
   Capítulo II – Prestação do trabalho 198
     Secção I – Disposições gerais 198
     Secção II – Local de trabalho 200

684   *Regime do Contrato de Trabalho em Funções Públicas*

Secção III – Duração e organização do tempo de trabalho 200
   Subsecção I – Noções e princípios gerais 200
   Subsecção II – Limites à duração do trabalho 203
   Subsecção III – Horário de trabalho 207
   Subsecção IV – Trabalho a tempo parcial 211
   Subsecção V – Trabalho por turnos 215
   Subsecção VI – Trabalho nocturno 216
   Subsecção VII – Trabalho extraordinário 219
   Subsecção VIII – Descanso semanal 223
   Subsecção IX – Feriados 225
   Subsecção X – Férias 226
   Subsecção XI – Faltas 233
Secção IV – Teletrabalho 238
Capítulo III – Remuneração e outras atribuições patrimoniais 242
Secção I – Disposições gerais 242
Secção II – Determinação do valor da remuneração 246
Secção III – Retribuição mínima 247
Secção IV – Cumprimento 247
Secção V – Garantias 248
Capítulo IV – Segurança, higiene e saúde no trabalho 249
Capítulo V – Vicissitudes contratuais 258
Secção I – Redução da actividade e suspensão do contrato 258
   Subsecção I – Disposições gerais 258
   Subsecção II – Suspensão do contrato por facto respeitante ao
      trabalhador 259
   Subsecção III – Licenças 260
   Subsecção IV – Pré-reforma 261
Capítulo VI – Incumprimento do contrato 264
Secção I – Disposições gerais 264
Secção II – Prescrição 264
Capítulo VII – Cessação do contrato 265
Secção I – Disposições gerais 265
Secção II – Caducidade 267
Secção III – Revogação 269
Secção IV – Cessação por iniciativa da entidade empregadora
    pública 270
   Subsecção I – Resolução 270
     Divisão I – Despedimento por inadaptação 270
   Subsecção II – Procedimento 274
     Divisão I – Despedimento por inadaptação 274
   Subsecção III – Ilicitude do despedimento 276

Índice

Secção V – Cessação por iniciativa do trabalhador 279
Subsecção I – Resolução... 279
Subsecção II – Denúncia... 281

Título III – Direito colectivo 283
Subtítulo I – Sujeitos 283
Capítulo I – Estruturas de representação colectiva dos trabalhadores 283
Secção I – Princípios 283
Subsecção I – Disposições gerais 283
Subsecção II – Protecção especial dos representantes dos trabalhadores 285
Subsecção III – Informação e consulta............................... 287
Secção II – Comissões de trabalhadores 288
Subsecção I – Constituição, estatutos e eleição das comissões e das subcomissões de trabalhadores 288
Subsecção II – Direitos em geral....................................... 290
Secção III – Associações sindicais.. 292
Subsecção I – Disposições preliminares............................. 292
Subsecção II – Organização sindical 295
Subsecção III – Quotização sindical................................... 300
Subsecção IV – Exercício da actividade sindical no órgão ou serviço 302
Subsecção V – Membros da direcção das associações sindicais 306

Subtítulo II – Instrumentos de regulamentação colectiva de trabalho... 307
Capítulo I – Princípios gerais 307
Secção I – Disposições gerais.. 307
Secção II – Concorrência e articulação entre instrumentos de regulamentação colectiva de trabalho.............................. 308
Capítulo II – Acordo colectivo de trabalho............................... 309
Secção I – Princípio geral... 309
Secção II – Legitimidade, representação, objecto e conteúdo 309
Secção III – Negociação... 313
Secção IV – Depósito 315
Secção V – Âmbito pessoal... 316
Secção VI – Âmbito temporal 317
Secção VII – Cumprimento 320
Capítulo III – Acordo de adesão 320
Capítulo IV – Arbitragem.. 321
Secção I – Arbitragem voluntária... 321
Secção II – Arbitragem necessária 322
Capítulo V – Regulamento de extensão.................................... 324

686   *Regime do Contrato de Trabalho em Funções Públicas*

Capítulo VI – Publicação e entrada em vigor 326

Subtítulo III – Conflitos colectivos 326
Capítulo I – Resolução de conflitos colectivos 326
Secção I – Princípio geral 326
Secção II – Conciliação 327
Secção III – Mediação 328
Secção IV – Arbitragem 330
Capítulo II – Greve 330

Anexo II – Regulamento 337

Capítulo I – Direitos de personalidade 337
Capítulo II – Igualdade e não discriminação 338
Secção I – Âmbito 338
Secção II – Igualdade e não discriminação 339
Subsecção I – Disposições gerais 339
Subsecção II – Igualdade e não discriminação em função do
    sexo 341
Divisão I – Princípios gerais 341
Divisão II – Protecção do património genético 344
Divisão III – Actividades proibidas que envolvam agentes
    biológicos, físicos ou químicos proibidos 345
Divisão IV – Actividades condicionadas que envolvam
    agentes biológicos, físicos ou químicos con-
    dicionados 346
Divisão V – Actividades condicionadas que envolvam agen-
    tes biológicos condicionados 355
Divisão VI – Actividades condicionadas que envolvam
    agentes químicos condicionados 356
Capítulo III – Protecção da maternidade e da paternidade 360
Secção I – Âmbito 360
Secção II – Licenças, dispensas e faltas 360
Secção III – Regimes de trabalho especiais 367
Secção IV – Actividades condicionadas ou proibidas 371
Subsecção I – Actividades condicionadas à trabalhadora grá-
    vida, puérpera ou lactante 371
Subsecção II – Actividades proibidas a trabalhadora grávida... 373
Subsecção III – Actividades proibidas à trabalhadora lactante. 375
Secção V – Protecção no trabalho e no despedimento 375
Secção VI – Disposições comuns 377
Secção VII – Protecção social 380

Índice 687

Secção VIII – Trabalhadores nomeados.. 382
Subsecção I – Licenças, dispensas e faltas............................... 382
Subsecção II – Regime de trabalho especial 383
Capítulo IV – Trabalhador-estudante.. 385
Capítulo V – Trabalhadores estrangeiros e apátridas...................... 390
Capítulo VI – Taxa social única.. 391
Capítulo VII – Mapas de horário de trabalho 392
Capítulo VIII – Condições ou garantias da prestação do trabalho
nocturno 394
Capítulo IX – Registo do trabalho extraordinário........................... 395
Capítulo X – Fiscalização de doenças durante as férias.................. 397
Secção I – Âmbito 397
Secção II – Verificação da situação de doença por médico desig-
nado pela segurança social.. 397
Secção III – Verificação da situação de doença por médico desig-
nado pela entidade empregadora pública.................... 398
Secção IV – Reavaliação da situação de doença........................ 399
Secção V – Disposições comuns... 400
Secção VI – Taxas 401
Capítulo XI – Faltas para assistência à família............................... 401
Capítulo XII – Fiscalização de doença.. 402
Capítulo XIII – Segurança, higiene e saúde no trabalho 403
Secção I – Âmbito 403
Secção II – Disposições gerais 403
Secção III – Serviços de segurança, higiene e saúde no trabalho... 406
Subsecção I – Disposições gerais... 406
Subsecção II – Organização dos serviços................................. 406
Divisão I – Disposições gerais.. 406
Divisão II – Serviços internos... 408
Divisão III – Serviços partilhados 409
Divisão IV – Serviços externos 409
Divisão V – Autorização de serviços externos...................... 410
Divisão VI – Qualificação dos restantes serviços 417
Subsecção III – Funcionamento dos serviços de segurança, hi-
giene e saúde no trabalho 417
Divisão I – Princípios gerais.. 417
Divisão II – Segurança e higiene no trabalho...................... 419
Divisão III – Saúde no trabalho.. 421
Divisão IV – Acompanhamento e auditoria dos serviços
externos.. 423

688 *Regime do Contrato de Trabalho em Funções Públicas*

Subsecção IV – Informação e consulta e deveres dos trabalhadores.. 425
Subsecção V – Disposições finais 426
Secção IV – Representantes dos trabalhadores para a segurança, higiene e saúde no trabalho..................................... 431
Subsecção I – Disposição geral 431
Subsecção II – Eleição dos representantes dos trabalhadores para a segurança, higiene e saúde no trabalho.. 431
Subsecção III – Protecção dos representantes dos trabalhadores para a segurança, higiene e saúde no trabalho.. 437
Subsecção IV – Direitos 439
Subsecção V – Informação e consulta..................................... 440
Capítulo XIV – Comissões de trabalhadores: constituição, estatutos e eleição.. 441
Secção I – Âmbito 441
Secção II – Constituição e estatutos da comissão de trabalhadores 441
Secção III – Eleição da comissão e das subcomissões de trabalhadores 446
Secção IV – Constituição e estatutos da comissão coordenadora 447
Secção V – Eleição da comissão coordenadora 448
Secção VI – Registo e publicação... 449
Capítulo XV – Direitos das comissões e subcomissões de trabalhadores 451
Secção I – Âmbito 451
Secção II – Direitos em geral 452
Secção III – Informação e consulta453
Secção IV – Exercício do controlo de gestão no órgão ou serviço.. 455
Capítulo XVI – Exercício da actividade sindical........................... 456
Secção I – Actos eleitorais 456
Secção II – Reuniões de trabalhadores................................... 459
Capítulo XVII – Associações sindicais... 460
Capítulo XVIII – Arbitragem necessária 464
Secção I – Âmbito 464
Secção II – Designação de árbitros 464
Secção III – Árbitros 466
Secção IV – Do funcionamento da arbitragem 468
Subsecção I – Disposições gerais 468
Subsecção II – Audição das partes.. 470
Subsecção III – Tentativa de acordo 471
Subsecção IV – Instrução 471

Índice

Subsecção V – Decisão...... 472
Subsecção VI – Apoio técnico e administrativo 472
Capítulo XIX – Arbitragem dos serviços mínimos...... 474
Secção I – Âmbito 474
Secção II – Designação de árbitros 474
Secção III – Do funcionamento da arbitragem...... 475
Subsecção I – Disposições gerais...... 475
Subsecção II – Audição das partes...... 475
Subsecção III – Decisão...... 476
Capítulo XX – Disposições finais e transitórias 477

II – DIPLOMAS COMPLEMENTARES

1. Lei n.° 2/2004, de 15 de Janeiro – Estatuto do pessoal dirigente dos serviços e organismos da administração central, local e regional do Estado 483

Capítulo I – Princípios gerais...... 483
Secção I – Objecto e âmbito de aplicação...... 483
Secção II – Princípios de actuação...... 485
Secção III – Competências do pessoal dirigente...... 486
Secção IV – Qualificação e formação...... 492
Secção V – Exercício de funções...... 494
Capítulo II – Recrutamento, provimento e cessação de funções...... 497
Secção I – Recrutamento e provimento dos cargos de direcção superior 497
Secção II – Recrutamento, selecção e provimento dos cargos de direcção intermédia...... 500
Secção III – Renovação da comissão de serviço...... 503
Secção IV – Cessação da comissão de serviço 505
Secção V – Substituição...... 508
Capítulo III – Direitos e deveres 509
Secção I – Direitos...... 509
Secção II – Deveres...... 512
Capítulo IV – Disposições finais e transitórias...... 513

2. Lei n.°-23/2004, de 22 de Junho (artigos 16.°, 17.° e 18.°) – Estabelece o regime do contrato de trabalho na Administração Pública...... 519

690   *Regime do Contrato de Trabalho em Funções Públicas*

3. Decreto-Lei n.º 200/2006, de 25 de Outubro – Enquadramento procedimental relativo à extinção, fusão e reestruturação de serviços da Administração Pública e à racionalização de efectivos. 521

     Capítulo I – Objecto, âmbito e modalidades de reorganização 522
     Capítulo II – Processos de extinção, fusão e reestruturação de serviços e de racionalização de efectivos 523
     Capítulo III – Procedimentos relativos a pessoal 527
     Capítulo IV – Procedimentos relativos a outros recursos 527
     Capítulo V – Disposições finais e transitórias 532

4. Lei n. 53/2006, 7 de Dezembro – Lei da Mobilidade.............................. 535

     Capítulo I – Objecto, âmbito e instrumentos de mobilidade 535
     Capítulo II – Mobilidade geral 536
     Capítulo III – Mobilidade especial 538
       Secção I – Procedimentos geradores dos instrumentos de mobilidade especial 539
       Secção II – Reafectação... 550
       Secção III – Enquadramento do pessoal em situação de mobilidade especial 550
       Secção IV – Complexo jurídico-funcional do pessoal em situação de mobilidade especial... 553
       Secção V – Licença extraordinária... 558
       Secção VI – Reinício de funções do pessoal em situação de mobilidade especial 560
       Secção VII – Gestão do pessoal em situação de mobilidade especial 562
     Capítulo IV – Disposições finais e transitórias............................... 564

5. Lei n.º 66-B/2007, de 28 de Dezembro – Regime jurídico do Sistema Integrado de Gestão e Avaliação do Desempenho na Administração Pública 569

     Título I – Disposições gerais e comuns 567
     Capítulo I – Objecto e âmbito 567
     Capítulo II – Definições, princípios e objectivos.................... 571
     Capítulo III – Enquadramento e subsistemas do SIADAP 575

     Título II – Subsistema de Avaliação do Desempenho dos Serviços da Administração Pública (SIADAP 1).................... 577
     Capítulo I – Disposições gerais... 577
     Capítulo II – Modalidades, procedimentos e órgãos de avaliação 580

Índice

Capítulo III – Resultados da avaliação.. 586

Capítulo IV – Coordenação dos sistemas de avaliação 588

Título III – Subsistema de Avaliação do Desempenho dos Dirigentes da
Administração Pública (SIADAP 2)....................................... 589

Capítulo I – Disposições gerais... 589

Capítulo II – Avaliação do desempenho dos dirigentes superiores..... 590

Capítulo III – Avaliação do desempenho dos dirigentes intermédios . 594

Título IV – Subsistema de Avaliação do Desempenho dos Trabalhadores
da Administração Pública (SIADAP 3) 599

Capítulo I – Estrutura.. 599

Secção I – Periodicidade e requisitos para avaliação...................... 599

Secção II – Metodologia de avaliação... 602

Secção III – Efeitos da avaliação 606

Capítulo II – Intervenientes no processo de avaliação608

Capítulo III – Processo de avaliação614

Título V – Sistema de informação de suporte à gestão de desempenho e
acções decontrolo 622

Título VI – Disposições transitórias e finais.. 624

Capítulo I – Disposições transitórias... 624

Capítulo II – Disposições finais 626

6. Portaria n.º 83-A/2009, de 22 de Janeiro 631

Capítulo I – Objecto e definições.. 632

Capítulo II – Disposições gerais e comuns 633

Capítulo III – Procedimento concursal comum 642

Secção I – Publicitação do procedimento.. 642

Secção II – Júri 645

Secção III – Candidatura 648

Secção IV – Exclusão e notificação de candidatos 652

Secção V – Resultados, ordenação final e recrutamento dos candidatos 653

Secção VI – Garantias 657

Capítulo IV – Procedimento concursal para constituição de reservas
de recrutamento.. 657

Secção I – Em órgão ou serviço.. 657

Secção II – Em entidade centralizada... 658

Capítulo V – Disposições finais e transitórias 662

692 *Regime do Contrato de Trabalho em Funções Públicas*

7. Decreto Regulamentar n.° 14/2008, de 31 de Julho – Estabelecer os níveis da tabela remuneratória única dos trabalhadores que exerce funções públicas correspondentes às posições remuneratórias das categorias das carreiras gerais de técnico superior, de assistente técnico e de assistente operacional 665

III – LEGISLAÇÃO AVULSA DIRECTAMENTE APLICÁVEL AOS TRABA-LHADORES QUE EXERCEM FUNÇÕES PÚBLICAS

1. Decreto-Lei n.° 4/89, de 6 de Janeiro – Suplemento remuneratório de abono para falhas.. 673

2 Decreto-Lei n.° 100/99, de 31 de Março – Férias Falta e Licenças dos Funcionários e Agentes da Administração Pública 677

3. Lei n.° 64-A/2008, de 31 de Dezembro – Lei do Orçamento de 2009 679

Capítulo III – Disposições relativas aos trabalhadores que exercem funções públicas... 679